《中国农村贫困监测报告—2005》指导委员会、专家委员会及编委会人员名单

指导委员会

主　任／李德水　刘　坚

副主任／邱晓华　高鸿宾

成　员／潘胜洲　韩　俊　王新怀　乐长虹　褚利明　鲜祖德　崔宗河　徐　晖　吴远彬　张　力
饶克勤　米勇生　王振耀　李代鑫　李伟方　刘丹华　刘金富　崔　郁　尚英春

专家委员会

主　任／林毅夫

副主任／严瑞珍

成　员／（按姓氏笔划排序）
方　言　李　实　李小云　张晓山　朱　玲
汪三贵　吴国宝　黄季焜　蔡　昉

编委会

主　任／　张淑英

副主任／　曾玉平　盛来运　徐志全

编辑人员／（按姓氏笔划排序）
王萍萍　王　飞　王继行　刘北桦　刘庆华　刘建杰　刘　诚　孙晓明　阳俊雄
关　冰　李　枫　李聪敏　陈洪玲　吴树林　张洪波　张　毅　林泽昌　苗　梅
柳　拯　郝彦宏　胡熳华　倪文进　侯　锐　柴海山　唐　平　阎　芳　袁　彦
高书国　彭丽荃

执行编辑／王萍萍　关　冰

2005

中国农村贫困监测报告

POVERTY MONITORING REPORT OF RURAL CHINA

国家统计局农村社会经济调查司 编

Rural Survey Department of National Bureau of Statistics

中国统计出版社
China Statistics Press

（京）新登字041号

图书在版编目(CIP)数据

中国农村贫困监测报告—2005
／国家统计局农村社会经济调查司编
—北京：中国统计出版社.2006.1
ISBN 7-5037-4844-3

Ⅰ.中…
Ⅱ.国…
Ⅲ.农村—贫困—调查报告—中国—2005
Ⅳ.F323.8
中国版本图书馆CIP数据核字(2005)第152184号

中国农村贫困监测报告—2005
作　　者／国家统计局农村社会经济调查司编
责任编辑／姚　立
装帧设计／艺编广告·张　冰
图文制作／艺编广告·周　颖
E-mail：lgn@stats.gov.cn
出版发行／中国统计出版社
通信地址／北京市西城区月坛南街75号
邮政编码／100826
办公地址／北京市丰台区西三环南路甲6号
电　　话／(010)63459084　63266600-22500(发行部)
印　　刷／科伦克三莱印务(北京)有限公司
经　　销／新华书店
开　　本／880×1230mm　1/16
字　　数／550千字
印　　张／17.75
印　　数／1-2000册
版　　别／2006年2月第1版
版　　次／2006年2月北京第1次印刷
书　　号／ISBN 7-5037-4844-3/F.2204
定　　价／148.00元

代序

2005.12

国家统计局局长　李德水

加大扶贫力度　缩小社会差距
加快建设社会主义新农村

“十五”之初，国务院开始实施《中国农村扶贫开发纲要（2001—2010年）》，着手解决剩余未解决温饱贫困人口的温饱问题，同时继续帮助初步解决温饱问题的低收入人口增加收入，进一步改善生产生活条件，巩固扶贫成果。五年来，中国宏观经济继续保持快速增长，各种惠农政策相继出台，财政支农能力不断提高，农村劳动力继续转移，这些有利因素与我国在反贫困斗争中持之以恒的巨大努力一起使农村贫困人口进一步减少，农村贫困人口从2000年的3209万下降到2004年的2610万，农村低收入标准以下人口从9422万下降到7587万。但是，2000年，2001年我国遭受了全国性大面积严重旱灾，2003年受到“非典”及部分地区严重水灾的影响，加上剩余贫困人口脱贫越来越难，农村贫困缓解速度与“八七”期间相比明显放慢，2003年农村贫困规模甚至有所扩大，城乡间、地区间甚至地区内的社会差距进一步拉大。

一、农村反贫困任务依然很重

全国有23个省、自治区、直辖市农村贫困发生率下降至5%以下。以2004年668元农村贫困标准衡量，全国农村在贫困标准以下人口占乡村人口的比重（即贫困发生率）为2.8%，其中，青海省农村贫困发生率大于10%，7个省贫困发生率在5%~10%之间，15个省在1%~5%之间，8个省在1%以下。

全国还有23个省、自治区农村生活在低收入标准以下人口比重在5%以上。以2004年924元农村低收入标准衡量，全国农村低收入标准以下人口占乡村人口的比重为8.1%，其中有11个省该比重在10%以上，12个省在5%~10%

之间，只有8个省在5%之下。

收入差距进一步扩大，相对贫困问题越来越突出。自2000年城乡居民收入差距超过改革开放之初以后，我国城乡居民收入差距进一步扩大，2004年农村居民与城镇居民人均收入的差距达到1:3.2。同时，农村居民内部收入差距也进一步扩大，20%最低收入组所占收入份额从2000年的6.6%下降到2004年的6.3%。基尼系数持续提高，全国居民的基尼系数突破0.4，意味着我国正式进入收入差距过大的阶段。

农村贫困总体分散和局部地区集中同时存在。全国农村贫困发生率虽然下降到较低水平，但国家扶贫开发工作重点县的贫困发生率仍高达8.1%，低收入人口比重高达12.1%，两者合计占人口的1/5以上；西部地区占到贫困人口的一半，贫困发生率仍高达5.7%；一些地理特征一致、行政区域相连的贫困片区的贫困人口也相当密集。因此，就平均水平而言，面向贫困地区的区域发展优惠和扶持政策仍很必要，但少数县需要调整。当然，在贫困地区，真正瞄准穷人的到村到户的扶持措施非常重要，特别是对于那些贫困发生率已降到5%以下的县，扶贫济困项目与措施瞄准到村、到户甚至到人是促使贫困进一步缓解的唯一办法。

脱贫人口返贫率高。目前，全国农村贫困人口中当年返贫人口约占一半，其中，中部和东部的当年返贫人口占年末贫困人口的70%以上。全国农村两年连续贫困不足贫困人口的一半，而三年连续贫困不足1/3。这意味着扶贫以及救济、救灾系统往往难以瞄准这些贫困人口，需要通过加快社会保障体系的反应速度和扩大对脆弱人群的扶持来预防返贫。

贫困原因复杂化。贫困监测结果表明，病、残、灾、极度恶劣自然条件是贫困的最重要原因。2004年，在592个国家扶贫开发工作重点县收入低于贫困标准的人口中，病、残、灾和处于恶劣自然条件下的农户占68%，同时，教育负担重、缺乏文化和劳动技能、缺乏与外界的沟通能力也是贫困的重要原因。在低收入人口中，农户收入水平受到市场参与能力低的限制，经营失败、农业生产效益低和规模小，以及自然灾害成为许多农民重返低收入甚至贫困的原因。

农村特别是贫困地区教育、卫生等社会事业的落后正在导致社会差距进一步

拉大。目前，我国已彻底摆脱文化水平与收入水平不相关的状况，劳动力受教育程度与其收入水平和生活水平高度正相关。2004年592个国家扶贫开发工作重点县农村7~12岁儿童仍有4.2%失学，13~15岁儿童有9.3%失学，其中部分县7~15岁儿童失学率高达30%~40%。贫困地区教育水平的落后将导致新一代贫困人口的产生，这些人与整个社会的生活水平差距会进一步拉大。

二、调整增长模式，明确扶贫策略，加快农村反贫困进程

实现全社会平衡增长。缓解贫困是保持社会稳定从而实现可持续增长的重要基础。经济增长是否有利于缓解贫困有两种标准，一种基本的标准是经济增长过程中绝对贫困人口(即生活在某一条标准下的人口)逐步减少，第二种标准是，不仅绝对贫困人口减少，而且整个社会差距缩小，即相对贫困得到缓解。我国自改革开放以来在减少绝对贫困人口方面取得了举世公认的成就，但是，我国已从改革开放之初的"收入过于平等、绝对贫困规模庞大"的状态逐渐进入"收入差距开始过大，绝对贫困程度明显缓解"的状态，相对贫困问题越来越突出，因此，我国衡量宏观政策得失的标准不仅要看其是否有利于减少绝对贫困，还要看其是否有利于减小社会差距。因此，要积极实施城乡统筹政策，进一步加大对"三农"特别是扶贫开发和农村社会保障工作的支持力度，提高对农村基础设施和基本社会服务等公共物品的供给能力，在继续致力于减少绝对贫困人口的同时，缩小城乡差距、缩小地区间差距，缩小低收入群体与全社会的差距，从而实现全社会的平衡增长。

明确"十一五"期间的救济和开发式扶贫对象。一些研究结果表明，无论以何种生活标准衡量，如果在此标准之下的人口比重在5%以下，这些人口绝大部分无法通过自主的市场参与获得必要的收入，因而，经济增长难以自动惠及这部分人口，必须实施有针对性的干预措施才能帮助这些人分享增长的成果。而当在此标准之下的人口比重降至3%以下时，这些人口往往是由缺乏能力的、具有特殊困难的弱势群体所构成，只有及时有效的救济、救助和其他保障措施才能解决这部分贫困问题。针对我国绝对多数地区低收入标准以下人口比重超过5%和部分地区贫困人口比重超过5%的现状，我国要全面、快速减少

农村低收入人口和贫困人口，首先必须保持宏观经济快速增长，确保农业生产持续发展，促使农村劳动力继续转移，同时要继续采取区域优惠和发展措施，不断提高农民抵抗市场风险和自然灾害的能力，不断提高贫困地区可持续发展能力。其次，要加大扶贫开发力度，扩大扶贫开发覆盖面，明确将低收入人口纳入扶贫开发范围，通过到村至户的定点干预措施，提高扶贫瞄准精度，加快低收入人口的下降和贫困人口的下降。第三，在继续做好农村"五保户"、特困人群救助以及救灾工作的同时，要扩大农村救济面，提高农村救济标准，加快农村救济和救灾体系反应速度，更有效地减少农村贫困人口。

将提高人的素质和改善农村社会服务作为突破口。经过多年的扶贫攻坚后，目前，一些传统的扶贫手段对剩余贫困人口往往效果不是很好。有的手段从长期来看有很大的副作用，有的手段成本过高，有的手段有很大的市场不确定性。而教育是最为兼顾效率和公平的手段，各国经验证明，从长期来看，这也是最有效的、对贫困釜底抽薪式的措施。对于缺乏劳动能力和生活在极端恶劣自然环境中的贫困人口来说，在必要的社会保障的基础上实施免费义务教育，可以在维持当代人基本生存需要的情况下，有力提高下一代人就业与迁移能力。对于广大的农民来说，改善基本社会服务是缩小城乡差距、建设社会主义和谐新农村的客观要求，尤其是改善农村基本教育服务是提高农村居民素质、增强农村劳动力就业竞争力，防止社会差距进一步扩大的最有效措施之一。

区别对待不同情况，实事求是地选择各地区最适合的扶持对象和发展途经。我国的地域差距巨大，100 个最发达的县人均 GDP 是 592 个扶贫重点县的 7 倍，人均财政收入差距近10倍，农民人均纯收入相差4倍，贫困的分布情况和贫困原因又如此复杂。因此在中央集中精力帮助中西部地区减少贫困人口和低收入人口的同时，要鼓励较发达的地区适当扩大扶持对象并选择合适的策略，彻底解决贫困问题，率先实现小康和现代化。要多种策略综合应用，多种方法密切配合，要根据当地贫困程度、贫困对象、扶持项目的特点，选择救济或者扶贫开发，全面保障或者重点干预，区域发展还是到村到户，就地脱贫还是异地安置。

**加强贫困监测工作，缩小宏观监测结果与微观贫困瞄准需求之间的数据缺口。目前，以全国及分省为主的贫困监测结果与扶贫项目需要落实到具体地点、具体农户之间有一个巨大的信息缺口。在填补这个缺口的过程中，应该强调的是，各地的扶贫对象的确定、扶贫成果和影响的评估均应该有统一的标准、科学的方法以及相对独立的监测体系，这样才能有效地将中央或上一级的扶贫资源更多地落实到真正的贫困地区和真正的穷人头上，才能真正客观地衡量出一个地区的扶贫成效。

最后，我代表国家统计局向国家发改委、国家民委、财政部、国务院扶贫办、农业银行、教育部、科技部、民政部、水利部、农业部、卫生部、国家林业局、全国妇联、全国残联等单位对贫困监测工作及本报告编辑工作的大力支持表示衷心的感谢！

目录

Contents

第五部分 贫困问题研究

第六部分 统计资料

目录
Contents

目录

Contents

目录

Contents

第一部分　农村经济增长与农村社会发展

1

2004 年，针对投资增长过快，粮食、能源等价格明显上涨等国民经济发展中存在的一些不稳定、不健康因素，国家在继续实施积极的财政政策和稳健的货币政策同时，适时适度调整政策实施的力度和重点，积极应对各种困难和风险，国民经济实现了平稳较快发展。在良好的宏观环境下，2004 年农业和农村经济取得可喜成就，农村全面建设小康社会取得新进展。

一、农村经济发展获得良好的宏观环境

在"稳定政策、适度调整，深化改革、扩大开放，把握全局、解决矛盾，统筹兼顾、协调发展"32 字方针指引下，2004 年我国财政政策做出相应调整，减少国债发行规模，将政策重点从扩大投资转向促进经济社会协调发展，增加对城乡公共卫生、公共教育、环境保护、西部开发、社会保障、就业等方面的投入。树立新的发展观和质量大于数量的观念，切实把工作重点转到调整经济结构、转变增长方式、提高增长质量和效益上来。同时实施稳健的货币政策，综合运用各种货币政策工具，调整信贷结构，保持货币信贷的合理增长。在有效的宏观调控下，2004 年部分行业过快增长的势头得到初步遏制，各项改革稳步推进，国民经济保持平稳较快发展，各项社会事业加快发展，较好地实现了国民经济和社会发展的预期目标。

（一）国民经济保持较快增长

2004 年国内生产总值 136875.9 亿元，同比增长 9.5%。人均国内生产总值 10561 元，比上年增加 15.9%。分产业看，2004 年第一产业增加值 20768.1 亿元（不含农林牧渔服务业），同比增长 6.3%；第二产业增加值 72387.2 亿元，同比增长 11.1%；第三产业增加值 62815.1 亿元，同比增长 8.3%。从支出法看，国内生产总值 140775.8 亿元。最终消费 75430.1 亿元，占 GDP 总量的 53.6%，比上年下降 1.8 个百分点；2004 年最终消费比上年增加 11.8 个百分点。居民消费 59048.3 亿元，比上年增加 12.1 个百分点；政府消费 16381.8 亿元，比上年增加 10.6 个百分点。资本形成总额 61828.1 亿元，比上年增加 19.9%。货物和服务净出口 3517.6 亿元，比上年增加 31.1%。

（二）投资过快增长的势头得到遏制

一是固定资产投资增长速度有所回落。全年全社会固定资产投资达到 70073 亿元，比上年增长 25.8%，比上年回落 1.9 个百分点。二是投资结构有所调整。2004 年第一产业投资 643

亿元，增长20.3%；第二产业投资22989亿元，增长38.3%，回落8个百分点；第三产业投资34988亿元，增长21.6%，回落0.5个百分点。三是农业、能源等行业投入力度加大。电力、燃气及水的生产和供应业投资增长43.5%，加快21.2个百分点。

（三）信贷总量得到控制

2004年我国货币供应量增速和新增贷款均明显低于年初控制目标。12月末，广义货币（M2）253208亿元，比上年末增长14.6%，同比回落5个百分点；狭义货币（M1）95971亿元，增长13.6%，回落5.1个百分点；流通中现金（M0）21468亿元，增长8.7%，回落5.6个百分点。金融机构人民币各项贷款比年初增加22648亿元，比上年少增4824亿元。各项存款增加33315亿元，比上年少增3871亿元。全年累计货币净投放1722亿元，比上年少投放746亿元。

（四）经济增长的效益和质量明显提高

一是企业利润大幅增长。全年规模以上工业企业盈亏相抵后实现利润总额首次突破1万亿元，达到11342亿元，比上年增长38.1%。二是财政收入增加。随着国民经济的较快发展，2004年全国财政总收入26355.9亿元，比上年增长21.4%。在财政总收入中，税收收入增加较多。全国税收收入25718亿元（不包括关税和农业税），比上年增长25.7%，增收5256亿元，是近年来增长最快的一年。三是城镇就业状况有所改善。据劳动和社会保障部统计，2004年，城镇新增就业人数980万人，比预期目标多80万人；年末城镇登记失业率为4.2%，比上年下降0.1个百分点。全年城镇居民人均可支配收入9422元，比上年实际增长7.7%；农民人均纯收入达到2936元，实际增长6.8%，增幅比上年提高2.5个百分点，与城镇居民收入的增长差距由上年的4.7个百分点缩小到0.9个百分点。年末城乡居民人民币储蓄存款余额达119555亿元，比上年末增加15929亿元。

二、农业与农村经济取得非凡成就

对于农业与农村经济来说，2004年是不寻常的一年。我国农业与农村经济发展虽然受到"禽流感"袭击，但是，在党的十六届三中、四中全会精神和"中央一号"文件指引下，在良好的宏观环境推动下，各地认真贯彻落实发展粮食生产、增加农民收入的政策措施，深化和完善农村各项改革，积极推动农村经济战略性结构调整，农业与农村经济取得了非凡成就，超额实现了农业增产、农民增收的预期目标。

（一）利农政策为解决“三农”问题提供了强有力的保障

我国农业已经进入一个新的发展阶段，在这个新的发展阶段中，如何解决"三农"问题成为我党加强执政能力建设的一个重大课题，农业、农村和农民问题成为全部工作的重中之重。在这一指导思想引领下，2004年，党和国家出台了一系列更直接、更有力的支农政策，为农业增产、农民增收奠定了坚强的后盾。"中央一号"文件提出了以9个方面22条为核心的农业政策体系，为农业与农村工作指明了工作方向，其后，诸多具体措施付诸实施，取消农业特产税、减免农业税；实施种粮农民直接补贴、良种补贴和农机购置补贴；坚决保护耕地、加大农业投入力度、严格控制农资价格、实行粮食最低收购价政策；大范围推广农村信用社改革；维护农民工的合法权益等等。

据财政部统计，2004年，财政对农业的投入超过了2000亿元，其中，全国"两减免"使农民减负约302亿元，中央财政为此安排了转移支付219亿元补助地方财政减收缺口；"三补贴"共补给农民140亿元，其中种粮农民直补116亿元，13个粮食主产区的良种补贴资金28.5亿元，农机购置资金7000万元。国债用于农业的资金达到了376亿元，占国债项目资金比重达34.2%；中央安排了2.5亿元专项资金用于农民培训。所有这些政策措施与具体的财政支持无疑对农业增产、农民增收起到最直接的作用。

（二）农业经济稳定增长，对国民经济的贡献增加

根据全国31个省（区、市）统计，2004年全国农林牧渔业总产值36239亿元，按可比价格计算，比上年增长7.5%。其中，农业产值18138亿元，按可比价格计算，增长8.5%，对农林牧渔业总产值增长的贡献率达50%以上；畜牧业产值12174亿元，增长7.2%；渔业产值3606亿元，增长6%；虽然退耕还林规模大幅度调减，但全年林业产出仍然增加。初步统计，全年林业产值1327亿元，增长2%。

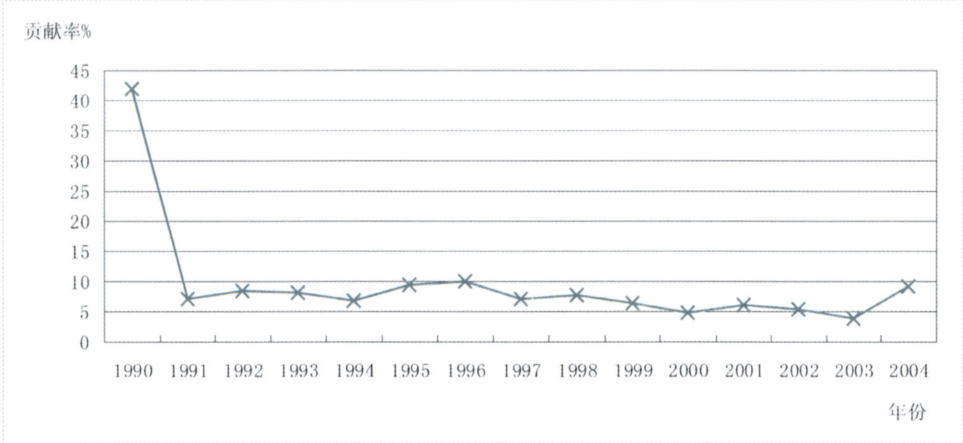

图1—1
1990年以来第一产业增加值对GDP贡献率变化情况

2004年第一产业增加值20768.1亿元（不含农林牧渔服务业增加值），同比增长6.3%；第一产业增加值占GDP比重为15.2%，比上年提高0.8个百分点。由于国家对三农发展的支持，2004年农村经济快速发展，第一产业增加值对GDP的贡献率及拉动率也有所提升，分别由上年的3.9%和0.4%上升为9.2%和0.9%。

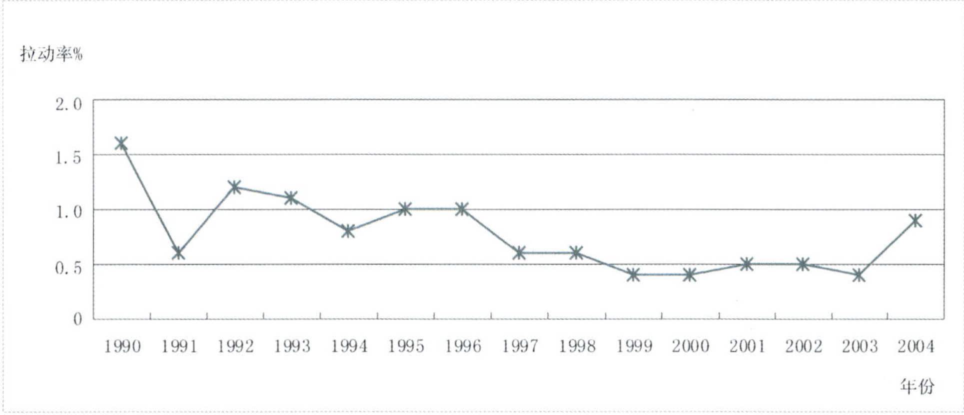

图1—2
第一产业增加值对GDP的拉动率

（三）粮食生产出现重要转机

2004年全国粮食种植面积15.2亿亩，比上年增加3300万亩，粮食总产量9389亿斤，比上年增产775亿斤，增长9.0%。

粮食增产的特点主要有四个：一是粮食单产创历史新高；二是当年粮食增量创历史新高；三是粮食增产主要增在主产区；四是夏粮、早稻、秋粮季季增产。2004年我国粮食单产为308.0公斤／亩，比上年提高19.2公斤／亩，增长6.6%，粮食单产水平创历史最高，单产水平的提高对粮食增产的贡献率达75%。从粮食增量看，1990年粮食产量比上年增加了774

亿斤，2004年比1990年的增量还多了1亿斤，再创历史新纪录。从粮食增产区域看，13个粮食主产区增产幅度较大，共增产707亿斤，增长11.6%，增产量占全国粮食增产量的91%。分季节看，2004年全国夏粮产量2021亿斤，比上年增加93亿斤，增长4.8%；早稻产量642亿斤，增加52亿斤，增长8.8%；秋粮产量6727亿斤，增加630亿斤，增长10.3%。

（四）畜牧业稳步发展

2004年，尽管部分地区遭遇"禽流感"影响，但由于防治及时、措施得力，全年畜牧业生产保持了较好的发展势头。初步统计，2004年，肉类总产量达到7245万吨，比上年增长4.5%，其中，牛、羊肉分别增长7.2%和11.8%。

禽蛋业顶住了"禽流感"的不利影响，恢复较快。2004年春季的"禽流感"疫情，使一季度的家禽业受到较大冲击，一季度全国禽肉产量比上年同期下降4.2%。"禽流感"疫情得到控制后，各级政府积极采取措施，认真贯彻落实《国务院关于扶持家禽业发展若干措施的通知》，帮助企业和养殖户克服困难，度过难关，促进了家禽业生产的恢复和发展。上半年禽肉产量同比下降0.8%，下半年家禽生产恢复较快，保证了全年家禽业生产增长。初步统计，2004年禽肉产量达到1351万吨，增长3%；禽蛋产量2724万吨，增长4.5%。

（五）农民收入创1997年以来的最高增速

据抽样调查，2004年农民人均纯收入为2936元，比上年增加314元，增长12%，扣除价格因素的影响，实际增长6.8%，是1997年以来的最高增速。

农民收入增长的主要特点有六个：一是农业收入创历史新高。2004年农业收入达到1056元，比上年增加176元，增长20%。收入增加的数量和收入水平均创历史新高，农业增收对当年农民增收的贡献率达到56%。二是外出务工收入仍是农民增收的重要来源。2004年农民外出务工收入增加52元，增长14.9%，对工资性收入增收的贡献率达到70%，对全年农民增收的贡献率为16.6%。三是政策性收入大量增加，税费负担显著下降。2004年，农民从粮食直补、良种补贴和购置更新大型农机具补贴三项得到的收入人均16元。2004年"两减免"使农民负担人均减少30元，负担下降44.3%。税费负担占当年农民纯收入的比重由上年的2.6%降为1.3%，下降1.3个百分点。四是粮食主产区农民收入增幅超过全国平均水平。2004年粮食主产区农民人均纯收入为3025元，比上年增加356元，增长13.3%，扣除价格因素影响，实际增长8.1%，增速比全国平均水平高1.3个百分点。五是低收入农户增幅超过高收入农户。2004年低收入农户人均收入1007元，名义增长16.3%，增幅比上年提高15.3个百分点，比当年高收入农户的增幅高7.1个百分点。六是收入分配差距扩大的速度有所减缓。2004年农村居民内部收入分配的差距略有扩大，但扩大的速度有所减缓。2004年农村居民内部收入分配的基尼系数为0.3692，比上年提高0.12个百分点，低于上年提高0.34个百分点的速度。城乡居民收入差距基本维持上年3.2:1的水平。

（六）多数农产品价格大幅反弹

据国家统计局农村司对全国27000个农业生产经营单位的生产价格调查，2004年全国农产品生产价格比上年上涨13.1%。主要特点是：

1. 种植业产品价格上涨最多。2004年，种植业产品价格上涨15.9%。其中，谷物、豆类和油料价格回升是拉动全年种植业产品价格上涨的重要因素。2004年，粮食生产价格比上年上涨26.2%。谷物价格上涨28.1%，豆类价格上涨20.3%，薯类价格上涨5.8%。小麦上涨31.2%，玉米上涨16.9%。粮食主产区、主销区和产销平衡区粮食价格分别上涨27.4%、31.9%和20.8%。主销区粮价涨幅比主产区和产销平衡区高4.5和11.1个百分点。

2. 畜牧业产品生产价格上涨幅度仅次于种植业产品价格上涨幅度。由于粮价上涨抬高生猪饲养成本的后续影响，2004年，畜牧业产品生产价格上涨11.1%。其中，生猪出栏价格比上年上涨12.8%，肉牛价格上涨3.9%，奶产品价格上涨3.9%，家禽和蛋类生产价格上涨11.8%和12.6%，价格涨幅比2003年高10个百分点。

三、农村全面建设小康社会取得新进展

2004年，党中央、国务院出台了一系列更直接、更有力的利农措施，农业与农村经济出现良好的发展局面，粮食生产出现重要转机，农民收入实现较快增长，农村改革迈出重大步伐，农村社会事业取得新进展，极大推动了农村全面建设小康进程。监测结果显示，2004年全国农村全面建设小康实现程度达到21.6%，比上年提高4.7个百分点。

（一）2004年农村全面建设小康的总体特点

从小康监测标准的六个方面看：2004年农村经济发展的全面建设小康实现程度为11.5%，比2003年提升3.4个百分点；农村社会发展全面建设小康实现程度为33.1%，比2003年提升6.3个百分点；农村民主法制方面全面建设小康实现程度为69.0%，比2003年提升13.7个百分点；农村人口素质的全面建设小康实现程度为15%，比上年提高5个百分点；农民生活质量的全面建设小康实现程度为28.7%；资源环境方面的全面建设小康实现程度为负值。

在反映农村全面建设小康的六个方面中，农村人口素质和生态环境等方面进程相对缓慢。农村社会、经济发展方面进程虽然提升加快，但基础依然薄弱。从农村全面建设小康的18项指标来看，第一产业劳动力比重、农村养老覆盖率、农民人均可支配收入、农村人口平均受教育年限和农村合作医疗覆盖率等指标的实现程度较低。

（二）农村全面建设小康区域特点

1．2004年东、中、西部农村全面建设小康进程仍然存在较大差异

2004年东、中、西部地区全面建设小康实现程度分别为40.5%、18.2%和−5.1%。东部地区已经走完了农村全面建设小康进程的2/5的路程，估计再过10年左右可基本实现全面建设小康；中部地区走完了近1/5的全面建设小康路程；西部地区尚未达到总体小康水平，全面建设小康任重道远。

从全面建设小康的进程看，西部地区农村全面建设小康比东部地区至少落后10年，比中部地区落后5年左右。

2．省际间农村全面建设小康实现程度极不平衡

上海、北京、天津农村全面建设小康实现程度已经超过60%，走完了农村全面建设小康社会2/3的路程。浙江、广东、江苏、山东、福建、辽宁、河北农村全面建设小康实现程度在30%以上，走完了农村全面建设小康社会1/3的路程。吉林、黑龙江、湖北、湖南、江西、山西和海南农村全面建设小康实现程度在15%以上，农村全面建设小康社会有了良好开端。

值得注意的是，西部部分省份农村全面建设小康实现程度为负值，如宁夏、甘肃、贵州、青海和西藏农村全面建设小康实现程度分别为−2.3%、−9.2%、−10.1%、−14.1%和−19.8%，离总体小康还有差距。

四、农村经济运行中存在的主要问题

（一）粮食继续增产存在一定难度

一是耕地资源继续减少。虽然国家不断加大对耕地使用的治理力度，严格控制非农占地，但随着工业化、城镇化的推进，建设用地不断增加，耕地减少不可避免。据统计，虽然2004年土地资源管理取得成效，但当年净减少耕地仍然达到1200万亩。

二是农田基本建设落后。近年来，虽然国家对水利的投资不断增加，但有效灌溉面积

的增加速度不快。改革开放26年来，有效灌溉面积只从1978年的6.7亿亩增加到2004年的8.2亿亩，年均增长0.7%，平均每年只增加550多万亩。2004年有效灌溉面积占耕地总资源的比重不足一半。

三是农业生产资料价格上涨过快。2004年，全国农业生产资料价格平均上涨10.6%，由于农业生产资料价格上涨，平均每亩生产投入增加17.1元。目前，农业生产资料价格仍然呈上涨趋势。据调查，2005年1月份，农业生产资料价格上涨11.3%，其中，化肥价格上涨了15.2%，小农具价格上涨了5.6%。农业生产资料价格上涨将直接影响或制约粮食生产。

（二）农民增收有一定难度

一是农产品价格对农民收入增幅的作用将减弱。2004年，农产品价格全线上涨，生产价格指数达到13.1%。据测算，农产品价格上涨对农民收入增长影响很大。2005年农产品价格很可能涨幅回落，对农民收入增幅的作用将有所减弱。

二是降低农业生产成本有难度。2004年由于生产资料价格上涨，使农民种粮人均减少收益54元，目前农业生产资料价格继续上涨，农民的种粮成本还会升高，将直接影响农民的纯收入。

三是农民外出务工人数已经呈现增势减缓的势头。2004年，农村常住人口中，外出务工劳动力的比重为19.1%，比上年提高0.8个百分点，据此推算，2004年新增外出务工劳动力不到500万人，明显少于上年增加840万人的数量。农民外出务工人数减缓有可能对农民收入造成一定程度的影响。

（三）农村社会进一步发展难

与其他各项指标相比，2004年农村社会发展实现程度不尽如人意，农村合作医疗覆盖率的实现程度只有15.6%，农村养老覆盖率实现程度只有10.8%，在分项指标中处于落后地位。另外，据典型调查，农村合作医疗和社会保障工作中还存在一些问题，也有可能影响农村社会发展的进程。一是一些地区的干部与农民对农村合作医疗以及农村社会保障问题认识不足。二是地方财力有限制约了新型农村合作医疗和农村社会保障的发展。如新型农村合作医疗要求各级政府配套资金，这对于财政状况好的地区不成问题，但对于一些财政状况较差的地区或者贫困地区，无疑是一种负担，甚至是一种困难。

（四）农村教育仍然落后，人口素质提升困难

从全面建设小康实现程度看，2004年农村人口平均受教育年限实现程度虽比上年略有增加，但离全面建设小康的实现仍有81.2%的路程。从目前情况看，主要存在两大难点，一是农村人口文化程度普遍较低，二是农村较高文化素质的劳动力大量流向城市，农村平均受教育年限提升难度加大。而从分省情况看，一些地区农村受教育程度实现全面建设小康的难度更大。如2004年宁夏农村人口平均受教育年限只有5.7年，仅相当于小学水平，低于全国平均水平2年左右。

五、对农业与农村经济工作的几点建议

（一）实行最严格的耕地保护制度和耕地开发制度

在全国范围内营造”耕地保护大如天”的严肃氛围，在耕地控制上要层层把关，实行”耕地总量动态平衡”政府分级负责制。实施最有效的耕地开发复垦制度，坚决制止违反政策将基本农田改为非农用地的行为。加强对耕地利用和变更的监控和检查，特别是要加强执法部门和统计部门的监测活动，保障土地动态平衡的客观性。

（二）建立和完善农田基本建设投入机制

把加强农田基本建设作为一项战略性大事来抓，搞好农田基本建设综合规划，加大对农田基本建设的财政投入，将全国大中型灌区的建设作为加强农业综合生产能力的重点。深化农田基本建设的投资体制改革，建立多元化的投入体系和机制，充分调动地方政府和广大农民的积极性，激活民间资本搞水利，推动农田基本建设上新台阶。

（三）密切关注粮价和农业生产资料价格

加强宏观调控，加快建立健全农产品市场体系，努力保持粮食等大宗农产品市场价格的稳定。控制农业生产资料价格继续上扬，尤其是化肥等主要农业生产资料价格，稳定或提高种粮收益，确保增产增收。

（四）调整产业政策和就业政策，加快农村劳动力的流动和转移

将农村劳动力就业纳入国家整体就业规划，把稳健的财政政策与积极的就业政策结合起来。积极调整产业布局，加强对农村二三产业发展的政策引导，振兴农村二三产业。大力开展对农村劳动力的职业技术培训，增强农村劳动力自我就业能力。

（五）大力发展农村教育事业

提高农村人口素质不是一件容易的事情，要制定长期规划，常抓不懈。一是在对国定贫困县中小学生实施”两免一补”的基础上，鼓励有条件的地区对本地区内的贫困家庭的中小学生给予一定补贴。二是普及义务教育，坚决杜绝新一代文盲。三是逐步普及高中教育，扩大高学历继续教育，进一步提升农村人口素质。四是加强职业教育和成人正规后续教育，提高现有劳动力的文化教育程度。五是调整政府财政支出，继续加大财政对农村教育的支持力度。

（六）强化农村合作医疗工作

一是建立农村合作医疗发展的长效机制。从城乡统筹发展出发，建立政府对农民基本医疗保障资金投入的动态增长机制。通过新型农村合作医疗与农村社区卫生服务相结合，打造坚实的农村卫生服务网络。通过加强农村卫生和疾病的预防控制，减轻合作医疗的压力。二是对贫困地区加强医疗扶贫。对财政状况较差的地区尤其是贫困地区，应加强医疗扶贫，因地制宜，适合开展合作医疗的地区尽量开展合作医疗，不适合开展合作医疗的地区，各级政府及组织应建立和完善公共医疗服务，定期为农民体检、防疫，从根本上提高农民的身体健康。

第二部分　全国农村贫困状况及其变化

2

从2000年开始，国家统计局每年根据对全国在31个省（区、市）开展的6.8万个农村住户抽样调查，客观反映全国农村贫困状况，出版年度农村贫困监测报告，向社会公布监测结果。为配合国家对《中国农村扶贫开发纲要（2001—2010年）》实施情况的中期评估，本年度监测报告对2000年以来农村的绝对贫困、相对贫困和多元贫困变化情况进行描述和分析。

一、2000年以来全国农村贫困状况

（一）贫困标准和低收入标准

我国农村贫困标准在1985年、1990年、1994年、1997年由国家统计局农村司根据全国农村住户调查分户资料测定。其他年份则使用农村居民消费价格指数进行更新。2004年全国农村贫困标准为668元。

我国农村低收入标准是根据1997年的食物贫困线，再利用在贫困状况下食物消费份额占总生活消费的60%的假设计算的，从2000年起正式公布。2004年我国农村低收入标准为924元。

表2–1　全国农村贫困标准和低收入标准

单位：元

指　标	2000年	2001年	2002年	2003年	2004年
贫困标准	625	630	627	637	668
低收入标准	865	872	869	882	924

（二）贫困人口和低收入人口分布与变化

2000~2004年中国农村贫困状况得到了改善，全国贫困规模减少，西部地区和山区贫困人口、低收入人口下降幅度快于其他地区。

1.贫困人口分布与变化

经过4年努力，农村扶贫开发取得更大成果，贫困人口从2000年底的3209万人减少到2004年的2610万人，贫困发生率由3.5%下降为2.8%。然而，2000~2004年间农村贫困规模整体上虽呈下降趋势，与上世纪相比，减贫速度却明显放慢。

表 2–2 农村贫困人口规模及贫困发生率

指 标	2000 年	2001 年	2002 年	2003 年	2004 年
贫困人口规模（万人）	3209	2927	2820	2900	2610
比上年增减（万人）	–203	–282	–107	+80	–290
贫困发生率（%）	3.5	3.2	3.0	3.1	2.8

数据来源：全国农村住户抽样调查

分东中西部地区来看，2000 年至 2004 年农村贫困人口一半集中在西部地区，但几年间西部地区贫困人口比重占全国的比重呈下降趋势，西部地区脱贫进程快于中东部地区。西部地区的贫困发生率明显高于中部和东部地区，2000~2004 年间西部地区贫困发生率由 2000 年的 7.3% 下降为 2004 年的 5.7%，比 2000 年下降 1.6 个百分点。

表 2–3 分东中西部全国农村贫困人口分布变化

指 标		2000 年	2001 年	2002 年	2003 年	2004 年
贫困人口规模（万人）	全国	3209	2927	2820	2900	2610
	东部	487	393	465	448	374
	中部	1091	996	888	1030	931
	西部	1632	1537	1468	1422	1305
贫困发生率（%）	全国	3.5	3.2	3.0	3.1	2.8
	东部	1.3	1.0	1.2	1.2	1.0
	中部	3.4	3.1	2.7	3.2	2.8
	西部	7.3	6.8	6.5	6.2	5.7
占农村贫困人口比重（%）	东部	15.2	13.4	16.5	15.4	14.3
	中部	34.0	34.0	31.5	35.5	35.7
	西部	50.8	52.5	52.0	49.0	50.0

数据来源：全国农村住户抽样调查

分地势来看，2004 年全国贫困人口中，山区占 51.4%，丘陵地区占 18.5%，平原地区占 30.1%。2000~2003 年间山区贫困人口占全国的比重呈下降趋势，2004 年有所反弹。山区的贫困发生率由 2000 年的 8.5% 降为 2004 年的 4.9%，丘陵地区由 2.4% 降为 1.6%，平原地区由 3.1% 降为 1.8%。

由于 2004 年农村减贫主要得益于农业收入的增加，而山区自然环境恶劣，贫困农户农业收入增加的空间不如其他地区，因此 2003~2004 年山区贫困人口的减少速度没有丘陵和平原地区快。但从整个区间上来看，山区的脱贫速度仍然是最快的。

图 2–1 分地势贫困人口占全国贫困人口的比重

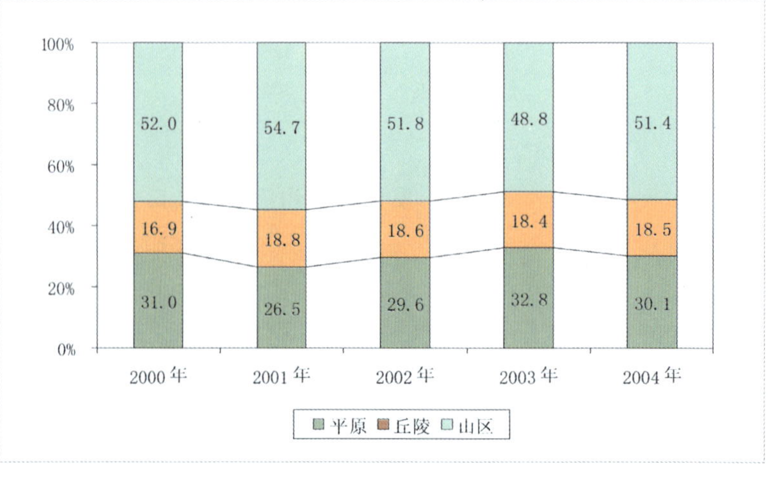

数据来源：全国农村住户抽样调查

分省来看，2000 年，北京、天津、上海、江苏、浙江、福建、山东、广东等8 省（市）的贫困发生率在1%以下；河北、辽宁、吉林、安徽、江西、河南、湖北、湖南、广西、海南、重庆、四川等12 省（区、市）农村贫困发生率在1%~5%之间；山西、内蒙古、黑龙江、云南、陕西、甘肃、新疆等7省（区）农村贫困发生率在5%~10%之间；贵州、宁夏、青海、西藏农村贫困发生率在10%~20%之间。

2004 年各省贫困发生率普遍下降，只有青海仍在10%以上。北京、天津、上海、江苏、浙江、福建、山东、广东等8省（市）的贫困发生率在1%以下；河北、山西、辽宁、吉林、黑龙江、安徽、江西、河南、湖北、湖南、广西、海南、重庆、四川、宁夏等15省（区、市）农村贫困发生率在1%~5%之间；内蒙古、贵州、云南、西藏、陕西、甘肃、新疆等7 省（区）农村贫困发生率在5%~10%之间；青海农村贫困发生率为13.6%。

2.低收入人口分布与变化

从全国来看，2000~2004 年低收入人口逐年稳定下降，低收入人口规模分别为6213 万人、6102 万人、5825 万人、5617 万人和4977 万人，低收入人口占全国人口的比重分别为6.7%、6.6%、6.2%、6.0%和5.3%。

表2-4 农村低收入人口规模及比重

指　标	2000 年	2001 年	2002 年	2003 年	2004 年
低收入人口规模（万人）	6213	6102	5825	5617	4977
比上年增减（万人）		−111	−277	−208	−640
低收入人口比重（%）	6.7	6.6	6.2	6.0	5.3

数据来源：全国农村住户抽样调查

分东中西部地区来看，低收入人口仍然主要集中在中西部地区，但西部低收入人口逐年减少，减少幅度最大，贫困发生率的降幅也最快。东部地区低收入人口占全国低收入人口的比重由2000年的12.7%增为2004年的16.8%，中部地区由31.2%增为35%，西部地区由56.2%降为48.1%；东部地区低收入人口占东部农村人口的比重由2001年的2.1%增为2004年的2.2%，中部地区由6.0%降为5.3%，西部地区由15.5%降为10.5%。

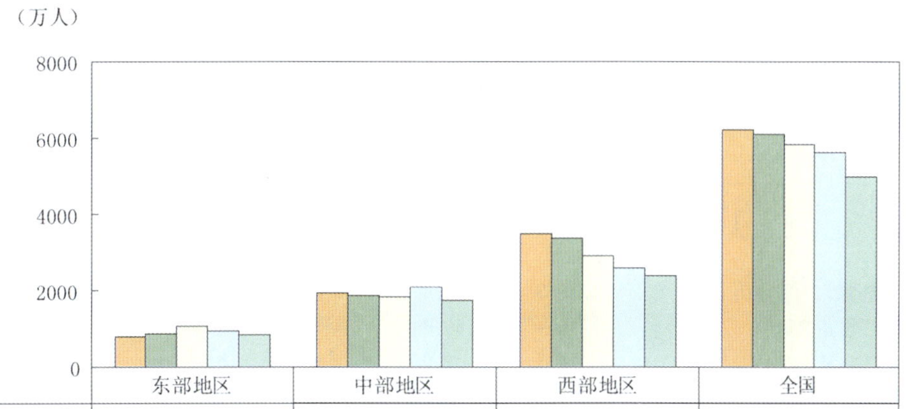

	东部地区	中部地区	西部地区	全国
2000 年	786	1938	3490	6213
2001 年	861	1871	3371	6102
2002 年	1072	1839	2915	5825
2003 年	935	2090	2592	5617
2004 年	837	1744	2396	4977

图2-2 分东中西部全国农村低收入人口分布变化

数据来源：全国农村住户抽样调查

分地势来看，2004 年全国低收入人口中，山区占50.1%，丘陵地区占20.4%，平原地区占29.5%。三类地区低收入人口占该类地区农村人口的比重均有所下降，山区下降较多，由2000年的14.7%降为2004年的9.8%，丘陵地区由6.0%降为3.6%，平原地区由5.9%降为3.6%。

图2-3 分地势低收入人口占全国低收入人口的比重

数据来源：全国农村住户抽样调查

分省来看，2000年，山西、内蒙古、海南、贵州、云南、西藏、陕西、甘肃、宁夏、青海、新疆等11个省（区）低收入人口占农村人口的比重在10%以上；辽宁、吉林、黑龙江、江西、河南、重庆、四川等7个省（区）低收入人口占农村人口的比重在5%~10%之间。到2004年，西部地区的贵州、云南、西藏、陕西、甘肃、青海、新疆等7个省（区）低收入人口占农村人口的比重在10%以上；山西、内蒙古、安徽、河南、广西、海南、宁夏等7个省（区）低收入人口占农村人口的比重在5%~10%之间。

（三）食物消费

食物消费结构有所改善。2004年全国农户食品支出占生活消费支出的比重，即恩格尔系数为47.2%，比2000年下降了1.9个百分点。人均消费肉、奶、鱼类等动物性食品数量增加，人均消费粮食明显下降。在粮食中的细粮和蔬菜中营养价值较高的菜类消费比重也明显上升。因而在人均热量摄入量保持基本不变的情况下，蛋白质摄入量有明显改善。贫困农户和低收入农户的粮食消费量呈下降趋势，虽然平均水平仍保持在人均150公斤的警戒水平之上，但人均粮食消费量在150公斤以下的人口比例有所增加。使人乐观的是，贫困农户和低收入农户的肉类消费量有明显提高，同时表现出饮食多样化的趋势。

表2-5 主要食品消费量

单位：公斤／人

指　标	2004年			2000年		
	全国	贫困农户	低收入户	全国	贫困农户	低收入户
粮食	218.3	160.8	186.3	252.0	191.0	220.3
谷物和薯类	216.4	159.6	184.7	249.5	189.6	218.2
豆类及豆制品	4.9	2.9	3.6	5.5	2.6	4.3
蔬菜及菜制品	106.6	54.9	67.5	106.7	55.1	73.4
食用油	5.3	2.5	3.0	7.1	3.9	5.0
其中：植物油	4.3	2.1	2.4	5.5	3.1	3.8
肉禽及其制品	19.2	8.5	11.5	19.2	2.9	5.4
蛋类及蛋制品	4.6	1.2	1.8	4.8	1.3	2.2
奶和奶制品	2.0	1.5	1.6	1.1	0.9	1.4
水产品	4.5	0.7	1.1	3.9	0.4	0.8
水果及水果制品	17.0	7.6	8.4	18.3	7.9	10.4

数据来源：全国农村住户抽样调查

（四）收入和消费支出

与2000年相比，2004年全国农村居民人均纯收入实际增长了21.6%，年均增长5%；人均生活消费支出实际增长了22.4%，年均增长5.2%。贫困人口的减少也说明了2000年以来贫困人口的收入和消费都有了明显提高。

表2–6 农户经济状况

指 标	2004年			2000年		
	全国	贫困农户	低收入户	全国	贫困农户	低收入户
1.人均纯收入(元)	2936.4	578.7	853.5	2253.4	515.5	807.1
# 家庭经营第一产业纯收入比重(%)	47.6	68.4	67.3	48.4	65.9	65.6
工资性收入比重(%)	34.0	19.9	22.7	31.2	20.5	22.0
2.人均生活消费支出(元)	2185.0	602.0	822.0	1670.1	544.1	757.8
3.恩格尔系数(%)	47.2	71.3	66.5	49.1	68.9	64.6
4.人均家庭经营费用支出(元)	923.9	384.2	463.7	654.3	315.5	385.9
5.人均购置生产性固定资产支出(元)	106.4	29.0	33.7	63.9	24.8	39.5
6.人均住房价值(元)	6307.9	2178.6	2625.6	4258.6	1596.0	2078.6
7.人均住房面积(平方米)	27.9	16.3	18.4	24.8	14.1	17.2
8.钢筋混凝土结构及砖木结构住房面积比重(%)	83.4	54.2	63.1	79.6	42.9	57.6
9.有安全饮用水的农户的比重(%)	69.9	55.3	58.0	64.7	51.7	52.2

数据来源：
全国农村住户抽样调查

（五）财产与生活设施

1.住房状况和设施快速改善，饮用水安全情况相对较差

2004年全国农村居民人均住房面积为27.9平方米，比2000年增长了12.5%；钢筋混凝土结构及砖木结构住房面积占全部住房面积的83.4%，比2000年增加了3.8个百分点。2004年全国还有5.8%的农户不曾使用生活用电，这一比重在贫困农户中达到12.2%。2004年全国有安全饮用水（自来水及深井水）的农户比重为69.9%，比2000年提高5.2个百分点。

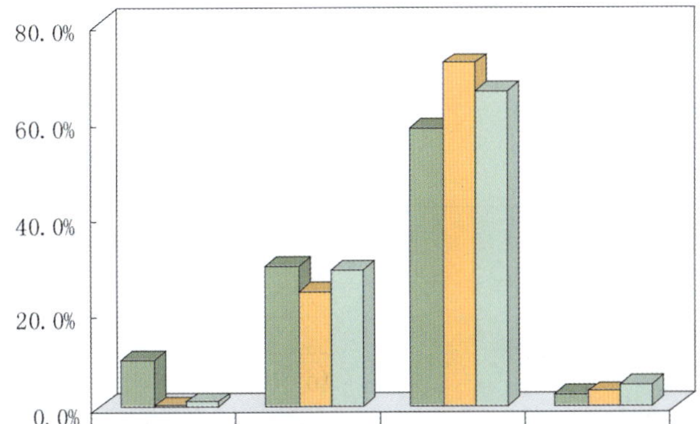

	液化气	煤炭	柴草	其他
全国	9.9%	29.5%	58.3%	2.4%
贫困户	0.5%	24.3%	72.0%	3.3%
低收入户	1.1%	28.4%	66.1%	4.4%

图2–4
炊事用燃料使用情况

数据来源：
全国农村住户抽样调查

从炊事用燃料使用情况来看，柴草仍是农户最主要的炊事用能源，其次是煤炭。2004年全国有58.3%的农户使用柴草，有9.9%的农户使用液化气。

从卫生设备使用情况来看，有89.9%的农户有厕所，其中10.5%的农户住房所带卫生设备为水冲式厕所，均比2000年改善。

2. 耐用消费品拥有量正在快速增长，但平均水平落后城市大约6~8年

2000年以来，农村居民耐用消费品拥有量有较大幅度增加，但平均水平落后城市约6~8年，而贫困农户又落后一般农户5~10年。以最主要的耐用消费品电视机为例，2004年全国农户电视机普及率为92.7%，彩电普及率为69.1%。与此同时，贫困农户的电视机普及率为75.7%，彩电普及率仅为41.8%，比全国平均水平低27.3个百分点；低收入农户电视机普及率为80%，彩电普及率为50.3%。

表2-7 平均每百户年末主要耐用消费品拥有量

单位：台／百户

指　标	2004年			2000年		
	全国	贫困农户	低收入户	全国	贫困农户	低收入户
洗衣机	37.3	15.5	20.1	28.6	10.6	13.5
电风扇	141.9	41.5	61.2	122.6	29.3	52.2
电冰箱	17.8	4.5	4.2	12.3	1.5	2.5
自行车	118.1	63.6	79.5	120.5	72.1	81.3
摩托车	36.2	14.5	17.0	21.9	6.3	8.6
电话机	54.5	16.5	24.2	26.4	3.5	7.2
移动电话	34.7	8.7	10.0	4.3	0.3	0.5
彩色电视机	75.1	43.2	50.3	48.7	20.3	27.3
黑白电视机	37.9	39.9	41.8	53.0	48.6	53.7
收录机	18.0	19.5	17.7	21.6	20.7	19.7
照相机	3.7	1.0	1.0	3.1	0.6	0.6

数据来源：全国农村住户抽样调查

（六）儿童及成人受教育情况

1. 儿童在校率明显提高，贫困及低收入农户与全国平均水平差距缩小

2004年7~12岁儿童在校率为98.5%，比2000年增加2.1个百分点；13~15岁儿童在校率为95.9%，比2000年增加5.3个百分点。农户的经济状况与儿童入学水平密切相关，贫困农户儿童入学率最低，低收入户稍好。2004年贫困农户和低收入户中学龄儿童在校率比全国平均水平分别低4.6和1.8个百分点，而2000年分别低9.1和3.4个百分点。

表2-8 儿童在校率和成人文盲率

单位：%

指　标		全国	贫困农户	低收入户
2004年	7~15岁儿童在校率	97.3	92.7	95.5
	#7~12岁儿童在校率	98.5	94.8	97.4
	13~15岁儿童在校率	95.9	89.7	92.9
	成人文盲率	10.2	22.5	17.7
	#青年文盲率	1.4	7.0	4.4
2000年	7~15岁儿童在校率	94.1	85.0	90.7
	#7~12岁儿童在校率	96.4	88.4	94.0
	13~15岁儿童在校率	90.6	78.6	84.5
	成人文盲率	11.5	25.5	18.8
	#青年文盲率	2.5	11.9	6.5

数据来源：全国农村住户抽样调查

2.文盲率普遍下降，但贫困农户和低收入户文盲率仍然很高

2004年农村16岁以上成人的文盲率为10.2%，比2000年下降1.3个百分点。贫困农户的成人文盲率高达22.5%，比2000年下降3个百分点。低收入农户中有17.7%的成人不识字或识字很少。

2004年农村15~24岁青年文盲率为1.4%，比2000年下降1.1个百分点。贫困农户、低收入户青年文盲率分别为7.0%和4.4%，比2000年下降4.9和2.1个百分点。

总体上看，农村地区劳动力文化程度普遍不高，年度间变化不大。2004年农村劳动力平均受教育年限只有7.9年，刚刚达到相当于初中二年级水平。

从构成上来看，全国劳动力文盲率为7.5%，小学和初中文化程度的农村从业人员占79.6%，高中及高中以上文化素质人员所占比重还很小。

表2-9 劳动力文化程度构成

指 标	2004年			2000年		
	全国	贫困农户	低收入户	全国	贫困农户	低收入户
劳动力平均受教育年限（年）	7.9	6.4	7.0	7.7	6.1	6.8
文盲半文盲（%）	7.5	18.3	14.0	8.1	21.1	14.4
小学程度(%)	29.2	38.4	34.7	32.2	39.8	36.8
初中程度(%)	50.4	37.6	43.3	48.1	33.6	41.9
高中程度(%)	10.0	4.7	6.8	9.3	4.5	6.1
中专程度(%)	2.1	0.6	1.1	1.8	0.9	0.7
大专及以上(%)	0.8	0.4	0.2	0.5	0.1	0.2

数据来源：全国农村住户抽样调查

3.专业技术培训

2004年15.5%的劳动力接受过专业技术培训，比2001年(无2000年数据)增加6.5个百分点。贫困及低收入农户中劳动力接受专业技术培训的比例稍低，2004年相应的数值分别为13.5%和10.5%。2004年贫困农户参加过专业技术培训的劳动力中62.2%都是政府组织的，全国平均的数值为31.6%，低收入户为51%。

（七）社区基础设施

2004年全国农村基础设施得到全面提升。无论是村一级的设施如所在村通公路的比重、通电话的比重、能看电视节目的比重、通电的比重，还是户一级的设施水平包括使用生活用电的农户比重、有安全饮用水的农户比重，同2000年相比都有明显改善。

表2-10 社区基础设施

单位：%

指 标	2004年			2000年		
	全国	贫困农户	低收入户	全国	贫困农户	低收入户
1.所在村通公路的比重	98.0	95.4	96.4	95.2	90.4	90.7
2.所在村通电话的比重	97.0	88.8	91.3	88.5	67.4	75.1
3.所在村能看电视节目的比重	99.3	97.8	98.7	98.1	94.8	96.0
4.所在村通电的比重	99.4	96.7	98.5	98.7	94.6	96.5

数据来源：全国农村住户抽样调查

（八）农户市场参与程度

1.劳动力外出打工比重

2004年农村劳动力外出打工比重为19.3%，比2000年增加4.6个百分点。

2.外出劳动力平均打工强度

2004年农村外出劳动力平均在外打工时间为8.3个月，略高于2000年。18.7%的外出劳动力年内在外务工时间不超过6个月，81.3%外出务工6个月以上。分不同类型农户来看，贫困农户外出劳动力平均打工强度最小，为7.2个月；分年龄段来看，20~30岁的年轻农民外出务工强度最大，人均年内务工8.8个月；分性别来看，女性外出务工者平均年内在外务工8.7个月，比男性多0.7个月。

图2—5
外出劳动力平均打工强度

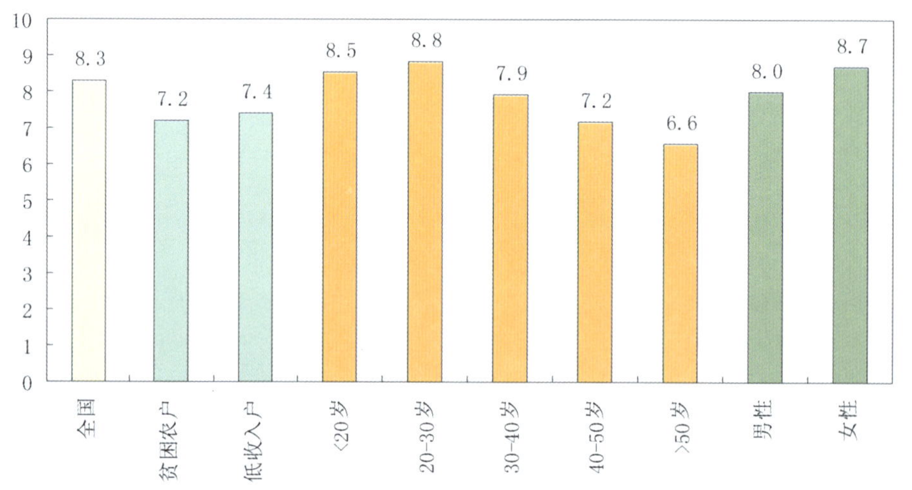

数据来源：全国农村住户抽样调查

3.人均纯收入中工资性收入的比重

2004年全国农户人均工资性收入998.5元，占人均纯收入的34%，比2000年增加1.3个百分点。贫困农户和低收入农户工资性收入分别为115元和194元，占纯收入的比重分别为19.9%和22.7%，比全国平均水平低14.1和11.3个百分点。

4.现金收入比重

2004年农户人均现金纯收入2317.4元，占人均纯收入的78.9%，比2000年高5.7个百分点。分收入组来看，收入最低的20%人口人均纯收入中现金收入比重为54.7%，而收入最高20%组比重已高达89.5%，高收入农户的市场参与能力已达到相当程度。

5.主要农产品商品率

与2000年相比，主要农产品的商品率（出售量占生产量的比重）全面提高。总的看来，全国农户平均的农产品商品率较高，低收入户次之，贫困农户最低。2004年全国农户生产的粮食商品率为41.1%，比2000年提高2.3个百分点；油料为55.1%，比2000年提高6.6个百分点；蔬菜为59.2%，比2000年提高15.1个百分点；水果为78.8%，比2000年提高9.9个百分点；棉花78%，比2000年提高1.4个百分点。

表2—11 主要农产品商品率

单位：%

指 标	2004年			2000年		
	全国	贫困农户	低收入户	全国	贫困农户	低收入户
粮食	41.1	28.7	30.4	38.8	31.9	33.9
棉花	78.0	84.1	77.8	76.6	87.8	82.3
油料	55.1	45.9	45.6	48.5	48.2	48.7
蔬菜	59.2	29.8	34.0	44.1	29.7	28.0
水果	78.8	55.0	64.5	68.9	55.1	65.8
畜禽	82.1	55.6	57.9			

数据来源：全国农村住户抽样调查

（九）社会平等程度

1.城乡居民收入差距进一步扩大

2000~2004年，全国农村居民人均纯收入与城镇居民可支配收入的比率从1：2.8上升到1：3.2。

2.农村居民内部收入差距继续扩大

以基尼系数衡量，2004年农民人均纯收入的基尼系数为0.3692，比2000年提高0.016个百分点。以农民人均纯收入最低省与最高省的比率衡量，2000年为1：4.2，2004年为1：4.1。

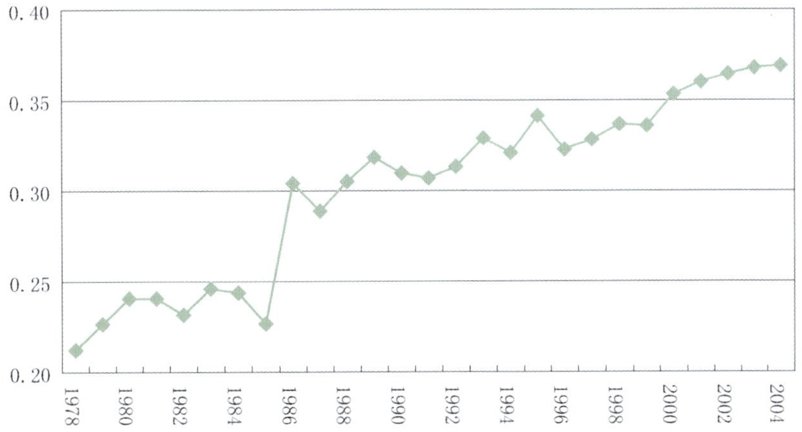

图2–6 农村居民基尼系数变化

数据来源：全国农村住户抽样调查

从近年来的五等份分布情况来看，高收入组所拥有的收入份额有扩大迹象。2004年人均纯收入水平最低的20%人口（低收入组）占全部收入的比重只有6.3%，高收入组拥有全部纯收入的43.6%。而2000年，低收入组拥有全部收入的6.6%，高收入组拥有42.6%。高收入组纯收入份额与低收入组纯收入份额的比值（Oshima Index）2000年为6.5，2004年增至6.9。从各组的构成来看，总的印象仍然是：低收入组收入水平低，发展能力弱，收入的大部分依赖于家庭经营第一产业，工资性收入所占比重低；生存性消费特征明显，生活水平与其他收入组相比差距悬殊，恩格尔系数接近60%，只相当于整个农村1987年的水平。最低20%组中还有约一半的人口为贫困和低收入人口，是新时期的农村扶贫监测对象。与此形成鲜明对照的是，高收入组整体生活水平已步入小康，恩格尔系数降至39.8%，基本达到城镇居民水平。

表2–12 2004年按人均纯收入五等份分组各组收入及消费情况

单位：%

指　标	低收入组	次低收入组	中等收入组	次高收入组	高收入组
人口比重	20.0	20.0	20.0	20.0	20.0
人均纯收入比重	6.3	11.5	16.1	22.5	43.6
人均生活消费支出比重	11.2	14.0	17.2	21.5	36.1
家庭经营第一产业占纯收入的比重	63.7	59.2	54.9	49.3	35.9
工资性收入占纯收入的比重	25.8	29.0	32.6	35.7	40.1
恩格尔系数	56.0	53.4	51.0	48.1	39.8

数据来源：全国农村住户抽样调查

表 2-13　2000 年按人均纯收入五等份分组各组收入及消费情况

单位：%

指　标	低收入组	次低收入组	中等收入组	次高收入组	高收入组
人口比重	20.0	20.0	20.0	20.0	20.0
人均纯收入比重	6.6	11.8	16.4	22.6	42.6
人均生活消费支出比重	11.4	14.3	17.4	21.5	35.4
家庭经营第一产业占纯收入的比重	63.5	61.0	55.6	49.9	37.5
工资性收入占纯收入的比重	24.5	25.3	29.1	32.2	37.7
恩格尔系数	56.7	55.5	52.2	49.2	42.6

3. 性别差异正在缩小

从不同文化程度劳动力的性别构成来看，男性的文化程度普遍高于女性，但性别差异正在缩小。2004 年劳动力文盲率男性为 3.4%，女性为 11.4%，性别差异达到 8 个百分点；2000 年男劳力文盲率为 3.7%，女劳力为 12.7%，性别差异为 9 个百分点。2004 年劳动力文盲率性别差异比 2000 年缩小了 1 个百分点。

图 2-7
劳动力文盲率性别差异

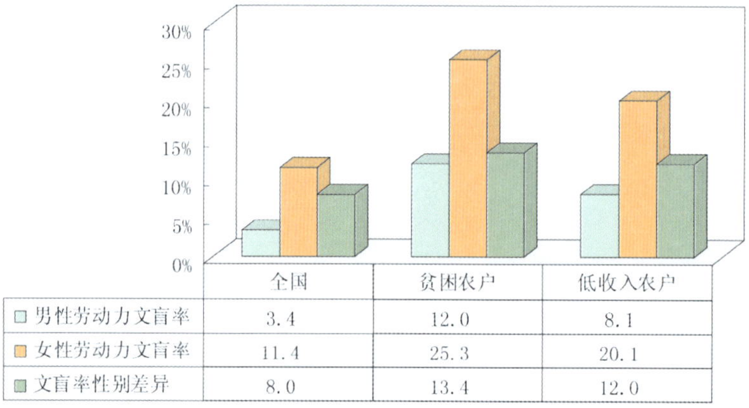

数据来源：全国农村住户抽样调查

从全国来看，儿童入学率并不存在明显的性别差异，儿童入学率的性别差异在全国各地均呈下降趋势，但在部分地区儿童入学率的性别差异仍很明显，且贫困农户和低收入户儿童入学率性别差异指数略高于全国平均水平。2004 年全国 7~12 岁男童入学率为 98.6%，女童入学率为 98.3%，以女童为 100，儿童入学率性别差异指数为 100.3，比 2000 年下降 0.7 个百分点；13~15 岁男童入学率为 96.1%，女童入学率为 95.7%，入学率性别差异指数为 100.4，比 2000 年下降 3.6 个百分点。

图 2-8
儿童入学率性别差异指数

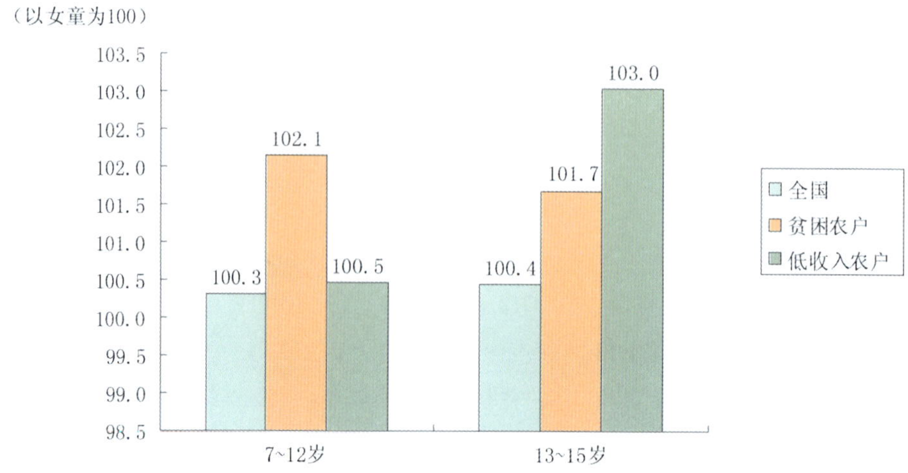

数据来源：全国农村住户抽样调查

2004 年男性从业人员的流动性仍然远远高于女性，全年外出务工的劳动力中，男性占66.3%，女性占33.7%，这一比例构成近几年来变动不大。农村男劳动力外出务工比重为24.5%，女劳动力外出务工比重为13.6%，比重差值为10.9个百分点。贫困农户、低收入农户男女劳动力外出打工比重差值分别为9.5和11.1个百分点。

二、贫困及低收入人口特征

（一）社区环境与人口特征

1.贫困及低收入人口所处的自然环境及社区环境有所改善，但条件仍然较差

在自然环境方面，与2000年相比，2004年贫困农户所处的自然环境有所改善，贫困农户的粮食亩产水平由2000年的209.2公斤提高到2004年的239.2公斤。但随着低收入人口的减少，剩余的低收入户进一步向自然条件恶劣的山区集中，山区户的比重从2000年的46.3%增加到2004年的48.8%，粮食亩产也由2000年的233.6公斤降至198.9公斤。从这一点上讲，扶贫对象除了绝对贫困人口以外，也应该逐步覆盖到低收入人口，改善他们的生存环境。

在社区环境方面，贫困人口及低收入人口所在村的社区环境在几年间得到全面提升。同全国一样，村一级的设施如所在村通公路的比重、通电话的比重、能看电视节目的比重、通电的比重，以及户一级的设施水平包括使用生活用电的农户比重、有安全饮用水的农户比重，两类农户同2000年相比都有明显改善。

但是，不管是自然环境还是社区环境，贫困农户及低收入农户与全国平均水平相比仍然存在差距，贫困及低收入农户所在地总的说来自然环境较为恶劣，自然资源短缺。51.3%的贫困户和48.8%的低收入户居住在山区，全国平均水平只有25.6%。贫困及低收入农户粮食亩产水平明显偏低，分别只有全国平均水平的73.2%和61%。在社区环境方面，尽管贫困及低收入人口所在社区的电力通达、公路建设、电视节目收看等基础设施已达相当水平，但与全国平均水平相比还是存在一定差距，这一差距在户一级设施水平上表现得更为明显。

2.贫困及低收入户家庭人口多，劳动力负担重，人口素质较低

2000~2004年贫困农户及低收入农户的家庭特征变化不大，相对于其他农户，贫困农户及低收入农户仍然有更大的家庭规模，每个劳动力需要负担更多的家庭成员，劳动力平均受教育年限较少，文盲率较高，劳动力外出务工比重低，学龄儿童在校率较低。从家庭规模来看，2004年贫困农户和低收入农户的平均家庭规模分别是5.4人和4.9人，比全国农村平均家庭规模高出1人左右。从家庭结构来看就会发现，贫困和低收入户16~60岁人数与全国平均水平相差不大，主要是低龄及老龄人口较多。因此，贫困及低收入户每个劳动力负担更重，整个家庭在经济方面也处于劣势。

（二）收入特征

2004年贫困人口人均纯收入579元，低收入人口人均纯收入854元。贫困农户和低收入农户的收入水平很低，分别只相当于全国平均水平的19.7%和29.1%。贫困农户及低收入农户的收入特征具体如下：

1.贫困农户及低收入农户占全部农户收入份额比人口份额下降更快，与全国其他农户的收入差距扩大

2004年贫困人口占全国农村人口的份额为2.8%，收入份额为0.5%。低收入人口占农村人口的份额为5.3%，收入份额为1.5%。贫困人口和低收入人口的收入份额分别比上年减少0.2个百分点和0.5个百分点，降幅快于其人口份额的下降，贫困农户与其他较高收入农户的收入差距扩大。

2.贫困农户及低收入农户收入结构比较单一，纯收入的2/3以上来源于家庭经营第一产业

贫困农户和低收入农户家庭经营第一产业收入分别为396元和575元，占纯收入的比重分

别为68.4%和67.3%，比全国平均水平高20.8个百分点和19.7个百分点。89.4%的贫困农户和88%的低收入农户是农业户或农业兼业户，远远高于全国平均66.5%的水平。贫困农户和低收入农户工资性收入分别为115元和194元，占纯收入的比重分别为19.9%和22.7%，比全国平均水平低14.1和11.3个百分点。

表2-14　农民人均纯收入及构成

指　标	2004年			2000年		
	全国	贫困农户	低收入户	全国	贫困农户	低收入户
人均纯收入	2936.4	578.7	853.5	100.0	100.0	100.0
一、工资性收入	998.5	114.9	193.7	34.0	19.9	22.7
二、家庭经营收入	1745.8	428.5	614.5	59.5	74.0	72.0
1．第一产业收入	1398.1	395.6	574.8	47.6	68.4	67.3
2．非农产业收入	347.7	33.0	39.8	11.8	5.7	4.7
三、财产性收入	76.6	10.6	11.4	2.6	1.8	1.3
四、转移性收入	115.5	24.6	33.9	3.9	4.3	4.0

数据来源：全国农村住户抽样调查

3.政策性收入大量增加

2004年全国农民人均得到的政策性收入（包括粮食直补、良种补贴和购置更新大型农机具补贴的收入）为16.1元，贫困农户人均9.1元，低收入农户人均9.9元。贫困农户得到的政策性收入为全国平均水平的60%左右，但贫困农户和低收入农户政策性收入占其纯收入的比重分别为1.6%和1.2%，高于全国平均0.55%的水平。

4.贫困农户及低收入农户收入货币化程度低

2004年贫困农户人均现金纯收入257元，占人均纯收入的44.4%；低收入农户人均现金纯收入427元，占人均纯收入的50%；全国农户平均现金纯收入2317元，占人均纯收入的78.9%。由于2004年贫困农户和低收入农户收入货币化程度分别比上年下降7.6和8.2个百分点，而全国的收入货币化程度上升2.2个百分点，两类农户收入货币化程度与全国的差距进一步扩大，比全国平均水平分别低34.5和28.9个百分点。

5.贫困农户和低收入农户生活处于入不敷出、现金短缺状态

2004年贫困农户人均生活消费支出602元，超过其人均纯收入23元，超出4%；现金生活消费支出322元，超过其现金纯收入水平65元，超出25.3%。低收入农户人均纯收入水平虽然比生活消费水平高出31.9元，但现金纯收入低于现金生活消费支出50.5元。分户来看，贫困农户中有54.1%的家庭人均家庭生活消费支出超过收入水平，47.2%的低收入农户收不抵支。

6.贫困农户的人均纯收入分布相对集中在500元以上，大多处于贫困线边缘

2004年贫困农户人均纯收入在200元以下的人口占3.5%，人均纯收入在200~400元之间的人口占9.1%，人均纯收入在400~500元之间的人口占14.2%，人均纯收入在500~600元之间的人口占23.4%，人均纯收入在600元以上的人口占49.8%。大部分贫困人口的人均纯收入都在500元以上，说明他们大多处于贫困线边缘，其收入来源尚有一定基础。

（三）生活消费特征

2004年贫困农户人均生活消费支出602元，只有全国平均水平的27.6%。低收入农户人均生活消费支出822元，相当于全国平均水平的37.6%。

1.贫困农户和低收入农户生活消费以满足基本衣食住为主，消费水平低，勉强维持温饱

2004年贫困农户生活消费支出的84.8%用于消费食品、衣着和住房，低收入农户80.7%的生活消费支出用于衣食住，均大大高于全国平均水平的67.6%。其中，贫困人口人均食品支出429元，相当于全国平均水平的41.6%；人均衣着支出34元，相当于全国平均水平的

28%；人均居住支出48元，相当于全国平均水平的14.7%。低收入人口人均食品支出547元，相当于全国平均水平的53%；人均衣着支出48元，相当于全国平均水平的39.7%；人均居住支出69元，相当于全国平均水平的21.2%。

2.贫困农户和低收入农户生活消费中，除了维持基本的生活以外，用于其他消费的很少

贫困农户购买家庭设备用品和服务18元，相当于全国平均水平的19.7%；人均交通、通讯费支出16元，相当于全国平均水平的8.5%；人均文教娱乐用品及服务的支出32元，相当于全国平均水平的13%；人均医疗保健支出20元，相当于全国平均水平的15.3%。低收入农户购买家庭设备用品和服务26元，相当于全国平均水平的29.5%；人均交通、通讯费支出30元，相当于全国平均水平的15.3%；人均文教娱乐用品及服务支出60元，相当于全国平均水平的24.4%；人均医疗保健支出31元，相当于全国平均水平的24.1%。贫困农户和低收入农户文教娱乐支出的73%都是学杂费支出，医疗保健支出几乎全部用于购买药品和缴纳医疗费，实际上用于文化和其他生活服务的支出所剩不多。

3.贫困农户和低收入农户消费自给性程度高，服务性支出比重少

贫困农户和低收入农户自给性消费占总的生活消费支出的比重分别为46.6%和41.9%，分别比全国平均水平高26.9个百分点22.2个百分点。贫困农户和低收入农户人均服务性支出分别为75.6元和127.3元，占总的生活消费支出的比重分别为12.6%和15.5%，低于全国平均28.4%的水平。

（四）生产投入特征

1.经营费用支出少，基本上都用于种植业和牧业

受收入水平的制约，农村贫困及低收入户维持性投入特征明显，人均家庭经营费用支出不足其他农户的一半。2004年贫困及低收入农户人均家庭经营费用支出各为384.2元和463.7元，分别只相当于全国平均水平的41.6%和50.2%。从生产投入结构看，贫困及低收入农户的家庭经营费用支出主要用于种植业和牧业，两项主要投入的比重合计占到96%以上，而全国平均水平为89.7%。

2.生产性固定资产投入少

2004年全国人均购置生产性固定资产支出106.4元，贫困农户人均购置生产性固定资产的支出29元，低收入户人均33.7元，分别只有全国平均水平的27.3%和31.7%。

从年末主要生产性固定资产的拥有情况来看，贫困农户、低收入户与全国平均水平的差距主要表现在价值较高和科技含量较高的项目如汽车、拖拉机、机动脱粒机、收割机、农用机械、水泵上。但在传统农具如胶轮大车、役畜，以及产品畜方面，贫困农户每百户的拥有量高于全国平均水平。贫困农户每户的房屋及建筑物面积也略高于全国平均水平。

表2–15　年末拥有主要生产性固定资产数量

指　标	全国	贫困农户	低收入户
生产性固定资产原值（元／户）	5956.2	4746.1	4600.5
房屋及建筑物（平方米／户）	22.3	22.7	20.4
汽车（辆／百户）	1.4	0.7	0.5
大中型拖拉机（台／百户）	2.2	0.8	2.1
小型和手扶拖拉机（台／百户）	18.8	13.9	16.8
机动脱粒机（台／百户）	10.1	3.4	5.6
收割机（台／百户）	1.3	0.5	1.1
农用动力机械（台／百户）	14.5	6.0	9.4
胶轮大车（辆／百户）	12.9	19.8	14.5
水泵（台／百户）	22.1	8.9	14.4
役畜（头／百户）	34.8	77.7	61.6
产品畜（头／百户）	51.8	90.1	63.9

数据来源：全国农村住户抽样调查

三、结论与建议

▲2000~2004年中国农村贫困状况得到了改善，全国贫困规模减少，但是，近年来减贫速度放慢。西部地区和山区绝对贫困人口、低收入人口下降快于其他地区，我国以西部地区和山区为重点的扶贫取向成效明显，然而，西部地区、山区以及粮食主产区仍然是农村贫困的主要集中地。因此，应加大扶贫力度，对弱势地区进行重点扶持。

▲农村贫困的新特点之一就是现阶段农村扶贫监测对象除了尚未解决温饱问题的绝对贫困人口外，还有近5000万初步解决温饱、但经济状况还不巩固的低收入人口，而且，剩余的低收入人口正在进一步向自然条件恶劣的山区集中。政府扶贫对象应该逐步覆盖到低收入人口，改善他们的生存环境和经济条件。

▲近年来贫困及低收入人口所处的自然、社区、经济环境虽然有所改善，但条件仍然较差。他们或是生活在自然条件恶劣的地区、或是人力资源严重不足、或是因为各种原因收入稳定性差、抗风险能力弱，他们在自然环境、基础设施、经济状况及文化教育水平等方面与其他农户相比显然处于更差的状态。贫困程度越深，这种劣势表现得越明显。

▲尽管贫困及低收入农户所在村的通讯、电力通达、公路建设等基础设施已达一定水平，但与全国平均水平仍有差距，这一差距在户一级设施水平上表现得更为明显。因此，扶贫政策应重点瞄准贫困及低收入农户。以社区一级的基础设施建设为重点之一的扶贫举措是农户脱贫致富的前提，加强户一级的设施建设、以目标农户为重点扶持对象有助于提高扶贫工作的效率。

▲从收入情况来看，贫困农户和低收入户占全部农户的收入份额下降比其人口比重下降更快，与全国其他农户的收入差距扩大；其收入结构单一，全年人均纯收入主要来自于家庭经营第一产业；收入稳定性差，非农收入水平低；收入货币化程度低；大量贫困和低收入农户生活还处于入不敷出、现金短缺状态。但贫困人口收入分布相对集中在500元以上，处于贫困线边缘，收入来源尚有一定基础。

▲从消费情况来看，贫困及低收入农户生活消费水平低，以满足衣食住为主，用于其他消费的很少；恩格尔系数虽高，但食品消费量却严重偏少；住房面积小、条件差；拥有的耐用消费品数量少、档次低。

▲从生产情况来看，贫困农户和低收入户简单再生产和扩大再生产能力弱，产出水平差，参与市场的能力不够，说明贫困户和低收入户在生产及销售环节与其它农户相比存在一定的差距。

▲从受教育情况来看，贫困及低收入人口与全国平均水平的差距在不断缩小，这一点特别表现在儿童的入学率上。但贫困及低收入农户的成人及青年文盲率仍远远高于全国平均水平。应充分认识到提高劳动力文化素质对家庭经济水平的贡献作用，进一步加大专业技术培训，通过科技兴农、鼓励劳动力流动来加强农户自救。

▲从社会平等来看，近年来基尼系数仍不断增大，最富的20%的农民拥有43.6%收入，农村劳动力性别差异也仍然存在。这些因素都使得社会公平受到考验，应引起决策层足够重视，通过加大再分配手段的调控力度，以及通过加强对贫困和低收入农户的社会扶助及保障、强调两性平等，提高社会公平。

▲从农户市场参与情况来看，贫困及低收入农户外出务工比重较低、打工强度较弱，工资性收入比重低、现金收入比重低、主要农产品的商品率低，在市场竞争中处于不利地位。

综上，从贫困分布状况、不同农户的收支水平、饮食健康、财产与生活设施拥有情况、受教育水平、社会平等、市场参与能力，以及不同农户所在社区的基础设施和社会服务水平来看，贫困及低收入农户在自然环境、经济状况、人力资源方面处于明显劣势的格局并未打破。而恰恰是这一部分农户在抵御价格风险、技术风险和自然风险时表现得更为脆弱。

要实现农村的脱贫致富，就必须以增加贫困及低收入农户收入、解决他们的温饱为出发点，通过各种方式引导贫困及低收入农户提高收入，创造条件让他们也能同样地通过从第一产业向二、三产业的流动、从本地向外地流动、从低收入向高收入流动的路径受益，并在接受教育、市场参与、取得社会服务、缩小性别差异等方面为贫困及低收入农户提供更多机会。

第三部分　国家扶贫开发工作重点县贫困监测结果

3

根据国家统计局对592个国家扶贫开发工作重点县（以下简称扶贫重点县）的贫困监测调查①显示，自2001年以来，扶贫重点县的贫困人口进一步减少，区域经济得到发展，基础设施进一步完善，基本社会服务有所进步，劳动力流动增加，农户生活水平继续提高，国家扶贫资金及扶贫项目得到落实。2001~2010年中国农村扶贫纲要目标正在逐步实现。

一、国家扶贫重点县社会经济发展情况

（一）贫困规模缩小，贫困程度缓解

1.贫困人口比2001年下降198万

根据国家农村贫困监测调查，2004年扶贫重点县农村贫困人口1613万，比2001年减少199万人。贫困发生率为8.1%，比2001年下降1个百分点。

从贫困规模看，2001~2004年，中部地区扶贫重点县农村贫困人口减少145万，西部地区减少54万。扶贫重点县农村贫困人口数量下降幅度超过20%以上的有河北、山西、内蒙古、吉林、湖南、重庆、四川、宁夏、新疆。山西、广西、四川扶贫重点县农村贫困人口数量从百万以上减少到百万以下。但至2004年底，仍有5个省扶贫重点县农村贫困人口超过百万，分别是云南、贵州、甘肃、陕西和河南。同时，部分地区因受灾和某些农产品市场价格下跌，贫困人口有所增加，仍未恢复到2001年的水平，如青海、贵州等省。

①国家贫困监测调查方案在2002年进行了改革，因此，反映经济贫困主要指标数据的比较期是2001~2004年，反映多元贫困指标数据的比较期大多为2002~2004年。

表3-1　扶贫重点县农村贫困规模

单位：万人

年　份	贫困人口	低收入人口
2001	1812	3865
2002	1752	3076
2003	1763	2946
2004	1613	2580

数据来源：国家贫困监测调查

从贫困程度看，中部地区扶贫重点县农村贫困发生率在4年间下降了1.7个百分点，西部地区扶贫重点县农村贫困发生率下降了0.5个百分点。2001年扶贫重点县农村贫困发生率在

20% 以上的山西、吉林、宁夏等三省区已全部降至 20% 以下。到 2004 年，仍有 10 个省扶贫重点县农村贫困发生率超过 10%，分别是山西、内蒙古、吉林、黑龙江、广西、贵州、云南、甘肃、青海、新疆。

表 3-2 扶贫重点县农村贫困程度

单位：%

年份	贫困发生率			低收入人口比重		
	全部	其中：		全部	其中：	
		中部地区	西部地区		中部地区	西部地区
2001	9.1	7.8	10.2	17.6	14.1	20.5
2002	8.8	6.3	10.8	15.4	11.7	18.5
2003	8.8	6.7	10.6	14.7	12.7	16.4
2004	8.1	6.1	9.7	12.8	10.3	14.9

数据来源：国家贫困监测调查

2. 低收入人口比 2001 年减少 1285 万

2004 年扶贫重点县在贫困标准以上、低收入标准以下的农村低收入人口 2580 万，比 2001 年减少 1285 万。低收入人口占乡村人口比重为 12.9%，比 2001 年下降 4.7 个百分点，高于全国农村下降速度 3.4 个百分点的幅度。

4 年来，扶贫重点县农村低收入人口数量在百万以上的省由 14 个减少到 8 个，截止到 2004 年底，扶贫重点县农村低收入人口在 300 万以上的有贵州、云南、甘肃，200~300 万的有河南、陕西，100~200 万的有安徽、湖南、广西。

农村低收入人口比重在 20% 以上的省由 2001 年的 8 个减少到 1 个，到 2004 年底，只有甘肃扶贫重点县农村低收入人口比重仍在 20% 以上。

（二）经济实力有所增强，财政、金融仍十分困难

根据分县统计结果，从 2001 年以来，国家扶贫重点县人均地区生产总值保持 2 位数的增长速度，城乡居民储蓄存款增加，经济实力有所增强，但财政收入和贷款增长缓慢。

1. 地区生产总值增长速度略快于全国平均水平

2004 年，扶贫重点县人均地区生产总值达到 3997 元。人均国民生产总值在 2001 年到 2004 年分别增长 6.3%、6.9%、15.9% 和 21.3%，年均递增 15.3%（现价）。与全国县域平均水平相比，扶贫重点县人均地区生产总值的增长速度高出 0.5 个百分点。

作为主导产业，国家扶贫重点县第一产业增加值在 2001~2003 年增长较慢，分别仅为 1.6%、7.5%、5.0%，但 2004 年在良好的气候、市场、政策因素共同影响下增长 20.9%。4 年来，二、三产业保持较快增长速度，但与全国县域平均水平比较仍相差很远。

表 3-3 国家扶贫重点县生产总值现价增长率

单位：%

指标	2001 年	2002 年	2003 年	2004 年
地区生产总值	7.0	7.6	16.6	22.1
1. 第一产业增加值	1.6	7.5	5.0	20.9
2. 第二产业增加值	5.9	15.6	22.5	25.8
3. 第三产业增加值	10.0	12.7	11.3	15.2

数据来源：分县社会经济统计资料

2. 财政收入增长较慢，收支缺口进一步加大

2004 年国家扶贫重点县人均地方财政一般预算收入 152 元，比 2001 年增加了 30 元，年

均递增 7.6%，低于全国县域平均增速 2.8 个百分点；人均财政支出 634 元，比 2001 年增加了 236 元，年均增长 16.8%。与全国县域财政收入增长速度平均水平以及自身的财政支出增长速度相比，财政收入增长速度比较缓慢，收支缺口进一步加大。

表 3-4　扶贫重点县主要经济指标

指 标	2001 年	2002 年	2003 年	2004 年
人均地区生产总值（元）	2658.1	2842.6	3293.8	3996.6
# 人均第一产业增加值（元）	965.4	1032.0	1076.8	1293.0
人均财政总收入（元）	194.0	240.7	253.7	300.4
# 人均地方财政一般预算收入（元）	122.5	125.3	138.2	152.4
人均财政支出（元）	397.8	478.7	533.9	633.9
人均年末金融机构各项贷款余额（元）	1890.0	2031.2	2130.5	2241.0
人均年末金融机构各项存款余额（元）	2104.4	2443.3	2823.5	3319.7
# 人均城乡居民存款余额（元）	1575.5	1832.3	2133.3	2473.3
公路总里程（公里）	515881	543548	556262	587807
民用汽车拥有量（辆／万人）	31.9	34.6	37.4	43.3
固定电话用户数（部／万人）	437.0	554.2	668.9	789.4
移动电话用户数（部／万人）	122.3	237.9	389.3	581.6

数据来源：
分县社会经济统计资料

3.贷款增长缓慢，资金外流倾向十分明显

2004 年人均金融机构年末各项贷款余额 2241 元，比 2001 年增加了 351 元，年均仅递增 5.8%，低于全国县域平均增速 5.6 个百分点。金融机构的年末各项存款余额人均 3320 元，比 2001 年增加了 1215 元，年均递增 16.4%，与全国县域平均水平基本一致。其中城乡居民年末存款余额人均 2473 元，比 2001 年增加了 898 元，年均递增 16.2%。存款水平和增长率均高于贷款的结果是，贫困地区本来就十分紧缺的资金大量外流，这说明了当地经济严重缺乏竞争力，这种现象也严重制约当地经济的发展。与贷款水平较低相应的是，农民当年借贷款中有 51.7% 来自亲友，说明农民的借贷需求无法从银行和信用社等得到满足。

（三）基础设施明显改善，自然村设施仍比较落后

1.交通条件显著改善

2004 年 592 个扶贫重点县公路总里程达到 58.8 万公里，比 2001 年增长了 13.9%。每万人民用汽车拥有量达到 43.3 辆，比 2001 年增长了 35.7%。在扶贫重点县通公路的行政村比重从 2001 年的 92.2% 增长到 2004 年的 97.5%。通公路的自然村比重明显提高，但近 1/4 的自然村不通车。

表 3-5　扶贫重点县社区基础设施

单位：%

指 标	2001 年	2002 年	2003 年	2004 年
1.通公路的行政村比重	92.2	95.4	96.6	97.5
2.通电的行政村比重	95.8	96.8	97.7	97.8
3.通电话的行政村比重	76.9	83.8	88.4	90.5
4.能接收电视节目的行政村比重	95.4	95.8	96.2	96.5
5.通公路的自然村比重		72.2	75.0	77.6
6.通电的自然村比重		92.8	93.9	95.1
7.通电话的自然村比重		52.4	59.1	64.4
8.能接收电视节目的自然村比重		83.7	86.5	87.8

数据来源：
国家贫困监测调查

2.通讯设施发展较快

2004年通电话的行政村占全部村的比例达到90.5%，比2001年增加13.6个百分点。每万人固定电话用户达到789户，比2001年增长80.6%；每万人移动电话用户达到582部，是2001年的4.8倍。自然村通电话比重则在3年中增加了12.2个百分点。

有96.5%的行政村可以接收到电视节目，比2001年增加0.9个百分点，与全国的平均水平差距不大。自然村能接收电视节目的比重则在3年中增加了4.3个百分点。

3.通电村比重接近全国农村平均水平，但用电量较少

到2004年底，97.8%的行政村通电，比2001年的提高了2个百分点，接近全国平均水平。农村用电量人均90千瓦小时，与2001年相比年均递增7.4%；比全国农村用电量人均277千瓦小时的水平低187千瓦小时。

（四）基本社会服务有所改进，总体水平仍十分落后

几年来，扶贫开发重点县的各项社会事业均得到发展，但总体部分仍十分落后。

1.儿童在校率提高，学费负担下降

2004年底，扶贫重点县7~15岁儿童在校率为93.5%，其中，低收入农户7~15岁儿童在校率为93.4%，贫困农户7~15岁儿童在校率为88.9%。分年龄段看，扶贫重点县7~12岁儿童在校率为95.8%，13~15岁儿童在校率为90.7%。其中，低收入农户7~12岁儿童在校率为96.2%，13~15岁儿童在校率为90.0%；贫困农户7~12岁儿童在校率为91.5%，13~15岁儿童在校率仅85.1%。分地区看，西部地区国家扶贫重点县7~12岁和13~15岁儿童在校率分别为94.4%和88.8%，其中最低的省仅为69.9%和70.0%。

与2002年相比，扶贫重点县7~15岁儿童在校率提高2.5个百分点，其中7~12岁组提高0.9个百分点，13~15岁组提高4.3个百分点。

表3-6 扶贫重点县7-15岁儿童在校率

单位：%

指 标	2002年	2003年	2004年
7~15岁儿童在校率	91.0	92.2	93.5
其中：7~12岁儿童在校率	94.9	95.2	95.8
13~15岁儿童在校率	85.4	88.4	90.7

数据来源：国家贫困监测调查

2004年扶贫重点县每个小学生平均教育费用支出为301元，其中学杂费和书本费187元，分别比2002年下降了3.6%和12.4%；初中生平均教育费用支出为803元，其中学杂费和书本费413元，教育费用比2002年下降了7.9%，学杂费和书本费比2002年增长了22.9%；高中生平均教育费用支出为2271元，其中学杂费和书本费1132元，分别比上年下降了8.8%和15.9%。

2.劳动力就业培训增加

教育、培训不足制约了劳动力的就业能力和转移速度。近年来国家对扶贫重点县的劳动力培训给予了大力支持，国家扶贫资金中用于技术培训的资金由2002年的1.96亿元增加到2004年的2.74亿元；同时，当年接受过技能培训的劳动力比例由2002年9.1%上升到2004年的11.2%。

3.农村医疗卫生网点增加、新型合作医疗开始起步

医疗网点增加。至2004年底，扶贫重点县有72.9%的行政村有卫生室，有74.5%的行政村有乡村医生或卫生员，比2002年分别提高4.3和3.7个百分点。其中西部扶贫重点县有68%的行政村有卫生室，有70.8%的行政村有乡村医生或卫生员，比2002年分别提高3.1和3.5个百分点。

少数民族聚居区缺少医疗点和医务人员的程度更严重，但改善也更大。只有64.3%的行政村有卫生室，比2002年提高4.9个百分点；有64.4%的行政村有乡村医生或卫生员，比2002

年提高4.4个百分点。

合作医疗覆盖面增长迅速，但比例依然很低。至2004年底，在扶贫重点县中参加农村合作医疗基金的农户占8.6%，比2002年的2.6%增长了3.3倍。增幅虽快，但合作医疗的覆盖面小，使得90%以上的农户在生病就医时无法得到农村合作医疗基金的帮助。

农民不能及时就医的比例下降。2004年，生病时不能及时就医的人数占全部调查人数的14.8%，比2002年下降了1.3个百分点，其中：贫困农户生病后不能及时就医的人占21.6%，比2002年低了3.5个百分点，低收入农户中生病不能及时就医的人口占17.9%，比2002年低了4个百分点。分地区看，西部扶贫重点县农民生病不能及时就医的人口比重达18.1%，中部扶贫重点县为9.2%。

经济困难、无力承担高昂的医疗费用仍是农户有病不能及时就医的最重要原因。2004年，在生病不能及时就医的人口中，由于经济困难、无力承担高昂的医疗费用占64.7%；而因为医疗点少、医院太远的占27%。在贫困农户中，由于经济困难生病不能及时就医的人口比例高达67.0%。这些构成与2002年相比没有太大的变化。

（五）农民收入增加，生活水平提高

1.农民人均纯收入实际年均递增5.6%

2004年，扶贫重点县农民人均纯收入为1585元，比2001年增加307元，年均递增7.5%，扣除价格因素的影响，实际增长5.6%。增加额为全国平均水平的54.4%，增幅略高于全国平均水平。

人均家庭经营性纯收入实际年均递增5.5%。2004年扶贫重点县农民人均家庭经营纯收入为997元，比2001年增加148元，年均增长5.5%。其中，人均种植业纯收入624元，较2001年增加145元，年均增长9.2%，它对农民纯收入增长的贡献率达到47%。农业收入的快速增长主要发生于2004年，主要得益于农产品价格上升、多项惠农政策、有利的气候条件等因素的共同作用。

人均工资性收入实际年均增长6.7%。2004年，扶贫重点县人均工资性收入为489元，比2001年增加107元，增长8.6%。其中，在本地打工得到的收入为172元，占工资性收入的35.1%；外出务工收入为258元，占工资性收入的52.7%。人均工资性收入占纯收入的比重自2002年后连年下降，2002年为33.4%，2003年为32.1%，2004年为30.9%。作为农民增收的重要途径，工资性收入比重下降的现象值得注意。

人均转移性收入保持稳定增长。2004年农民人均转移性收入为70元，比2001年增加13.9元，年均增长7.6%。2004年的大幅增长，主要是农民从扶贫救济、粮食直补、退耕还林还草等惠农政策的落实中得到了实惠。

表3-7 扶贫重点县农民纯收入

单位：元

指 标	2001年	2002年	2003年	2004年
农民人均纯收入	1277.0	1305.2	1406.3	1585.3
其中：工资性收入	382.2	435.5	451.4	489.4
家庭经营收入	848.3	796.0	865.1	997.2

数据来源：国家贫困监测调查

2.生活消费支出稳步增长

2004年国家扶贫重点县农民人均生活消费支出1394元，比2001年同期增加376元，扣除价格因素的影响，实际年均递增9.1%。

基本生活消费水平有实质性提高。2004年扶贫重点县农民人均食品消费支出742元，比2001年增加158元，扣除价格因素的影响，实际年均递增6.4%；人均衣着消费支出74元，

比2001年实际年均递增6.4%；人均居住消费支出165元，比2001年实际年均递增9.3%；人均家庭设备用品及服务消费支出49元，比2001年实际年均递增4.7%。恩格尔系数为53.2%，比2001年下降4.1个百分点，比全国农村平均水平高5.9个百分点。

文化、娱乐消费支出快速增长。2004年扶贫重点县农民人均文化教育、娱乐用品及服务消费支出177元，比2001年增加72元，扣除价格因素的影响，实际年均递增16.9%。

交通、通讯消费支出大幅度增长。2004年扶贫重点县农户人均交通、通讯消费支出85元，比2001年增加50元，实际年均递增31.2%，高于全国平均水平。交通、通讯消费支出的大幅度增加，反映了扶贫重点县农民与外界交流正在改善。

医疗保健支出持续提高。扶贫重点县人均医疗保健支出在2004年达到78元，比2001年增加31元，实际增长16.1%。

表3-8 扶贫重点县生活消费支出

单位：元

指 标	2001年	2002年	2003年	2004年
人均生活消费支出	1018.0	1142.7	1220.1	1394.4
其中：食品	583.5	649.5	655.6	741.5
衣着	58.5	69.3	69.6	74.4
居住	119.8	126.9	154.5	165.0
设备及用品	40.5	33.6	45.3	49.1
医疗保健	47.2	65.4	69.5	78.0
交通通讯	35.6	44.9	67.2	85.1
文化教育	105.4	121.2	137.4	177.7
其他	27.5	20.8	21.1	23.6

数据来源：国家贫困监测调查

3.温饱基本解决，饮食结构有所改善

2004年国家扶贫重点县农民人均粮食消费量为209公斤，蔬菜88公斤，食用油5公斤，肉类18公斤，蛋类1.7公斤，水产品1.3公斤，奶类1.3公斤，水果7.4公斤。与2001年相比，食物结构趋向合理，粮食的人均消费量下降了12公斤，蔬菜人均消费量增加8.7公斤，肉类的人均消费量增加2.3公斤，水产品和奶类的人均消费量增加0.2和0.3公斤。

表3-9 扶贫重点县人均食物消费量

单位：公斤

指 标	2001年	2002年	2003年	2004年
1.粮食消费	220.7	230.3	220.1	208.6
2.食用油消费	5.0	6.2	5.1	5.0
3.蔬菜及制品消费	78.8	95.0	86.2	87.5
4.肉类、家禽消费	15.5	18.7	17.1	17.8
5.蛋类消费	1.8	1.5	1.7	1.7
6.水产品消费	1.0	0.7	1.3	1.3
7.奶类及奶制品消费	1.0	2.4	1.5	1.3
8.水果消费		8.0	7.4	7.4

数据来源：国家贫困监测调查

2004年扶贫重点县农民人均食物消费折算的每日摄取热量为2400大卡，摄取蛋白质61.9克，摄取脂肪48.5克。但贫困农户和低收入农户低于这一水平。贫困农户的能量和蛋白质摄入量低于正常生理需求，低收入农户的能量和蛋白质摄入量刚能满足正常生理需求。根据贫困监测中贫困发生率推算，在扶贫工作重点县，目前仍有近10%的人口能量和蛋白质摄入量不足，影响身体正常发育。

表3-10　扶贫重点县平均每人每天的热量、蛋白质及脂肪摄入量

年 份	热量(千卡)	蛋白质(克)	脂肪(克)
2001	2488.2	64.0	46.7
2002	2653.6	67.7	54.1
2003	2507.9	64.6	48.8
2004	2400.3	61.9	48.5

数据来源：国家贫困监测调查

与全国相比，在扶贫重点县农民人均食物消费中，基本达到全国平均水平的是粮食，接近的是食用油、肉类，而蔬菜、水果、水产品、蛋类、奶类的消费量与全国平均水平相差甚远。

4.住房面积扩大、质量提高

2004年扶贫重点县人均住房面积为21.1平方米，比2001年增加1平方米，年均递增1.6%。从住房结构看，居住高质量住房农户比例增加，居住低质量住房农户比例下降。2004年住砖木结构住房的农户占40%，比2001年下降了1.8个百分点；住土坯房的农户占27.1%，比2001年下降了6.5个百分点；住钢筋混凝土房屋的农户占12.5%，比2001年增加了2.6个百分点。农户的住房质量的改善还体现在单位住房价值上，每平米房屋的价值由2001年的108.1元提高到2004年的134.1元。

5.耐用消费品拥有量快速增加

近年来，尽管与全国平均水平相比还有很大差距，但扶贫重点县每百户拥有的耐用消费品呈快速增长的势头，增幅超过全国平均水平。2004年扶贫重点县每百户拥有电冰箱、冰柜6.2台，比2002年增加了1.4台，年均递增13.5%；拥有电视机88.4台，其中彩色电视机52.8台，年均递增分别为5.5%和11.9%；拥有固定电话和移动电话35.9部，比2002年增加了14.7部，年均递增30.1%；拥有摩托车19.1部，比2002年增加了12.9部，年均递增21.6%。

6.取得生活用燃料的困难程度下降

2004年，扶贫重点县中有1.6%的农户使用清洁燃料（太阳能、天然气、液化石油气），有26.1%的农户使用煤炭，与2002年基本相同。高达70.0%的农户以柴草作为主要生活用燃料。分省看，山西、贵州、宁夏等产煤省区使用煤炭的比例较高；部分省90%的农户使用柴草；使用清洁燃料的农户各省都有分布，广西、重庆、江西等省区的比例超过3%。

至2004年底，仍有36.5%的农户感到最近5年来取得生活燃料越来越困难，这个比例低于2002年45%的水平。所有的省区感到取得生活用燃料越来越困难的农户数量都在减少。

7.饮用水困难的问题尚未得到彻底缓解

2004年扶贫重点县在饮水问题上有"三喜二忧"："三喜"是饮用水污染程度下降、取水困难缓解、使用自来水的农户比例上升；"二忧"是没有安全饮用水的农户比例依然很高、用于解决饮水问题的资金减少。

饮用水污染程度下降。2004年扶贫重点县的农户中，有11.1%的农户饮用水水源被污染，比2002年下降3.3个百分点。

取水困难有所缓解。 2004年有13.2%的农户取得饮用水困难①，比2002年下降6.6个百分点。特别在干旱缺水的西部扶贫重点县，饮用水困难的农户比例由2002年的19.8%下降到16.2%，下降3.6个百分点。

使用自来水的农户比例上升。 2004年有33.4%的农户饮用自来水，比2002年提高了3.2个百分点。特别在干旱缺水的西部扶贫重点县，饮用自来水的农户比例由2002年的32.9%提

①饮水困难：是指有下列3种情况之一的称饮水困难。a.与饮用水水源的垂直距离超过500米；b.水平距离超过1公里；c.取水时间超过半小时。

高到37.3%，中部扶贫重点县饮用自来水的农户比例由2002年的26%提高到27.3%。

没有安全饮用水的农户比例依然很高。31.2%的农户没有安全饮用水。按饮用水来源分：饮用自来水的农户占全部农户的33.4%，饮用深井水的农户占20.3%，饮用浅井水的农户占25.7%，直接饮用江河湖泊水的农户占6.4%，饮用塘水的农户占2.2%，还有12.1%的农户饮用其他水源如窖水等。在前三种水源中，去掉水源被污染和取水困难的农户，有安全饮用水的农户占总户数的68.8%，比2002年提高了12.6个百分点。

用于解决饮水问题的资金数量减少。贫困监测调查表明，近年来到村到户的各种政府扶持资金中用于解决扶贫重点县人畜饮水问题资金数量减少、比例下降。2004年调查村中到村到户人畜饮水工程资金平均每个村3880元，比2003年的4415元减少535元，比2002年的5459元减少1579元。用于人畜饮水工程的资金占当年使用扶持资金的比例也在下降，2004年为6.8%，低于2003年的9.5%，更低于2002年的16%。

8.农户卫生条件改善

农户的卫生设施也有改善。有卫生设备农户的比重为85%，比2002年提高2.7个百分点。其中：有水冲式厕所的农户比重为2.1%，比2002年提高0.3个百分点；有旱厕所的农户比重为82.9%，比2002年提高2.4个百分点。没有厕所的农户比重由2002年的17.7%下降到2004年的15%。分省看，没有厕所的农户比重低于5%的省区有河北、山西、吉林、河南、湖南、甘肃、宁夏。

表3–11 扶贫重点县农户耐用消费品拥有情况

指 标	单 位	2002年	2003年	2004年
1.收录机、音响	台／百户	34.0	29.5	30.2
2.冰箱、冰柜	台／百户	4.8	5.4	6.2
3.电视机	台／百户	79.5	85.0	88.4
其中：彩色电视机	台／百户	0.0	47.2	52.8
4.自行车	辆／百户	60.2	56.0	55.9
5.摩托车	辆／百户	12.9	16.1	19.1
6.固定电话、移动电话	部／百户	21.2	28.1	35.9

数据来源：国家贫困监测调查

（六） 文化素质有所提高，健康状况保持不变

2004年在扶贫重点县农村劳动力中，文盲劳动力占14.0%，小学文化程度占35.8%，初中占41.4%，高中及以上占8.7%。与2002年相比，小学和文盲劳动力分别降低了1.3和2.0个百分点，初中劳动力上升了2.6个百分点，高中及以上劳动力上升了0.7个百分点。

贫困监测调查还表明，农户的健康状况在过去3年内基本保持一致。

表3–12 劳动力文化程度构成

单位：%

指 标	2002年	2003年	2004年
文盲、半文盲	15.3	14.7	14.0
小学	37.8	36.8	35.8
初中	38.8	40.3	41.4
高中	6.4	6.3	6.7
中专	1.4	1.5	1.5
大专及以上	0.2	0.3	0.4

数据来源：国家贫困监测调查

表 3－13 扶贫重点县农民按健康状况分的人口构成

单位：%

指　标	2002 年	2003 年	2004 年
1.残疾	1.4	1.2	1.2
2.患有大病	0.6	0.5	0.5
3.长期慢性病	2.1	1.7	1.6
4.体弱多病	4.3	3.9	3.8
5.健康	92.4	93.5	93.8

数据来源：国家贫困监测调查

（七）市场参与程度增强，生产、消费和就业更加社会化

1.现金收支比例上升，实物收支比例下降

2004 年扶贫重点县农民人均现金总收入 1531 元，占全年人均总收入的 66.9%，这个比例比 2002 年提高了 2.3 个百分点。农民人均现金纯收入 977 元，占全年人均纯收入的 61.6%，这个比例比 2002 年提高了 2.5 个百分点。

2004 年人均生活消费现金支出为 938 元，占人均生活消费支出的 69.8%，比 2002 年提高 3.7 个百分点。

2.主要农、牧产品的商品率提高

2004 年扶贫重点县农民人均农产品的出售收入 383 元，占农业收入的 39.8%，这个比例比 2002 年提高了 5.8 个百分点。主要农产品中除油料、牛肉的出售量下降外，均有不同程度的增加。商品率是指出售量占产量的比重，下表表明，大部分农产品的商品率都比 2002 年有所提高。

表 3－14 扶贫重点县农户主要农产品出售率

指　标	出售量（公斤）				商品率（%）		
	2002 年	2003 年	2004 年	2004 比 2002 年均递增	2002 年	2003 年	2004 年
1.粮食	114.2	123.8	128.2	6.0	24.0	27.0	26.6
2.棉花	2.5	5.4	6.0	54.6	83.1	82.2	77.0
3.油料	11.1	12.0	10.7	−1.9	48.8	50.8	45.9
4.蔬菜	41.0	43.3	43.8	3.3	28.3	31.7	32.7
5.瓜果	28.1	25.8	31.4	5.6	62.5	64.8	69.6
6.肉类	24.6	24.1	23.4	−2.7	54.9	61.1	59.1
7.禽蛋	1.3	1.6	1.5	8.3	49.3	54.5	55.5
8.奶类	3.0	3.7	4.9	28.3	53.3	64.6	74.5

数据来源：国家贫困监测调查

3.劳动力流动增加

从产业看，2004 年，扶贫重点县第一产业劳动力占全部劳动力的比重为 65.8%，比 2001 年的 70.6% 下降 4.8 个百分点；第二产业劳动力的比重由 2001 年的 7.4% 上升到 2004 年的 8.3%，上升了 0.9 个百分点；第三产业劳动力的比重由 2001 年的 22.0% 上升到 2004 年的 25.7%，提高了 3.7 个百分点。产业内，第一产业中农林牧渔劳动力比例全面下降，第二产业中制造业和建筑业新增劳动力较多，第三产业的各个行业的劳动力比重都有增加。

从地点看，2004年劳动力外出务工的比例为16.6%，比2001年提高6.0个百分点。在外出务工的劳动力中，在县内乡外务工的劳动力占12.6%，在省内县外务工的劳动力占21.1%，在省外务工的劳动力占33.2%。与2001年相比，出省务工的比例逐年上升，在本省务工的比例逐年下降。

2004年农户工资性收入为人均489元，与2001年比年均递增6.3%，其中：外出务工收入258元，与2001年比年均递增3.6%。

在外出务工劳动力中，在外时间超过6个月的占2/3，平均每个劳动力的总收入为3922元，比2001年的3147元年均递增5.5%，在外消费为1447元，比2001年的1239元年均递增2.4%，寄回和带回1612元，比2001年的1784元年均递减3.3%。

（八）性别平等程度逐步提高，妇女社会事务参与率很低

在扶贫重点县，总体而言两性差距依然很大，从2004年的情况看，无论在健康、就业、收入以及受教育等方面，女性与男性之间均有较大差距，但同前几年相比，在性别平等方面也出现了一定程度的改善。

1.贫困程度女性略高于男性，但减贫程度女性高于男性

2004年扶贫重点县在668元之下的贫困人口共计1613万，其中48.2%为女性，女性人口的贫困发生率为8.3%，比男性高0.4个百分点；在668元以上，924元以下的低收入人口共计2580万，其中48.5%是女性，女性人口的低收入发生率比男性人口高0.6个百分点。

与2002年的48.7%相比，2004年贫困人口中女性人口的比例低了0.5个百分点；同时2004年女性人口的贫困发生率为8.3%，比2002年的8.9%下降了0.6个百分点。

2.女劳动力的就业机会及收入状况与男劳动力有较大差距，但女劳动力在非农就业机会增加、收入状况改善等方面高于男劳动力

2004年，扶贫重点县女劳动力的全年平均就业时间在6个月以下的占17.8%，比男劳动力高6.1个百分点；平均从业时间为9.3个月，比男劳动力少0.4个百分点；从事农业劳动时间占77.4%，比男劳动力高10.4个百分点。外出务工劳动力占11%，比男劳动力低12个百分点。平均每个外出务工女劳动力的月工资为460元，比男劳动力低16.1%。

2004年扶贫重点县女劳动力的平均从业时间为9.3个月，比2002年的9.8个月减少了0.5个月；从事农业劳动时间占77.4%，比2002年下降1.4个百分点。外出务工劳动力占11%，比2002年的9.6%高1.4个百分点。平均每个外出务工女劳动力的月工资为460元，比2002年的312元高出47%。

3.女劳动力文化程度较低，但提高速度较快

女劳动力中的文盲率为20%，小学文化程度的占40.3%，初中文化程度的占34.4%，高中占3.8%。与男劳动力相比，文盲率高13.2个百分点，小学文化程度的比重高9.2个百分点，初中和高中文化程度的比重分别低15.5和5.9个百分点。女劳动力接受过各种职业技术培训的比例也仅为7.5%，不到男劳动力培训比重的一半。

2004年女劳动力中的文盲率比2002年的21.1%下降了1.1个百分点，小学文化程度的比例比2002年的42%下降了1.7个百分点，初中文化程度的比例比2002年的32.2%提高了2.2个百分点，高中文化程度的比例比2002年的3.5%提高了0.3个百分点。女劳动力接受过各种职业技术培训的比例也比2002年提高了2.3个百分点。

4.女童在校率仍低于男童，但在校率有很大提高。

根据抽样调查结果，2004年7~15岁女童在校率为92.8%，比男童低1.3个百分点。但比2002年的89.2%提高了3.6个百分点。其中：7~12岁女童的在校率比2002年的93.8%提高了1.6个百分点。13~15岁女童的在校率比2002年的83%提高了7个百分点。

5.妇女的健康状况相对较差

2004年扶贫重点县妇女健康人口比重为92.1%，比男性低1.7个百分比。与男性相比，主要是长期慢性病和体弱多病现象较多，但残疾比重稍低。

6.妇女的社会事务参与程度很低，而且没有明显改变

根据贫困监测调查，2004年底，妇女担任社会职务（指乡村干部，村民代表，乡村集体企业和各种群众组织负责人等）比重仅为0.7%，比男性低4.6个百分点，同时，妇女参加村民大会和村民小组会议的比重，妇女对扶贫项目的了解程度，通过公开途径了解村内事务的比重均显著低于男性。妇女的社会参与程度在几年间没有明显改变。

二 、国家对扶贫重点县的扶持情况

（一）资金总量增加，产出和成果明显

据592个国家扶贫重点县上报的统计数据，2004年国家扶贫重点县得到的与扶贫有关的扶持资金（简称扶持资金）①达292亿元。其中：中央财政扶贫资金45.9亿元，以工代赈资金47.5亿元，中央扶贫贴息贷款累计发放额达79.2亿元，发放专项退耕还林还草工程补助45.2亿元，省级财政安排的扶贫资金11.6亿元，外资实际投资额34.5亿元。与2002年相比，年度资金总量增加16.3%。

以县为单位，平均每个县得到的扶持资金为4933万元。各省的资金分配不是平均的：宁夏平均每个县得到的资金超过亿元，安徽、湖南、广西、重庆、四川和陕西等省超过5000万元，其他省平均每个县得到扶持资金在2200~5000万元之间。

总体来看，各行业的资金分配格局基本保持稳定。投入到农业和农产品加工业的资金超过1/3：种植业的扶持资金为26.2亿元，占9.0%；林业的扶持资金为45.9亿元，占15.8%；养殖业的扶持资金为25.5亿元，占8.8%；还有15.3亿元的资金用于农产品加工业，占5.3%。近1/3的扶持资金用于基础建设：34.6亿元用于道路修建和改扩工程，占11.9%；26.9亿元用于电力设施建设，占9.3%；16.8亿元用于基本农田建设，占扶持资金的5.8%；11.1亿元用于人畜饮水工程，占3.8%；用于社会服务和提高生活质量的行业，如教育卫生文化事业的资金历年都占极低的比例，2004年也不例外，仅占扶持资金的5%。

与2001年相比，各县加大了环境保护和基础设施的投入力度，林业生产、道路修建和改扩建工程使用的资金在扶贫资金中比例提高，分别提高了11.4和4.7个百分点；其他各项投资所占比例有所减少，其中投向农业、牧业及其他生产行业的资金减少较多，比例分别下降了10.2、3.4和7.6个百分点。

从资金使用成果看，在592个扶贫开发工作重点县中，2004年新增基本农田500千公顷，占全部耕地的2.4%；当年新增及改扩建公路里程达12.5万公里，占全部公路里程的21.3%；当年解决饮水困难人数656.8万人，占当年尚未解决饮水困难人数的22.6%；当年解决饮水困难牲畜头数551.6万头，占当年尚未解决饮水困难牲畜头数的19.6%；向其他地区输出劳动力人数2674.9万人，占乡村从业人员的25.2%。

（二）村户项目覆盖率提高，资金强度增加

1.整村推进逐步推开

2004年，国家扶贫重点县到村到户的各类扶贫项目②均有较大幅度的增加，在全部调查村中，当年有39.8%的行政村参加了各种到村到户项目，比2002年增加了10个百分点。按扶持形式分，得到过现金扶持的村占全部村的28.6%，比2002年增加了8.6个百分点；得到过实物扶持的占全部村的22.9%，比2002年增加了4.3个百分点；得到过技术扶持的村占全部村的12.8%，比2002年增加了2.8个百分点。

①扶持资金包括专项财政扶贫资金、扶贫贷款以及退耕还林、天保工程、义教工程、农业综合开发等多项目资金。

②包括政府各部门以及其他来源的全部外来扶持。

图 3-1
扶贫重点县得到扶贫项目的村占全部村的比例

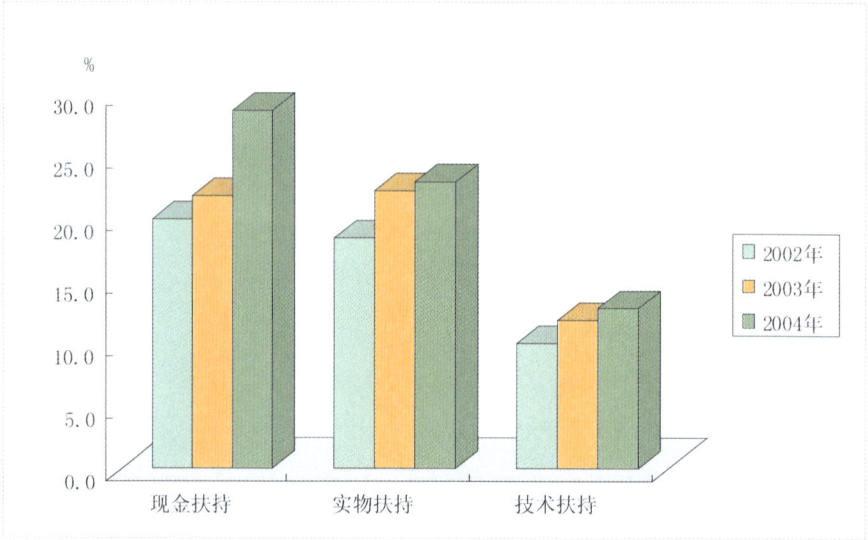

数据来源：国家贫困监测调查

扶贫重点村[①]受到的扶持明显多于非重点村。2004 年，扶贫重点村参与项目的比重是 51.9%，比非重点村28.3%的比例高出近1倍，其中得到现金扶持的扶贫重点村占全部重点村的比重为36.7%，得到实物扶持的重点村占 29.7%，得到技术援助的村占 17.5%，分别比非重点村高 16、13.4 和9.2个百分点。与 2002 年相比，重点村和非重点村的项目覆盖率都增加了，但重点村的力度更大。

在扶贫重点县中，有 15.6% 的农户参加了各种形式的到户项目或从公益项目中受益，比 2002 年增加了 4.9 个百分点。其中扶贫重点村有 20.6% 的农户参加了各种形式的到户项目或从公益项目中受益，比 2002 年增加了 5.6 个百分点。

重点村农户参与扶贫项目的比例明显高于非重点村。2004 年重点村农户参加扶贫项目的比重比非重点村高了近 1 倍，非重点村仅为 10.9%。

①扶贫重点村是指按国务院扶贫办要求、由各省确定的、列入 2001~2005 年扶贫规划的扶贫开发工作重点村。

图 3-2
扶贫重点县重点村和非重点村扶贫项目覆盖情况

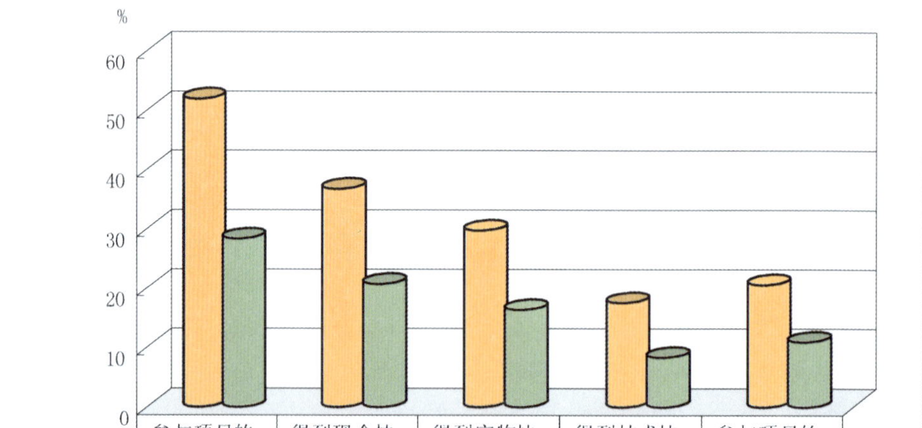

	参与项目的村比重	得到现金扶持的村比重	得到实物扶持的村比重	得到技术扶持的村比重	参与项目的农户比重
重点村	51.9	36.7	29.7	17.5	20.6
非重点村	28.3	20.7	16.3	8.3	10.9

数据来源：国家贫困监测调查

2.到村到户资金(包括实物折价)正在得到落实

平均每村当年落实的到村到户资金 6.9 万元，比 2002 年增加 3.3 万元，增长近 1 倍。其中扶贫贷款 1.2 万元，比 2002 年增加 0.2 万元，增长 20%。当年使用资金 6.4 万元，比 2002 年增加 3 万元，增长近 1 倍。当年使用的资金主要用于种植业、养殖业、人畜饮水工程、新修及改扩建公路和退耕还林。与 2002 年相比，用于技术培训、卫生室及设施、资助儿童入学、退耕还林以及修建道路的费用大幅增加，用于各项生产活动的费用减少。

经过对追踪调查村进行测算，每个得到过扶持资金的村在2002年到2004年[①]间平均共得到扶持资金26万元。

①包括2001年扶贫资金。

扶贫重点村平均每村当年得到资金9.1万元，其中扶贫贷款2万元，分别比非重点村多4.3万元和1.5万元。与2002年相比，重点村和非重点村的资金强度都增加了，但重点村的力度更大。2001~2004年每个得到过扶持资金的重点村累计得到32万元。

平均每个参与项目的农户当年直接得到的到户资金681元，比2002年增加了189元。其中：扶贫重点村当年户均得到的到户资金为717元，比2002年增加225元，增了1倍。

当年直接得到到户项目资金的农户占全部农户数的12.1%，比2002年增加了5.5个百分点。其中：扶贫重点村当年直接得到过扶持资金的农户比重为15.5%，比非重点村高6.7个百分点。

在直接得到资金的农户中，多数农户得到的资金在500~5000元之间，与2002年相比，得到资金在500元以下的农户比例下降，500元以上的农户比例上升，表明农户得到扶持资金的强度增加，有利于农户扩大生产规模，尽快脱贫致富。

表3-15 扶贫重点县农户得到的扶持资金的分组比例

单位：%

指标	2002年	2003年	2004年
得到扶持资金的农户比重	6.6	8.5	12.1
#重点村	14.9	12.2	15.5
#5000元以上	0.1	0.2	0.2
1000~5000元	1.3	2.0	3.0
500~1000元	1.1	1.7	2.4
100~500元	2.7	3.2	4.6
100元以下	1.3	1.4	1.9

数据来源：国家贫困监测调查

3.扶贫项目向贫困和低收入户有所倾斜

扶贫重点村的贫困程度比扶贫重点县高，在扶贫项目安排上，对扶贫重点村的扶贫力度更大，意味着较好的瞄准。在全部行政村中扶贫重点村占49%，但在参加各种到村到户项目的行政村中，扶贫重点村占63.8%；在当年落实的全部扶持资金中，重点村占66.1%；在参加各种到村到户项目的农户中，扶贫重点村的农户占60.9%；在直接得到资金的农户中，扶贫重点村的农户占62.7%。

在针对贫困和低收入农户的项目安排上，针对性较之以往有所提高。在连续调查户中，2002年是贫困户的农户占调查户的8.8%，2004年这些农户得到的扶贫资金占全部资金的12%，户均得到资金145元；低收入农户占调查户的16.4%，2004年这些农户得到的扶贫资金占全部资金的18.6%，户均得到资金120元；而其他农户则无论是户均资金额还是占用的资金比例都低于他们的人口比例。2003年的分组可以看出同样的趋势。可见，贫困农户在扶持资金分配上能得到一定程度的优先照顾。

表3-16 连续调查户中按历年贫困标准分的2004年资金比例及户均资金额

指标	2002年	2003年	2004年
2002年农户分组比例（%）	8.8	16.4	74.8
资金比例（%）	12.0	18.6	69.3
户均资金（元）	145.5	120.9	98.5
2003年农户分组比例（%）	8.2	13.5	78.3
资金比例（%）	10.5	14.4	75.1
户均资金（元）	136.0	113.4	102.0
2004年农户分组比例（%）	7.6	11.6	80.8
资金比例（%）	6.7	11.3	81.9
户均资金（元）	93.5	103.9	107.9

数据来源：国家贫困监测调查

(三)扶贫项目公开性正在提高

随着参与式扶贫的开展和村务公开的推进，多数农户了解本村的项目，参与项目规划的农户也大大增加。在当年有扶持项目的村中，76.8%的农户知道本村当年是否落实了新的项目或资金，有50.7%的农户参与了项目的规划，有61.3%的到户项目得到了农户的事先同意，而项目是自选的农户占当年参与项目的农户的36.1%。与2002年相比，对项目的了解程度有所提高，但自选项目以及农户事先同意项目的比重下降了。

图3—3
扶贫重点县农户参与扶贫项目情况

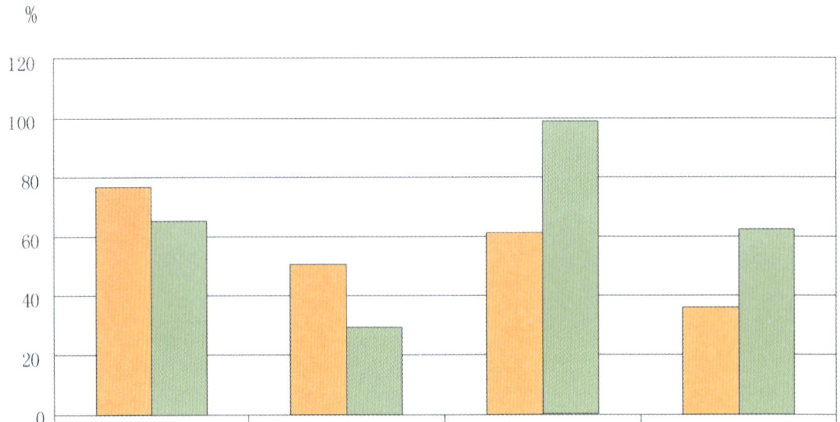

	知道本村有项目的农户比例	参与项目规划的农户比例	项目得到农户事先同意的比例	项目自选农户的比例
2004年	76.8	50.7	61.3	36.1
2002年	65.4	29.4	99.0	62.4

数据来源：国家贫困监测调查

农户主要通过公开渠道①了解项目。在当年有扶持项目的村中，通过公开渠道了解项目内容的农户占了解项目内容的农户比例为67.5%，有8.4%通过村干部的个别通知，6.0%通过本户的村干部接到上级通知，2.7%通过亲朋好友的转告，另有11.2%的农户是在开展贫困监测调查时，通过村干部的现场解说才了解本村的项目。与2002年相比，通过公开渠道了解项目内容的农户的比重增加了5个百分点。

(四)实施的扶贫项目确实是农户最希望的项目

种植、养殖、修建公路、人畜饮水工程、修建基本农田和退耕还林是国家扶贫重点县村及农户最迫切希望得到的项目。

迫切希望某种项目的村数占全部村数的比重：种植业为48.4%，养殖业43.8%，修建公路23.2%，人畜饮水工程14.5%，技术培训11.9%，修建基本农田11.2%，农产品加工8.6%，退耕还林7.1%。与2001年相比，对种植业和技术培训的需求分别增加了4.3个百分点，对修建公路、卫生室及设施、修建基本农田的需求比例分别提高了2.9、2.0和1.8个百分点，养殖业项目下降了2.3个百分点。但对退耕还林的需求下降了4个百分点。总体而言，2004年的项目安排与村里的需求是一致的，基本符合了村级脱贫解困的项目要求。

迫切希望某种项目农户数占全部农户数的比重：养殖业49.0%；种植业47.5%；修建公路18.7%；技术培训12.8%；人畜饮水工程11.5%；基本农田建设9.1%。与2002年相比，2004年的特点是对生产项目的需求下降，养殖业、种植业分别下降了4.1、1.0个百分点；对改善生产条件和生活质量的需求上升，修建公路、技术培训、基本农田建设和卫生设备的比例分别提高了3.1、1.8、1.4和0.8个百分点。同时希望得到更具地方特点的其他项目增加了1.0个百分点。

①公开渠道是指村民大会、村民代表大会、村民小组会议、公开告示和通知。调查时，在农户回答有多个了解项目的渠道时，优先选填公开渠道。

三 、扶贫重点县目前存在的主要问题

(一)总体仍处于需要区域性扶持的状态

2004年，扶贫重点县乡村人口占全国乡村总人口的21.3%，但扶贫重点县贫困人口和低收入人口分别占全国农村贫困人口的61.8%和低收入人口的51.8%。由于贫困发生率仍高达8.1%，低收入人口比重高达12.1%，两者合计占人口的1/5以上，因而，就平均水平而言，以县为单位，面向贫困地区的区域发展优惠和扶持政策仍很必要，但少数县需要调整。

(二)有相当高比例的老、少、边县

在扶贫重点县中，有100个是革命老区县，43个是陆地边境县，262个是少数民族县，在全国占有重要位置。这些县能否稳定发展，关系到革命老区人民对政府的感情，关系我国边境是否能稳定、各民族能否和谐共处，因此对整个国家的安定和繁荣有重要的作用。因此，扶贫重点县要特别重视社会稳定，要避免出现发展过程中经常会出现的贫富差距过大，社会治安恶化的现象。

(三)有明显的地理群集性

扶贫重点县集中分布于21个省，86个地区，贫困县域分布呈地理群集性。如齐齐哈尔周边及嫩江流域地区、努鲁尔虎山区和浑善达克沙地以南地区、太行山区和吕梁山区、黄土高原区、康藏、秦巴山区、南疆地区、大别山区、武陵山区、九万大山、广西、贵州石灰岩地区、横断山区及滇西地区、四川乌蒙山区、大凉山区以及滇东北高原地区、滇东南地区、鄱阳湖湖区、伏牛山区、赣南山区、皖南山区、五指山区等。与周边地区相比，这些贫困片区明显落后，但其内部较为一致。

(四)缺乏竞争力和自我发展能力

发展滞后。经济发展水平从总体看与其他地区相比大约落后10年以上。与全国县域平均水平相比，扶贫重点县人均地方生产总值不到一半，农村人均纯收入和职工平均工资为一半左右，人均储蓄存款为1/4，上述指标均相当于全国县域平均上世纪90年代初的水平。人均财政收入、每百户汽车拥有量、农村人均用电量等指标相当于全国县域平均80年代中期的水平，其中人均财政收入仅为全国县域当前平均水平1/6~1/5左右，每百户汽车拥有量、农村人均用电量约为1/4。

经济增长缓慢，缺乏活力。从2000年到2004年扶贫重点县农民人均纯收入的年增长率为7.5%，城市职工人均工资年均增长14.2%，人均地方财政收入增长年均只有10元左右，到2004年才达到人均152元。

投资不足，自我发展能力差。2004年国家扶贫重点县全社会基本建设投资人均为924元，是全国县域平均水平的67.8%，而且，来源于市场的投资更少。作为市场环境好坏的最敏感指标，扶贫重点县人均利用外资额不到全国农村平均水平的1/7（其中还包括了外资扶贫贷款），这个指标突出反映了扶贫重点县在市场竞争中处于极为劣势的地位。

经济结构单一，产品缺乏竞争力。2004年扶贫重点县第一产业增加值占地方生产总值的32.4%，比全国县域平均水平高10.8个百分点。扶贫重点县占全部劳动力的比例比全国县域平均水平高10个百分点左右。如果以出口总额衡量产品竞争力，全部592个扶贫重点县的出口总额仅为18.6亿美元，只有最发达县域江苏昆山的14.5%，广东顺德的25.1%。

(五)农民抗御风险能力依然很弱

扶贫重点县只有不到10%的人口生活在全国农村平均收入水平之上，而且生活水平不稳定，抵抗风险能力很弱。突出表现在：一是因灾因病返贫比例高。 2004年，扶贫重点县有40.9%的行政村因自然灾害减产三成以上。在当年贫困农户中，遭受严重自然灾害的户占

41.1%，有残疾人或重病、大病患者的户占7.8%。二是劳动力就业面窄、收入来源单一。2004年，扶贫重点县有70.5%的农村劳动力从事第一产业，有16.6%的劳动力外出打工，劳动力外出打工人数和打工收入增速连续两年放慢。有近80%的劳动力从未外出打过工。2/3以上的外出打工劳动力集中在建筑业、制造业、采矿业和餐饮服务业等行业。

（六）人力资源素质较低

一是思想保守，安贫守穷，不思进取，缺乏竞争意识。在特定的自然、社会环境中形成这种思想在许多扶贫重点县已成为心理定势，扶贫重点县人口流动率极低。到2004年，扶贫重点县人均交通、通讯费仅85.1元。

二是缺乏现代法律、民主甚至自觉的道德意识。主要表现一是许多人对法律无知或法律意识淡漠，容易在不了解有关法律法规的情况下犯法，不会利用法律武器捍卫自己的权利；二是民主意识薄弱，对村级选举参与热情不足、对村务公开监督缺乏兴趣，对于公共事务的参与意识和能力不足；三是缺乏自觉的道德意识特别是公共道德意识，特别是在离开原来的生活圈和人际关系的约束后，许多人的传统道德意识经不住现代社会各种诱惑而崩溃，出现较高的犯罪率。

三是知识贫乏、技能不足、信息闭塞。2004年扶贫重点县农村初中文化水平以下的劳动力占到农村全部劳动力的91.2%，其中，文盲、半文盲劳动力占14%，全部劳动力中，只有11.2%的劳动力接受过技能培训。同时，扶贫重点县离以因特网为特征的信息社会有很大的距离，目前在扶贫重点县，每万人因特网用户数仅为56.4户。

（七）人和自然矛盾尖锐

中国农村扶贫重点县多分布于自然条件恶劣、生态破坏严重、土地产出率低下的山区，黄土高原区，偏远荒漠地区，地方病高发区，以及自然灾害频发区，生态脆弱，环境恶劣，灾害频繁。据农村贫困监测调查，2004年，在国家扶贫重点县中，平均粮食亩产在100公斤以下的户占7.7%，200公斤以下的户占19.1%。没有可灌溉耕地的村有24.6%。由于这些地区是我国大江大河的发源地，处于冬季大陆性季风的上风向，目前不仅自身的生态环境面临恶化，危及当地人民的生活，对其他地区的生态环境影响很大。确定过高的经济发展目标不利于当地生态环境的保护和改善。因此，人和自然矛盾特别尖锐的扶贫重点县要特别重视生态保护，避免忽视生态效益而片面追求经济效益。

（八）教育、卫生、科技、社会保障严重滞后

与经济发展水平相比，扶贫重点县的社会发展更为滞后，个别指标与全国县域平均水平相比竟相差20年。

在教育方面，虽然经过多年的努力，扶贫重点县百万人口拥有的学校数、师生比接近或相当于全国的平均水平，学校校舍建设取得明显成效，学校危房面积大幅度减少。但近年来实施的并校措施在一部分扶贫重点县也造成了贫困儿童入学困难。特别是儿童入学率仍明显低于其他地区，远未达到普及九年制义务教育的标准。

在医疗卫生方面，扶贫重点县与全国相差近20年的距离：扶贫重点县每万人拥有医院、卫生院床位数和每万人口拥有的医生数约是全国县域平均水平的60%左右，相当于全国1980年以前的水平。至2004年底，尚有27.1%的村没有医疗室，有25.5%的村没有乡村医生或卫生员。

在社会保障方面，除民政救济、救助外，养老基金和农村低保制度建设在扶贫重点县基本上仍是空白。商业性保险处于初始阶段。

四、推动贫困地区发展的新思路

（一）将消除贫困、改善生态环境、维护社会稳定作为中心任务

各级政府要承认贫困地区可能会长期与其他地区存在差距，要避免片面追求经济发展目

标、盲目攀比经济发展水平以及不切实际地实施城镇化、工业化策略的做法，应根据贫困地区的实际情况将缓解（消除）贫困、改善生态环境、维护社会稳定作为贫困地区建设小康社会的三个中心任务。

缓解贫困就是要在尽快全面提高贫困地区农民收入的基础上，提高贫困地区人口的吃、穿、用、住、文化娱乐、健康卫生水平，使贫困地区的人口普遍享受基础设施和基本的社会服务，改善人口的身体素质和文化素质，提高贫困人口的参与能力和抵抗风险的能力，使贫困人口不仅能过上温饱生活，而且具备持久维持温饱生活的能力，从而确保我国的小康建设真正成为一项"惠及十几亿人"的伟大事业。

改善生态环境就是要严防贫困地区生态环境的进一步恶化，防止森林、草原、水面、湿地等从现有水平上缩小和退化，防止荒漠化进一步蔓延，改善大气、植被、土壤、水资源质量和数量，从而不仅实现贫困地区的可持续发展，而且为全国的可持续发展做出贡献。

维护社会稳定就是既要防止贫困地区区域内贫富差距过大，又要防止与其他地区差距过大，同时还要避免发展过程中经常会出现的社会治安变差的现象，从而为维护民族团结、边境安定，保持全社会的长治久安做出贡献。

（二）将增强自我发展能力作为根本途经

虽然国家和其他地区对贫困地区的支持非常重要，但贫困地区的可持续发展最终要靠贫困地区自己。世界各国的发展经验表明，只有立足于培养当地的高素质的各种技术人员、行政管理人员、熟练劳动力，切实改善贫困地区的基础设施和市场环境，贫困地区才有自我发展能力，才能持续快速的发展。我国多年的扶贫实践也表明，在贫困地区"造血"功能不足的情况下，"输血"固然很重要，但更重要的是帮助贫困地区建立造血功能。因此，无论是对贫困地区的优惠政策，还是各种外部援助，都应将重点放在帮助提高贫困地区的自我发展能力上。

（三）将与其他地区的协调发展作为基本策略

贫困地区发展是全国整体发展的一部分。因此，一方面，贫困地区小康建设不能走封闭发展道路，要将贫困地区发展与全国的发展统一起来考虑，要通过各种措施将贫困地区与全国紧密联系起来，使其纳入相关经济圈的活动，参与全国资金、劳动力和资源流通市场，并通过国家的相关扶持政策，增强贫困地区自我发展能力，提升贫困地区在全国的竞争能力，提高贫困地区的发展水平和发展活力。另一方面，对贫困地区的扶持力度以保持全国经济的梯度发展、不让贫困地区与周边地区有过于强烈的反差为宜，要尽量通过经济梯度的自然压差让贫困地区需要的资金、技术渗透进来，不应脱离贫困地区发展条件，过度建设与其经济发展水平不相适应的基础设施，或投资与市场及本地区软硬件环境脱节的企业，从而提高对贫困地区扶持措施的效益。

（四）将提高人的素质和改善基本社会服务作为新的突破口

人的素质的高低决定了资源运用、市场运行的效率，对经济发展起着主导作用。改善基本社会服务对提高人的素质有决定性的作用。但是贫困地区的基本社会服务受到经济发展的严重制约，又反过来影响制约经济的发展。在贫困与贫困因素之间常常演绎互为因果的怪圈，如"因贫致病，因病致贫"，"越穷越生，越生越穷"，"因贫失学，文盲难富"等等。正确选择突破口，对于撕破贫困怪圈，加快小康进程有重要的意义。据研究，影响贫困地区发展的两大类因素，即社会因素和自然因素中，自然的因素很难改变，一些自然因素可能永远不能改变，一些自然因素可能需要很长的时间才能改变，自然条件的差异会使贫困地区与其他地区的差异越来越大，但社会因素是可以改变的，一些社会因素可以在短时间内得到改变，而且通过社会因素的改变可以使贫困地区缩小与其他地区的差异，社会因素主要包括基础设施建设，基本社会服务和人口素质等。在我国扶贫实践中，基础设施建设、基本社会服务改善一直是国家扶贫工作的重点。这对我国取得举世瞩目的反贫困成就起到了重要的作用。目前贫困地区的基础设施已得到明显的改善，县、乡一级的公路硬化进展迅速，一些省、自治区实现了村村通公路、通电、通电视接收设施，通讯设施、校舍建设以及乡村卫生院、室建设也取得很大成绩，但是，人口素质低的问题依然十分突出，贫困农户难以享受这些设施的问题也十分突出。贫困的怪圈还在延续。当前行政村基础设施建设尚未到位的地区大多处于十分偏远的地区，在这些地区进行基础设施建设的投资巨大，回收周期长，效益不可预期。相对来说在贫困地区提供免费义务教育服务对贫困可以起到釜底抽薪的作用，切断贫困人口形成链条。因此，我国应在继续支持贫困地区基础设施建设的同时，更加着重于改善贫困地区的基本社会服务和提高人口素质，并使之成为新世纪中贫困地区小康建设的突破口。

（五）将经济、社会和生态的协调持续发展作为最终目标

经济、社会、生态的协调发展一是指经济、社会同步发展，二是指经济和社会发展要在生态系统能承载的范围内进行，三是指要让经济发展、社会进步和生态改善相互促进。目前，贫困地区的经济发展水平较低，社会发展更为滞后。长期滞后的社会经济发展已严重阻碍贫困地区的经济发展。因此，贫困地区的社会发展必须得到高度的重视。同时，当前贫困地区的社会经济发展受到生态环境的制约。在许多地区，脆弱的生态系统已不堪承受更多的经济活动。因此，贫困地区的任何发展措施应以不破坏当地的生态平衡的为原则，任何的规划在实施之前必须对其对环境的潜在影响进行充分的论证。贫困地区还必须在发展当地经济与迁出和减少贫困地区人口之间做出认真的权衡。

（六）区域整体发展、结合重点扶贫政策，多层次加快发展步伐

根据研究结果，某一区域内某一生活标准之下的人口下降至5%以下时，区域的整体发展对帮助这些贫困人口的作用迅速减弱。在我国大多数地区，农村绝对贫困发生率已降至5%以下，但是低收入标准下的人口比重仍比较高。2004年我国目前尚有内蒙古、贵州、云南、西藏、陕西、甘肃、新疆等7省（区）农村贫困发生率在5%~10%之间；青海农村贫困发生率为13.6%。以低收入标准衡量，低收入人口比重在10%以上有贵州、云南、西藏、陕西、甘肃、青海、新疆等7个省（区）。加快这些区域的整体发展的扶持措施仍是非常必要的。但在贫困发生率和低收入比重降至5%以下的地区，开发式扶贫应瞄准更小级的贫困集中区域，如贫困村和其中的农户。

由于在许多地区贫困发生率已降到5%以下，并且贫困人口大多难以承担开发式扶贫任务，对这些零星的、插花式的贫困人口，则应采取救济的措施。同时，扶贫开发对象要及时进行调整，要及时将低收入人口纳入扶持范围，更多地扶持虽然达到温饱标准但没有稳定脱贫的低收入人口，使更多的人口实现稳定脱贫。

（七）区别对待不同情况，实事求是地选择最适合的发展途径

贫困地区的情况千差万别。有的地区严重缺乏自然资源，无地、无水、没有任何其他资源；有的地区自然条件非常恶劣，洪、涝、旱、雹、沙尘暴、霜冻、地震、飓风频发，山高坡陡，有的地区基础设施仍比较缺乏，特别是自然村通公路、电、电话的比重还比较低，有的地区则缺乏信息、资金、技术等等。因此，要有区别地选择全面建设小康社会的发展途径，能发展农牧业的要在生态系统可承载范围内给予大力支持，有条件发展旅游业、农产品加工业以及其他特色产业的国家也应给予大力扶持。实在没有条件发展经济的、过于偏远、自然条件恶劣的或在生态敏感地区的，应将其迁出，切忌一刀切政策。

（八）要用效果性指标衡量评估扶贫和小康建设的成就

以人为本是构建和谐社会和全面建设小康社会的基本理念。让贫困地区人口过上体面的、有知识的、健康长寿的生活是贫困地区全面建设小康社会的最终目标。贫困地区在全面建设

小康社会进程中将会取得各种成就。有的是过程性的成就，如基础设施和其他各种工程的建设；有的是效果性指标，是贫困地区人口直接能享受的福利。过程性的成就虽然很重要，是取得效果性成就所必需的，但是，毕竟不是直接能享受的。在以前的扶贫实践中，各级政府一般将修学校、建公路、打水井、上企业等过程性成就作为扶贫的成就，而实际上评价扶贫成效必须用贫困人口的减少、农户福利水平和发展机会提高等效果性指标。建立全面、客观和科学的效果评价体系，坚持用效果性指标衡量评估小康成就，将对小康建设策略、途径的选择产生良好的导向作用。

第四部分：农村扶贫政策与措施

4

一、2004年扶贫开发情况回顾

2004年是实施《中国农村扶贫开发纲要（2001—2010年）》（以下简称《纲要》）以来形势最好的一年。592个国家扶贫开发工作重点县农民人均纯收入达到1582元，比上年增加7.3%，高出全国平均水平0.5个百分点。全国农村人均668元以下没有解决温饱的绝对贫困人口减少290万，下降10%；人均924元以下的低收入人口减少了640万，下降11.4%；两者都是近五年来减少幅度最大的一年。取得这些成绩的主要原因是：第一、党中央、国务院高度重视扶贫工作。中央确立以人为本的科学发展观和加强宏观调控的正确决策，为加快贫困地区发展创造了十分有利的条件。中央领导同志深入贫困地区实地考察、访贫问苦，多次作出重要指示和批示，不仅对扶贫开发工作有很强的指导作用，而且对广大扶贫战线的同志和贫困地区干部群众是一个极大的鼓励。第二，支持"三农"的氛围明显升温。2004年党中央和国务院出台了一系列支持"三农"的重大举措，对扶贫开发起到了重要促进作用。第三，从中央到地方普遍加大扶贫投入。2004年中央财政扶贫资金达到了122亿元，比2003年增加了8亿元。各地安排的配套扶贫资金超过了30亿元。发改委、财政、交通、农业、水利、科技、教育、卫生等部门发挥自身优势，在安排行业资金中向贫困地区重点倾斜，增加对贫困地区的投入。比如，交通部安排贫困地区车购税资金58.14亿元，涉及项目总里程8.4万公里。教育经费中用于资助贫困学生的规模达到11.7亿元，为中西部地区农村义务教育阶段2400多万贫困家庭学生免费提供教科书。水利部在国债投入中安排13亿元资金，解决中西部地区679万人的饮水困难。第四，扶贫工作更加扎实。各有关部门及扶贫系统的同志从贫困地区的实际出发，求真务实、积极探索，进一步明确目标，突出重点，扎实工作，提高了扶贫开发的成效。特别值得指出的是，在新阶段扶贫开发难度加大的情况下，取得这样的成绩来之不易，不仅向实现《纲要》确定的战略目标前进了重要一步，而且坚定了广大扶贫战线同志和贫困地区广大干部群众战胜贫困、如期实现《纲要》目标的信心。

2004年也是扶贫工作很不平凡的一年。由于2003年全国农村贫困人口不减反增，引起了国内外社会的广泛关注。总体上对我国扶贫开发工作是肯定的，但也出现了对扶贫形势的判断和对开发式扶贫方针的质疑或不同看法。针对这些问题，一年来，在扶贫开发领导小组的直接领导下，各级党委政府、扶贫部门和各有关部门坚持开发式扶贫方针不动摇，始终瞄准贫困群体，突出工作重点，改进作风，改革机制，积极主动地开展了大量富有成效的工作。

第一，加强扶贫政策调研。为了进一步统一认识，理清思路，明确重点，2004年扶贫部门开展了大量、深入的调查研究。一是对2003年贫困人口反弹较多的河南、陕西、黑龙江、内蒙古等省区，进行了重点调研，查找返贫原因，研究巩固温饱成果的对策。二是对市场经济条件下创新扶贫工作机制组织了专题调研，集中研究了整村推进、产业化扶贫、建立担保基金、改革贴息方式等重大问题。三是对中央有关政策在贫困地区实施后的收益进行了分析和调研。如对免除农业税和扶持粮食生产政策在贫困地区的效益进行调查研究，提出了建议。

第二，大力组织实施"整村推进"扶贫开发规划。在黑龙江省召开现场会，组织592个重点县扶贫办主任实地考察，交流经验，推动"整村推进"扶贫开发规划的组织实施。经过各地、各部门的努力，这项工作取得了显著的成效。全年共完成1.1万个贫困村扶贫开发规划的实施，新增基本农田147.2万亩、新增改扩建道路15.9万公里，新增及改良人工草场面积421.8万亩，新增教育、卫生用房199.6万平方米，解决553.7万人、589.8万头牲畜饮水困难。上述各项指标都创造了新阶段扶贫开发以来的最高水平。

专栏1 整村推进扶贫开发，构建和谐文明新村

按照《纲要》的要求，全国确定了14.8万个贫困村，这些村是扶贫开发的主战场。目前整村推进工作，形势很好，已经在全国贫困地区形成气候，受到广大群众的欢迎和拥护。最近，党中央提出的构建社会主义和谐社会的战略目标，进一步提高了对做好这项工作意义的认识，我们将其完整地表述为"整村推进扶贫开发，构建和谐文明新村。"各地按照这个基本思路重新审视了整村推进工作。一是正在实施整村推进扶贫规划的村，将根据构建和谐社会的要求，把建设社会主义新农村的内容补充进去。二是已经完成了规划实施的近3万个村，进一步完善、巩固和提高，把建设社会主义新农村的内容丰富进去。同时我们在四川的南充进行"搞好扶贫开发，构建社会主义和谐社会"的试点，得到中央组织部、中央宣传部、共青团中央、商务部、解放军总政治部等单位的支持。这一思路得到回良玉副总理的肯定，认为这是扶贫开发的与时俱进，"思路很好，方案可行"。

第三，进一步改革和规范扶贫资金项目的管理。一是加快资金拨付速度。针对各地反映资金下拨速度缓慢的问题，扶贫办和财政部联合下发了"做好扶贫资金项目计划工作的通知"，要求各地项目提前准备，实行中央财政扶贫资金存量部分年初先行拨付、增量部分人代会后再拨的办法。二是改革"三西"建设资金项目的审批管理方式。"三西"建设资金项目由原来国务院扶贫办、财政部、发改委直接审批具体项目，改为审核备案制，进一步贯彻了国务院下放管理权限的精神。三是积极推进信贷扶贫工作。针对当前扶贫贷款到户难的实际情况，扶贫办与财政部、中国农业银行联合印发了《关于认真做好扶贫贴息贷款工作的通知》，对扶贫贴息贷款使用投向、项目认定、贴息期限和利率等方面作出了规定。同时，经国务院批准，扶贫办和财政部在全国11个省各选择3个县，组织开展了扶贫到户贷款贴息方式改革的试点。目前，试点工作进展顺利，效果良好。四是进一步完善了公告公示制度。以领导小组的名义下发了"建立和推行扶贫资金项目公告公示制"的有关规定，进一步规范了扶贫资金管理办法，增强了透明度。五是加强检查、审计工作。2004年年初扶贫办会同财政部、发改委等六部委，组织开展了全国扶贫资金使用情况的联合检查。同时扶贫办和审计署、发改委、财政部等单位还联合下发了《关于进一步做好扶贫资金审计、监督工作的意见》，扩大了扶贫资金的审计面，加大了上审下的力度。

专栏2 实施"一体两翼"，推进扶贫开发

2004年，国务院扶贫开发领导小组全体会议明确提出，实施"一体两翼"工程，大力推进扶贫开发进程。一体即实施整村推进规划，努力改善贫困地区的生产生活条件；两翼即做好劳动力转移培训工作，努力提高贫困农民的综合素质；大力发展产业化龙头企业，努力调整贫困地区的农业结构。

第四，加强扶贫培训工作。全年共举办市、县、乡三级党政干部和扶贫业务干部培训班13期，培训学员2420人，圆满完成《贫困地区党政干部培训规划》确定的年度任务。2004年国务院扶贫办在全国认定了11个贫困地区劳动力转移培训示范基地，各省区市扶贫办也认定了一批培训基地，积极开展对贫困农民的培训。全年扶贫系统共培训贫困地区劳动力45万人，就业率达到80%以上，成为贫困农户增收脱贫的重要渠道。

专栏3 劳动力转移培训

国务院扶贫办在全国认定了30个培训示范基地、省级认定了184个培训示范基地，大部分扶贫工作重点县也认定了县级培训基地，基本上在全国贫困地区形成了培训网络。在认定基地的基础上，各地加大了投入力度和工作力度，并在培训、就业、维权各个环节探索了一些成功的路子。

第五，广泛动员社会力量参与扶贫和开展国际交往。2004年社会扶贫工作力度加大，国际交往成效显著。5月，上海全球扶贫大会的成功举办和与联合国开发计划署共同筹建中国国际扶贫中心协议的签订，进一步扩大了我国扶贫开发的国际影响。9月，在联合国"消除贫困与饥饿"峰会上，国务院扶贫办代表中国政府阐述了对消除贫困和饥饿的主张，再次得到了国际社会的好评。7月，回良玉副总理在中央国家机关单位定点扶贫工作会议上，对定点扶贫工作进行再动员、再部署。10月，在国际消除贫困日纪念大会上，回良玉副总理发表了重要讲话，并颁发了首届"消除贫困奖"，扶贫办与全国工商联签署了全面合作协议，进一步引导非公有制经济参与扶贫开发，在社会上引起了强烈反响。11月全国扶贫开发工作会议上，首次以国务院名义对东西扶贫先进单位和个人进行了表彰。上述会议和表彰宣传活动，收到了良好的效果，全国范围形成了扶贫济困的浓厚氛围。据不完全统计，全年中央国家机关单位有5296人次深入定点帮扶县考察（其中参加调研的副部级以上领导254名），选派挂职蹲点干部564名，直接投入帮扶资金6.5亿元、物资折款5600万元，引进资金18亿元，帮助劳务输出2万多人。同时，各部门在工作安排上高度重视向贫困地区、贫困群体倾斜。各省区市党政机关共向定点帮扶地区选派挂职蹲点干部9268名，直接投入帮扶资金21亿元、物资折款3.8亿元，引进资金36亿元。东部沿海发达省市向对口支援的西部省区共选派挂职干部1120名，支持各类援助资金5.9亿元，企业协作投资59.9亿元。上述各级党政机关单位和东部沿海发达地区向贫困地区投入、引进的各类资金总量达到了150亿元，超过了中央财政扶贫资金的规模。同时，2004年国家明确，对于向中国扶贫基金会捐款的纳税人，实行税前全额扣除的优惠政策，这为进一步动员各种经济组织、经济实体参与扶贫开发开辟了更加广阔的空间。

专栏4 产业化扶贫龙头企业

2004年，国务院扶贫办通过各省区市的推荐，在全国认定了260家扶贫龙头企业。并明确提出，新阶段扶贫开发工作的重点之一是大力促进贫困地区产业化进程，即通过龙头企业的带动，实现贫困地区调整产业结构，实现区域化布局、规模化生产、集约化经营，提高贫困地区农民组织化程度，引导贫困地区农户有序进入市场，有效增加贫困农户收入，为全面建设小康社会创造条件。

各领导小组成员单位充分发挥自身优势，深入贫困地区调查研究，积极开展工作。2004年，财政部就贫困县财政体制改革、加强扶贫资金监管等问题进行了多次调研，并与扶贫办等有关部门合作在河北、江西、新疆三省区开展了”财政扶贫资金管理信息系统”的试运行工作。农业银行积极支持扶贫龙头企业认定，正着手制定有关优惠政策。国家民委大力推进”人口较少民族贫困地区扶贫开发规划”的制定工作。国土资源部和扶贫办联合开展了地质灾害频发贫困地区的扶贫调研。共青团中央推出”农村青年转移就业促进计划”。全国妇联积极组织贫困妇女技能培训，等等。各领导小组成员单位卓有成效的工作，为推动全国的扶贫开发发挥了重要作用。

2004年扶贫开发工作取得了很大成绩，有主观的努力，同时年景较好、灾害不重也是重要原因，因此对扶贫开发的形势不可估价过高。进入新阶段扶贫难度加大，巩固温饱的任务繁重，弱势群体的弱势地位更为突出的基本格局并未改变，要完成《纲要》确定的目标需要更大的投入力度和工作力度，扶贫开发依然任重而道远。

国务院扶贫办

二、新形势下的以工代赈成效显著

以工代赈，是指政府投资建设基础设施工程，受赈济者参加工程建设获得劳务报酬，以此取代直接救济的一种扶持政策。现阶段，以工代赈是一项重要农村扶贫政策。国家投入实物或资金，建设基本农田、农田水利、县乡村公路、人畜饮水、小流域治理等农村小型基础设施工程，贫困农民参加以工代赈工程建设，获得劳务报酬（赈济物资或现金），直接增加收入。

自1984年实施以工代赈政策以来，中央和地方政府投入了大量资金，国家累计安排以工代赈资金800多亿元，其中国债资金150多亿元。据初步统计，贫困地区约70%的公共工程和基础设施是通过以工代赈的方式建设的。以工代赈政策的实施，改善了贫困地区的经济发展环境，增加了贫困农民的收入，为整个扶贫开发工作特别是如期实现”国家八七扶贫攻坚计划”等扶贫目标，做出了重大的贡献。以工代赈政策受到了贫困地区广大干部群众的衷心拥护，贫困群众将以工代赈工程誉为德政工程。

”十五”期间，在国债资金的大力支持下，以工代赈建设了一大批农村小型基础设施工程，改善了贫困地区的生产生活条件，增加了贫困农民收入，为贫困地区建设小康社会打下了坚实的基础。2001年至2004年，国家累计安排以工代赈资金249亿元，其中国债以工代赈89亿元，集中投向国家确定的贫困地区，并向贫困人口多、基础设施薄弱、受灾严重的贫困地区倾斜，取得了显著成效。

——基本农田建设　累计安排国家以工代赈投资20.7亿元，其中国债以工代赈投资3.9亿元，连同地方配套投资，总投资32.2亿元，用于贫困地区基本农田建设。通过新建农田、改造中低产田及坡改梯整治等工程建设，累计建设基本农田990万亩。基本农田建设改善了贫困地区的农业生产条件，增加了农作物种植面积，提高了农产品产量，为大部分贫困地区解决温饱和地区经济发展奠定了坚实的基础。

——小型农田水利　累计安排国家以工代赈投资65.8亿元，其中国债以工代赈投资25亿元，连同地方配套投资，总投资93.3亿元，用于贫困地区小型农田水利工程建设。通过新建和扩改建微型、小型农田水利工程，累计新增和改善农田有效灌溉面积3100多万亩。农田水利建设改善了贫困地区的农业生产条件，提高了农业综合生产能力和抵御自然灾害特别是旱灾的能力，同时对增加粮食产量和农民收入、调整农业结构发挥了重要作用。

——人畜饮水工程　累计安排国家以工代赈投资23.4亿元，其中国债以工代赈投资9亿元，连同地方配套投资，总投资35.1亿元，用于以打井、铺设管道、集雨、修筑塘坝、建蓄水池和简易自来水等工程为主要内容的贫困地区人畜饮水工程建设。解决了1600多万人、1200多万头牲畜的饮水困难，使长期困扰贫困群众的吃水难问题得到初步解决，为贫困群众的生产生活提供了基本保障。

——县乡村道路建设　累计安排国家以工代赈投资104亿元，其中国债以工代赈投资42亿元，连同地方配套投资，总投资160多亿元，用于贫困地区以乡村四级公路及独立桥涵为主的县乡村公路建设，累计新建和改扩建道路16.4万公里。县乡村道路建设，提高了贫困地区的基础设施水平，打通了贫困地区的对外沟通的渠道，改善了贫困群众的生产生活条件，优化了经济发展环境，为贫困地区的资源开发和经济发展奠定了基础。

——小流域综合治理　生态环境恶劣是造成贫困的重要根源之一，也是贫困群众脱贫致富的主要障碍。这期间，为了改善贫困地区的生态环境，累计安排国家以工代赈投资12亿元，其中国债以工代赈投资5.7亿元，连同地方配套投资，总投资18.3亿元，进行小流域综合治理，初步治理水土流失面积1.5万平方公里。小流域综合治理改善了贫困地区的生态环境，为贫困地区走可持续发展之路奠定了基础。

——直接增加贫困农民收入　贫困地区的广大群众通过参加上述农村小型基础设施建设，获得了大量的短期就业机会和一定的劳动报酬。这期间，国家以工代赈投资累计安排劳务报酬专项资金36.5亿元，这部分资金将直接发放到参加工程建设的贫困农民手中。初步测算，每安排10亿元以工代赈资金，可为贫困农民提供5000万个工作日的就业机会。上述资金，为贫困地区的广大群众提供了1.8亿个工作日的就业机会。按全国农村贫困地区3000万剩余劳动力计算，2001年以来，贫困地区的农村剩余劳动力通过参加以工代赈工程建设平均每人直接获得劳务报酬120多元。

国家发展改革委地区司

三、稳步推进易地扶贫试点工程

进入新世纪以来，为探索扶贫开发的新途径，针对生活在自然条件恶劣、”一方水土养不活一方人”地区的贫困人口，经国务院批准，自2001年以来，国家发展改革委在西部部分省区组织实施了易地扶贫搬迁（生态移民）试点工程。截至2004年，国家累计安排易地扶贫搬迁试点资金46亿元，连同地方配套投资，总投资70多亿元，搬迁贫困人口102万人。这项工程初步取得了较好成效。

——有效地解决了搬迁群众的脱贫与发展问题。从已搬迁群众的情况看，生产生活条件和发展环境发生很大变化后，通过调整产业结构、提高农产品产量，及拓宽增收渠道，基本做到了当年脱贫，部分已开始致富。如内蒙古商都县，生活在山区的722户2880名贫困群众，搬迁前人均年纯收入不足1000元。2002年搬迁到商都镇后，通过种植蔬菜、发展畜牧业和就近务工，当年人均纯收入达到了1700元，目前已超过2000元，部分农户已达到3000元。

——促进了生态环境的恢复和保护。试点工程通过与生态工程相结合，有效地恢复和保护了贫困地区的生态环境。贵州省通过实施易地扶贫，贫困群众退出迁出区后，共有7.6万亩25度坡以上的耕地实现了退耕还林，生态环境得到了恢复和保护。据云南省林业部门测算，生活在山区的群众每年人均薪柴砍伐量为2~3立方，目前云南省已搬迁10万多人，每年可减少薪柴砍伐20多万立方，生态效益明显。另据内蒙古有关部门测算，内蒙古牧区人均占有草场300亩，实施易地扶贫，搬出一个牧民后，等于300亩草场得到了封育保护。

——群众的生产生活条件得到了改善。四年来，国家补助资金共计划安排住房建设900多万平方米，开发和调整耕地120多万亩，修建公路7000多公里，并进行配套的农田、水利、人畜饮水及文教卫生等设施建设，不仅满足了搬迁群众的需要，也使安置点原有群众受益。如居住在宁夏六盘山水源涵养林区的群众，仅有5.3%的人能解决水、电、路三通问题。四年共搬迁3.8万人后，这部分人多年来梦想的通电、通路、饮水问题得以解决。

——降低了扶贫成本。不具备生存条件的地区，多为严重缺水、山高路陡或水土流失严重地区，水、田、路等基本生产生活条件很难改善。即使能够改善的部分地区，投资成本也相当大。据有关省区测算，就地扶贫的投资，约为易地扶贫的2~3倍，且效益很不明显。如贵州省印江县，把生活在梵净山的63户居民搬了出来，共投资134万元。据印江县测算，如就地解决这些人的水电路和住房、学校等问题，需要投资为334万元，是易地扶贫的2.5倍，且工程的实施将对生态环境造成破坏。

——有效地解决了子女入学问题。据初步了解，生活在自然条件恶劣地区、需要易地搬迁的贫困群众，其子女入学情况很差，小学毕业率约为60%，初中毕业率仅为30%左右。实施试点工程后，搬迁群众子女的九年义务教育基本得到了保证，同时教学条件得到了改善，教学点得到合理调整，师资力量得以加强。如云南省昌宁县，在2001年实施的第一期试点工程中，共解决了37名7~13周岁、26名13~15周岁失学少年的入学问题。易地扶贫除帮助贫困群众脱贫外，更为重要的是为他们下一代的发展打下了较好的基础。

——有效整合了政府支农投资，充分发挥资金的整体效益。易地扶贫试点工程是一项复杂的系统工程，仅靠试点资金难以从根本上解决问题，涉及群众发展的长远性问题需要各类相关资金共同支持。为落实中央关于整合政府支农投资的有关要求，国家发展改革委要求各地在实施试点工程中，积极整合有关投资，共同致力于安置区的项目建设。如甘肃省肃南县明花区易地扶贫安置点，在工程建设中，除正常的120多万易地扶贫试点资金外，整合小型水利、人畜饮水、乡村公路、农网改造、农业综合开发、乡镇卫生院建设等资金200多万元，在帮助搬迁群众脱贫致富的同时，达到整合资金的效果，取得了较好的效果。

几年来的试点表明，易地扶贫工程较好地解决了剩余贫困人口中"最难啃的硬骨头"的脱贫和发展问题，降低了扶贫成本。同时，也有效地保护和恢复了贫困地区的生态环境，为西部大开发战略的实施，及再造一个山川秀美的西部地区，作出了重要贡献。这项工程的实施，为全面建设小康社会目标的实现奠定了基础。"扶贫搬迁国家施恩民欢心，易地安置德政工程人称赞"这幅张贴在搬迁农户家的春联，生动地表达了试点省区干部群众的心声和对试点工程的评价。下一步根据中央有关政策要求，在总结试点经验的基础上，积极稳妥地推进这项工作，帮助更多的贫困群众实现脱贫致富。

国家发展改革委地区司

四、财政扶贫回顾与展望

近五年来，财政扶贫工作认真贯彻落实党和政府关于新阶段农村扶贫开发的方针和政策，遵循《中国农村扶贫开发纲要（2001—2010年）》（以下简称《纲要》）基本精神，按照建立社会主义市场经济体制和公共财政支出框架的要求，增加资金投入，加强资金管理，完善扶贫开发机制，有力地推进了新阶段农村扶贫开发。

（一）近五年来的工作回顾

1.逐年增加扶贫投入

2001~2005年，中央财政累计安排扶贫资金572亿元，年均增长6.47%。大规模扶贫投入，对扶贫开发事业的顺利进行提供了资金保障。中央财政在不断增加扶贫投入的同时，一方面注重资金分配的透明度和公正性，采取因素法测算资金分配方案，规范了中央财政扶贫资金的分配办法。2001~2005年，中央财政分配给东、中、西部的资金比例为2%、36%、62%，基本上与地区间贫困状况相符，体现了党中央、国务院提出的扶贫资金向中西部，特别是西部地区倾斜的政策。另一方面，加快了资金拨付进度，集中于上半年将中央财政扶贫资金拨付到省。2004年12月，我部还会同国务院扶贫办下发了《关于做好扶贫资金及项目计划工作的通知》精神，建立起扶贫开发财政资金计划申报制度，着力解决资金到位不及时的问题。各省于2005年2月初将年度资金计划上报给我部和国务院扶贫办，我部据此于3月2日下拨了首笔财政扶贫资金，完成年度预算的51%，是历年中资金拨付进度最快的。

2.加快了财政扶贫管理制度建设步伐

2000年，我部会同国家计委、国务院扶贫办印发了《财政扶贫资金管理办法（试行）》，明确了财政扶贫资金的内涵和外延，规范了管理。2001年，我部制定了《财政扶贫资金报账制管理办法》，统一规范了财政扶贫资金支出管理，取得了明显成效，一些省区还将其他支农资金也纳入了报账制办法管理范畴，促进了支农资金的规范化管理。会同人民银行、国务院扶贫办、农业银行制定了《扶贫贴息贷款管理实施办法》、《关于调整扶贫贴息贷款财政贴息结算时间的通知》，明确了扶贫贷款及财政贴息政策。2002年，我部根据新阶段扶贫开发形势和扶贫资金管理的特点，提出了进一步完善扶贫资金管理制度体系建设的建议，得到了国务院领导的圈阅同意。目前，我们正会同有关部门按照建议所提出的架构，共同修订、制定相关管理制度。

3.建设"财政扶贫资金管理监测信息系统"，完善资金管理手段

针对管理手段落后、信息资料掌握不全、不及时，扶贫资金跟踪检查难度大的情况，我部于2002年开始研究建设财政扶贫资金管理监测信息系统。2003年8月，我部会同国务院扶贫办、国家发改委、国家民委、国家统计局组成了"财政扶贫资金管理监测信息系统"建设领导小组、工作小组，通过招标方式选择了系统软件开发单位。经过半年多的开发，系统软件于2004年3月起在河北、江西、新疆三省区进行了试点，并取得较好成效。我部与国务院扶贫办、国家发改委、国家民委、国家统计局共同决定2005年起开始在全国推行"财政扶贫资金管理监测信息系统"。系统的实施，将有助于实现自上而下的系统化的跟踪检查、资金统计分析、贫困地区贫困状况监测、资金报账信息化管理等目标。

4.积极探索财政扶贫资金管理新机制，努力提高扶贫资金使用效益

一是2001~2003年，我部与世界银行合作实施了"加强中国财政扶贫资金管理"项目。项目通过组织国内外专家对中国财政扶贫资金管理经验、问题等进行调查和总结，学习借鉴外国政府和世界银行先进的扶贫项目管理经验，选择部分贫困县作试点之后进行全国培训和推广的方式，研究探索在"参与式扶贫"模式中建立符合我国实际需要的财政扶贫资金管理机制。通过项目的实施，大部分省区接受了参与式管理的理念，逐步将参与制、公示制引入到扶贫资金和项目管理当中，提高了资金管理的透明度，强化了监督，提高了资金使用的成效。

二是针对"退耕还林还草"政策主要在贫困地区实施的特点，我部组织开展了"扶贫开发与退耕还林还草相结合"试点工作。2002~2004年，在甘肃、陕西、湖北、云南和四川等五个省各选择了1个县进行扶贫开发与退耕还林相结合的试点。试点的目的是在现有扶贫资金和退耕还林资金规模内，实现"两块"资金统筹使用，"两项"工作有机结合，探索如何在贫困地区实现政策合力的新路子。

三是加大财政支持科技扶贫的力度，促进科技在扶贫开发中的催化作用。1999年，财政部和国务院扶贫办共同研究决定在一些贫困县进行科技扶贫试点。此后，这项工作全面开展。2001~2005年，中央财政共安排科技扶贫资金7.7亿元。财政支持科技扶贫工作，帮助贫困地区引进、推广了实用技术，提高了贫困群众的生产技能，增加了贫困群众收入；创新了扶贫方式，出现了"产业化扶贫"、"科研机构＋贫困县区"、"贫困片区整体开发"等扶贫模式。

四是开展到户扶贫贷款财政贴息方式改革试点。针对近年来出现的贫困农户贷款难的问题，我部会同国务院扶贫办，于2004年选择11个省的33个县进行扶贫贷款财政贴息方式改革试点，即将由财政部与农业银行总行进行贴息结算，改为将贴息资金下拨到贫困县，由贫困县扶贫办和财政局自主选择到户贷款承贷金融机构和贴息结算方式。试点提高了贴息比例，降低了贫困群众的资金成本，赋予了地方财政、扶贫部门的自主权，调动了基层金融机构的积极性，取得了多方满意的成效。2005年经国务院领导批准同意，该试点扩大到21个省200个县。

5.强化财政扶贫资金的监督检查，保证扶贫资金安全性和效益性的统一

扶贫资金的监督检查是扶贫资金管理的重要环节，也是近几年管理中的薄弱环节。针对财政扶贫资金使用过程中存在的挤占、挪用等问题，中央财政于2001年组织对部分省（市、区）财政扶贫资金的使用情况进行了专项检查，并对检查结果做出严肃处理。加大了约束力，促进了资金的安全性和效益性的统一。对增进依法行政、依法理财的观念，管好用好财政扶贫资金起到了积极的督导作用。2003年国家审计署对592个重点县2001、2002年的扶贫资金使用情况进行审计，审计结果显示扶贫管理情况已有明显改进。2004年，我部会同审计署、国务院扶贫办、国家发改委、农业银行下发了《关于进一步做好扶贫资金审计、监督工作的意见》，强化了新阶段扶贫资金的审计监督。

（二）下一步工作思路

《中国农村扶贫开发纲要（2001—2010年）》实施四年多来，我国农村贫困人口继续减少，贫困地区社会经济落后状况进一步得到改善。这得益于党中央和国务院高度重视"三农"问题，采取了一系列支农惠农的重大举措；得益于我国政府始终坚持开发式扶贫的方针不动摇；得益于扶贫开发工作的不断创新；得益于国家财力不断增强，为扶贫开发提供了有力保障。但是，我们也必须清醒地看到，扶贫开发的任务仍十分艰巨。目前贫困人口扶贫难度大，贫困人口与其他农民的收入差距在继续扩大，扶贫工作本身也面临机制创新的难题，按照近几年的减贫速度，实现《纲要》目标难度很大。

作为我国扶贫开发的重要组成部分，新阶段财政扶贫工作必须紧密结合贫困农村实际，大胆改革创新，勤奋扎实工作，力争在管理机制、政策及措施方面取得突破，为推进扶贫开发事业发展继续发挥重要作用。

1.逐年增加财政扶贫投入

增加财政扶贫资金投入是贫困农村发展进步的现实需要，也是社会主义优越性和"三个代表"思想的重要体现。根据《纲要》要求，中央财政和省级财政都将把扶贫开发资金列入年度财政预算，并逐年有所增加。另外，针对目前贫困地区财政困难的实际情况，中央财政将逐年加大对西部省份转移支付力度，并通过与西部开发、义教工程、天然林保护、退耕还林还草工程的结合，多渠道、多环节、多层次加大对贫困地区的投入。同时，还要继续落实好对贫困地区和贫困人口实施的有关财税优惠政策，包括农业税免征、贫困人口学生"两免一补"、新办乡镇企业所得税减免、乡镇企业贷款贴息等。

2.建设好"财政扶贫资金监管信息系统"，提高管理水平

信息化是财政管理的发展趋势，是支撑财政管理革命的保障。2005年开始，我们要在全国推行"财政扶贫资金管理监测信息系统"，利用信息化手段把完善资金管理制度和改进资金监管手段结合起来，把事前、事中、事后的管理工作统一协调起来，加强贫困监测，建立投入产出评价和统计分析体系。在确保财政扶贫资金安全和资金分配、使用的公正、公平、公开的基础上，提高资金的针对性和使用效果。

3.按照党的十六届三中全会提出的"完善扶贫开发机制"的要求，从建立和完善机制入手，提高扶贫效果

首先，要完善扶贫资金分配和项目管理机制。在扶贫目标瞄准上，一是要通过逐步划小扶贫重点范围，有条件的地方通过登记造册和动态监测等办法，确定贫困人口。二是甄别

受扶和非受扶人口，在此基础上确定扶贫资金支持的对象，对不同的人群采用不同的扶持措施。三是在资金分配上，要推行因素法，在因素法分配中考虑减贫人数因素，实现资金分配的合理、公正、公平。四是在项目管理上，要适当下放审批权限，给县级选择确定项目的权利；完善扶贫规划，建设扶贫项目库；发挥市场机制的作用，通过公开招投标来引进竞争机制，降低工程的成本。有条件的地方，要借鉴国外先进做法，充分利用现有扶贫人力资源，积极探索项目管理新机制，强化对项目实施过程的监督和管理。

其次，逐步建立扶贫开发的绩效考核机制。克服目前多头管理、政出多门、协调难度大、资金整合困难等问题，明确各部门的分工职责、权利和义务。明确各级政府在扶贫开发中的职责和任务，并在此基础上建立扶贫开发的绩效考核制度。

第三，逐步建立扶贫开发责任追究制度。把扶贫开发任务完成情况的好坏、资金使用效益的高低与资金分配挂起钩来。在实施投入产出评价的基础上，加大内部检查，引入并强化外部监督，对各种违规违纪行为要严肃查处，对当事人和直接领导应追究行政责任，违法者须移交司法机关依法追究法律责任。

第四，建立扶贫资金分配和扶贫项目公示制度。公示制的内在要求是要提高扶贫资金使用管理的透明度，依靠群众、借助社会力量和新闻舆论的作用，对扶贫开发工作和资金使用情况进行监督。

第五，推行参与式扶贫制度。贫困群众既是扶贫开发的主体，又是扶贫项目的受益者，最关心项目的成败。今后，要大力推行参与式扶贫制度，充分发挥调动贫困群众积极性，发挥其脱贫主体作用，赋予其相应权利，要让贫困地区基层组织和受益人早知道、早参与，增加扶贫项目管理和资金管理的透明度，提高扶贫开发效果。

4.突出财政扶贫资金使用重点

围绕《纲要》提出的目标要求，按照扶贫开发”一体两翼”的工作重点，财政扶贫资金使用重点：一是以提高就业能力促进贫困地区劳动力转移为目标，支持对贫困农民的劳务技能培训。二是以改善贫困人口生产生活条件为目标，支持贫困地区基础设施建设，进一步推进扶贫移民开发。三是以增加贫困人口收入为目标，支持贫困地区农产品加工、运销和农业产业化发展。四是以提高贫困人口素质和自我发展能力为目标，支持贫困人口教育和医疗卫生，主要是贫困家庭学生教育补助和疾病医疗补助。

5.处理好扶贫开发工作中的”五个关系”

一是区域经济发展和贫困人口脱贫致富的关系。贫困地区经济发展虽然有利于促进贫困人口的脱贫致富，但是，在扶贫资金的使用管理中，必须始终把握贫困人口的直接受益是第一原则的基本要求，把资金投入于那些能使贫困人口直接受益的项目。

二是开发式扶贫与救济式扶贫的关系。要根据贫困的成因、特点，采取不同的扶助方式。

三是当前和长远的关系。讲究扶贫的长效性，实现扶贫开发的可持续发展。加大教育和培训投入，财政部门要贯彻中央要求，把每年新增的教育经费用于农村特别是贫困农村的教育事业。同时，扶贫资金要和退耕还林、天保、水土流失治理、草原绿化、农业综合开发等其他投入结合起来，整合资金，提高资金使用效益。

四是部门之间的关系。要在分清各级政府相关部门职责范围、实现责权统一的基础上，建立起规范、合理的扶贫管理体制框架，形成关系和谐、运转高效的扶贫开发管理体系。

第五，政府扶贫与社会扶贫的关系。通过协调政府扶贫的计划性和社会扶贫的自主性之间的关系，使政府扶贫行动与社会扶贫行动能够达到目标的一致性和扶贫对象的互补性。

财政部农业司

五、农业银行信贷扶贫情况综述

截止到2005年7月底，中国农业银行扶贫贷款余额已经突破1000亿元，这凝聚着农行人多年来为扶贫开发事业付出的心血，也折射出农业银行为贫困地区经济发展和贫困农户增收脱贫做出的重大贡献。

信贷扶贫工作始于上世纪80年代中期：1986年农业银行开始开办扶贫贴息专项贷款业务；1994年随着国家"八七"扶贫计划的实施和农业发展银行的成立，扶贫贷款业务由农行划转到农发行；1998年5月扶贫贷款业务再次划转到农行，农行接收农发行划转的扶贫贷款354亿元。农行再次接收扶贫贷款业务六年来，扶贫贷款增加了近两倍，覆盖了全国592个国家级扶贫开发重点县（以下简称国定贫困县）及部分省级扶贫重点县。2003年，农业银行共发放扶贫贷款287亿元（其中扶贫贴息贷款182亿元），占到当年投放的扶贫开发资金总量的72%。信贷扶贫已经成为扶贫开发的一个重要方式，它不仅改变了贫困地区资金匮乏的局面，并且提高了贫困地区群众的商品经济意识，将市场经济机制引入贫困地区，使扶贫开发真正实现了由"输血"式扶贫向"造血"式扶贫的转变。

（一）政策回顾

"八七扶贫攻坚"目标基本完成后，信贷扶贫工作进入了一个新时期。中央在认真调查研究的基础上，制定了《中国农村扶贫开发纲要（2001—2010年）》（以下简称《纲要》）。与"八七"计划相比，《纲要》突出了新时期信贷扶贫的特点：一是扶贫的目标有所变化，"八七"扶贫攻坚的目标是解决农村贫困人口的温饱问题，而新阶段的主要目标是使贫困农民增加收入，稳定脱贫，为实现小康创造条件；二是扶贫贷款的投向区域、产业和范围有所扩大，方式和途径增多；三是在坚持权责到省的同时，突出了扶贫贷款计划为指导性计划，要按照《纲要》的要求自主经营信贷扶贫资金；四是强调要积极稳妥地开展小额信贷。面对信贷扶贫新形势，农业银行意识到必须要转变观念，要从是否有利于贫困地区经济可持续发展，是否有利于贫困农户增收脱贫，是否有利于国有金融资产保值增值的高度，来适时调整信贷扶贫工作思路和重点。

经过几年积极的探索，信贷扶贫已经初步形成了到户贷款扶助扶贫、农业产业化带动扶贫、基础设施辐射扶贫和教科文卫支撑扶贫等多种形式并存的格局：

1.到户贷款扶助扶贫方式

在实际工作中，农行始终坚持积极稳妥地发放小额扶贫到户贷款。在社会信用环境好，党政帮扶措施落实到位的贫困地区，农行仍然积极地开展到户信贷扶贫工作，支持有生产能力、守信用的贫困农户发展生产。同时，各地农行也积极创新贷款方式，通过农作物交叉担保、"户贷企保"、"多户联保"等方式，力争给予贫困农户更多的扶持。2001年到2003年三年间，农业银行共发放了130亿元小额到户扶贫贷款，共扶持贫困户500余万户。在贵州盘县、云南楚雄自治州等一些社会信用环境好、政府帮扶措施到位的地区，到户贷款的投放已经形成农户增收、农行增效、政府满意的多赢局面。

2.农业产业化带动扶贫方式

新时期信贷扶贫工作主要是解决小生产与大市场的矛盾问题。在农产品供过于求，市场竞争日趋激烈的今天，贫困农户依靠发展附加值低的种养业，不但价格上不去，市场销路成问题，而且越来越难以达到使农民增收的目的。所以，扶持农户脱贫就要搭建单个农户与大市场连接的平台，通过农业产业化带动贫困户脱贫就是这样一个连接的平台。农业产业化带动扶贫的具体方式有：龙头企业带动型、原料基地启动型、专业大户带动型、专业市场拉动型。三年来，农业银行共发放农业产业化项目贷款181亿元，直接扶持农户近300万户，辐射带动农户900多万户。

3.基础设施辐射扶贫方式

基础设施落后是制约贫困地区经济发展和农民增加收入的重要原因。因此，支持贫困地区中小型基础设施建设是信贷扶贫资金的一个重要投向。这种信贷扶贫方式可以带来以下社会效益：一是项目建设期长，辐射面宽，能在一个较长的时期内大量使用农村贫困农户劳动力，增加他们务工收入；二是建设项目要大量使用当地的建设材料，消费当地的农副产品，可以间接带动了当地的其他行业的发展；三是极大地改善了当地生产生活条件，优化了投资环境，为可持续发展打下了基础；四是农户还可以通过劳动，加强与外界的沟通，提高素质，有利于农村劳动力的转移。三年来，农业银行共发放基础设施项目贷款164亿元，直接扶持农户近百万户，辐射带动农户近300万户。

4.教科文卫支撑扶贫方式

农村贫困人口素质低是致贫的一个主要原因，而加大教科文卫的投入是提高农村贫困地区人口素质的一个重要途径。"治贫先治愚，强国先强身"，支持贫困地区的教科文卫项目可以提高贫困农户子女的文化素质和贫困户的身体素质，增强他们脱贫致富的能力。因此，对贫困地区教科文卫的投入也是信贷扶贫资金的一个重要投向。三年来，农业银行共发放教科文卫项目贷款47亿元，直接扶持农户10多万户，辐射带动农户100多万户。

在党中央、国务院的领导下，经过六年农业银行不懈的努力，信贷扶贫工作按照温总理的指示，确实走上了"放得出、收得回、有效益"的良性循环轨道。一是信贷扶贫资金的投入逐年增加，信贷扶贫资金的投放总量已经由1998年的96亿元增加到2003年的287亿元，2003年信贷扶贫资金已经占到当年投放的扶贫开发资金总量的72%；二是通过多种形式的支持，促使信贷扶贫资金效益到户，2003年扶贫贷款直接支持农户300多万户，辐射带动农户900多万户，农户增收总额达到近190亿元；三是改善了贫困地区资金匮乏的局面，2003年通过扶贫贴息贷款的引导，吸引发达地区近700亿元资金参与贫困地区公路、水电、旅游、农业产业化、特色资源开发等项目的建设，并给贫困地区带来了2000多亿的产值和200多亿的利税，极大推进了贫困地区经济发展；四是扶贫贷款质量逐年好转，扶贫贷款中不良贷款占比已从1998年接收时的近70%下降到2003年底的37.6%，下降了近30个百分点。

（二）经验总结

1.农行党委高度重视信贷扶贫工作

一是农行领导多次下基层针对信贷扶贫问题进行调查研究，2003年年初和年底，杨明生行长就信贷扶贫工作开展情况分别赴甘肃和贵州考察、调研，提出了新时期的信贷扶贫工作方针以及信贷扶贫应与西部大开发结合起来的思路；二是为做好信贷扶贫工作，从农行总行到国定贫困县支行都设立了专门信贷机构，配备了专职的信贷人员，并从社会上聘用了4000多名合同制协贷员；三是信贷扶贫计划的分配向西部贫困地区倾斜，总行全额匹配资金，对国定贫困县增加扶贫专项费用；四是针对信贷扶贫面临的新情况、新问题，及时从制度上调整和规范信贷扶贫工作。

2.按照"因地制宜，方式多样，讲求效益，加强管理"的原则做好工作。

首先，我国贫困地区特点不同，信贷扶贫工作也要根据不同地区、不同贫困户的情况，因地制宜地选择信贷扶贫的实现形式：能够通过发放小额到户贷款扶贫的，要继续发放小额到户贷款；有条件发展农业产业化企业的，要通过扶持产业化企业带动贫困户脱贫；有资源优势的，要通过支持基础设施建设、改善贫困地区脱贫致富的发展环境，最终实现贫困户脱贫。

其次，信贷扶贫的最终目的是使贫困农户脱贫增收，所以信贷扶贫工作的落脚点应该是如何合理配置资金使其扶贫效益最大化，而不是深究信贷扶贫采取的形式。只要是有利于贫困地区经济可持续发展，有利于贫困农户增收脱贫，有利于国有金融资产保值增值的信贷扶贫方式应该都是值得提倡的方式。

第三，从长远的观点来看，信贷扶贫资金稳定的社会效益是建立在良好的经济效益基础之上的。如果信贷扶贫资金都有去无回，信贷扶贫工作的良性循环和可持续发展又从何谈起。所以，信贷扶贫既要注重社会效益，也要讲求经济效益。

最后，扶贫贷款是政策导向性较强的信贷扶贫资金。但是政策性强并不意味着扶贫贷款的发放就可以不理会信贷资金的基本运作规律，就可以疏于管理。相反地，多年的信贷扶贫实践证明，政策性强的信贷资金尤其要加强管理，防范金融风险。所以，要切实提高扶贫贷款的社会效益和资产质量，就要按商业化原则经营，就要进一步提高信贷扶贫资金的管理水平；不仅要加强对扶贫贷款的监测和风险控制，而且更要及时了解国家的相关政策法规、产业结构调整的趋向、贫困地区的特点及条件变化，积极引导贫困地区发展经济，从源头上控制金融风险。

3.主动沟通，加强与相关部门的合作

信贷扶贫工作是一个系统工程，要做好这项工作需要各个相关部门的配合、理解和支持。因此，在信贷扶贫工作中，农业银行既坚持自主经营的原则，又积极主动与地方党政相关部门加强汇报、沟通和协调。在实际工作中，农业银行一方面提高信贷扶贫政策、业务流程等方面的透明度，使社会各界和贫困地区的干部、农户和企业负责人更多地了解信贷扶贫政策，很好地配合信贷扶贫工作；另一方面虚心接受各级党政机关和群众的监督，认真履行职责，执行政策，改进工作，最大限度地发挥信贷扶贫资金的作用，使贫困地区的贫困农户尽早摆脱贫困。

信贷扶贫工作是党中央、国务院赋予农业银行的一项光荣使命。农行人一直坚持以邓小平理论和"三个代表"重要思想为指导，把贫困农户脱贫致富和贫困地区经济发展作为信贷扶贫工作的第一要务，并为最终实现全面建设小康社会的宏伟目标而不懈努力。农业银行扶贫贷款余额达到1000亿元只是扶贫开发事业的一个里程碑，农业银行有信心，也有能力做好党中央、国务院交给的这项光荣使命，把扶贫开发事业不断推向前进。

农行农贷部

六、中国贫困地区教育发展政策综述

（一）中国贫困地区教育发展现状

2004年，全国实现"两基"的地区人口覆盖率进一步提高，达到93.6%。通过"两基"验收的县（市、区）总数达到2774个(含其他县级行政区划单位199个)。义务教育普及程度不断提高，据教育部门统计，全国小学入学率从1990年的97.8%提高到2004年的98.9%，初中毛入学率从1990年的66.7%提高到94.1%，提高了近30个百分点。初中阶段辍学率为2.49%，其中女生2.19%。初中毕业生升学率63.8%，比上年提高4.2个百分点。全国592个国家级贫困县中已经有445个普及了九年义务教育，比2002年增加了68个，普及九年义务教育的贫困县占全部贫困县的75.16%，仍有147个贫困县尚未"普九"。贫困地区学前教育、高中阶段教育和各种形式的教育培训不断发展。

（二）高度重视贫困地区教育发展的战略地位

作为教育现代化的基本价值，教育公平已经成为中国教育制度和教育政策的基本出发点之一。《国务院关于进一步加强农村教育工作的决定》指出："农村教育在全面建设小康社会中具有基础性、先导性、全局性的重要作用。发展农村教育，办好农村学校，是直接关系8亿多农民切身利益，满足广大农村人口学习需求的一件大事；是提高劳动者素质，促进传统农业向现代农业转变，从根本上解决农业、农村和农民问题的关键所在；是转移农村富余劳动力，推进工业化和城镇化，将人口压力转化为人力资源优势的重要途径；是加强农村精神文明建设，提高农民思想道德水平，促进农村经济社会协调发展的重大举措。" 正如温家宝总理指出的：”没有教育机会的均等，就谈不上社会公平。谁能享受良好的义务教育，谁就能获得更多的发展机会，否则就难以融入现代社会。”

教育部部长周济同志指出：”促进教育的公平公正，办好让人民满意的教育，是教育工作的目标和任务。在现阶段，我们既要统筹城乡教育和区域教育的协调发展，重点解决好贫困地区孩子、贫困家庭学生和进城务工就业农民子女上学难等人民群众关心的教育热点和难点问题，又要促进区域内部教育的均衡发展，不断增加优质教育资源，努力满足新时期人民群众对教育日益增长的迫切需求。这些都是从落实科学发展观的战略高度出发，促进教育公平的重要举措。”近年来，教育部与其他部门合作，出台了许多促进贫困地区和人口教育发展的重大政策，取得了较好的社会效果。

（三）农村贫困地区教育发展中长期战略目标

中国政府长期关注农村地区特别是贫困地区教育发展，将教育作为减少和解决贫困问题的重要战略措施，并分阶段、分地区制定教育发展目标，切实减少”教育贫困”，使城乡贫困家庭子女享受同等的受教育机会，促进城乡之间、人际之间教育平等。

——义务教育目标。中国的贫困人口集中在西部，农村教育的难点也在西部，解决了西部农村教育的困境，农村教育就会取得质的飞跃。针对农村贫困地区义务教育发展，中国政府制定了《国家西部地区”两基”攻坚计划》，并提出到2007年，西部地区普及九年义务教育人口覆盖率要达到98%以上，青壮年文盲率降到5%以下；共有314个县级单位在2004~2007年间实现”两基”目标。中央和地方新增扶贫资金要支持贫困乡村发展教育事业。中部地区没有实现”两基”目标的县也要集中力量打好攻坚战。大力提高女童和残疾儿童少年的义务教育普及水平。

——扫除文盲目标。据国家教育发展研究中心研究，全国文盲人口75%以上在农村地区，70%在贫困地区。教育部提出的2005年前中国扫盲工作的主要目标是：尚未实现基本扫除青壮年文盲的县（区、市），在普及初等教育后的五年内，将青壮年非文盲率提高到95%以上；已经实现基本扫除青壮年文盲的县（区、市）要以乡镇为单位，将青壮年非文盲率巩固或提高到95%以上。2015年，实现全部扫除青壮年文盲的目标，青壮年非文盲率接近100%。加强扫除成人文盲工作，到2015年，成人非文盲率达到3%以下。教育部还提出我国扫除文盲工作要逐步由文字性扫盲向功能性扫盲过度，提高青壮年整体科学素养和生活技能。

（四）增加教育投入，实施重大教育工程

对于贫困地区实施倾斜政策，加强对贫困地区义务教育投资，是国家解决贫困地区教育发展问题的主要措施。

——自1980年以来，中央设立了许多专款，如老少边穷地区义务教育专款、师范教育专款、职业教育专款、民族教育专款，特别是1995年，中央为促进贫困地区加快发展义务教育进程，又实施了”国家贫困地区义务教育工程”，中央财政为此拿出39亿元，加上地方配套87亿元，工程总资金达126亿元。2000年底，一期工程胜利结束，取得了显著的成效。实施范围集中在22个省、自治区、直辖市及新疆建设兵团的852个贫困县。

——党中央、国务院决定，在”十五”期间，再投入中央专款50亿元，实施二期”义教工程”，以帮助贫困地区实现普及义务教育的目标。二期”义教工程”共计投入资金72.5亿元（含地方配套资金22.5亿元），按照规划，522个项目县（旗、团场）共新建、改扩建中小学9827所；培训教师约46.7万人次，其中学历达标培训8.3万人；添置仪器设备3.76万台套，购置课桌凳210万套，新增图书资料2400万册；为60000多所农村中小学配备信息技术教育和远程教育接收设备。通过二期”义教工程”的实施，促使我国贫困地区基础教育办学条件得到较大改观，师资水平和教学质量得到进一步提高。

——中央提出的新增教育经费主要用于农村的政策得到落实，对农村义务教育的投入大大增加。2004年，除一般性（工资）转移支付、税费改革转移支付中用于教职工工资的资金

外，中央财政安排用于农村义务教育的各类专项资金达到100亿元，比2003年的58亿元增长72%。各省(区、市)也不同程度地加大了对农村义务教育的经费投入，安排了农村义务教育专款，大部分已制定了财政预算内生均公用经费的拨款标准。江西省生均公用经费拨款比2004年翻了一番，2005年准备再翻一番，全部由省财政承担。

——实施"农村寄宿制学校建设工程"、"农村中小学现代远程教育工程"。在国务院领导亲自推动下，2004年2月，国务院办公厅召开了西部"两基"攻坚工作会议，国家发改委、财政部、教育部密切配合，建立健全工作机制，出台相关配套政策。与西部12个省(区、市)人民政府及新疆生产建设兵团签订了"两基"攻坚责任书，正式审定和批复了"农村寄宿制学校建设工程"的四年规划和2004年实施计划。规划共覆盖955个县，拟建设项目学校7730所，可增加寄宿学生203万人。中央财政和国债资金2004年各安排了15亿元，建设资金已经下达，工程进入实质性实施阶段。很多省没有等到这笔资金下达，就已经先期贷款开始工作，2364个项目学校已启动建设，可解决65万学生的寄宿条件。

"农村中小学现代远程教育工程"国家已投入13.64亿元，地方配套9.1亿元，在西部地区12个省(区、市)、中部6个省以及山东省和新疆生产建设兵团的一部分农村地区进行了集中连片试点，同时覆盖了中央确定的9个全国农村党员干部现代远程教育试点地(市、州)、县，试点工作十分成功。2005年国家共投入10亿元，地方配套9.8亿元，在西部地区12省（区、市)、中部6个省及山东省和新疆生产建设兵团的一部分农村地区进行远程教育集中连片试点。

——2004年2月，国务院办公厅召开了西部"两基"攻坚工作会议，国家发改委、财政部、教育部与西部12个省（区、市）人民政府及新疆生产建设兵团签订了"两基"攻坚责任书，正式审定和批复了"农村寄宿制学校建设工程"的四年规划。中央财政将投入100亿元，西部各省（自治区、直辖市）将投入省级专款29亿元，实施贫困地区义务教育工程。计划覆盖955个县，拟建设项目学校7730所，可增加寄宿学生203万人。

——中央要求县级政府要按照省级政府制定的标准拨付公用经费，对实行"一费制"的国家扶贫开发工作重点县和财力确有困难的县，省、地（市）政府对其公用经费缺口要予以补足。"一费制"是指在严格核定杂费、课本和作业本费标准的基础上，确定一个收费总额，然后一次性统一向学生收取。经国务院批准，2004年在全国义务教育阶段学校普遍推行。推行"一费制"的主要目的是规范管理、减轻负担、治理乱收费、确保义务教育健康发展。由于我国地域广阔，地区间、城乡间经济发展不平衡，群众的经济承受能力也不相同。各地的"一费制"收费标准由省级人民政府按照因地制宜、实事求是的原则确定。省、自治区、直辖市的不同地区间、城乡间"一费制"收费标准也可以是不一样的。为此，全国各省市公布了教育收费标准一览表，以方便学生交费和群众监督。

——建立和完善教育对口支援制度。自2000年国家组织实施"东部地区学校对口支援西部贫困地区学校工程"和"大中城市学校对口支持本地贫困地区学校"工程四年以来，东部地区共向西部受援地区选派支教教师和管理人员近3000多人次。西部地区派往东部地区培训的教师和挂职的管理人员近4000人次。支援地区向受援地区学校无偿提供资金2.8亿多元，资助西部家庭经济困难学生13000多名，并捐赠了一批计算机、图书、教学设备等。各省、自治区和直辖市向当地贫困地区学校共派出支教教师和管理人员6万多人次，接受受援地区培训的教师和挂职的管理人员30000多人次，捐赠了一批资金、教学设备、图书及衣物。

自2001年6月教育部实施"对口支援西部地区高等学校计划"。截至2004年底，有18所高等学校开展对口支援，支援与受援方学校签订各种协议120份，中东部地区有464人次到西部学校任教。支援学校接受受援学校保送硕士生345人、博士生45人，本科插班生764人。支援学校与受援学校共同承担省级科研项目29项、国家级项目40项。通过对口支援，西部地区高等学校教师思想观念更新、学校建设和科学研究能力明显进步，学术气氛更加活跃，师资队伍和管理队伍得到加强。

——中小学校校通计划：教育部提出用5~10年的时间，使全国90%左右的独立建制的中小学校能够上网，使中小学师生都能共享网上教育资源，提高所有中小学的教育教学质量，使全体教师能普遍接受旨在提高实施素质教育水平和能力的继续教育。2005年前，争取东部地区县以上和中西部地区中等以上城市的中小学都能上网；西部地区及中部边远贫困地区的县和县以下的中学及乡镇中心小学与中国教育卫星宽带网联通。同时，教育部在全国启动"农村中小学现代远程教育工程"，使高山再也挡不住知识的传播，让同在祖国蓝天下的农村孩子享受到优质的教育资源。中央财政为此将投入50亿元，重点补助中西部农村地区特别是贫困地区，构建覆盖全国的农村中小学现代远程教育体系。教育部部署在中西部县和县以下的中学及乡镇中心小学建立远程教育接收点，配备卫星地面接收站、电视机、VCD放映机和计算机等必要设备及基本教学资源光盘，接收和使用优秀教学课和数字化教育资源。

（五）关注教育公平，实施免费义务教育

关注教育公平是本届政府亲民政策的重要表现。国务院制定的《关于进一步加强农村教育工作的决定》提出，中央财政继续设立中小学助学金，重点扶持中西部农村地区家庭经济困难学生就学，逐步扩大免费发放教科书的范围。各级政府设立专项资金，逐步帮助学校免除家庭经济困难学生杂费，对家庭经济困难的寄宿学生提供必要的生活补助。

——国家有关部门出台了相关政策，提出要以流入地政府管理为主，以全日制公办中小学为主，采取多种形式，依法保障流动人口子女接受义务教育的权利。教育部成立由主管副部长任组长的"教育部进城务工就业农民子女义务教育工作领导小组"，加强对这项工作的领导和统筹协调。具体来说，各级政府要把进城务工就业农民子女义务教育纳入城市社会事业发展计划，将较多承担进城务工就业农民子女就学学校的建设列入城市基础设施建设规划；各地财政部门要安排必要经费，对接收进城务工就业农民子女就学较多的学校给予补助；城市教育费附加中要安排一部分经费，用于进城务工就业农民子女义务教育工作；通过设立助学金、减免费用、免费提供教科书等方式，一视同仁，帮助家庭经济困难的进城务工就业农民子女就学。加强改进农村"留守儿童"教育问题的政策研究，纳入流动人口子女教育问题一并考虑。2004年12月，教育部组织2个督察组赴有关省、直辖市对进城务工就业农民子女教育工作进行专项督导检查。通过建立完善的保障进城务工就业农民子女接受义务教育的制度和机制，促进进城务工就业农民子女受教育的环境明显改善，九年义务教育普及程度达到当地水平。贫困家庭和进城务工就业农民子女的就学问题逐步得到解决，"同在蓝天下，共同进步成长"正在成为现实。

——保障流动儿童少年接受规定年限的义务教育。流入地政府应为流动儿童少年创造条件，提供接受义务教育机会。中央政府提出："做好进城务工就业农民子女义务教育工作，是实践'三个代表'重要思想的具体体现，是贯彻落实《中华人民共和国义务教育法》、推动城市建设和发展、推进农村富余劳动力转移以及维护社会稳定的需要，是各级政府的共同责任。各级政府要以强烈的政治责任感，认真扎实地做好这项工作。"流入地中小学应为在校流动儿童少年建立临时学籍。流动儿童少年的父母或监护人应送子女或被监护人接受并完成义务教育。流动儿童少年就学，以在流入地全日制公办中小学借读为主，也可入民办学校、全日制公办中小学附设教学班以及专门招收流动儿童少年的简易学校接受义务教育。

——从2004年开始，教育部用于免费发放教科书的经费从2004年2亿元增加到以后每年4亿元。其中对新疆经济困难的56个县义务教育阶段的学生实行了全部免费提供教科书，并免除杂费。2004年，贵州省各级政府计划投入2.87亿元，准备新建、改扩建150所农村中学，为100个贫困乡镇的30万名中小学生免费提供教科书。2004年秋季，中央财政安排出专项资金，为中西部地区义务教育阶段2400万贫困家庭学生免费提供教科书，地方政府采取多种措施实行"两免一补"政策（免除杂费、免除书本费，对住宿生实行生活补贴）；2005年秋，中央财政在原来已经安排3亿元的基础上又新增8.7亿元资金，提前三年使中西部地区所有2400万贫困家庭学生获得免费教科书。同时，在对592个贫困县的家庭贫困学生除了免费提供教课书之外，还免除杂费，并提供一部分生活费；到2007年，全国农村3000万左右的家庭贫困学生将会得到这样的"两免一补"。

——对于高等教育阶段，目前有20%左右的学生是属于家庭贫困的学生，政府已采取包括"奖、贷、助、补、减"等一系列措施，建立了一套完整的国家助学体系，其中国家助学贷款是这一体系的核心。目前国家助学贷款工作已经实现重大突破，中央部委属115所高校

全部启动了国家助学贷款工作，各地落实国家助学贷款的工作也有了较大的进展，从而较好地解决了一大批家庭贫困大学生的实际困难。

（六）中国贫困地区教育项目

中国是一个以农村人口为主体的发展中国家。2004年统计资料显示，农村人口约达8.1亿，占全国总人口比例为64%。中国80%以上的小学、64%以上的初中都在农村。

以项目形式推进贫困地区教育发展，减少和解决教育贫困问题是中国政府采取的一项重要措施。这种项目形式建立了良好的工作机制，做到"目标落实、责任落实、经费落实、时间落实和受益对象落实"，对于推进贫困地区教育、为贫困人口提供平等教育机会以至减少贫困发挥了重要作用。

表4—1 1995~2004年中央政府转移支付项目

名称	时间	转移支付金额（人民币）	内容	受益对象
国家贫困地区义务教育工程	1995~2000年	124.62亿	改善办学条件，包括解决农村小学、初中的危房问题，新建校舍，按照国家规定的标准，配备教学仪器和图书资料及课桌凳，培训教师和校长等	568个国家级贫困县和284个省级贫困县；受益人口约2.5亿
	2001~2005年	72.5亿	增加了免费为家庭经济困难的学生发放教科书以及在贫困地区实施信息技术教育等新的内容	未通过省级"普九"验收的经济薄弱县522个
国家贫困地区义务教育助学金	1997~2000年	1.3亿	资助少数民族学生接受义务教育	少数民族贫困学生
免费教科书专项经费	2001~2003年	7亿	资助家庭贫困学生接受义务教育	西部贫困地区学生
	2004			
农村中小学教师工资专项	2001年起	50亿／年	中西部贫困地区农村教师工资补助	中西部贫困地区中小学教师
中小学危房改造工程	2001~2003年	30亿	基本消除现在中小学危房	农村及贫困地区中小学
	2003~2005年	60亿		
农村中小学现代远程教育工程	2003~2007年	90亿	西部农村地区中小学	8.64万个教学点；25.2万所农村完全小学
农村寄宿制学校建设工程	2004~2007年	100亿	西部农村地区中小学	兴建、改建6400所寄宿学校，缓解320万贫困家庭学生上学困难
西部地区"两基"攻坚计划	2004~2007年	129亿	西部农村地区中小学	工程规划覆盖953个县，拟建设项目学校7727个，可增加寄宿学生203万人。

资料来源：北京教育科学研究院张铁道等：《中国普及农村义务教育与消除贫困》

教育部关于启动新一轮民族、贫困地区中小学教师综合素质培训项目暨新课程师资培训计划（2004~2008年）：2004~2008年，以教师发展为本，以促进教师专业化为导向，以构建终身学习体系为重点，以新课程培训为切入点，以提高教师教育教学质量水平为中心，以校本研修为基础，建立教师学习型组织，充分运用教育信息技术为手段，有效开展教师培训工作。

中央提出的新增教育经费主要用于农村的政策得到落实，农村义务教育投入大大增加。2004年，除一般性转移支付、工资性转移支付、税费改革转移支付中用于教育的支出和教职工专项的50亿资金外，中央财政安排用于农村义务教育的种类专项资金达到100亿元，比2003年的58亿元增长72%。

教育部教育发展研究中心

七、贯彻农村卫生工作政策　提高农村卫生服务水平

”统筹城乡经济社会发展，建设现代农业，发展农村经济，增加农民收入，是全面建设小康社会的重大任务。”这是党的十六大赋予新世纪、新阶段农业、农村、农民问题的新内涵。”没有农民的小康就没有全国人民的小康，没有农民的现代化就没有国家的现代化。”党中央把解决”三农”问题作为一切工作的重中之重，也把加强和改善农村卫生工作作为促进广大农民健康，保护农村生产力，构建和谐社会的重要内容。2000年以来，党和政府发布了一系列规范性文件，采取多种措施，改善农村卫生工作，提高农村卫生服务水平。

（一）政府职责更加明确

1.研究制定各项政策

党中央、国务院多次强调把农村卫生工作放在建设有中国特色社会主义卫生事业的首位。强调农村卫生工作是党的农村工作的重要组成部分，不仅直接关系到广大农民的身体健康，而且关系到农村经济社会协调发展，不仅是重大经济社会问题，也是重大政治问题。做好农村卫生工作是政府义不容辞的责任。各级政府要切实落实中央提出的农村工作目标，加快建立适应社会主义市场经济体制要求和农村经济社会发展水平的农村卫生服务体系和农村合作医疗制度。

为全面贯彻《中共中央、国务院关于卫生改革与发展的决定》（中发[1997]3号）和《中共中央关于农业和农村工作若干重大问题的决定》，建立适应社会主义市场经济体制要求和农村经济社会发展状况、具有保健和基本医疗功能的农村卫生服务体系，实行多种形式的农民健康保障办法，使农民人人享有卫生保健。2000年卫生部会同国家计委、农业部、国家环保局、全国爱卫会组成调查组分别对江苏、四川等省进行农村初级卫生保健工作进行联合调查。提出了农村卫生工作存在的主要问题：（1）投入不足，补偿方式不合理；（2）卫生资源短缺与浪费并存，乡镇卫生院体制单一，缺乏竞争力，服务效率低下；（3）管理体制不顺，卫生服务网络功能弱化；（4）广大农民缺乏健康保保障，因病致贫，因病返贫现象突出。同年9月李岚清副总理召集国务院体改办、卫生部、农业部、国家计委、财政部等部委领导听取关于农村医疗卫生体制调研情况的汇报，并明确由国务院体改办、卫生部、农业部、国家计委、财政部共同参与，在《关于农村医疗卫生体制的调研报告》基础上，形成《关于农村卫生改革与发展的指导意见》。

2001年5月24日国务院办公厅转发了《国务院体改办、国家计委、财政部、农业部、卫生部关于农村卫生改革与发展的指导意见的通知》（国发[2001]39号），《关于农村卫生改革与发展的指导意见》初步确定了农村卫生事业的发展方向和政策原则。包括：全面落实初级卫生保健工作。要求各级政府将发展农村初级卫生保健工作纳入国民经济和社会发展规划，并

随着农村经济发展逐步提高初级卫生保健水平；改革卫生管理体制；健全卫生服务网络；推进乡镇卫生院改革；提高卫生技术人员素质等。

2002 年 10 月 19 日中共中央、国务院下发了《关于进一步加强农村卫生工作的决定》（中发[2002]13 号）。为了更好地贯彻落实《决定》提出的政策措施，2002 年 5 月由卫生部等 7 个部委联合下发了《中国农村初级卫生保健发展纲要（2001—2010 年）》。又于 2002 年 12 月下发了《城市卫生支援农村卫生工作实施意见》、《关于加强农村卫生人才培养和队伍建设的意见》、《关于农村卫生机构改革与管理的意见》等 4 个配套文件。

2002 年 10 月 29 日至 30 日在北京召开了全国农村卫生工作会议，这是建国以来第一次以国务院名义召开的全国农村卫生工作会议。江泽民同志向大会致信，李岚清和温家宝出席了会议，并分别做了题为《大力加强农村卫生工作，全面提高农民健康水平》的发言和大会总结发言。充分体现了党中央、国务院对农民健康的高度关心和重视。从实现全面建设小康社会和社会主义现代化第三战略目标的高度，明确了新时期农村卫生工作的指导思想、工作目标、工作任务、政策措施和具体要求。

2003 年 1 月国务院办公厅转发《关于建立新型农村合作医疗制度意见》；3 月财政部、国家计委、卫生部联合下发了《关于农村卫生事业补助政策的若干意见》；8 月下发了《乡村医生从业管理条例》等配套文件。

2004 年财政部、卫生部下发《关于完善中央财政新型农村合作医疗资金拨付办法有关问题的通知》（财社[2004]37 号）；2004 年卫生部下发《关于成立卫生部新型农村合作医疗技术指导组的通知》（卫办农卫发[2004]46 号）；2004 年国务院办公厅转发卫生部等部门《关于进一步做好新型农村合作医疗试点工作指导意见的通知》（国办发[2004]3 号），上述文件的出台，为开展农村卫生工作提供了有力的政策保障，对各地贯彻落实《决定》精神，制定具体政策起到了重要的指导作用。

2. 加大对农村卫生的投入

2000 年以来政府对农村卫生事业的投入逐年增加。特别是 2002 年 10 月《中共中央、国务院关于进一步加强农村卫生工作的决定》下发后，政府对农村卫生的投入力度有所加大。《决定》中要求，政府卫生投入要重点向农村倾斜。各级人民政府要逐年增加卫生投入，增长幅度不低于同期财政经常性支出的增长幅度。（见表）

表 4—2 农村卫生机构政府资金投入

单位：亿元

指 标	1998 年	1999 年	2000 年	2001 年	2002 年	2003 年
农村卫生机构政府资金投入	110.34	118.04	123.87	138.49	151.16	176.04
一、农村卫生机构基本补助经费	70.40	77.96	86.31	100.79	114.73	137.48
1．医疗机构	53.51	61.37	67.98	80.07	86.32	96.43
县医院	17.80	22.77	25.29	29.99	31.38	35.60
县中医院	5.95	5.92	6.46	8.10	8.69	9.65
农村卫生院	29.76	32.67	36.23	41.98	46.25	51.18
2．公共卫生机构	16.89	16.59	18.33	20.72	28.41	41.05
县防疫站	9.53	10.24	11.56	13.15	15.91	24.21
县妇幼保健所	3.60	3.87	4.24	4.58	7.27	8.53
县卫生监督机构	0.92	0.00	0.00	0.00	0.67	1.93
乡村及其他卫生机构	0.90	0.84	0.84	0.88	2.89	4.16
县卫生进修学校	1.94	1.64	1.68	2.10	1.66	2.21
二、农村卫生机构专项补助经费	12.15	12.71	10.60	10.46	9.43	18.74
县医院	3.62	4.35	3.73	4.09	3.44	8.24
县中医院	1.06	0.87	0.84	1.40	1.23	1.98
乡镇卫生院	7.47	7.49	6.03	4.97	4.77	8.52
三、农村其他补助经费	27.79	27.37	26.96	27.24	27.00	19.82

资料来源：《中国卫生总费用报告》2004 年

农村其他补助经费包括：农村合作医疗政府补助经费、农村卫生三项建设经费、农村计划生育经费、农村卫生扶贫济困资金、农村居民食用碘盐投入、残联农村卫生康复投入、国内基金会农村卫生投入等。

表4-3 农村卫生机构政府资金投入评价表

单位：%

指 标	1998年	1999年	2000年	2001年	2002年	2003年
农村卫生机构政府资金投入占财政支出	1.02	0.90	0.78	0.73	0.69	0.71
农村卫生机构基本补助经费占财政支出	0.65	0.59	0.54	0.53	0.52	0.56
农村卫生事业费占财政支出	0.76	0.69	0.61	0.59	0.56	0.69
农村卫生事业费占全国卫生事业费支出	33.95	33.64	32.73	32.59	32.53	35.72

资料来源：《中国卫生总费用报告》2004年

（二）农村公共卫生工作进一步加强

公共卫生建设是一项社会系统工程，是组织社会力量共同努力，改善环境卫生条件，预防控制传染病和其他疾病流行，培养良好卫生习惯和文明生活方式，提供医疗服务，达到预防儿疾病，促进健康的目的。根据《中共中央、国务院关于进一步加强农村卫生工作的决定》中："各级政府按分级管理，以县（市）为主的农村管理体制，对农村公共卫生工作承担全部责任"的要求，几年来农村公共卫生工作取得长足发展。特别是西部地区农村公共卫生建设继续得到加强。2002年投入国债资金8亿元，2003年又投入21.2亿元，用于西部地区疾病预防控制机构建设。同时，与财政部合作启动了德国政府的6500万欧元贷款和700万欧元赠款项目，主要用于西部地区疾病预防控制机构建设，为提高农村重大疾病、传染病、地方病防治和控制能力打下了坚实的基础。启动了149个贫困县县医院改造建设项目，各地也因地制宜加强农村基层卫生基础设施建设，改善了农村卫生服务条件，提高了西部及贫困地区卫生服务水平。

2000年以来我国农村非典、艾滋病、结核病等重大疾病防治取得成效；其他急性传染病也得到较好控制；地方病防治工作继续深入开展，并取得了实效；农村改水、改厕有了新的突破；广大农村居民接受健康教育，提高健康生活方式意识也有所增强。

专栏5 改善贫困地区儿童营养状况试点

由世界卫生组织支持，卫生部基层卫生与妇幼保健司组织实施的改善贫困地区儿童营养状况试点项目于2002年1月至2003年12月在四川省北川县和井研县、贵州省丹寨县和长顺县、广西壮族自治区平果县和恭城县开展。该项目旨在通过进行食物营养知识教育，纠正不良饮食习惯和行为，提倡母乳喂养，推行科学的辅食制作等，促使贫困地区儿童营养状况得到改善。

项目主要内容：一是分级举办培训班。其中县级培训班9期，由省级专家授课，培训骨干330余人；村级培训班18期，由经过培训的骨干讲课，1860名家长参加。二是发放宣传材料、播放VCD光盘。分发"1~3岁儿童喂养""家长育儿知识"等材料18万余份；给各项目县配发"母乳喂养和辅助食品添加"光盘，在各村多次播放。三是入户访问指导。在6个项目县选择180户定期随访，进行营养指导。四是开展专题讨论。由县妇幼保健人员在乡村组织儿童家长就婴幼儿喂养等话题进行面对面交流。

项目实施效果：项目实施后，试点县0~5岁儿童健康状况有一定改善。如贵州省缺铁性贫血患病率从32.4%下降至22.0%，营养不良患病率也有所下降。项目地区儿童家长在婴幼儿喂养知识、态度、行为等方面发生了变化。如在怀孕期间，孕妇对自己自身的营养予以关注；在哺乳期，许多母亲明确母乳喂养好，母乳不仅营养丰富，干净，方便，而且能增强婴儿抵抗力，增进母子感情等；在婴幼儿期间，大多数母亲已经基本掌握了辅助食品的添加方法，能按照“先加一种，再加多种”的方法给孩子添加，并认识到在贫困地区，只要有效利用当地天然资源，合理搭配，同样能改善孩子的营养，增进健康。许多父母还能主动向保健人员咨询孩子的营养健康问题，主动看书、看电视等，希望学习更多的育儿常识。

为解决西部贫困地区的孕产妇死亡和新生儿破伤风死亡问题，卫生部会通有关部门于2000~2001年在西部12个省、自治区、直辖市开展了”降低孕产妇死亡率和消除新生儿破伤风”项目，经过两年的艰苦努力，项目县孕产妇死亡率和新生儿破伤风发生率明显减低，378个项目县孕产妇死亡率平均下降28.8%，新生儿破伤风发生率下降55%。

青海省甲乙类传染病报告发病率持续下降，2003年全省共报告16271例，报告发病率311/10万，比2002年下降了0.64%。

甘肃省扎实推进地方病防治工作，2003年全省有9个县实现或基本实现消除碘缺乏病阶段目标。

山西省2003年完成了10个县、22个乡、297个村降氟除砷改水任务，近30万人受益。

湖南、湖北两省切实加强血防工作，湖南省免费为感染的45万农民、12万头家畜治疗。湖北省大力开展普查及治疗，通过查螺灭螺、治疗病人的同时治疗病畜，有效控制了急性感染，使发病率为历史最低水平。

在实施西部战略大开发过程中，积极配合有关部门做好三峡库区库底卫生清理和青藏铁路建设、西气东输、南水北调等大型项目中的疾病预防控制工作。

为认真落实党中央、国务院关于加强公共卫生体系建设工作的精神，自2004年1月起，全国范围内开展了传染病和突发公共卫生事件网络直报工作。截止到2004年底，进入网络直报的卫生机构总数已超过4万家，其中县及县以上医院1.4万多所（占医院总数的93%），乡镇卫生院1.8万所（占乡镇卫生院总数的42%）。

宁夏自治区基本建成了疫情信息网络，全区县级疾控机构和二级以上医院全部实现了疫情网上直报，所有乡镇及大部分村可以电话直报。

江西省2003年100%的疾病预防控制机构和95%县及县级以上医疗机构和81%的乡镇卫生院实现网上直报疫情，87%的行政村专备了疫情报告电话。

安徽省1776个乡镇卫生院基本实现了与县级疾病预防控制机构的疫情信息网络的连接。

尚未开展网络直报工作的县，主要分布在西部地区。为了改善西部地区有条件的乡镇卫生院和西部地区国家重点扶贫县、少数民族自治县、边境县县级医院疫情网络直报条件，进一步扩大网络覆盖面，提高疾病监测工作的完整性和及时性，卫生部拟利用中央财政资金采购计算机，用于西部地区县医疗机构和乡镇卫生院网络直报工作，以提升西部地区乡镇卫生院疫情网络直报能力，保障疫情报告的及时和有效。配送范围涉及西部地区12个省（区、市）599个国家扶贫工作重点县、边境县、少数民族自治县县医院各补助一台计算机。对暂无上网条件的乡镇卫生院，可调配给属地县（区）疾病预防控制中心代为报告。具备条件的乡镇卫生院（含中心卫生院、传染病发病率较高地区的乡镇卫生院、服务人口数较多的乡镇卫生院）；新疆生产建设兵团师、团医院。同时上述乡镇中心卫生院防保组负责疾病报告的专兼职人员和其它乡卫生院防保组专兼职人员进行培训。

表 4-4　2000-2004 年地方性氟中毒防治情况

指 标		病区县数（个）	病区人口数（万人）	氟斑牙人数（万人）	氟骨症病例数（万人）	控制县数（个）	防治受益人口总数累计（万人）
2000 年	饮水型	1107	53515.58	2296.83	113.87	184	5974.59
	煤烟污染型	199	9122.29	1769.50	146.45		688.85
2001 年	饮水型	1096	53758.46	2212.36	134.14	204	6098.41
	煤烟污染型	201	10231.11	1813.88	159.48	24	700.18
2002 年	饮水型	1117	53654.79	2213.67	136.44	203	4193.40
	煤烟污染型	201	9040.11	1534.55	139.25	25	689.10
2003 年	饮水型	1109	54358.67	2099.36	131.39	193	3935.73
	煤烟污染型	200	9434.92	1778.03	152.21	25	784.69
2004 年	饮水型	1108	54466.76	2149.05	136.4	194	4064.55
	煤烟污染型	200	9599.59	1801.19	151.74	24	806.67

表 4-5　各地区农村改水情况

单位：%

地 区	改水受益人口占农村人口			饮用自来水人口占农村人口		
	1995 年	2000 年	2004 年	1995 年	2000 年	2004 年
全 国	86.7	92.4	93.8	43.2	55.2	60.0
北 京	99.1	99.8	100.0	96.1	98.2	97.6
天 津	100.0	100.0	100.0	89.9	83.6	86.9
河 北	94.6	96.1	98.2	65.7	73.4	80.3
山 西	85.8	90.5	94.2	70.7	73.4	77.0
内蒙古	62.7	83.9	88.5	17.3	30.8	34.6
辽 宁	95.3	98.2	97.7	37.2	59.2	55.2
吉 林	91.2	96.7	98.6	27.6	35.3	47.9
黑龙江	96.4	97.4	98.1	40.2	50.0	57.3
上 海	100.0	100.0	100.0	99.3	99.9	100.0
江 苏	93.3	93.6	98.5	53.4	75.0	92.5
浙 江	93.7	96.7	96.2	74.5	83.2	87.1
安 徽	94.6	98.7	98.2	23.3	36.8	36.0
福 建	94.1	98.5	97.7	54.7	71.2	72.7
江 西	98.8	94.5	95.9	30.4	38.2	45.2
山 东	97.0	98.9	99.4	47.0	57.2	65.2
河 南	95.5	97.0	97.1	42.5	48.9	49.6
湖 北	81.2	93.5	91.7	44.7	54.0	51.8
湖 南	91.7	96.1	96.8	32.8	46.0	57.1
广 东	95.3	98.0	96.7	62.6	70.3	53.3
广 西	80.0	89.6	98.6	31.0	47.6	74.5
海 南	87.3	94.2	92.6	33.9	49.9	56.9
重 庆		92.2	93.3		59.3	44.4
四 川	81.6	91.4	91.5	30.8	39.2	66.0
贵 州	49.8	61.4	70.8	28.5	43.6	51.2
云 南	58.6	80.8	86.3	36.2	54.3	61.2
西 藏	18.5			11.9		
陕 西	78.2	64.1	70.5	37.2	35.3	28.5
甘 肃	41.1	71.8	85.3	18.9	32.7	41.7
青 海	59.5	71.3	88.6	30.2	55.2	68.8
宁 夏	74.8	87.8	93.0	26.1	29.6	37.0
新 疆	56.6	86.3	60.2	25.0	80.1	60.2

表4－6　2004年各地区农村改厕工作情况

地　区	累计卫生厕所户数（万户）	其中：当年新增（万户）	卫生厕所普及率（%）	粪便无害化处理率（%）
全　国	13192.4	339.4	53.1	57.7
北　京	95.6	4.1	76.3	85.7
天　津	57.5	17.2	52.5	53.3
河　北	598.9	43.5	42.6	44.7
山　西	267.7	17.9	45.2	49.7
内蒙古	139.1	0.8	35.7	45.5
辽　宁	350.0	11.7	50.7	52.0
吉　林	231.7	9.8	58.7	60.0
黑龙江	361.5	11.1	54.3	64.8
上　海	120.2	1.8	94.1	94.1
江　苏	876.2	75.8	50.2	52.9
浙　江	872.3	46.9	75.9	81.4
安　徽	638.1	18.9	52.6	59.3
福　建	378.8	25.3	55.6	62.9
江　西	504.3	18.6	59.3	64.3
山　东	1334.6	36.2	66.6	69.4
河　南	1181.8	9.0	60.2	66.2
湖　北	703.2	19.1	62.5	64.3
湖　南	728.8	29.8	56.4	60.2
广　东	403.9	40.3	48.0	50.6
广　西	1069.2	43.1	75.1	86.0
海　南	69.2	2.3	53.0	67.6
重　庆	686.9	46.9	35.9	36.0
四　川	283.3	8.0	39.0	39.0
贵　州	187.4	24.0	24.7	27.3
云　南	425.4	31.0	49.6	57.2
西　藏				
陕　西	231.3	9.7	33.3	41.3
甘　肃	233.3	13	47.0	51.6
青　海	40.7	0.4	58.2	59.4
宁　夏	28.3		28.2	28.2
新　疆	83.1	0.4	34.0	34.4

（三）农村卫生服务体系建设进一步推进

我国农村卫生服务体系薄弱，农村居民主要健康指标改善幅度缓慢，一些农村，特别是贫困地区，传染病和地方发病率仍然较高，严重威胁着广大群众的健康和生命安全。加之农村卫生事业投入不足、卫生机构设施较差以及高素质的乡村卫技人员匮乏等因素，农村公共卫生和预防保健服务得不到有效保证，医疗服务水平较低，难以承担起保护和促进农村居民健康的任务。因此需要建立社会化农村卫生服务体系，打破部门和所有制界限，统筹规划、合理配置、综合利用农村卫生资源、建立以公有制为主导、多种所有制形式共同发展的农村卫生服务网络。

专栏6 中国西部农村居民患病及卫生服务利用状况

2003年9月份，卫生部对内蒙古、广西、重庆、四川、贵州、云南、陕西、甘肃、青海、宁夏、新疆等西部11个省进行了居民卫生服务状况调查。在农村共调查了22125户，83378人。

据调查，我国西部农村地区居民的两周患病率为151.5‰，高于全国农村平均水平(139.5‰)。0~4岁儿童两周患病率为102.4‰，65岁及以上老年人口的两周患病率最高，为354.3‰。

西部农村居民慢性病患病率为133.4‰，高于全国农村平均水平（120.5‰），慢性病患病率随着年龄的升高而升高，65岁及以上老年人口的慢性病患病率最高，达到443.2‰。慢性病患病率排在前五位的疾病依次是：消化系统疾病（31.8‰）、循环系统疾病（24.8‰）、肌肉骨骼结缔组织疾病（22.1‰）、呼吸系统疾病（16.1‰）和泌尿生殖系统疾病（11.6‰）。

西部农村居民患病后，去医疗机构就诊的比例为52.6%，居民两周就诊率为151.5%，0~4岁儿童两周就诊率为147.2‰，65岁及以上人口两周就诊率最高（339.4‰）。28.8%的居民患病后采取了自我医疗。有18.7%的患者未采取任何治疗措施，原因主要是因为经济困难（占62.0%），这一比例比全国农村平均水平高23个百分点。

西部农村居民住院率为39.6‰，高于全国农村平均水平（34‰），居民住院的主要原因依次是：疾病（占67.7%）、住院分娩（占14.1%）、损伤中毒（占11.0%）。住院率在前五位的疾病依次是：消化系统疾病（7.0‰）、损伤和中毒（4.9‰）、妊娠分娩及产褥期并发症（4.9‰）、呼吸系统疾病（4.9‰）和循环系统疾病（4.1‰）。出院者中有53.1%的是病未愈自己要求出院，而病人自己要求出院的主要原因是经济困难（占75.1%）。应住院未住院的占45.0%，70.7%的原因也是由于经济困难。

西部农村地区孕产妇产前检查率为72.4%，孕早期检查率为49.5%，产后访视率为45.5%，孕产妇住院分娩率仅为39.6%，远低于全国农村平均水平。57.3%的孕产妇在家中分娩，其中43.3%由家人接生，在家分娩的各种原因中，由于经济困难的比例最高，占37.6%。

西部农村地区儿童的计划免疫建卡率为74.1%，各疫苗接种率分别为：卡介苗88.8%，白百破疫苗73.7%，脊灰疫苗76.2%，麻疹疫苗87.5%，乙肝疫苗的接种率仅为52.1%，均低于全国农村平均水平。

根据《关于进一步加强农村卫生工作的决定》，采取中央和地方共建的方法，加强农村乡镇卫生院建设，改善基础设施条件，强化了农村卫生服务网络的整体功能。中央财政通过专项转移支付对贫困地区农民贫困家庭医疗救助给予适当支持。云南省政府安排财政资金4460万元，为240所乡镇卫生院改善房屋及设备条件；广西区2003年为378个业务用房不足的乡镇卫生院新建和扩建业务用房186091平方米，为1089个卫生院配置设备4772台（件）。陕西省争取国家贫困县医院建设投资700万元，建设贫困医院11所，完成"健康工程"投资2000万元，建设乡镇卫生院200所；新疆自治区2003年顺利完成了两所济困医院建设。连续7年开展城乡卫生扶贫帮困活动，全区参加帮困救助的医疗卫生机构398个，开设扶贫床位1190张。

加快农村卫生事业发展改善农民卫生服务条件，一是大力改善农村医疗卫生条件，二是深化乡镇卫生院改革，三是积极建立农村新型合作医疗制度。深化乡镇卫生院改革，调整现有乡镇卫生院布局，按照中央决定精神，在乡镇行政区划调整后，原则上每个乡镇应有一所由政府举办的卫生院。到2003年年底全国已有近2/3的县的乡镇卫生院上划到县级卫生行政部门，西部地区广西、宁夏、青海等省全部完成上划工作。甘肃省乡村卫生服务管理一体化以乡为单位达到70%。

（四）新型农村合作医疗制度和医疗救治制度的建立取得初步进展

在中央《关于进一步加强农村卫生工作的决定》中，明确提出逐步在全国建立新型农村合作医疗制度，要求各地先行试点，总结经验，逐步推广，到2010年基本覆盖农村居民。从2003年下半年开始，各省、自治区、直辖市按照中央政府有关文件精神，陆续开展了新型农村合作医疗试点工作，取得了初步的进展。建立新型农村合作医疗制度，是党中央着眼于实现全面建设小康社会目标，统筹城乡社会经济全面协调发展，为确实解决"三农"问题，大力加强农村卫生建设，提高农民健康水平的重大举措。

新型农村合作医疗制度是由政府组织、引导、支持，农民自愿参加，个人、集体和政府多方筹资，以大病统筹为主的农民医疗互助共济制度。按照以大额医疗费用补助为主、兼顾受益面的原则综合考虑。各省、市（地）、县财政根据实际需要和财力情况安排资金，对农村贫困家庭给予医疗救助资金支持，对实施合作医疗按实际参加人数和补助定额给予资助。从2003年起，中央财政对中西部地区除市区以外的参加新型合作医疗的农民每人按人均10元安排合作医疗资金，地方财政对参加新型合作医疗的农民补助每年不低于人均10元。2005年中央又提出，中央和地方财政将分别在原10元补助基础上再增加10元。

自愿参加合作医疗的农民，以家庭为单位按每人每年10元（部分东、中部地区稍高）缴到乡财税所或乡镇卫生院，再由上述单位及时上缴县财政局，纳入合作医疗基金财政专用账户，同各级政府每年每人补助的20元一起形成合作医疗基金，存放在由县级以上新型农村合作医疗管理委员会确定的国有商业银行或农村信用社管理。参加合作医疗的农民每次到县（市）内定点医疗机构就诊时，可直接报销部分医药费用。新型农村合作医疗基金收支分离，管用分开，封闭运行。

截止到2004年10月31日，全国31个省、自治区、直辖市共有333个县（市）开展了新型农村合作医疗试点工作，约覆盖10691.09万农业人口，实际参加新型农村合作医疗的农民8040.01万，参合率为75.20%；其中，中西部22个省（市、区）启动了233个试点县（市），约覆盖6225.76万农业人口，实际参加人数4678.98万，参合率为75.16%。全国共筹集资金32.83亿元，其中农民个人缴费13.57亿元，地方各级财政补助13.01亿元，中央财政补助到位4.51亿元，其他渠道支持1.74亿元。2004年下半年中央财政的补助正逐步到位。中西部地区共筹集资金15.98亿元，其中农民个人缴费5.36亿元，中央财政补助4.51亿元，地方财政补助5.74亿元，其他渠道支持3726.18万元。到2004年10月31日，全国31个省、自治区、直辖市，已有5231.72万人次得到合作医疗报销补偿，报销金额19.88亿元，占筹资总额的60.54%。其中，中西部地区有3543.40万人次得到补偿，报销金额9.05亿元，占筹资总额的56.68%。按住院、门诊分项统计，全国共有200.84万人次得到住院补偿，补偿金额14.70亿元，平均每住院人次补偿731.77元；共有5030.88万人次得到门诊补偿，补偿金额5.18亿元，平均每门诊人次补偿10.30元。其中，中西部地区共有125.59万人次得到住院补偿，补偿金额6.26亿元，平均每住院人次补偿498.34元，共有3417.81万人次得到门诊补偿，补偿金额2.80亿元，平均每门诊人次补偿8.18元。

试点工作取得了初步成效。一是新型农村合作医疗制度的管理和运行机制开始形成。二是试点地区农民就医状况有所改善、医药费用负担有所减轻。截至今年6月底，已有4194万人次的医药费用得到报销，报销金额13.94亿元，占筹资总额的46.14%，其中，住院医药费用平均有27.25%得到报销。参合农民就诊率和住院率明显升高，"因病致贫、因病返贫"状况有所缓解。三是农村医疗机构服务条件有所改善、医护人员队伍建设有所加强，服务质量有所提高。

试点过程中出现的问题。一是一些地方对建立新型农村合作医疗制度的长期性、艰巨性和复杂性认识不足。工作不细，有些政策措施未能很好地贯彻落实。二是一些地方宣传工作不深入，部分农民对合作医疗政策了解得不全面，不清楚参加合作医疗的权利和义务，心存疑虑，影响农民参加新型农村合作医疗的积极性。三是多数地方还没有建立起合理的农民缴费机制和监管机制，基金安全存在潜在的风险。四是一些试点地区制定的试点方案不够科学合理，报销比例不够适当。

卫生部统计信息中心

八 、水利扶贫政策回顾

（一）农村饮水解困政策

我国人口众多，水资源短缺，经济和社会发展不平衡，农村供水总体水平不高，许多地方存在饮水困难。为解决这一问题，党中央、国务院采取了多种措施。特别是最近几年，国家加大了农村饮水解困工作的力度，把人畜饮水作为农村基础设施建设"六小工程"的重要内容。国务院领导对农村饮水解困工作做出了一系列重要批示：努力解决农村饮水困难，要统筹规划，合理安排，采取多种工程措施，兴建集中与分散相结合的饮水工程。要区分轻重缓急，把有限的资金优先用于饮水最困难的地方。要认真做好供水水源的勘测调查等前期工作，加强对饮水工程的技术指导，使建成的工程能有稳定可靠的水源，在干旱时保证群众有水喝。

水利部认真贯彻党中央治水方针，提出了新的治水思路，把解决饮水问题作为水利工作的首要任务，编制了《全国解决农村饮水困难"十五"规划》，提出了分阶段解决农村饮水困难的目标，第一阶段解决《国家八七扶贫攻坚计划》剩余的饮水困难问题；第二阶段解决新出现的饮水困难问题，到"十五"末基本解决我国农村现存的饮水困难问题，保证群众基本的生活用水要求。

五年来，国家共安排国债资金 98 亿元，加上各级地方政府的配套资金和群众自筹，总投入约 180 亿多元，共建成各类农村饮水工程 80 多万处，使 5700 多万农村人口告别了饮水难。农村饮水解困工程建设成为近年来水利工作的三大亮点之一，取得了显著的社会效益、经济效益和生态效益，使农民真正得到了实惠，深受农民的欢迎，被农民群众誉为"德政工程"、"民心工程"和"三个代表"在农村的具体体现，取得了"小工程，大德政"的政治效果。

1. 饮水解困的成效

第一，提高了农民群众的健康水平。农村饮水解困工程建设首先是减少了疾病。饮水问题的解决，使农村与水有关的疾病发病率大幅度降低，特别是降低了由于水质问题引发传染病的可能性。据调查，吃上洁净水后，可使肠道传染病等发病率降低 47%。其次是提高了农民的生活质量。有了饮水工程，农民有适量的水洗衣服，厨房、厕所、浴室的条件也得到了改善，从而带动了与水有关的生活习惯的改变。许多农户用上了洗衣机、淋浴电器等，出现了灶台清洁、浴室整洁、厕所干净、庭院绿荫的新景象。据调查，自来水到户的地方，46% 的农户购置了洗衣机，90% 以上的农户生活用水量增加，农民非常满意。通过促进环境卫生和个人卫生的改善，降低了与卫生条件有关的疾病发病率，提高了农民特别是妇女儿童的健康水平。健康水平提高了，相应减少了医药费支出，减轻了农民的经济负担。据调查评估，饮水解困项目区户均年节省医药费支出 207 元。

第二，促进了农村经济的发展。解决饮水困难问题，缩短了取水时间，减轻了农民找水、担水、买水负担，解放了农村劳动力。河南省济源市是古代传说中"愚公移山"的地方，历史上十年九旱，水源缺乏，尤其是广大山区，缺水成为制约经济发展的主要因素，群众饮水十分困难。2001年始，济源市投入5100余万元，建设了王屋山供水工程、布袋沟供水工程和394处小型饮水解困工程，祖祖辈辈无水吃、吃水难的王屋山区12万人用上了清洁卫生的自来水。重庆市开县温泉镇金霞村打通千米绝壁，修建起7公里长的金霞水渠，使全村农民告别了世世代代背水吃的历史，使金霞村成了鱼米之乡。据调查，通过实施饮水解困工程，全国户均年节省53个挑水工日，其中，42%用于外出务工，86%的农户增加了收入。饮水条件的改善，促进了养殖业的发展，提高了畜产品的产量和品质，同时也为适量发展庭院种植业和加工业提供了水源保障，促进了农村经济社会的发展，成为农村贫困人口脱贫致富的有效措施。水源条件较好的地区综合利用饮水解困工程，发展庭院经济、养殖业和加工业，走"井、池、园相配套，种、养、加、运相结合"的发展路子，呈现了"水兴各业旺"的新势头。

第三，改善了农村生活环境。有的地方在建设饮水工程的同时，增加了环境卫生和健康教育的内容，通过这种"三位一体"的综合模式，全方位地改善农村的饮水卫生状况。结合修建畜圈、垃圾池、沼气池；整修乡村道路、排水沟；房前屋后植树种草养花等，改善了农村的环境卫生状况。农村生活环境的改善，为农村全面小康打下了良好基础。

饮水解困工作能够取得显著成就，靠的是党和政府的正确领导，靠的是社会各界的大力支持，靠的是广大干部群众的顽强奋斗。党中央、国务院高度重视农村饮水解困工作，制定了一系列扶持政策，特别是胡锦涛总书记、温家宝总理、回良玉副总理等领导同志多次对农村饮水解困工作做出批示和指示。国家发展改革委和水利部大幅度增加了对农村饮水解困工程的投入，制定了一系列管理办法和制度，如《农村人畜饮水项目建设管理办法》、《关于实施农村饮水解困工程的意见》、《关于进一步做好农村人畜饮水解困工作的意见》、《关于加强村镇供水工程管理的意见》、《村镇供水站定岗标准》、《村镇供水工程技术规范》和《村镇供水单位资质标准》等，每个实施项目的省（区、市）都制定了管理办法或实施细则。一些地市直至县市也根据国家和省区的有关规定，结合当地实际，制定了更详细、更具体、更具操作性的管理办法和规章制度。

地方各级党委和政府把实施农村饮水解困工程作为贯彻落实"三个代表"重要思想、全面建设小康社会的具体行动。项目区省、市、县都成立了农村饮水解困工程领导小组，由党委或政府分管领导挂帅，计划、财政、水利、监察、卫生等部门参加。同时层层签订责任书，明确任务和要求，并将其列为年度考核的重要内容。

饮水解困工作得到了国家有关部门和社会各界的大力支持。新华社、人民日报、中央电视台、经济日报、农民日报、中国水利报社等新闻媒体多次主动进行采访报道。许多社会团体和企业家积极主动地为饮水解困工程建设捐款捐物。全国妇联组织地方各级妇联动员社会各界捐款达1亿多元，以支持西部地区建设"母亲水窖"。在革命老区工作过的老干部也主动为老区人民捐款，修建饮水解困工程。

2.农村饮水解困工程的经验

（1）规划建卡。在规划的基础上，将需要解决饮水困难的人数落实到村组或农户，逐村、逐户建卡片，按卡实施，有效地避免了安排计划和资金时的随意性。

（2）社会公示。工程项目村登报公示，单项工程在村内设"明白墙"。公示内容包括工程规模、建设内容、工程量、工程总投资及各分部投资、材料设备价格、国家补助资金、地方配套资金及群众自筹资金等。

（3）资金报账。各项目区都设立了饮水解困资金专户，严格管理。工程建设资金实行报账制，即预付少量启动资金后，按照先干工程后付款的原则，根据工程投资规模等情况分期报账。

（4）集中采购。主要工程设备材料实行集中统一采购，不仅确保所购设备材料的质量，便于管理，还能获得比较优惠的价格，降低工程造价。

（5）巡回监理。对规模较大的集中供水工程，按照基本建设程序要求，严格实行监理制；对小型分散工程，聘请专门的监理单位和人员，根据工程的分布情况，实行分片巡回监理，并请受益农户进行跟班监督。

（6）明确管理责任。针对不同的工程类型和规模采取不同的管理模式。对水窖、水池、水柜等微型集雨工程，采取国家补助，农户自建、自有、自管、自用的体制，由政府发产权证；对自然村或行政村为单元的小型农村饮水工程，采取国家补助，农户自筹，由受益农户在民主协商的基础上成立用水协会，实行自主管理；对跨村、跨乡的区域集中供水工程，采取专管机构、受益村和用水户协会管理相结合的办法，实行有偿供水，合理收费，促进工程良性运行。

近年来，我国农村饮水解困工作虽取得了很大进展，但是，饮水安全形势仍然十分严峻。一些地区饮水存在水质严重不达标、供水保证率低、水性地方病等问题。尤其是高氟、高砷、苦咸、污染及血吸虫等水质问题，严重影响着人民群众的身体健康。据卫生部门和水利部门的初步调查以及联合国评估，我国还有3亿多人饮水不安全。

党中央、国务院对饮水安全问题十分关心，胡锦涛总书记多次做出重要批示："饮用水安全问题关系到广大人民群众的健康，必须高度重视。要通过科学论证，研究采取治理污染源、改进自来水净化处理等措施，从根本上解决问题，把以人为本真正落到实处"；"无论有多大困难，都要想办法解决群众的饮水问题，绝不能让群众再喝高氟水"；"要增强紧迫感，深入调研，科学论证，提出解决方案，认真加以落实，使群众能喝上'放心水'"。温家宝总理在政府工作报告中指出："我们的奋斗目标是，让人民群众喝上干净的水、呼吸清新的空气，有更好的工作和生活环境。"保障饮水安全、维护人的健康生命是当前经济社会发展对水利工作的第一需要。

3.当前需要重点做好的工作

（1）统筹规划。今后需要进行农村饮水安全工程建设的省（市、自治区），都要在深入调查、科学论证的基础上，做好不同阶段的规划，在各地规划的基础上，国家有关部门编制规划。凡实施的建设项目，必须符合规划，必须按建设程序做好前期工作和履行审批手续。

（2）防治并重。水源保护要与水质处理相结合。按照《饮用水水源保护区污染防治管理规定》等相关法规的要求，划定供水水源保护区和供水工程管护范围，制定保护办法，特别是加强对水源地周边设置排污口的管理，严格监控化肥、农药的使用，杜绝垃圾和有害物品的堆放，加强禽畜养殖环境管理，严格禁止在饮用水水源保护区内从事网箱、围网等形式的水产养殖活动，防止供水水源受到污染和人为破坏。在地下水水源地周围建设灌溉等各类机井，建设之前要进行科学论证，防止乱打井超采地下水或引起不同含水层水质混合，造成饮用水源的氟砷等有害物质超标。饮用水源地附近要严格禁止发展高污染工业，防止和减轻对农村饮用水水源的污染。工业和城镇用水的治污费用（成本加微利），要按照"污染者付费"的原则收取，采取市场机制进行治理。

（3）因地制宜。按照先急后缓、标本兼治、既保证用水安全又节约资金的原则，分类采取有效措施。饮水工程建设前，一定要做好水源勘测和调查工作。在研究和制定供水标准时，首先要保证饮用水的水量，有条件的地方，可以同时解决其他生活用水。为了尽快解决饮用水的水质安全并降低工程成本，部分地区的饮用水与其他生活用水可实行分质供水。为保证供水水质和便于管理，有条件的地方尽可能实行集中供水。农村供水基础设施建设要与其他设施建设统筹考虑，距县城、集镇自来水厂较近的农村居民点，可依托已有自来水厂，进行扩建、改建，辐射延伸供水管线，发展自来水。有良好地下水源条件的地方，可建设集中供水井或分户供水井。在农户居住分散的山丘区，可建设分散式供水工程。严重缺乏淡水资源的地方，可建设雨水集蓄工程。对有可能移民的居民点，修建临时性供水设施。

（4）建管并重。今后在规划、项目审批、工程建设和运行管理方面，要借鉴已建工程的经验教训，完善和制定切实可行、行之有效的管理办法。要进一步加强前期工作，强化项目管理，所有工程项目都要按建设程序审批。将需要解决饮水问题的人数落实到村组或农户，对人数实行名册管理，通过报刊等形式予以公示，县以上水利部门要建立电子档案，实现项目的信息化管理；大力推广资金报账制、工程施工监理制和工程材料设备集中统一采购。工程建设前，要在广泛征求群众意见的基础上，明确工程建成后的管理体制和运行机制。精简管理机构，降低管理成本，按成本合理确定用水的收费标准。要建立产权明晰、责权统一、管理到位、有利于工程可持续利用的管理体制、运行机制和社会化服务保障体系。对于建成的饮水工程，要建立验收、跟踪调查和水质监测制度，针对问题及时采取有效措施。

(5)明确责任、加强配合。上下之间、有关部门之间、不同学科之间，要加强配合。各级发展改革部门商有关部门，落实好规划的编制和报批、项目审批、计划下达以及建设与管理的监管工作。水利部门商卫生等部门负责编制工程项目的可行性研究报告和初步设计，组织和指导项目的实施及运行管理。卫生部门负责提出急需解决的地氟病、地砷病、血吸虫病病区需改水的范围和项目建成后的水质检测、监测。环保部门加强对农村饮用水水源地的环境监管。县级疾病预防控制机构设立水质监测中心或指定专兼职人员负责水质监测工作。以规模较大的集中供水站为依托，分区域设立监测点。对于集中供水工程，加强水源、出厂水和管网末梢水的水质检验和监测；对于分散供水工程，分区域定期进行水质监测。

（二）灌区节水改造和节水灌溉示范建设

我国农村贫困人口大部分分布在偏远山区，主要以种植粮食作物为主，生产、生活水平低下。自然条件恶劣、因灾致贫，在所有的贫困因素中占第一位。因此，加强农业基础设施的建设，改善贫困地区生产、生活条件和生存环境是制定扶贫政策的重中之重。

近年来，党和国家非常重视农业基础设施建设，投入大量资金进行节水灌溉建设，开展了以大型灌区节水改造、节水灌溉示范区建设等为重点的改善农业基础设施的建设，取得了明显的节水、增产、增效效果，在连续几年灌溉用水未增加的情况下，灌溉面积稳中有升，促进了农业种植结构调整，发展了农业生产、活跃了农村经济、增加了农民收入，为农村条件的改善奠定了基础。

一是改善了农业生产条件，提高了粮食综合生产能力。自2000年以来的五年间，中央共投入国债资金78亿元，带动地方配套75亿元，对255个大型灌区的骨干工程进行了续建配套与节水改造，建设了300个节水增产重点县和上千个节水灌溉示范项目区，建设了18个地市级节水灌溉示范区，恢复建设了100个灌溉试验站。共新增灌溉面积3000多万亩，恢复改善灌溉面积1亿多亩，发展节水灌溉面积1亿多亩；增加粮食综合生产能力200多亿公斤，增加年节水能力200多亿立方米。

二是提高了灌溉用水效率，缓解了水资源供需矛盾。通过节水工程建设，灌溉水利用系数由"八五"末的不足0.4提高到目前的0.45左右，在灌溉用水总量基本未增加的情况下，农田有效灌溉面积由1995年的7.56亿亩发展到2003年的8.4亿亩。同时，灌溉渠系的改造，有效缩短了灌溉周期，经过节水改造的渠道输水效率提高到90%以上，输水时间缩短20%左右。

三是促进了农民种植农作物的调整，拓宽了收入增加的渠道。通过发展节水灌溉，有力地促进和支持了农业种植结构调整，提高了农产品产量和质量，增加了农民收入。山东省烟台市通过推广微喷灌节水灌溉技术，给作物提供了良好的生长环境，取得了显著的经济效益，农民人均纯收入从工程建设前的1000元增长到3800元，年均递增14%。黑龙江省安达市井灌区通过发展节水灌溉，蔬菜种植面积达40万亩，年收入达3.2亿元，年增加收入2.4亿元。

四是工程完好率明显提高，降低了运行成本。通过灌区的续建配套节水改造和大力推广节水灌溉技术，普遍地提高了工程完好率，降低了工程运行成本。北京井灌区改用喷灌后，每亩年节水200多立方米，节地5%，省工50%。宁夏青铜峡灌区通过改造，连续四年骨干工程安全输水无事故，抢险费一项年节约500多万元，节水少收水费1200万元，相当于减少了灌区农民1200万元的农业生产成本。

五是提供了生态用水，改善了生态环境。节水灌溉减少引水量，缓解了生态用水紧张局面，在华北地下水超采严重地区，由于推广节水灌溉，有些地方封闭了部分农用机井，减少了地下水开采量，减缓了地下水下降的速度。

专栏7 广西、内蒙古、陕西等地配套节水改造效果明显

广西百色市是革命老区也是贫困山区，通过对百色市右江灌区进行续建配套节水改造，提高灌溉保证率，为大面积调整右江河谷农业种植结构，种植反季节蔬菜提供了条件。目前，右江灌区已建成了南菜北运的生产基地，生产反季节蔬菜达40多种，年产量60多万吨，给农民带来了实惠，成为当地农民增收的重要途径。广西壮族自治区的区级贫困县富川县节水灌溉脐橙基地已经成为该县脐橙生产的品牌，为全县"万亩脐橙基地"树立了榜样、发挥了示范作用，由于果园的开发、建设，大大提高土地的利用率，给当地农民带来了实惠，项目区的人均收入增加了近200元。

内蒙古河套灌区通过近几年的续建配套节水改造产生了巨大的经济效益和社会效益：一是近三年来减少农民水费支出6000万元左右，全灌区平均每年每亩减少水费约2.3元，降低了农业生产成本，一定程度上提高了灌区农民的种植效益和农产品的竞争能力；二是通过节水，降低了地下水位，有效地控制了土壤盐碱化；三是有效缓解黄河水资源紧缺矛盾，在满足下游地区生产、生活和生态用水等方面产生了显著的社会效益；四是水利事业的发展，有力地带动和促进了农牧业和农村经济的发展，2001年全盟农业增加值达到44.2亿元，增长4.1%，农民人均收入也提高到2465元，增长7.13%。

陕西旬邑县是国家扶贫重点县，该县新丰村村民马养民的3亩果园，在未实施节水灌溉工程前年亩均产量500公斤左右，商品率仅占50%，亩均收入只有800多元；实施节水灌溉工程后，3亩果园亩均产量提高到2300余斤，商品率提高到85%，亩均收入达2000余元。他的经验带动了当地节水灌溉的发展，同时也激活了农民脱贫致富的热情。同样是国家级贫困县的洛南县，宽坪村的村民利用节水灌溉项目，修建集雨水窖100眼，发展节水灌溉面积，工程建成后，粮食播种面积减少了10%，但是通过节水灌溉后粮食产量反而增加了5%，当地群众腾出耕地发展烤烟，仅烤烟人均毛收入800多元，创造产值47.68万元，列该镇农民收入第一位。

（三）灌区节水改造和节水灌溉示范建设的经验

1.任务明确，领导重视是关键

全国各地都非常重视节水灌溉工程建设，普遍成立了由党政主要领导挂帅，计委、水利、财政、农业、审计等有关部门参加的项目建设指挥部或领导小组。各部门明确职责、分工协作，计划部门负责项目计划的落实，财政部门负责资金筹措与拨付，水利部门负责工程技术方案审批和工程建设和质量，审计部门负责项目资金使用的监督检查，由于项目建设的组织实施机构健全，各部门密切合作，切实负责，有力地保证了项目的顺利实施。

2.加强项目管理，严格按照基建程序办事是基础

按照国家发改委、水利部共同制定的节水灌溉等项目实施的管理办法和基本建设项目的有关规定，各级发改委和水利部门切实加强项目管理，一是把好立项关。要求申报项目的大型灌区必须根据灌区续建配套节水改造规划，由具有相应资质的规划设计单位编制项目年度可

研报告，由省级计委、水利主管部门审查后联合申报。二是把好审批关。项目计划下达后，项目建设单位在批复的可研报告基础上编制年度实施方案，由水利厅组织专家对项目建设内容、技术路线、配套资金筹措方案等进行审查批复，并报水利部核查备案。三是把好实施关。严格实行招投标制度，优选施工队伍；加强技术培训，实行持证上岗；推行招标采购，确保材料质量；严格施工程序，完善工艺流程。四是把好质量关。各地普遍建立了"建设单位负责、施工单位保证、监理单位控制，政府部门监督"的质量保证体系。五是把好竣工验收关。每个项目完成后，由计委、水利、财政、审计及有关专家组成验收组，按照《重点大型灌区续建配套改造项目验收办法》的要求，严格组织验收，从而保证了工程建设质量。六是把好检查关。各地十分重视对项目建中和建后的检查工作，许多省制订了严格的检查制度，采取定期检查和不定期抽查的办法，对经验及时总结推广，对问题及时整改纠正，确保了项目建设的顺利进行。

3.落实配套资金，增加灌区投入是保障

节水灌溉工程项目属于地方工程，社会公益性强。近几年国家对项目的扶持和引导，极大地调动了地方政府和群众的积极性。地方各级政府和项目建设单位抓住这一机遇，在财政十分困难、建设资金紧缺的情况下，千方百计筹措资金，加大灌区的投入。

4.推广先进技术，提高科技含量是生命

在节水灌溉项目建设中，各地普遍注重推广先进技术，积极采用省工、省料、先进、实用的新技术、新材料、新工艺，如先进实用的防渗材料（土工布、土工膜、土工织物等）以及各种补强、加固、抗冻技术和材料，取得了较好效果。不少灌区在项目建设中安排了部分先进适用的量水测水、测墒等设施设备建设，加强了计划用水、合理配水和科学管水，为实现计量供水，按方收费创造了条件。还有不少灌区推广射频卡、激光平整土地等技术，节水、节地、增产效益显著。

5.建立各项规章制度，加强资金和质量管理是根本

各地认真落实水利部《关于加强大型灌区节水改造与节水增效示范项目资金和质量管理的通知》及财政部、水利部共同制订的《水利基本建设资金管理办法》的各项规定，采取了行之有效的措施加强项目质量和资金管理。为保证工程质量，各地积极推行"项目法人责任制、招投标制和工程建设监理制"。如湖北省漳河灌区开设资金专户，建立专帐，专项列支，并借鉴世界银行项目管理的经验，对施工单位的拨付款采取"报帐制"方式，有效地保证了项目建设资金专款专用。

农业灌排设施的改造是我们这样一个水资源短缺国家的长期、艰巨的工作，应该将其纳入长期工作范围，并建立一整套检查监测体系，将其列入政府责任考核，使其形成制度，为贫困农民逐步改善生产、生活创造条件。

所以，2005 年我们要继续深入贯彻落实中央 1 号文件精神，加大粮食主产省区的农村水利基础设施的改造建设力度，努力提高农业综合生产能力，增加农民收入，促进农村经济发展，西部等落后贫困地区提高扶持比例，保障农村小康社会建设的平衡发展。

争取加大以大型灌区续建配套与节水改造为重点的节水灌溉投入力度，缩小投入需求差距，将灌区节水改造纳入国家粮食安全体系建设范围，建立长期稳定的灌区改造投入机制，确保农田水利基础设施安全运行地位，保障粮食生产、农业产业结构和种植结构调整，为解决"三农"问题奠定坚实基础。建立适合当地特点的节水灌溉示范区，为农民提供适宜的节水灌溉技术，增加农民提高收入的经济增长点，达到既节约灌溉用水，又增加农业产值的目的，实实在在增加农民收入。

在灌区范围内，全面推进灌区管理体制与运行机制改革，按照水利部、财政部文件"关于印发《水利工程管理单位定岗标准（试点）》和《水利工程维修养护定额标准（试点）》的通知"（水办[2004]307 号）的内容要求，积极开展灌区管理单位的管理改革，在灌区用水户参与灌溉管理试点基础上，着力推行灌区田间管理改革，解决灌区田间工程管理缺位，农业效益没

有充分体现的弊端，形成灌区骨干工程由专管、田间工程由群管的管理模式，实现灌区"两改一提高"，保障国家粮食安全，促进农业经济的快速发展。

水利部农村水利司

九、2004年中国农村社会救助情况回顾

2004年农村社会救助本着"以民为本，为民解困"工作宗旨，统筹规划，突出重点，紧紧围绕"深入调研、出台政策、规范管理、推进工作和自身建设"五个关键环节，通过调查研究、召开会议，出台文件和督促落实等手段积极推动有条件的地区探索建立农村最低生活保障制度，条件暂时不具备的地方建立农村特困户生活救助制度，加快农村五保供养制度建设步伐，推动农村医疗救助工作全面开展，稳步推进农村社会救助体系的建构进程。

（一）主要工作

1.深入调研

（1）开展农村特困户救助和农村最低生活保障调研工作。主要做了两件事：一是面上调研。在2004年开展全国农村特殊困难群体摸底排查，准确掌握需要救助的农村困难群体底数基础上，组织三个调研组对部分省市农村低保和特困户生活救助工作情况进行了调研，基本掌握了解了各地在农村困难群体基本生活救助工作方面的经验做法和存在问题与困难。二是专项调查。主要是粮油涨价对农村特困群众生活影响的调查。先后组成三个调研组分赴北京、河北和山西部分地区对粮油涨价情况进行专题调研，了解粮油涨价对农村特困群众生活影响情况，为下一步开展农村特困户生活救助奠定了基础。

（2）组织农村五保供养专题调研。对全国五保供养工作开展比较好，特色鲜明的地区进行专项调研，并对全国农村五保供养情况进行了统计。如湖北"福星工程"、广西"五保村"建设、吉林"农村福利中心"建设、河北"创建甲级敬老院"活动和辽宁"中心敬老院"建设等，为调整五保供养政策，摸清情况、弄清问题准备了素材。据最新统计，全国已纳入五保供养328万人，现有敬老院24343所，集中供养人数63.2万人，集中供养年平均供养标准1788元，分散供养264.8万人，分散供养年平均供养标准884.6元。

（3）开展农村医疗救助专题调研。主要搞了三次调研：一是艾滋病情况调研，2005年3~5月在对全国艾滋病患者、患者家属及遗孤摸底调查的基础上对河南、云南进行了专题调研；二是与卫生部等部门检查了甘肃、陕西农村新型合作医疗和医疗救助进展情况；三是对江西、湖南的部分县市进行了农村卫生情况、尤其是税费改革对农村医疗救助的影响进行专题调研。

2.出台政策

（1）出台五保供养政策。一是着手修订《农村五保供养工作条例》。现行《农村五保供养工作条例》中的许多规定与农村税费改革后的新形势不相适应，急需修改和完善。针对这种情况，我部在对全国五保供养工作进行全面调研的基础上，向国务院专门报告，对新形势下的五保供养工作提出了政策建议。根据国务院领导指示，我们积极协调有关部门，将修订《农村五保供养工作条例》列入了2005年国务院立法计划。二是针对一些亟需解决的问题出台了有关政策。为解决当前五保供养工作存在的突出问题，8月份，我部联合财政部、国家发改委下发了《关于进一步做好农村五保供养工作的通知》，对农村五保供养提出明确要求：一是要求各地采取措施，确保供养经费，将符合条件的五保供养对象全部纳入保障范围，实现应保尽保；二是要求地方在安排使用农村税费改革转移支付资金时，应当确保五保

供养资金的落实，不得截留、挪用，免征、减征农业税及其附加后，原从农业税附加中列支的五保供养资金，列入县乡财政预算，并对五保供养资金提出了社会化发放要求；三是要求各地将敬老院建设纳入当地经济社会发展总体规划，不断加大政府投入，改造和完善现有敬老院服务设施，加快敬老院建设步伐；四是要求各地五保供养的信息公开与定期检查制度，确保五保供养健康运行。三部委《通知》是自1994年《农村五保供养工作条例》颁布实施以来，也是农村税费改革以来第一次出台的五保供养政策文件。

（2）出台对艾滋病患者、患者家属和患者遗孤救助政策。在摸清情况与问题的基础上，出台了《民政部关于加强对生活困难的艾滋病患者、患者家属和患者遗孤救助工作的通知》，将生活困难的艾滋病患者、患者家属和患者遗孤纳入了生活救助、医疗救助、抚养安置范围并推动这项工作有序开展。这是国家第一次将生活困难的艾滋病患者、患者家属和患者遗孤纳入了社会救助体系。

（3）出台教育救助政策。与教育部联合发布《民政部、教育部关于进一步做好城乡特殊困难未成年人教育救助工作的通知》，明确教育救助的目标对象、救助实施程序等。第一次将城乡特殊困难未成年人的教育救助纳入社会救助体系，保障了城乡特殊困难未成年人就学和完成学业。

3.规范管理

（1）规范了农村特困户生活救助管理。一是发放《农村特困户救助证》，加强特困户救济的规范化管理。《农村特困户救助证》统一印制，统一编号。特困户凭证领取政府救济和享受其他社会救助；二是建立健全个人申请、村民代表评议、村委会申报、乡镇审核、县级民政部门核准的管理程序，并通过发放《农村特困户救助证》，规范救助款物发放，实行农村特困户救助对象的动态管理。

（2）规范了农村医疗救助管理。一是建立农村医疗救助统计指标体系。为规范农村医疗救助工作，要求各地将已救助人数、已发放救助金额纳入民政统计指标体系。二是建立农村医疗救助情况通报制度。对各省（自治区、直辖市）的工作进展情况予以通报。这两个制度的建立，初步搭建起农村医疗救助常规性的推动机制。

4.督促落实

2005年主要督促落实了四方面的工作：

一是督促农村低保和农村特困户生活救助制度建设。根据《民政部办公厅关于进一步做好农村特困户救济工作的通知》要求，积极督促有条件的地区探索建立农村低保制度，不具备条件的，要求建立特困户生活救助制度。2005年建立农村低保的省份有福建、辽宁、江苏。江西、河南、青海、安徽、四川、湖北、宁夏、甘肃、等省份结合本省实际，以省政府名义出台了农村特困户生活救助的文件或办法；河北、山东、云南等省份则根据各县（市）经济状况，实行"一省两制"，分别实行农村低保或特困户生活救助制度；湖北、黑龙江、河北等省将切实做好农村特困群众救助工作列入省政府的"民心工程"或"为人民群众办理的实事"。同时，继续督促各级民政部门争取财政支持，加大资金投入。部分省份如江西、安徽等省，2005年加大了资金投入力度，江西投入5800万元，安徽投入8000万元用于农村特困户生活救助。截至2004年底，全国有8个省份、1206个县（市）建立了农村最低生活保障制度，有488万村民、235.9万户家庭得到了农村最低生活保障，分别比上年同期增长了33%和33.5%。没有开展农村居民最低生活保障工作的地区，初步建立了农村特困户救助制度。2004年共有914.1万人、545.7万户家庭得到了救助，分别比上年增长了15.2%和19.7%。

二是督促落实五保供养经费。针对农村税费改革的新形势，要求各地高度重视税费改革后五保供养资金筹措问题，认真调查研究，制定适合本地情况的五保供养资金方案。目前，很多地区在五保供养资金的落实上，已经采取了一些得力措施。如：浙江、上海、北京、福建、江苏、广东等已经建立农村最低生活保障制度的省份，将农村五保供养对象列为农村最低生活保障的重点救助对象，发放全额低保金，并适当提高救助水平；黑龙江、安徽、吉林、江西等尚未建立农村最低生活保障制度的省份，则将五保供养经费纳入了地方各级财政预算或在农村税费改革转移支付中明确了五保供养资金的数额。安徽投入1.8亿元用于五保供养，江西投入1.74亿元用于五保供养。

三是启动并督促落实农村敬老院建设项目。为改善五保对象的居住环境，民政部决定从2004年部本级彩票福利金中划拨3000万元，专项资助全国农村440所敬老院的建设和改造，通过项目管理办法第一次对敬老院建设实行项目管理。同时要求各地落实配套资金，抓紧项目实施，加快农村敬老院建设和改造步伐。各地按照民政部的部署，结合本地实际，筹措资金，充分利用各种社会资源，加大敬老院建设力度。如湖北坚持多元投资，充分利用乡镇合并后的闲置资源实施"福星工程"；广西在五保户较为集中的村庄建立"五保村"，浙江、江西、湖南实施的敬老工程、吉林的福利中心建设等，都取得了明显成效。

四是督促落实农村医疗救助政策。主要做了三件事：一是进一步督促各地落实《民政部、卫生部、财政部关于实施农村医疗救助的意见》，《民政部、财政部农村医疗救助基金管理暂行办法》，要求各地研究制定农村医疗救助实施细则，抓好示范点建设，落实配套资金。截止目前，全国已有26个省（市、区）出台了相关政策。二是积极与财政部门协商，根据各地医疗救助工作开展情况、已救助人数、资金配套情况和各地财政状况等因素，确定中央补助资金分配办法并及时下拨资金。三是指导开展农村医疗救助工作。针对民政系统内部缺乏医疗救助工作经验的实际情况，督促、指导各地先行抓好示范点建设，以点带面，推动农村医疗救助全面展开，在救助程序、救助标准、基金管理、救助方式、制度建设等方面，创造许多工作经验。2004年全国已有30个省（自治区、直辖市）和新疆生产建设兵团出台了农村医疗救助管理办法，1501个县（市）开展了农村医疗救助工作。全年共筹集医疗救助金13.5亿元，累计支付医疗救助金4.43亿元（其中：资助参加新型农村合作医疗资金0.65亿元，资助大病救助资金3.78亿元），累计救助贫困农民640.7万人次（其中：资助参加新型农村合作医疗408万人次，大病救助232.7万人次）。民政部、财政部已将2003年、2004年共6亿元资金联合下拨，对中西部开展农村医疗救助予以补助。

（二）存在问题

在积极完成以上工作的同时，我们也发现农村社会救助发展过程中一些需要解决的问题。

主要存在四方面的问题：一是农村特困户生活救助制度建设工作还没完成，已经建立制度的地方资金还没落实，已经建制且实施救助的省份，管理方面还需要进一步规范和加强；二是农村五保供养政策还没完全落实，农村税费改革以后出现的问题如资金不到位、政策不落实、管理不规范、五保对象生活难、住房难、看病难的问题还没有很好解决；三是省级农村医疗救助制度还没全面建立，县级制度建设进展缓慢，农村医疗救助实施情况不太理想；四是农村社会救助体系建设还没有全面铺开，少数已经建制的中西部省份实施情况不尽如人意。

民政部低保司

十、2004年农村灾情及救灾情况回顾

（一）灾情

2004年全国虽然未发生流域性洪涝灾害，但局部地区暴雨洪涝、冰雹、雷击及滑坡、泥石流等灾害频繁，受灾严重。春季，东北西部、内蒙古东部发生了建国以来最严重的春夏连旱；夏季，浙江、福建等沿海地区多次遭受强台风袭击，云南境内发生严重的洪涝泥

石流灾害；秋季，广东、广西发生了1951年以来最严重的旱情。经核定，2004年全国因各种自然灾害，造成因灾死亡2250人，紧急转移安置563.3万人；倒塌房屋155万间，损坏房屋550.9万间；农作物受灾面积3710.6万公顷，绝收面积436万公顷；部分地区工矿企业、公共基础设施不同程度受损，因灾直接经济损失1602.3亿元。受灾较重的省份有：浙江、云南、四川、重庆、湖南、湖北等。

2004年自然灾害呈现以下特点：一是灾害种类多，点多面广。2004年，洪涝、干旱、台风、冰雹、地震、雪灾、低温冷冻、山体滑坡、泥石流和病虫害等自然灾害在我国大陆均有发生。全国有1700多个县（市、区）遭受冰雹或龙卷风袭击，灾情较常年偏重；全年有7个台风（热带风暴）在我国大陆登陆；全年发生5.0级以上地震22次。二是灾害造成危害重，死亡人数多。2004年多次发生重大灾害过程，其中损失最重的是14号"云娜"台风和9月初的四川、重庆洪涝灾害。这两次灾害过程共造成3000多万人受灾，死亡369人，因灾直接经济损失257亿元。三是边远贫困地区反复受灾。2004年暴雨、洪涝、山体滑坡、泥石流等灾害在部分边远贫困地区重复发生，如云南德宏、怒江，四川达州、南充，重庆开县、万州，贵州毕节、铜仁，湖南怀化、湘西，湖北恩施、襄樊，河南漯河、平顶山，黑龙江绥化、鸡西，吉林白城、四平，内蒙古兴安盟、通辽等。四是我国部分地区，尤其是东北部分地区发生严重持续旱灾。2004年，内蒙古东部、辽宁西北部、吉林西部、黑龙江西南部降水持续偏少，继1999~2003年连续5年干旱之后，再次出现严重干旱；9~10月间，我国南方大部降水持续偏少，江苏、安徽、江西、湖南、广东、广西、海南7省（区）发生了1951年以来严重的秋冬连旱。

（二）救灾工作情况

面对严重的自然灾害，党中央、国务院高度重视，胡锦涛、温家宝、回良玉等中央领导同志多次作出重要批示，对抗灾救灾工作提出了明确要求。民政部积极发挥抗灾救灾综合协调职能，中央有关部门密切配合，通力合作，全力以赴帮助灾区做好抗灾救灾工作。2004年中央投入特大自然灾害救济补助费40亿元。

灾区各级党委、政府把抗灾救灾工作作为压倒一切的工作重点，精心组织，周密安排，果断决策，靠前指挥。地方各级也相应增加了救灾投入。各级民政部门在党委、政府的领导下，以实际行动践行"三个代表"重要思想，不畏艰险，恪尽职守，始终战斗在抗灾救灾的第一线，在抢救转移安置被困群众、查灾报灾、发放救灾款物、安排灾民生活、倒房恢复重建等方面做了大量工作，最大限度地减少了灾害造成的损失，确保了受灾群众有饭吃、有衣穿、有房住、有病能医，灾区人心安定，社会秩序良好。2004年，围绕灾害应急救助、灾后恢复重建和春荒冬令灾民救助等工作内容，救灾制度建设取得很大成绩。

1.根据《民政部应对突发性自然灾害工作规程》和《灾害应急救助工作规程》，民政部和地方民政部门建立了灾害应急机制，每当重大自然灾害发生，民政部和地方各级民政部门迅速启动救灾应急预案，及时掌握报告灾情信息，第一时间派出工作组，及时下拨救灾应急资金，紧急调拨救灾物资。2004年民政部共向灾区派出64个工作组，下拨中央救灾应急资金2.14亿元，紧急向灾区调运救灾专用帐篷17批、30900顶。灾区各级政府也及时下拨了救灾资金，调拨了大量的帐篷、衣被、食品等救灾物资，有效保障了受灾群众应急期间的基本生活。

2.制定实施了《灾区民房恢复重建管理工作规程》，灾后恢复重建进度加快；恢复重建管理更加规范。2004年，全国各地灾区倒塌民房155万间，内蒙古、河南等13个重灾省份需恢复重建民房134.27万间。通过统一规范恢复重建工作程序，推广河南、内蒙古、宁夏和湖北等地重建工作经验，建立灾区倒房重建工作监督制度，每10天通报一次重建进展情况，促进地方加快重建工作进度。

3.推动实施了《春荒冬令灾民救助工作规程》，灾民生活救助更加扎实有效。2004年春荒期间，全国首次推行《灾民救助卡》管理制度，民政部对全国春荒救济管理到户，全国共发放灾民救济卡1540万张，救济灾民4736万人；冬令期间发放灾民救助卡1604万张，救济灾民4701万人。各地加大对灾民生活救助的投入，落实春荒配套资金7.63亿元，落实冬令配套资金8.1亿元，为历年来最高。通过确定重点救助区域、加大公开通报和督促检查工作力度、派出督查工作组到地方督导工作等措施，提高荒情救助实效。2004年，中央对灾民荒情救助更加重视，全年投入救助资金26.2亿元。

（三）备灾能力进一步增强，灾情信息管理水平明显提高

1.健全了灾情监测、会商和报告制度，增强了灾害监测和灾情信息管理水平。《民政部自然灾害统计制度》颁布后，2004年共举办5期培训班，培训了720多名各级灾情管理人员，规范了各级民政部门灾情统计上报流程。通过建立健全中央各涉灾部门间的灾情会商制度，在年度灾情预测会商基础上，建立了月度灾情会商制度，发布《自然灾害月度会商公报》。救灾救济司与国家减灾中心建立了24小时灾情监测和值班制度，每天早晨7时20分以前编发《昨日灾情》，早晨8时以前送达各位部长和有关部门，使领导在每日第一时间掌握24小时内的重大灾情，确保了民政部能及时做出快速应对。如第14号台风"云娜"在浙江温岭登陆后，民政部在2小时内便掌握初步情况，决定启动二级响应，李学举部长亲率工作组赶赴灾区，一系列应急工作迅速展开。快速准确的信息为各项灾害应急救助工作顺利开展提供了重要保障。

2.进一步加强救灾物资储备和救灾装备建设。通过公开招标，顺利完成了1.9亿元的救灾物资采购工作，共采购4万顶单帐篷和5.9万顶棉帐篷，使中央储备帐篷数量达到17万顶。同时，争取中央财政安排2亿元专项资金，为贫困地区和少数民族地区的县级民政部门配备了1105辆救灾专用车。车辆统一颜色，统一标示，专门用于救灾工作，大大提高了中西部地区的救灾应急能力。

2004年救灾救济工作成效显著，得到党中央、国务院的高度赞扬。2005年1月16日，回良玉副总理在我部工作报告上批示："在过去一年中，各级民政部门坚持以人为本，注重制度创新，救灾救济工作和城乡社会救助体系建设成效显著。希望在新一年继续积极探索，完善制度，规范运作，进一步提高灾害紧急救助能力和困难群众生活救助能力，努力建立和完善新型城乡社会救助体系。"

民政部救灾救济司

十一、林业主要政策回顾

林业是国民经济与社会的组成部分之一，党中央、国务院高瞻远瞩，作出了《关于加快林业发展的决定》。在全面建设小康社会、加快推进社会主义现代化的进程中对林业作出了科学的定位："在贯彻可持续发展战略中，要赋予林业以重要地位；在生态建设中，要赋予林业以首要地位；在西部大开发中，要赋予林业以基础地位。"。近年来，林业的各项政策对保障林业改革与发展发挥了重要作用。

（一）天然林资源保护政策

1.政策和规定

2000年10月国务院正式批准了《长江上游、黄河上中游地区天然林资源保护工程实施方案》和《东北、内蒙古等重点国有林区天然林资源保护工程实施方案》，这标志着受到国内外广泛关注的天然林资源保护工程在1998年和1999年试点的基础上，正式启动。由此，天然林资源保护工程进入了一个按规划、有步骤实施的新阶段。

为做好工程的组织实施工作，国家林业局、国家计委、财政部、劳动和社会保障部于2000年12月1日联合发出了《关于组织实施长江上游黄河上中游地区和东北内蒙古等重点国有林区天然林资源保护工程的通知》（林计发【2000】661号）对工程区各省、自治区、直辖市人民政府提出了关于加强组织领导，认真编制和严格执行天然林停伐和木材减产计划，加强森林资源管护工作，做好富余职工的分流安置工作，做好省级和县（局）级工程实施方案的编制工作，加强天然林资源保护工程资金监督和管理等六项要求。

2001年，审核了省级方案，部署了县级方案的编制。国家林业局批复了大部分省级实施方案，县局级实施方案的编制也基本完成。

为规范和强化工程管理，2002年10月31日，国家林业局制定了《天然林资源保护工程"四到省"考核办法（试行）》（林天发〔2002〕251号），明确规定，从2003年起，以后每年将对天然林资源保护工程建设目标、任务、资金、责任落实到省（简称"四到省"）情况进行一次全面考核。考核对象为天保工程区的省（自治区、直辖市）、大兴安岭林业集团公司、新疆生产建设兵团（简称省），考核内容为工程组织管理、木材停伐减产与森林管护、公益林与基础设施建设、富余人员分流安置与养老保险社会统筹、资金管理等工作，考核结果将报国务院并通过新闻媒体予以公布。

为进一步解决部分工程省（区）富余人员安置问题，2002年经国务院批准，海南省、吉林省、内蒙古和新疆维吾尔自治区和新疆生产建设兵团的24516名富余职工一次性安置问题纳入天然林资源保护工程实施方案。按照工程实施方案确定的一次性安置补助标准和中央、地方财政负担的比例，中央将给予相应的资金投入。

2003年4月，国家林业局、财政部、中国人民银行联合发出《关于做好天然林资源保护工程区森工企业金融机构债务处理工作有关问题的通知》，提出对天保工程区内的森工企业因木材政策性停伐或限伐而造成无力偿还的金融机构债务予以免除。这一政策虽已出台，但在实施过程中还有相当大的难度，有待今后各方进一步努力才能真正落到实处。

2.政策内容

工程实施的范围包括长江上游地区（以三峡库区为界）的云南、四川、贵州、重庆、湖北、西藏6省（自治区、直辖市）和黄河上中游地区（以小浪底库区为界）的陕西、甘肃、青海、宁夏、内蒙古、山西、河南7省（自治区），内蒙古、吉林、黑龙江、大兴安岭林业（森工）集团，新疆、海南、新疆生产建设兵团。总计17个省（自治区、直辖市），20个单位。

工程建设期　工程建设总的期限为2000~2010年，工期11年。由于工程涉及面广、政策性强、实施难度大，整个工程按区域又分为两个部分，每个部分又分为两期实施：即长江上游、黄河上中游地区2000~2005年为第一期，2006~2010年为第二期；东北、内蒙古等重点国有林区2000~2003年为第一期，2004~2010年为第二期。

工程实施的主要目标　通过工程的实施，使长江上游、黄河上中游地区的6118.27万公顷森林得到切实保护，减少森林资源消耗量6108万立方米，相应调减商品材产量1239万立方米。到2010年预期新增林草面积1466.67万公顷，林草覆盖率由目前的25.87%提高到32.26%，增加6.39个百分点，其中，新增森林面积866.67万公顷，森林覆盖率由目前的17.52%提高到21.24%，增加3.72个百分点。森林生态系统全面形成后，基本上改善工程区域的生态环境，为推进农业种植结构和农村经济结构调整，加快农民脱贫致富，促进西部地区经济发展，保持社会稳定，实现我国现代化建设第三步战略目标提供保障；到2010年，东北、内蒙古等重点国有林区天然林资源切实得到保护，森林植被得到有效恢复。随着森林资源的保护与管理工作进一步推进，开展林下资源的开发利用和产业结构调整，林区生态环境与林区经济得到快速恢复和发展，使工程区人口、经济、资源和环境之间的矛盾基本得到缓解，为建立起比较完备的林业生态体系和比较发达的林业产业体系打好基础，为促进经济和社会的可持续发展发挥应有的作用。

工程总投资　2000~2010年工程总投资962亿元，其中中央投资784亿元，地方配套投资178亿元。在中央投资中，国家预算内基本建设资金180亿元，财政专项资金604亿元。

工程实施的主要任务　对长江上游、黄河上中游地区内3038.07万公顷天然林全面停止采伐；同时，对现有的3080.20万公顷人工林、灌木林地、未成林造林地，采取封山堵卡、专业管护与个体承包管护等形式进行全面有效管护；大力建设生态公益林。2000~2010年人工造林192.73万公顷，飞播造林713.20万公顷，封山育林367.2万公顷；2000~2005年妥善分流安置富余职工25.6万人；到2003年，东北、内蒙古等重点国有林区木材产量调减到位，共计调减木材751.5万立方米，实现森工企业的战略性转移，使3300万公顷森林得到有效管护，48.4万名富余职工得到妥善分流和安置。

（二）退耕还林政策

1.政策背景

1999年，朱镕基总理在视察长江、黄河上中游地区有关省区生态建设工作后指出，要采取"退耕还林（草）、封山绿化、以粮代赈、个体承包"的措施，大力开展植树种草。当年，四川、陕西、甘肃三省先行启动了退耕还林（草）工作。2000年3月，根据国务院西部地区开发会议精神，国家林业局、国家计委、财政部联合发出了《关于开展2000年长江上游、黄河上中游地区退耕还林（草）试点示范工作的通知》，试点工作在长江、黄河两大流域13个省（自治区、直辖市）展开，6月又在湖南、河北、吉林和黑龙江4省的部分县扩大试点。2000年9月国务院又出台了《国务院关于进一步做好退耕还林（草）试点工作的若干意见》（国发【2000】24号）。有关部门分别制定了《以粮代赈、退耕还林（草）的粮食供应暂行办法》（计粮办【2000】241号）、《退耕还林（草）试点粮食补助资金财政、财务管理暂行办法》（财建【2000】292号）、《关于退耕还林（草）试点地区农业税政策的通知》（财税【2000】103号）、《退耕还林（草）生态林和经济林认定标准》（试行）（办造字【2000】72号）。

2001年，为全面掌握试点情况，检查退耕还林的质量和成效，为兑现政策及工程管理提供决策依据，国家林业局制订下发了《退耕还林检查验收办法》、《退耕还林生态林与经济林认定标准》，并按照县级自查、省级复查、国家级核查的三级检查验收程序对退耕还林试点任务完成情况进行了检查验收。

为把退耕还林工作扎实、稳妥、健康地向前推进，在《国务院关于进一步做好退耕还林还草试点工作的若干意见》（国发[2000]24号）的基础上，2002年4月国务院下发了《国务院关于进一步完善退耕还林政策措施的若干意见》（国发[2002]10号），对退耕还林政策措施作进一步补充和完善：一是突出了生态优先的原则。二是强调"实施退耕还林要认真落实'退耕还林、封山绿化、以粮代赈、个体承包'的政策措施，坚持个体承包的机制，实行责权利相结合。必须切实把握'林权是核心，给粮是关键，种苗要先行，干部是保证'这几个主要环节，确保退耕还林取得成功。"三是明确了凡是水土流失严重和粮食产量低而不稳的坡耕地和沙化耕地，都应按国家批准的规划实施退耕还林。同时也规定了尚未承包到户及休耕的坡耕地，不纳入退耕还林兑现钱粮补助政策的范围，只补助种苗和造林补助费。四是规定了从2002年起，国家将根据退耕还林总体规划在10月31日前下达下一年度的计划任务；各省要在接到国家下达的年度计划一个月内将任务分解下达到各县。五是调整了退耕地还草的补助年限，规定退耕还草补助按2年计算。六是明确了退耕还林种苗和造林补助费发放方式，由各省根据实际情况确定。种苗和造林补助费只能用于种苗、造林补助和封育管护等支出，不得挪作它用。七是明确了退耕还林地方所需检查验收、兑现等费用由地方承担，国家有关部门的核查经费由中央承担。八是规定了巩固退耕还林成果的各项配套措施，如，结合退耕还林工程开展生态移民、封山绿化，加强农村能源建设，实行封山禁牧、舍饲圈养，加强川地、缓坡耕地的农田基本建设，大力调整农村产业结构，努力增加农民收入。

2003年6月，国家林业局下发了《退耕还林工程作业设计技术规定》。作业设计的程序主要分为：准备工作、外业调查、内业设计、文件编制、评审报批等阶段。作业设计的主要内容包括：落实本年度的作业小班和退耕还林农户；分别退耕地造林和荒山荒地造林进行营造林施工设计；种苗生产、供应；新造林地管护设计；配套基础设施施工设计；施工作业顺序、时间、劳力安排；施工材料、用工量测算与投资预算。全国1850个退耕还林工程县都组织了有资质的设计单位或专业技术人员，按照有关技术规定，在充分尊重农民意愿的基础上编制了退耕还林年度作业设计。99.8%的工程县作业设计报经省级或市级林业主管部门审批。

2003年7月，国家林业局制定下发了《退耕还林工程建设监理规定（试行）》，要求对工程的前期准备、种苗组织、项目施工、检查验收和政策兑现等情况进行全过程监理，并对监理单位及人员的资质、责任等作出了明确的规定。在23个省级工程区中，山西、内蒙古、江西、湖北、湖南、广西、海南、重庆、四川、贵州、云南、甘肃、青海、宁夏14个省（自治区、直辖区）开展了退耕还林工程监理工作。

2003年7月，国家林业局出台了《退耕还林工程档案管理办法》（试行），要求省、地（市）、县、乡镇林业主管部门保证开展工程档案工作所需的资金、设施和设备，配备能力强、素质高的专兼职工程档案人员，分别建立技术档案、文书档案、财会档案。把工程档案验收结果作为工程质量评估的依据之一。

2.政策内容

国家向退耕户无偿提供粮食：每亩退耕地补助粮食（原粮）标准，长江上游地区为150千克，黄河上中游地区为100千克。粮食补助的年限，先按经济林补助5年、生态林补助8年计算，到期后可根据农民实际收入情况，需要补多少年再继续补多少年。粮食补助直接兑现到农户手中，并保证数量、质量和品种。

国家给退耕户适当的现金补助：考虑到农民退耕后医疗、教育等必要的日常开支，国家在一定时期内给农民适当的现金补助，按每亩退耕地每年补贴20元安排。现金补助的期限与粮食补助期限相同。现金补助以户为单位发放到农民手中。

国家向退耕户提供种苗补助费：退耕地还林（草）和宜林荒山荒地造林种草，由国家提供每亩50元的种苗补助费，并直接发给农民，由农民自行采购种苗。

对前期工作和科技支撑工作给予补助：退耕还林（草）试点工程的前期工作和科技支撑等方面的费用，按退耕还林（草）基本建设投资的一定比例由国家给予补助，根据工程情况在年度计划中适当安排。

实行税收优惠政策：对应税的退耕地，自退耕之年起，对补助粮达到原收益水平的，国家扣除农业税部分后再将补助粮发给农民；停止粮食补助时，不再对退耕地征收农业税。进行生态林草建设的，按国家有关税收优惠政策执行。

采取中央对地方财政转移支付方式，对地方财政减收给予适当补偿：实施退耕还林（草）试点的县，其农业税等收入减少部分，由中央财政以转移支付的方式给予适当补助。

实行个体承包：按照"谁造林（草）、谁管护、谁受益"的原则，将责权利紧密结合起来，调动农民群众的积极性，使退耕还林（草）真正成为农民的自觉行动。农民承包的退耕地和宜林荒山荒地，植树造林以后，承包期一律延长到50年，允许依法继承、转让，到期后还可以根据有关法律和法规继续承包。

采取多种形式推进退耕还林（草）工作：有条件的地区可本着协商、自愿的原则，由农村造林专业户、社会团体、企事业单位等租赁、承包退耕还林（草）工程，其利益分配等问题由双方协商解决。鼓励在有条件的地区实行集中连片造林、种草，鼓励个人兴办家庭林场和草场，实行多种经营。

实行规范的项目管理制度：严格按规划设计、按设计施工、按标准验收、按验收结果兑现政策和奖惩。

实行报帐制：将退耕还林（草）的任务逐级落实到户，由农户按规定的数量和进度进行退耕还林（草），检查验收后，农户凭验收卡领取粮食和现金补助，并逐级报账。

协调政策、统筹安排：实施退耕还林（草）的地区，要把退耕还林（草）与扶贫开发、农业综合开发、水土保持等政策措施结合起来，对不同渠道的资金，可以统筹安排，综合使用。要调整农业支出结构，统筹安排使用支农资金。实施退耕还林（草）地区的财政扶贫资金可重点用于该地区包括基本农田、小型水利在内的基础设施建设和农牧民科技培训、科技推广，提高缓坡耕地和河川耕地的生产能力，提高农民的科技水平。

（三）生态效益补偿基金政策

2001~2003年，森林生态效益补助试点在河北、辽宁、黑龙江、浙江、安徽、江西、福建、山东、湖南、广西、新疆11个省（自治区）的非天然林保护工程范围内的660个县级以上单位和24个国家级自然保护区进行，面积为1333.3万公顷。森林生态效益补助的标准为每年5元／亩，主要用于国家重点公益林的保护和管理，其中70%以上的经费用于管护人员费用开支，其余主要用于森林防火、森林公安、森林病虫害防治、资源监督管理和林区道路维护五项费用（简称"五项费用"）支出。补助资金采用财政转移支付的方式，通过省财政按预算级次，专户直拨、集中支付。同时，用于管护人员费用开支的补助资金不分所有制性质，直接向国家重点公益林管护人员进行补助。在资金使用管理过程中，管护人员费用支出，实行定员和定额管理。五项费用支出实行报账制管理办法，其中涉及采购的支出，均纳入财政的政府采购计划，统一实行政府采购。

2001~2003年，国家累计安排森林生态效益补助资金30亿元，其中，管护资金支出21.08亿元，占同期国家安排该项资金70.3%；五项费用支出8.92亿元，占同期国家安排该项资金29.7%。国家重点公益林通过采取资源登记、签订管护协议等方式实现了有效的管理和保护。为确保补助资金使用效果，使试点工作顺利实施，对各试点省的五项费用支出年度计划进行了审核，规范了使用管理。各试点省（自治区）也进行了经常性监督检查，同时接受审计部门监督检查。检查监督结果表明，森林生态效益补助资金使用效果良好，没有出现重大违纪情况，达到了预期效果。

2004年，在3年试点的基础上，我国正式建立中央森林生态效益补偿基金，补偿基金数额由试点时的每年10亿元增加到20亿元，补偿面积由试点时的2亿亩增加到4亿亩，纳入补偿范围内的省份由试点时的11个区扩大到全国。

（四）林业税费政策

农业特产税改革。为贯彻落实《国务院关于全面推进农村税费改革试点工作的意见》的精神，2003年6月，财政部、国家税务总局下发了《关于2003年农村税费改革试点地区农业特产税有关问题的通知》，对2003年以省为单位的农村税费改革试点地区全面落实农业特产税改革政策作出了明确的规定。根据统一政策，分散决策的原则，由各省自主决定是否取消农业特产税。条件成熟的省，对部分农业特产品（除烟叶外）不再单独征收农业特产税，改为征收农业税。涉及林业的改革有：一是将现行农业特产税应税品目中的水果、干果、药材、花卉、经济林苗木等收入，林木产品收入，食用菌收入，改为征收农业税；将蚕茧改按桑叶，毛茶改按茶青征收农业税；二是水果、干果、茶青、桑叶、药材、花卉、经济林苗木等收入，林木产品和食用菌收入，按照省级人民政府在农村税费改革中规定的农业税税率执行。对个别省（自治区）的原木、药材、经济林苗木、天然橡胶等品目收入，原农业特产税的税率低于当地农业税税率的，仍按原税率征收农业税。是否随正税征收20%的附加，由省级人民政府确定。但正税加附加的总体负担水平应低于原农业特产税（含附加）的负担水平。三是改征农业税的农业特产品的计税收入由实际收入改为原则上参照粮食作物收入确定。对林农采伐的原木、原竹，按照采伐量从低确定计税收入。对财务制度健全，会计核算准确真实的采伐原木、原竹的企业和单位，按其销售收入确定计税收入。具体品目的计税收入由省级人民政府确定。四是对大多数农业特产品采取与粮食等农产品一样的农业税征收办法。对财务制度健全，会计核算准确真实的采伐原木、原竹的企业和单位，实行查账征收；对采伐原木、原竹的林农，实行核定征收。过去一直由收购者代扣代缴，改为向生产者直接征收确有困难的，仍可沿用原有的代扣代缴办法。

收费项目清理。2003年8月，财政部、国家发展改革委员会、国家林业局联合下发《关于全面清理整顿涉及木材生产经营收费项目的通知》，对涉及木材生产经营的收费项目进行全面清理整顿。各地区现行涉及木材生产经营的收费项目都需要清理整顿，包括林农(含集体林承包经营者)、森工企业、国有林场、国有林业采育场、木材加工企业在造林、育林、采伐、加工、销售及运输过程中负担的行政事业性收费、政府性基金、政府性集资、摊派。对不合法的行政事业性收费、政府性基金、政府性集资要予以取消，对合法但属于重复设置或者不合理行政事业性收费要进行归并或者取消。一是取消省、自治区、直辖市以下各级政府及有关部门自行设立涉及木材生产经营的各种行政事业性收费项目，包括木材生产经营行业管理费、乡镇管理费、联营管理费、林区道路养路费、预留造林更新费等收费项目。二是取消财政部、原国家计委批准由各地林业主管部门收取的林业保护建设费。三是取消省级人民政府及其财政、价格主管部门出台的森林资源补偿费（金）、自然保护区管理费、护林防火费、森工企业管理费、林业系统公司上缴管理费、林木种子调拨管理手续费、珍贵出口木材资源培植费、出口木片森林资源补偿费等项目。四是落实国家已公布取消的收费项目。根据《中共中央办公厅、国务院办公厅关于对涉及农民负担项目审核处理意见的通知》的规定，落实取消林政管理费、林区管理建设费；根据财政部、原国家计委《关于公布取消第二批行政事业性收费项目的通知》的规定，落实取消植物检疫证费、允许进出口许可证书费。取消林业保护建设费以及省级人民政府及其财政、价格主管部门出台的收费项目后，基层林业部门履行行政管理职能所必需的经费开支，由同级财政部门通过预算酌情予以安排。对重点林区财力困难的县、乡，由省、市财政部门通过转移支付方式予以补助。

国家林业局发展计划与资金管理司

十二、从政策上改善农民进城就业环境

农民有序进城就业，对于促进农村富余劳动力转移，增加农民收入，满足城市劳动力需求，统筹城乡发展，都具有十分重要的意义。党中央、国务院高度重视改善农民进城就业环境工作。近年来，围绕着改善农民进城就业环境，党中央、国务院以及有关部门在清理壁垒、创造机会、提高技能和维护权益等方面制定了一系列行之有效的政策措施，各地也普遍加强了对这项工作的领导，改善农民进城就业环境工作取得了积极进展，有力地推动了农村劳动力转移就业和技能培训工作。农民进城就业已成为推动城乡协调发展的重要途径。

（一）清理取消针对农民进城就业的歧视性规定和不合理收费

针对部分省市对用人单位招用农村劳动力实行行政审批，对进城就业务工农民的职业工种实行限制，以及一些地方以加强管理和服务等为名，对外出或外来务工人员巧立名目乱收费，严重损害务工人员利益的问题，党中央、国务院要求各地和各有关部门清理和取消针对农民进城就业的歧视性规定和不合理收费，为进城就业农民创造一个公平的就业和创业环境。

2002年，中央对农村劳动者进城务工提出了”公平对待，合理引导，完善管理，搞好服务”的十六字方针。随后，《中共中央国务院关于促进农民增加收入若干政策的意见》(中

发[2004]1号）要求清理和取消针对农民进城就业的歧视性规定和不合理收费，简化农民跨地区就业和进城务工的各种手续，防止变换手法向进城就业农民及用工单位乱收费。《国务院办公厅关于做好农民进城务工就业管理和服务工作的通知》（国办发[2003]1号）和《国务院办公厅关于进一步做好改善农民进城就业环境工作的通知》（国办发[2004]92号）要求各地区、各有关部门取消对企业使用农民工的行政审批，取消对农民进城务工就业的职业工种限制，不得干涉企业自主合法使用农民工。要严格审核、清理农民进城务工就业的手续，取消专为农民工设置的登记项目，逐步实行暂住证一证管理。各行业和工种尤其是特殊行业和工种要求的技术资格、健康等条件，对农民工和城镇居民应一视同仁。

各有关部门认真贯彻落实党中央、国务院要求，劳动保障部《关于废止〈农村劳动力跨省流动就业管理暂行规定〉及有关配套文件的通知》（劳社部函[2005]18号），取消了专门针对流动就业农民工实施的流动就业证卡管理制度。国家发改委等11部门联合制定下发《关于进一步清理和取消针对农民跨地区就业和进城务工歧视性规定和不合理收费的通知》（发改价格[2004]1405号），督促地方进一步清理涉及农村劳动力进城务工就业的行政事业收费项目和限制性政策，取消用工单位招用农村劳动力的行政审批和农民进城务工的职业工种限制，取消相关行政事业性收费项目，为农民工就业创造有利环境。

各地按照中央要求，认真清理取消歧视性政策和不合理收费。如北京、广东把企业使用农民工审批制，改为登记备案制，破除了"先城镇、后农村，先本地、后外地"的用工界限和岗位工种限制，使农民工和城市人口都能平等地求职、应聘、取得劳动报酬和享受社保待遇。上海市取消了外来人口每年180元的治安管理费、用工单位600元的用工调节费，外来建筑企业的治安联防费，同时规定派出所在办理暂住证时不准为其他部门搭车收费。广东2005年取消了"春节后一个月内不准招收农民工"的"六不准"规定。

（二）加强和改善进城就业农民的就业服务

公共就业服务机构为进城求职农民提供免费就业服务，引导民办职业中介机构建立诚信服务，规范劳动力市场秩序，大力发展多层次、多形式劳务协作，对于大力开展有组织劳务输出，降低农民进城就业的成本和风险，具有十分重要的作用。

《国务院办公厅关于做好农民进城务工就业管理和服务工作的通知》（国办发[2003]1号）要求各地、各有关部门把农民进城就业工作列入重要工作日程，按照公平对待、合理引导、完善管理、搞好服务的原则，采取有效措施，全面做好农民进城务工就业管理和服务的各项工作。《国务院办公厅关于进一步做好改善农民进城就业环境工作的通知》（国办发[2004]92号）要求城市各级公共职业介绍机构免费向农民工开放，积极为农民工免费提供就业信息和政策咨询，对求职登记的农民工免费提供职业指导和职业介绍服务。有条件的大中城市，要开设面向农民工的服务窗口或建立专门的服务场所，集中为农民工提供就业服务。要求各地加强跨省劳务工作和乡镇劳动服务工作，积极建立劳务基地，大力发展劳务协作，通过订单培训、定向输出，提高农民外出务工组织程度。

按照国务院的部署和要求，劳动保障部下发《关于贯彻落实国办发[2004]92号文件有关问题通知》（劳社部明电[2005]1号）要求各地进一步改进农民进城就业的管理和服务，严厉打击非法职业中介和各类欺诈行为，为进城就业农民提供便利、快捷、有效的服务。下发《关于开展春风行动完善农民工就业服务的通知》（劳社部函[2004]280号）要求各地特别是劳动力主要输入城市劳动保障部门集中力量，并协调有关部门，在2005年春节后，开展一次有声势的完善农民工就业服务的春风行动。要求大中城市公共职业介绍机构将农村劳动者纳入公益性服务范围，为进城求职的农村劳动者提供免费就业服务。同时，加强和改善对民办职介机构的管理服务，引导和规范劳动力市场，为农村劳动者进城求职营造良好的市场环境。下发《关于实施清理整顿劳动力市场秩序专项行动的通知》（劳社部明电[2005]4号），要求各地劳动保障部门联合公安、人事、工商等部门，共同实施清理整顿劳动力市场秩序专项行动，严厉打击一批以职业介绍为幌子的违法犯罪分子，依法取缔一批非法职业介绍组织，清理整顿一批违规经营的职业介绍机构。要通过专项行动，使职业介绍领域的违法犯罪活动得到有效遏制，职业介绍活动中的违法违规行为大幅度减少，企业招用工行为得到规范，使劳动力市场秩序得到显著改善。下发《关于加强跨省劳务输出工作有关问题的通知》，指导各地加强跨省劳务工作的领导，健全劳务工作派出机构，提高劳务输出的组织化程度。指导劳动力主要输入地大中城市建立企业用工需求调查制度，发布招用农村劳动力的职业供求信息，发挥信息导向作用。

专栏8 春风行动

为落实国务院关于进一步改善农民进城就业环境的有关要求，改善农民工就业服务，劳动保障部下发《关于开展春风行动完善农民工就业服务的通知》，部署各地于2005年春节后，针对农民工集中返城求职的情况，组织实施了以"开放一批公共职介机构，推荐一批诚信民办职介机构，表彰一批优秀民办职介机构，打击一批非法职业中介组织"为主要内容的春风行动。

各地劳动保障部门结合实际制定切实可行的实施方案，开展了一系列帮助农民工就业的活动。在车站码头、职介场所向农民工发放春风卡1100多万张，使农民工获得准确的就业信息，引导他们到可靠的职介机构求职。大中城市开放公共职业介绍机构，开展免费服务。据全国114个大中城市初步统计，共有110万农民工享受到免费服务。举办多种形式的招聘洽谈会4500多场，提供适合农民工的岗位400多万个。推荐规范的民办中介机构1500多家，在全国职业中介行业推行诚信服务，同时，联合公安、工商、人事部门立案查处职业介绍违法案件19118件，责令退赔求职者求职费用1363万元，取缔非法中介7259户。这些活动，改善了对农民工的就业服务，产生了较好的社会影响。

（三）强化农民工的职业技能培训

农村劳动力素质不高，缺乏劳动技能，影响向非农产业和城镇的转移，难以在城镇实现稳定就业。目前，在近1亿进城务工的农民中，有相当数量的人员没有稳定的职业和居所。因此，提高农民工素质和就业能力，对于进一步促进农村劳动力向非农产业和城镇转移，具有十分重要的作用。党中央、国务院高度重视农村劳动力转移培训工作，中央农村工作会议、中央人才工作会议对做好该工作提出了明确要求。

党的十六届三中全会通过的《中共中央关于完善社会主义市场经济体制若干问题的决定》指出：建立健全农村劳动力的培训机制，推进乡镇企业改革和调整，大力发展县域经济，积极拓展农村就业空间，取消对农民进城就业的限制性规定，为农民创造更多就业机会。

《中共中央国务院关于促进农民增加收入若干政策的意见》（中发[2004]1号）指出：加强对农村劳动力的职业技能培训。这是提高农民就业能力、增强我国产业竞争力的一项重要的基础性工作，各地区和有关部门要作为一件大事抓紧抓好。要根据市场和企业的需求，按照不同行业、不同工种对从业人员基本技能的要求，安排培训内容，实行定向培训，提高培训的针对性和适用性。要调动社会各方面参与农民职业技能培训的积极性，鼓励各类教育培训机构、用人单位开展对农民的职业技能培训。各级财政都要安排专门用于农民职业技能培训的资金。为提高培训资金的使用效率和培训效果，应由农民自主选择培训机构、培训内容和培训时间，政府对接受培训的农民给予一定的补贴和资助。要防止和纠正各种强制农民参加有偿培训和职业资格鉴定的错误做法。

《国务院关于进一步加强农村教育工作的决定》把农村教育、农民教育培训提上了重要议事日程。要求以农民培训为重点开展农村成人教育，促进农业增效、农民增收。普遍开展农村实用技术培训，每年培训农民超过1亿人次。积极实施农村劳动力转移培训，每年培训2000万人次以上，使他们初步掌握在城镇和和非农产业就业必须的技能，并获得相应的职业资格证书或培训证书。

《国务院办公厅关于做好农民进城务工就业管理和服务工作的通知》要求各地区、各有关部门应把农民工的培训工作作为一项重要任务来抓，结合实际，制定专门的培训计划，提高农民工素质。流出地政府在组织劳务输出时，要搞好农民工外出前的基本权益保护、法律知识、城市生活常识、寻找就业岗位等方面的培训，提高农民工遵守法律法规和依法维护权益的意识。流出地和流入地政府要充分利用全社会现有的教育资源，委托具备一定资格条件的各类职业培训机构为农民工提供形式多样的培训。为农民工提供的劳动技能性培训服务，应坚持自愿原则，由农民工自行选择并承担费用，政府可给予适当补贴。用人单位应对所招用的农民工进行必要的岗位技能和生产安全培训。

《国务院办公厅关于进一步做好改善农民进城就业环境工作的通知》（国办发[2004]92号）要求各地区、各有关部门加强对农民进城就业的培训工作。要求地方各级政府采取积极措施，引导和鼓励农民工自主参加职业教育和培训，鼓励用人单位、各类教育培训机构和社会力量开展农民工职业技能培训。充分发挥各级劳动保障、农业、教育、科技、建设等职能部门和农村基层组织的优势，充分动员和利用社会各方面的职业教育培训资源，积极引导、鼓励和组织准备进城务工的农民参加职业技能和安全生产知识培训。农民工培训经费由政府、用人单位和农民工个人共同负担。各级财政要在财政支出中安排专项经费扶持农民工职业技能培训工作。用于补助农民工培训的经费要专款专用，要让农民工直接受益。

《国务院办公厅转发农业部等部门2003—2010年全国农民工培训规划的通知》（国办发〔2003〕79号），提出7年内对拟向非农产业和城镇转移的6000万农村劳动力开展转移就业前的引导性培训，对其中的3500万人开展职业技能培训，对已进入非农产业就业的2.5亿农民工进行岗位培训的目标。79号文件是农民工培训政策的集中体现，所确定的推进农民工培训的政策措施主要有：

1.加强组织领导。建立农民工培训工作部际联席会议制度，研究解决农民工培训工作中的重大问题，编制培训计划，落实扶持政策，统筹规划、综合协调农民工培训工作。

2.加大农民工培训的资金投入。农民工培训经费实行政府、用人单位和农民工个人共同分担的投入机制。中央和地方各级财政在财政支出中安排专项经费扶持农民工培训工作。用于补贴农民工培训的经费要专款专用，提高使用效益。

3.制定农民工培训激励政策。用人单位负有培训本单位所用农民工的责任。用人单位开展农民工培训所需经费从职工培训经费中列支，职工培训经费按职工工资总额1.5%比例提取，计入成本在税前列支。符合条件的教育培训机构，均可申请使用农民工培训扶持资金。获准使用农民工培训扶持资金的各类学校和培训机构，须相应降低农民工学员的培训收费标准。对参加培训的农民工实行补贴或奖励。农民工自愿参加职业技能鉴定，鉴定合格者颁发国家统一的职业资格证书。任何单位不得强制农民工参加收费鉴定，鉴定机构要视情况适当降低鉴定收费标准。

4.推行劳动预备制度，实行就业准入制度。组织农村未能继续升学并准备进入非农产业就业或进城务工的初高中毕业生参加必要的转移就业培训，使其掌握一定的职业技能并取得相应的培训证书或职业资格证书。

5.整合教育培训资源，提高培训效率。在充分发挥现有教育培训资源作用的基础上，改造和完善一批教育培训机构，加强基地建设，完善教学培训条件，建设一批能起示范和带动作用的农村劳动力转移培训基地。引导和鼓励各类教育培训机构在自愿的基础上进行联合，增加培训项目，扩大培训规模，提高培训的质量和效益。

6.加强农民工培训服务工作。加强农民工培训师资队伍建设。加强农民工培训的教材开发。做好农民工培训的信息服务工作。建立农民工培训效果评价制度。做好跟踪服务和就业指导工作。

专栏9 阳光工程

为贯彻落实党中央、国务院的要求和部署，加强农村劳动力转移培训工作，农业部、财政部、劳动和社会保障部、教育部、科技部、建设部从2004年起，共同组织实施农村劳动力转移培训阳光工程（简称为"阳光工程"）。阳光工程是由政府公共财政支持，主要在粮食主产区、劳动力主要输出地区、贫困地区和革命老区开展的农村劳动力转移到非农领域就业前的职业技能培训示范项目。按照"政府推动、学校主办、部门监管、农民受益"的原则组织实施。

阳光工程的目标任务。2004~2005年，重点支持上述四类地区开展短期职业技能培训，探索培训工作机制，为大规模开展培训奠定基础。培训农村劳动力500万人，年培训250万人；2006~2010年，在全国大规模开展职业技能培训，培训农村劳动力3000万人，年培训600万人；2010年以后，按照城乡经济社会协调发展的要求，把农村劳动力培训纳入国民教育体系，扩大培训规模，提高培训层次，使农村劳动力的科技文化素质总体上与我国现代化发展水平相适应。阳光工程项目启动1年多来，总体进展顺利，产生了比较明显的社会效果，发挥了示范作用。

（四）切实保障农民工合法权益

《国务院办公厅关于做好农民进城务工就业管理和服务工作的通知》（国办发[2003]1号）强调用人单位必须以法定货币形式支付农民工工资，不得以任何名目拖欠和克扣。劳动保障部门要加强对用人单位工资支付情况的监督检查，建立农民工工资支付监控制度。对拖欠和克扣农民工工资的用人单位，要责令其及时补发，不能立即补发的，要制定清欠计划，限期补发。对恶意拖欠和克扣工资的企业，涉嫌犯罪的，移交司法机关依法严肃处理。

《国务院办公厅关于切实解决建设领域拖欠工程款问题的通知》（国办发［2003］94号），要求各地加大工作力度，解决拖欠的工工程款。加强监察执法，严厉打击以各种名目拖欠、克扣农民工工资的违法违规行为，帮助农民工追讨工资。要对农民工集中的建筑业企业、在建工地进行逐一排查，检查用人单位支付农民工工资情况与农民工签订劳动合同情况。

为做好农民工工资清欠工作，近年来，劳动保障部会同建设部联合发出《关于切实解决建筑企业拖欠农民工工资问题的通知》（劳社部发[2003]27号），并下发了《建设领域农民工工资支付管理暂行办法》，对建筑企业农民工工资支付进行了规范，维护农民工合法权益和劳动力市场秩序。解决拖欠农民工工资问题取得明显成效。2003年当年拖欠的农民工工资已基本解决，完成了预期目标。截至2004年底，全国建筑领域2004年以前补拖欠的农民工工资已偿还331亿，偿付比例为98.36%。

（五）积极推进城乡统筹就业

党的十六届三中全会通过的《中共中央关于完善社会主义市场经济体制若干问题的决定》指出：建立健全农村劳动力的培训机制，推进乡镇企业改革和调整，大力发展县域经济，积极拓展农村就业空间，取消对农民进城就业的限制性规定，为农民创造更多就业机会。逐步统一城乡劳动力市场，加强引导和管理，形成城乡劳动者平等就业的制度。深化户籍制度改革，完善流动人口管理，引导农村富余劳动力平稳有序转移。加快城镇化进程，在城市有稳定职业和住所的农业人口，可按当地规定在就业地或居住地登记户籍，并依法享有当地居民应有的权利，承担应尽的义务。

《国务院办公厅关于进一步做好改善农民进城就业环境工作的通知》（国办发[2004]92 号）要求探索建立城乡一体化的劳动力市场。要求劳动保障部门会同有关选择部分农民工人数较多、劳动保障工作基础较好、公共就业服务能力较强的城市，开展城乡一体化劳动力市场试点工作。

我部会同有关部门组织指导有条件的地区开展了城乡统筹就业试点工作，探索城乡统一的就业管理和服务制度。浙江省在全国率先提出并开始实行政策、登记、市场、服务、管理〞五统一〞的城乡统筹就业制度，企业用工全部市场化，农村人口与城市人口、本地人与外地人在城市就业全部进入市场，双向选择。

（六）做好农民工社会保障及户口、子女教育工作

近年来，按照中央要求，针对进城务工农民的社会保障问题，部里积极探索并出台了相关政策。总的看，在政策规定方面，农民工参加社会保险的政策问题已基本得到解决。

在养老保险方面，按照《社会保险费征缴暂行条例》规定，企业职工基本养老保险的覆盖范围是城镇各类企业及其职工，企业化管理的事业单位及其职工。劳动保障部《关于完善城镇职工基本养老保险政策有关问题的通知》（劳社部发[2001]20 号）对农民合同制职工参加养老保险作出明确规定。

在医疗保险方面，按照国家有关规定，与城镇用人单位建立劳动关系的外来务工人员，可随用人单位与其他城镇职工一样参加基本医疗保险。《关于推进混合所有制企业和非公有制经济组织从业人员参加医疗保险的意见》（劳社厅发 [2004] 5 号）要求将与用人单位形成劳动关系的农村进城务工人员纳入医疗保险范围，根据农村进城务工人员的特点和医疗需求，合理确定缴费率和保障方式，解决他们在务工期间的大病医疗保障问题，用人单位要按规定为其缴纳医疗保险费。一些外来务工人员较多的地方，探索了降低缴费率，吸引外来务工人员参加住院医疗保险等办法。

在失业保险方面，《失业保险规定》明确，〞城镇企业事业单位、城镇企业事业单位职工依照本条例的规定，缴纳失业保险费。城镇企业事业单位失业人员按照本条例的规定享受失业保险待遇〞。

在工伤保险方面，《工伤保险条例》第二条规定，依法参加工伤保险并享受工伤保险待遇的，是包括农民工在内的各类用人单位职工的基本权益。2004 年，劳动保障部先后印发了《关于进一步推进矿山等高风险企业参加工伤保险工作的通知》（劳社部明电 [2004] 9 号）和《关于农民工参加工伤保险有关问题的通知》（劳社部发[2004] 18 号），《关于贯彻〈安全生产许可证条例〉做好企业参加工伤保险有关问题的通知》（劳社部发 [2005] 8 号），要求各级劳动保障部门要从践行〞三个代表〞重要思想的高度，坚持以人为本，以矿山等高风险企业为重点，做好农民工参加工伤保险工作。

由于农民工就业形式多样，现行的一些具体制度的确还存在一些与之不相适应的地方，加上一些单位和农民工参保意识不强，社会保险的有关规定未能真正落实到位。但一些地方还在实践中制度创新，进行了很好的探索。如上海市实行工伤保险、住院医疗和老龄补贴在内的综合保险制度，比较适合农民工的特点，有利于做到低水平、广覆盖，目前已有 100 多万农民工参加了此项保险。

在户籍管理制度方面，2001 年，《国务院批转公安部关于推进小城镇户籍管理制度改革意见的通知》（国发[2001]6 号）提出，全面推进小城镇户籍管理制度改革。部分省市也相继出台了进一步改革户籍管理制度的政策规定，明确提出了取消户口差别，实行城乡统一的户口登记管理制度。

在改善进城就业农民子女的就学问题方面， 2003 年，国务院办公厅转发的教育部等六部门《关于进一步做好进城务工就业农民子女义务教育工作的意见》，要求及时掌握进城务

工就业农民适龄子女的有关情况，尽可能把所有的进城务工就业农民适龄子女纳入登记范围，并保证他们接受义务教育。2004年，教育部和财政部印发的《在全国中小学推行"一费制"实施方案》中规定"对进城务工就业农民子女接受义务教育的收费与当地学生一视同仁。"在全国取消实施多年的"借读费"收取制度，进一步减轻进城务工就业农民子女接受义务教育的经费负担，促进他们享受平等义务教育权利的实现。

劳动保障部就业司

十三、扶持人口较少民族发展政策述评

我国55个少数民族中，有22个10万人口以下的民族，统称人口较少民族，总人口63万人。这些民族主要分布于内蒙古、黑龙江、福建、广西、贵州、云南、西藏、甘肃、青海、新疆10个省（区）。相对聚居在西部、边疆和贫困地区的86个县（旗、市）、238个乡（镇）、640个行政村、4335个自然村（屯、寨）。在人口较少民族聚居的86个县中，属于西部开发范围的县有69个，占80%；有国家扶贫开发工作重点县39个，占40%；有边境县40个，占47%。有13个在边境沿线的民族与国外同一民族相邻而居。新中国成立以来，这些民族政治上得到了翻身解放，经济和社会发生了深刻变化，生活水平有了很大提高。但由于地处偏远、自然条件恶劣、社会发育程度低等原因，至今还有相当数量的人口较少民族聚居村没有通电、通公路，没有小学、卫生室和安全饮用水等；有1/4左右的人口尚未解决温饱问题，一些民族呈整体贫困状态，人口较少民族的整体发展水平同其他民族相比差距较大。这些民族由于人口数量少，各方面力量都很薄弱，其特点和要求容易被忽视。因此，关注少数民族的发展问题，应特别关注人口较少民族的发展。解决了人口较少民族的发展问题，也就解决了我国40%的少数民族的发展问题，被称之为"小民族、大政策"。这不仅有利于推动西部开发和建设，促进民族团结和维护边疆稳定，也有利于宣传我国的民族平等政策，充分体现社会主义制度优越性。

国家历来十分关心支持人口较少民族的发展。上世纪80年代末90年代初，国务院有关部门对如何加快人口较少民族发展问题进行了积极的探索。1987年，中央13号文件提出要重视未实行民族区域自治的赫哲、俄罗斯、德昂等11个少数民族的工作。2000年，国家民委组织有关专家学者对人口较少民族发展状况进行了调研，并向国务院写了专门报告。在国家有关部门高度重视以及专家、学者的积极推动下，扶持人口较少民族发展工作列入国家议事日程。"十五"计划把扶持人口较少民族发展作为国民经济和社会发展的一项任务。国务院办公厅以国办函〔2001〕44号《国务院办公厅关于扶持人口较少民族发展问题的复函》，对扶持人口较少民族发展问题作出明确要求，要求国务院有关部门和各级政府要从村村通公路、通电、通广播电视、解决人畜饮水问题、发展基础教育、改善医疗卫生条件、住房改造及财政投入等几个方面对人口较少民族实行扶持照顾政策，尽快改善人口较少民族乡村生产生活、基础设施、文化教育卫生条件等，帮助人口较少民族加快发展。

在开展扶持人口较少民族发展工作中，各方加大政策扶持力度，让人口较少民族群众能够得到更多实惠。

一是国家民委牵头协调，狠抓落实。成立领导小组，以协调、指导扶持人口较少民族发展工作。摸清人口较少民族聚居地区社区基本情况，对各地开展扶持人口较少民族发展工作进行检查和督促。2000年国家民委和国务院扶贫办在云南西双版纳州基诺山和布朗山开展"两山"综合扶贫开发试点，安排7300万元资金帮助基诺族、布朗族以及各族群众尽快解

决温饱问题。”两山”综合扶贫开发项目自2000年实施以来，共完成基础设施、社会公益事业、安居工程、基本农田建设、生态环境建设、科技培训及产业开发等七大建设项目、198项子项目。”两山”扶贫使基诺山、布朗山基础设施状况得到明显改善，实现了村村通水、通路、通电，解决了人畜饮水难、孩子上学难等问题。到2003年，基诺山乡群众人均纯收入从800元增加到1483元，布朗山乡群众人均纯收入从670元增加到863元。借鉴基诺山和布朗山”两山”综合扶贫开发试点经验，国家民委会同国务院扶贫办组织有关省区以人口较少民族聚居的贫困村为单位，研究制定并实施人口较少民族扶贫开发规划，规划基本覆盖了人口较少民族相对聚居的贫困村和人口较少民族贫困人口。在少数民族发展资金中安排人口较少民族发展补助资金，2002年至2004年共安排1.17亿元，专项用于人口较少民族聚居乡村水、电、路等基础设施建设和发展教育、卫生、文化等社会公益事业。在各新闻媒体广泛宣传，使党的民族政策深入人心。

二是国务院有关部门大力支持，重点倾斜。如，自2002年起，在中央对地方一般性财政转移支付中，考虑对人口较少民族义务教育扶持因素，增加人口较少民族所在省区的标准支出，相应增加一般性转移支付额；对人口较少民族聚居地区基础设施和社会公益项目优先安排国债资金和专项资金，在”广播电视村村通”、”中小学危房改造”、”农村卫生三项建设”、解决农村人畜饮水困难、”送电到乡”等工程项目安排中，尽力覆盖人口较少民族所在的县、乡、村。在交通、广播电视等项基础设施建设方面，有关部门也对人口较少民族聚居地区给予了适当照顾。

三是有关地方从各民族的实际出发，因族举措，落实规划，项目带动。有关省区在实际工作中采取”一族一策”、”一族多策”、”一山一策”等措施，将扶持人口较少民族发展纳入当地经济社会发展规划和年度计划，以落实项目为重点，积极为人口较少民族办实事。内蒙古自治区制定出台扶持三个人口较少民族聚居地区经济社会发展的意见，在鄂温克族、鄂伦春族、俄罗斯族聚居县、乡、村已安排通公路、通电、人畜饮水、农田水利、教育、卫生、文化事业发展项目233个，总投资2.85亿元。黑龙江省投入资金4000多万元，帮助赫哲族群众修路建桥、加固河岸、建设居住小区、接通程控电话和有线电视，从根本上改善了赫哲族群众的生产生活条件。2004年，同江市的赫哲族人均收入比1994年翻了两番多，达到2800元，超过了全市人均收入。

2005年5月，国务院常务会议原则通过由国家民委、国家发展改革委、财政部、人民银行、国务院扶贫办联合编制的《扶持人口较少民族发展规划（2005—2010年）》，要求各有关地区和部门高度重视扶持人口较少民族发展工作，按照”国家扶持、省负总责、县抓落实、整村推进”的原则，因地制宜，分类指导，确保规划的顺利实施。力争通过5年左右时间，使这些地区经济社会发展基本达到当地中等或以上水平。

在规划实施工作中，国务院有关部门要结合各部门的职责范围，制定具体落实措施，将扶持人口较少民族发展项目分别纳入各有关部门的”十一五”专项建设规划和年度计划，支持有关省、自治区认真组织实施；人口较少民族所在的省（区）政府对本地区的扶持人口较少民族发展工作负总责，积极配合国家有关部门，制定相关规划和实施细则，将各项政策措施落到实处；组织实施扶持人口较少民族发展规划工作，有关县（旗）的县（旗）长是第一责任人，要认真组织扶持人口较少民族的发展项目，保证上级各项扶持人口较少民族发展的资金和政策落到人口较少民族聚居村、落到人口较少民族群众身上；开展对人口较少民族聚居村的扶持，要采取扶贫开发整村推进的办法。根据各自不同情况确定规划的目标和措施，围绕群众要求最迫切的问题，分期分批地解决。

2005年7月，国家发展改革委和国家民委联合召开了”编制扶持人口较少民族发展专项建设规划工作会议”，研究部署了编制扶持人口较少民族发展专项建设规划工作。会上对各省（区）编制专项建设规划资金规模和各专项规划编制工作提出了具体要求。这次会议标志着”扶持人口较少民族发展专项建设规划”编制和实施工作已经启动，随着规划的实施，国家对人口较少民族的扶持政策将进一步得到加强和贯彻落实，促进人口较少民族聚居地区经济社会加快发展。

专栏10 《扶持人口较少民族发展规划（2005—2010年）》的主要内容

1.扶持对象和总体思路

规划对象包括1990年第四次全国人口普查时少于10万人的22个少数民族，主要分布在10个省（区）、86个县、238个乡镇、640个行政村。在640个人口较少民族聚居村中，有总人口95.6万，其中人口较少民族38.4万人，占总人口比重40.2%。

扶持人口较少民族发展的总体思路是：充分利用国家实施西部大开发和新阶段扶贫开发的机遇，结合有关地区经济社会发展总体规划和有关专项规划，以人口较少民族群众为基本对象，以改善人口较少民族聚居村基本生产生活条件和增加农牧民收入为重点，采取特殊的政策措施，通过国家和地方的共同努力，为全面建设小康社会打好基础。

2.发展目标

总的发展目标是，通过5年左右的努力，使人口较少民族聚居的行政村基础设施得到明显改善，群众生产生活存在的突出问题得到有效解决，基本解决现有贫困人口的温饱问题，经济社会发展基本达到当地中等或以上水平。再经过一段时间的努力，使人口较少民族达到全面建设小康社会的要求。

3.规划的时间

2005~2010年，5年左右时间，争取2010年实现发展目标。

4.主要任务和政策措施

主要任务有四项：一是加强基础设施建设，改善生产生活条件。二是调整经济结构，发展特色产业，促进群众增收。三是发展科技、教育、卫生、文化等社会事业，促进社会进步。四是加强培训，提高人口素质。

政策措施体现为"六个加大"：一是加大对基础设施建设的扶持力度。二是加大财政资金的扶持力度。三是加大信贷资金的扶持力度。四是加大对社会事业的扶持力度。五是加大人才培训力度。六是加大对口帮扶力度。

5.规划的实施

《规划》提出"国家扶持，省负总责，县抓落实，整村推进"的方针，对国务院有关部门和有关省（区）的职责提出了相关要求。

国家民委扶贫办

十四、扶贫与妇女发展

消除妇女贫困是提高妇女地位和人类可持续发展的重要内容。2000年以来，全国各级妇联根据党中央、国务院关于扶贫工作的总体部署和要求，把帮助贫困地区妇女儿童解决温饱问题，促进贫困地区妇女儿童事业的发展作为妇联组织的一项重要任务，先后开展了"巾帼扶贫行动"和"建西部美好家园行动"，通过小额信贷、教育培训、科技示范、项目扶贫、劳务输出、结对帮扶、定点扶贫等形式，帮助贫困地区妇女摆脱贫困。

（一）巾帼扶贫行动

1.以教育培训为基础，提高贫困地区妇女的脱贫能力

妇联组织针对农村妇女综合素质偏低、劳动技能较差、难以适应发展需求的实际，把

提高农村妇女素质作为重要的基础工作，加大对农村妇女的知识培训、技能培训和素质培训。通过开展"双学双比"活动，实施"十五"期间"千万农家女·百项新技术"推广培训计划，每年对500万农村妇女进行培训，对广大农村妇女尤其是中西部妇女继续进行扫盲后继续教育和农业实用技术培训，使她们至少掌握2门以上实用技术，提高运用科技知识增收致富的能力。2004年，全国妇联联合财政部、教育部、农业部等7部委下发了《关于加强农村妇女教育培训工作,促进农村妇女增收致富的意见》，提出了在资金政策方面要对农村妇女培训给予适当倾斜；在教育培训资源的使用上，要为农村妇女培训搭建平台；在培训计划的实施中，要使妇女的比例达到40%以上。有20多个省（区、市）转发了文件，制定了本地区农村妇女教育培训的相关政策。

目前，各级妇联创办了近10万所妇女学校，因地制宜开展务工、务农培训。许多地方妇联形成文化教育、实用技术、新技术、绿色证书、职称评定和学历教育六个梯次的培训特色。陕西省杨凌区发挥农业科技城的优势，成立了"杨凌农村妇女总校"，在各行政村建立65所分校。总校统一编写教学大纲、制定教学计划、安排师资授课、编写公共课教材，各村分校结合产业特色安排培训内容。2003年，甘肃省组织首批近千名农村妇女"学科技、比致富、奔小康"考察学习培训团，乘专列赴山东、北京进行现代农业科技的考察与培训，参观全国最大的蔬菜大棚基地，考察现代农业示范园区，听取中国农科院专家的专题讲座，团员中有60%的妇女第一次进北京、25%的妇女第一次走出甘肃。新疆维吾尔自治区发挥妇联职业技能培训中心的作用，根据少数民族的特点，举办民族手工艺品刺绣、剪裁技术培训班、民族糕点制作班等，加强了对少数民族妇女的职业技能培训。同时还组织了"巧媳妇传统刺绣比赛"、"民族工艺品作品展销会"等，18万件传统刺绣和手工艺作品进入市场，进一步调动了妇女参与产业结构调整的积极性。

2.以科技示范基地为龙头，带领农村妇女增收致富

全国妇联在财政部、农业部、国家林业局等单位的支持下，建立了全国"双学双比"科技示范基地和"三八绿色工程"示范基地近200个；各地妇联因地制宜，建立各种类型、各种规模的农林科技示范基地20余万个。这些示范基地发挥了生产、示范、培训、就业、创收等作用，取得了一定的效益，加快了当地贫困妇女脱贫致富的步伐。四川省广安市农村姑娘唐燕子创建绿色基地1000多亩，年产各种苗木200多万株，产值达800多万元，带动当地5000多户村民受益，人均增收3000元以上。广西目前全区各级妇联兴办集生产、培训、服务于一体的示范基地1125个，由女能人牵头兴办的示范基地1737处，通过女能人在技术上教，在合作上帮，在营销上带，使贫困妇女在短期内掌握了一定的种养技能、产销信息、发展策略，从而提高了她们自我发展的能力。河北省唐山市女能手刘淑云创办的苗木繁育基地经过10年的发展，已拥有林地4000亩，名优特新品种26个，年收入达300多万元，成为当地的苗木繁育龙头企业。如今，成规模的"妇"字号龙头企业已遍布全国各地。

3.以合作经济组织、科技指导中心为纽带，引领农村妇女共同致富

随着农业产业结构调整和产业化进程的加快，各类农村妇女合作经济组织逐步成长起来，呈现出规模发展的趋势，这些组织在传播技术、沟通信息、联结农户、开拓市场、组织营销等方面发挥了比较大的作用，提高了贫困地区妇女的组织化程度。四川省通过妇联抓协会、协会带农户，把妇联的群众工作优势和专业合作组织的经济优势结合起来，走出了一条"妇联+协会，妇女得实惠"的农村妇女工作新路子。如乐山市井研县"双学双比"女能手、水产品营销大户张惠群，成立了县水产业协会，吸收会员150人，定期向会员提供市场信息和技术服务，帮助解决生产资金、资料的不足，实行保护价收购，保收保销，带动了周边5个县的农户，营销额占全市的25%。目前，四川省各种类型和规模的农村妇女合作经济组织已达3254个，吸纳农村妇女38万人（户），成为活跃在农业战线上的生力军。广西兴办"提子协会"、"冰淇淋西瓜协会"等妇女专业合作经济组织1000多个，其中50%是在妇联直接指导下创办的，50%是与有关部门联办的，形成多村一品、数乡一业的区域生产格局，

为农村妇女增收致富创造了良好条件。各类妇女专业合作经济组织在传播技术、沟通信息、联结农户、开拓市场、组织营销、带动农村妇女共同致富等方面发挥了积极作用。各级妇联积极组织农业科技专家、科技致富带头人面向农村妇女开展内容丰富、形式多样的科技服务活动。2001年全国妇联开展了"中华巾帼志愿者"送科技下乡西部行活动。途经贵州、四川、甘肃、宁夏、陕西等地，行程2万多公里。发动当地700多名农业专家、科技工作者参与服务，传递科技信息数百项，5万多名农村妇女直接受益。

4.以劳动力有序转移为着力点，组织农村妇女转移致富

各地妇联把帮助农村妇女富余劳动力转移就业作为促进农村经济发展和帮助农村妇女脱贫致富的重点工程来抓，着力搭建农村妇女劳务输出输入的服务平台。2004年，国务院扶贫办与全国妇联联合召开了全国农村妇女转移就业现场培训会，总结推广了各地的经验与做法，即围绕大局是根本、政策扶持是关键、多方协作是保证、教育培训是基础、信息畅通是前提、维权服务是重点。并对推动城乡就业、促进农村妇女富余劳动力转移就业工作作出了具体部署。同时通过9省24市农村妇女劳务输出结对签约，搭建起转移就业的工作平台，促进了区域间的劳务合作与交流。2005年，全国妇联、农业部联合下发了《关于加强农村妇女富余劳动力转移培训工作的意见》，目的在于促进各级妇联组织和农业部门整合资源，加强合作，发挥各自优势，把对农村妇女富余劳动力转移培训工作列入"阳光工程"培训计划，力争妇女参加培训的比例达到40%以上，提高农村妇女的综合素质和就业能力，促进农村妇女富余劳动力转移就业。陕西省妇联与9个相关厅局联合下发了《关于进一步加强妇女劳务输出工作的意见》，确定了农村妇女富余劳动力输出的具体目标，重点扶持了5个妇女劳务输出县市，精心打造"米脂婆姨"、"关中技工"等劳务品牌，以品牌优势带动全省妇女富余劳动力转移工作。江苏省大力实施"1334"工程，即每年通过各级妇联的努力，转移10万农村妇女富余劳动力；建立劳务培训、输出、接收三个基地；壮大中介、师资、骨干三支队伍；搞好政策、信息、培训、维权四项服务。到2004年底，全省共建立农村妇女转移培训基地500多个，帮助转移农村妇女富余劳动力12万多人，外出务工妇女每年平均增收4000元。湖南省提出"百万妇女出三湘，增收致富奔小康"的口号，大力开展劳务输出，动员广大农村妇女突破"以农为本，以土为业"的传统观念，离土离乡闯市场、求发展，妇女劳务输出收入超过全省劳务输出总收入的50%，撑起了劳务经济的"半边天"。

5.以信息化服务为手段，帮助农村妇女网上致富

目前，在有条件的地方，妇联组织已经开始运用互联网技术帮助农村妇女提高劳动效益。2002年，全国妇联与北京光彩农业信息公司合作，在贵州、广西、甘肃等省开展"巾帼信息桥"项目，为农村妇女致富带头人安装农用信息机。信息机里有大量的农业信息，有网上销售和定购的服务平台，有各地300多个自由市场农产品销售的当日价格，有咨询求助功能等，可以提供市场信息、技术咨询、网上销售等服务。许多地方的种养带头人都通过使用信息机进行网上销售，带动周边群众增加收入。

6.以对口帮扶、定点帮扶为突破口，增强扶贫工作的针对性和实效性

全国妇联依照政府间的对口帮扶关系组织省际妇联对口扶贫，发达地区妇联通过实地考察、技术培训、劳务输出、建立合作项目、建春蕾小学等形式，把资金、技术、信息送到贫困妇女的手中。福建省妇联从1998年至今，筹措社会资金，捐赠宁夏自治区妇联资金50多万元，扶助300个母亲和450多个贫困女童；举办5期宁夏赴闽妇干培训班，培训宁夏妇女干部120人；创办4所"春蕾女童班"，每班50人左右；捐献衣服2万件、书包2000个；捐赠宁夏等西部地区建"母亲水窖工程"150多万元；协调有关部门，接纳宁夏女工数千人，并做好宁夏来闽女工维权工作。

甘肃省漳县是1998年国务院确定的全国妇联定点帮扶县。从1999年开始，全国妇联坚持"举全会之力，助漳县脱贫"的宗旨，充分发挥协调、服务等方面的优势，"急漳县所急，帮漳县所需，尽妇联所能"，先后选派6批帮扶工作组、34名队员赴漳县开展蹲点帮扶工作，

在改善当地生产生活基本条件、开发可持续产业、增加农民收入等方面做了大量工作，据统计，6年来全会共捐赠物资价值达1000多万元，协调争取30多个项目，引进资金过亿元。

7.以项目为依托，推进农村妇女脱贫致富

各级妇联运用项目促进妇女发展的能力有了明显提高，把帮助农村妇女脱贫致富的工作落到了实处。2000年，全国妇联中国妇女发展基金会发起了旨在配合西部大开发战略，帮助政府解决西部干旱地区贫困家庭饮水难问题的"大地之爱·母亲水窖" 大型公益活动，5年来争取政府配套资金比例为1:1，在以中西部为主的22个省区市，累计捐建母亲水窖9万多眼，小型集中供水工程1100多处，帮助西部近百万群众摆脱缺水困难。2003年以来，全国妇联发出255辆"母亲健康快车"，把医生、药品、健康知识直接送到重庆、贵州、陕西等西部贫困地区，为贫困妇女开展各种形式的健康服务，近400万人受益。我们还积极争取国际援助资金，帮助农村妇女脱贫，仅2001~2003年的两年间，就争取到各种援助项目资金5837万元（人民币）。

8.以"春蕾计划"、"安康计划"为载体，关爱贫困地区儿童

"春蕾计划"是1989年由全国妇联中国儿童少年基金会发起并组织实施，以辅助国家推行九年制义务教育，救助贫困地区失、辍学女童重返校园为目的的大型社会公益活动，在海内外广泛募集资金，开办"春蕾学校"、"春蕾女童班"，设立"春蕾计划女童实用技术培训专项基金"。到2004年，"春蕾计划"已经募集资金6亿元，资助范围已遍布全国30个省区，捐建300多个"春蕾学校"，举办4600多个"春蕾班"，救助失学女童达150余万人次，通过各种形式的实用技术培训活动培训妇女和女童41.6万人次。

2000年，为帮助广大儿童"远离失学、远离疾病、远离伤害、远离犯罪"，中国儿童少年基金会推出"安康计划"，先后举行了三届"安康计划西部行"和"安康计划东北行"，为西部10个省区和东北老工业基地当地带去了8340余万元的物资和资金，捐建"安康教室"604个，"安康远程电教室"380个，"安康远程音乐教室"20个，"安康益家"20个，"安康宣传栏"103个。实践证明，这是深受妇女儿童欢迎和期盼的社会公益项目。

（二）妇联组织开展的小额信贷扶贫情况

小额信贷是帮助贫困妇女脱贫的有效方式。1994年全国妇联开始有计划地推进小额信贷扶贫工作，目前，已有28个省区市妇联（除北京、上海、广东）实施了规模不等的农村妇女小额信贷。主要做法是：

1.参与扶贫工作机构。全国有近20个省区市妇联参加了省扶贫开发领导小组，许多县妇联参加了扶贫办、农行等组成的小额信贷管理机构，她们参与制定有关制度和措施，承担了宣传发动、推荐借贷农户、筛选项目、建档立案、培训农户、协助放贷收贷等多项工作。

2.筹措扶贫资金。目前，妇联系统的信贷资金主要来自五个方面：一是农业银行执行的小额信贷，如安徽省妇联每年有1500万元的小额信贷额度，另外省扶贫办安排40.7万元妇联干部信贷培训经费，省财政厅安排30万元农村妇女科技培训经费；二是政府提供循环金，如辽宁省财政厅、劳动和社会保障厅支持省妇联500万元，用于城乡妇女"再就业循环金"，现已开发项目218个，农村贫困妇女和城市下岗失业妇女优先就业，此款不收利息，所以好操作、受欢迎；三是妇联自筹，如广西壮族自治区妇联利用历年工作经费结余的50万元开展小额信贷，取得经验后，政府又支持几百万元信贷资金；四是社会捐助，全国妇联接受香港庆回归委员会捐赠的1000万元扶贫循环金，以小额借款入户扶贫的模式扶持中西部贫困地区的农户，项目以一年为周期，每户可借款千元左右从事种植、养殖或加工项目。该项目自1998年9月启动以来，在全国14个省（区、市）的近百个县（旗、市）实施，直接受益3万余户约10万人口，被扶持的农民家庭每年收入增加400~2000元不等，基本摆脱了贫困；五是国际捐助或国际扶贫项目，内蒙古自治区赤峰市连续6年争取到联合国开发计划署的扶贫项目，累计为8500多个贫困家庭提供小额信贷资金2880万元，户均增收1435元，还款率为100%，得到了联合国开发计划署的充分肯定。2005年他们又得到德国复兴银行为期40年共150万欧元的小额贷款。

3.注重制度建设。在借鉴国际扶贫经验，结合本地实践的基础上，各地妇联探索制定一些规章制度，如《农村妇女扶贫社章程》、《文化技术培训制度》、《财务管理制度》等。明确六项原则，即：小额短期、自由组合、亲属不同组、妇女优先、连环担保、连续借款；执行六项制度，即：小组互助互督互保、小组中心组会议、培训制度、社员纪律、小组基金、一次放贷分期还款。

4.严格规范操作。各地妇联严把申贷、审批、放贷、收贷四个环节。一是严格申贷人条件，首选有劳动能力，有一定公信度，能带动邻里的贫困妇女做贷款人；二是审查贷款项目，对户选项目进行审核，对投资少、风险小、成功率较高的项目优先扶持；三是实行公开放贷，通过张榜公布或召开现场会等方式公开放贷；四是小组监督还款，小组全体成员互签贷款担保书，承担偿还债务的连带责任，每月由小组长将应还款统一送交银行。

5.提供配套服务。一是培训服务，为借贷妇女提供技术指导，以及种植、养殖、理财、市场营销等培训，提高妇女生产能力；二是信息服务，举办致富信息培训，帮助妇女选择项目；三是营销服务，协调有关部门建立销售与服务组织，发展女经纪人队伍，使贷款妇女生产的产品能转化为商品，获得效益。

6.明确操作原则。一是坚决不吸储，严格遵守金融政策；二是明确贷款对象，以低收入妇女及能带动贫困户致富的女能人为贷款对象；三是县级妇联负责，一般服务规模在2000~3000户，这是控制民间小额信贷风险的适度规模。

以上制度保证了资金的有效运作，降低了贷款风险，取得资金入户率98%、信贷户受益率90%以上、到期贷款收回率95%以上的效果。据广西农行提供的数据，自1997年起至2002年底，累计发放小额信贷4.12亿元，扶持贫困户约25万户，累计收回贷款3亿元，到期贷款收回率75%左右，其中妇联累计发放0.6亿元，占15%，扶持5万户，占20%，贷款收回率保持在90%以上。

妇联操作的小额信贷之所以取得较好的效果，主要是因为妇联具有组织网络的优势和认真执著的精神，而且实施小额贷款的特点是贷款随着项目走，培训跟着管理行。为实施小额信贷提供了保证。还有一个原因就是妇女具有执行小额信贷的自身优势。国际小额信贷组织强调向贫困妇女提供贷款的理由有6个：妇女节俭、顾家、不乱花钱；妇女外出少，便于参加培训；妇女珍惜机会并决策慎重；妇女还款意识好，还款率高；小额信贷提供的贷款范围，主要是种植业、养殖业、小商、小贩、小加工，适合妇女经营；妇女增加收入有利于家庭整体利益。

（三）困难和建议

扶贫开发是一项复杂而艰巨的社会工程，尽管中国政府为缓解妇女贫困程度、减少妇女贫困人口作出了不懈努力，妇联组织也发挥了积极作用，但是，在全国现有的2610万贫困人口中，妇女占近一半。从经济状况看，592个重点县中，女性贫困发生率比男性高0.4个百分点；低收入发生率比男性高0.6个百分点。从就业机会看，重点县女性劳动力全年平均就业时间在6个月以下的占17.8%，比男性高6.2个百分点；从事农业劳动的时间占77.4%，比男劳动力高10.4个百分点；外出务工劳动力占11%，比男劳动力低12个百分点；外出务工月工资460元，比男劳动力低16.1%。从教育卫生状况看，重点县妇女文盲率为20%，小学文化程度的占40.3%，没有完成9年义务教育的比例远远高于男性。女性高中文化程度的仅占3.8%，比男性低5.9个百分点。女性接受过各种培训的比例仅为7.5%，不及男劳动力的一半。而7~15岁女童的在校率低于男童1.3个百分点，势必造成未来女性劳动力文化水平低。女性健康人口比重也比男性低1.7个百分点。无论在城市和农村，妇女收入总体上少于男性，遭受贫困的深度和广度相对于男性贫困人口较为严峻。贫困妇女的脱贫对于社会和家庭具有直接的影响，帮助她们脱贫致富，既需要各级妇联加大扶贫开发的力度，更需要政府和社会各方面对贫困妇女这一群体应给予特殊的关注和支持。建议如下：

1.将男女平等的基本国策贯彻落实到扶贫开发工作中，把社会性别平等问题纳入扶贫工作决策的主流，在制定扶贫政策和规划时，要重视和发挥妇联和妇女的作用，在政策、资金、项目等方面予以倾斜。

2.政府应采取增加贫困地区妇女获得并利用低息贷款、进入市场的机会，在诸如小额信贷、以工代赈、参与式村级发展规划的扶贫工作中，让妇女作为主体和决策者参与扶贫等对策，进一步加大对贫困妇女的扶持力度。

3.建立和完善分性别的贫困状况监测指标及反贫效果评估制度，要将一些孤立的妇女指标修订为可以体现两性状况比较的分性别指标。此外，政府应该积极支持关于贫困深度的研究和实践，促使分性别监测指标中包括贫困深度指标。

全国妇联妇女发展部

十五、农村贫困残疾人危房改造项目

改革开放以来，党和政府有组织、有计划的进行了大规模的残疾人扶贫开发工作，扶持近千万贫困残疾人解决了温饱，成效显著。但因为残疾人贫困程度重，扶持难度大，脱贫后又极易返贫，全国仍有1000多万残疾人尚未解决温饱问题，而且随着残疾人扶贫工作的深入，贫困残疾人的住房困难尤为突出，成为阻碍残疾人脱贫致富的最大问题。中国残联在全国选择不同经济条件、不同地域和不同类型的123个县（市、旗）进行了贫困残疾人住房状况摸底调查，根据调查测算，目前全国农村贫困残疾人户中不具备基本住房条件的约有100万户左右，其中无房户约有14万户，极度危房户约有86万户。很多贫困残疾人的住房阴暗潮湿、破旧不堪、年久失修，部分濒临倒塌，有的甚至人畜同居一室，有的因没有固定居所，只在临时搭建的窝棚中勉强生活。

从摸底调查的情况反映出，致使贫困残疾人无力解决自身住房困难的主要原因是贫困残疾人因自身残疾，导致丧失部分劳动能力，只能参加简单的生产劳动，取得微薄的经济收入，仅仅能够初步解决温饱，根本就不可能有任何积蓄，在这样的贫困处境下，贫困残疾人这一辈子甚至是他的下一代都不可能有能力改善其住房状况。因此，贫困残疾人及其家庭渴望政府和社会伸出援助之手，帮助他们解决住房困难，改善贫困残疾人的住房困难问题已经到了迫在眉睫的程度。为此，中国残联在广泛调查、论证的基础上，适时将解决残疾人家庭住房问题纳入残疾人扶贫工作范畴，成为残疾人扶贫开发工作的一项新内容，积极争取各方面的支持。

党中央、国务院历来关注弱势群体，更加关心贫困残疾人基本生活，为了能够有利缓解贫困残疾人住房困难，决定从国家彩票公益金中安排专项资金，对农村贫困残疾人危房实施改造。中国残联专项彩票公益金农村贫困残疾人危房改造项目执行期从2003年至2005年，三年计划解决3万户贫困残疾人危房改造，中央专项彩票公益金投入7500万元，不足部分由地方自筹解决，项目已于2004年正式启动实施，当年全国计划完成2万户危房改造任务。

项目实施一年来，通过中央彩票公益金的资助，地方各级政府及相关部门采取有力措施，投入大量危房改造资金，同时广泛动员社会各界，共同参与支持，农村贫困残疾人危房改造项目取得初步成效，超额完成了2004年危房改造任务，全国共计完成危房改造任务33188户，受益贫困残疾人46200人，中央及地方投入危房改造资金合计3.33亿元，受助贫困残疾人从根本上解决了住房困难问题，为进一步脱贫致富奠定了坚实的基础。

为了确保贫困残疾人危房改造项目的顺利实施，中国残联高度重视，认真研究部署。在经过周密的调查摸底，实地调研，召开专题会议研究的基础上，撰写了《中国残联彩票公益金农村贫困残疾人危房改造项目可行性报告》，并通过由国家发展和改革委员会、财政部、民政部、建设部、农业部、国务院扶贫办等专家出席的项目论证会。根据可行性报告，制定了《中国残联彩票公益金农村贫困残疾人危房改造项目实施方案》和《中国残联彩票公益金农村贫困残疾人危房改造项目资金管理办法》，并下发各地贯彻执行。建立了《中国残联彩票公益金农村贫困残疾人危房改造项目数据库》，对每一户危房改造对象的信息进行数字化管理，并通过互联网向社会公布，接受社会各界的监督。在向各省下达危房改造任务和下拨危房改造资金的过程中，要求省级和危房改造项目县残联必须提供本级落实危房改造资金的硬性文件和县人民政府与省残联签订的项目协议书。

地方各级党委和政府从关爱弱势群体，构建社会主义和谐社会的思想高度，从贫困残疾人切身利益出发，为贫困残疾人办实事、办好事的角度，将贫困残疾人危房改造项目的实施作为当地政府的"德政工程"重点来抓，在人力、物力和财力上给予了大量投入，要求残联和相关部门确保完成本年度危房改造工作。

各级残联及相关部门在党委和政府的领导下，按照中国残联彩票公益金农村贫困残疾人危房改造项目实施方案的要求，结合当地实际，制定危房改造项目实施细则，并报当地政府批准实施。各级人民政府主管领导及政府办、财政、民政、民宗、农办、建设、国土和残联等相关部门负责人组成危房改造工作领导小组做好协调落实工作。

各级残联按照实施细则的要求，采取切实措施，周密安排部署，及时落实危改资金和各项优惠政策，精心组织实施，确保危房改造任务圆满完成。省残联按照中国残联的要求，及时向省政府汇报，落实危房改造资金，积极做好项目县的选取以及本省危房改造任务申报等工作；各项目县选取危房改造对象时，都本着公开、公正、公平的原则，将选取对象在当地进行公示，没有异议后才可以最终确定，有效地杜绝了优亲厚友的事情发生。为了解决危房改造资金的不足，项目县残联采取多种方式广泛宣传，动员广大街坊邻里和社会各界力量，通过各种形式投工投料，捐款捐物，为圆满完成危房改造任务发挥了重要作用。

同时，项目的实施得到了广大残疾人和社会各界的广泛赞誉和支持，大家采取不同方式支持项目的实施，充分体现了人道主义精神深入人心，扶残助残的社会氛围进一步得到升华。危房改造项目在各地被称为"德政工程"、"民心工程"，项目中受益的贫困残疾人从根本上解决了几代人都无法解决的住房困难问题，使贫困残疾人和家属亲切感受到党和政府无微不至的关怀，感受到社会主义大家庭的温暖。

一年的实践证明，农村贫困残疾人危房改造项目的确是一个得民心顺民意的好项目。通过项目的实施，进一步引起各级党委政府对贫困残疾人这一困难群体的高度重视，为项目的协调落实工作提供了有力保障；项目的实施调动了包括政府在内的社会各方面的力量，为共同做好这项工作奠定了基础；项目的实施从根本上改善了贫困残疾人的住房状况，进一步激发了贫困残疾人脱贫致富的信心，有利于残疾人扶贫工作的向前推进。

虽然农村贫困残疾人危房改造项目取得一定成效，但距离解决所有贫困残疾人住房困难问题，还相差甚远，改善贫困残疾人住房困难从国家的角度还缺乏建立一种长效的有资金支持运作的机制。我们相信，随着我国经济社会的不断进步和发展，在党中央国务院及地方各级政府的关怀和大力支持下，农村贫困残疾人住房困难问题一定会逐步解决。

第五部分：贫困问题研究

5

以政府为主导 推进贫困地区技术创新 提升贫困地区自我发展能力

现在我国农业发展进入了一个新的阶段，党中央、国务院十分重视〞三农〞问题，将解决〞三农〞问题放在当前全党和全国工作的重中之重。而解决好〞三农〞问题的重点和难点在于解决好贫困地区的发展问题。虽然我国农村贫困人口的温饱问题得到基本解决，但贫困地区的发展依然很缓慢，贫困人口的增收速度依然很缓慢，最主要的原因是贫困地区科技事业落后、贫困人口科学文化素质低、科技发展需要的人才严重短缺。因此，解决贫困地区的〞三农〞问题，必须结合贫困地区发展与建设的要求，加快推广应用先进适用技术、关键共性技术和高新技术，加强科技能力建设，推进企业技术进步，为贫困地区发展提供科技支撑。其中，充分发挥政府的主导作用，推进贫困地区技术创新，已经成为当前贫困地区农村科技发展的艰巨任务。

一、技术创新是贫困地区发展的战略选择

贫困地区技术创新是指根据贫困地区生产实际需求，由区域外引进或由区域内经过研究开发或技术组合得到的技术的新构想，在区域内试验、示范、推广，得到广泛实际应用，并产生经济、社会、生态效益全过程的活动（胡熳华，2004）。

（一）从区域经济角度看，贫困是一种经济不发达状况，因此摆脱贫困地的根据任务就是如何建立起能够推动经济实现持续增长（或发展）的一种机制。理论上讲，实现经济增长可依赖两种不同方式。一是在技术停滞条件下通过投入规模的不断扩张来达到产出总量的增长，二是通过持续的技术进步即投入－产出效率的不断提高来实现产出总量的持续增加。从长期和动态观点看，经济增长的根本动力只能来源于持续技术进步。也正是在这个意义上，持续不断的技术创新是贫困地区发展的唯一出路。

（二）技术创新主要通过提高贫困地区生产效率、节约资源、降低生产成本，从根本上解决贫困地区生产活动中收益率低的问题，提高经济效益。技术创新使贫困地区产业结构不断向合理化、高级化发展的这一过程中，带动了整个经济的协调发展，从而使得贫困地区宏观结构效益和资源配置效率得到提高。技术创新通过决策管理水平的改善和提高，对经济效益产生积极影响。因此，贫困地区要实现快速发展必须依靠科学技术，不断提高技术创新能力，构建完善的技术创新体系。

（三）技术创新在贫困地区有广泛需求。虽然我国贫困地区科技人才资源缺乏、农民科技意识不强、技术创新环境不好，但贫困地区改变贫困落后面貌的强烈愿望、贫困地区对技术创新积极的需求、国家对贫困地区技术创新的优惠政策等都是贫困地区技术创新的强大动力。

（四）技术创新在贫困地区更多地表现在生产过程中，体现在提高产量、提高效率、降低成本上。因此技术创新在贫困地区更多的表现形式是：一项新技术的引进，或一项关键技术的突破，推动相关产业产品质量提高、效率提高、成本下降，促进该产业的迅速发展；围绕一个产业研究开发的组装配套技术，全面提高该产业的市场竞争能力；改进技术推广方式和资源配套方式，提高贫困地区技术推广效率。

（五）在贫困地区引进和研发创新技术，主要围绕贫困人口解决温饱、增加收入和改善贫困地区生态环境两大主题，符合贫困地区自然资源条件特点和农业生产实际，并能简便易学被贫困人口所掌握，真正用于生产实践。主要技术创新的领域有：农产品质量标准与食品安全生产技术、农产品加工保障技术、农业节水技术与旱作农业技术、特色农产品生产技术、资源开发与高效利用技术、可持续发展的生态环境保护技术、农村信息化技术、现代管理科学技术等。

二、制约贫困地区技术创新的因素

（一）贫困地区的自然条件

我国贫困地区多处于黄土高原区、高寒阴湿区、喀斯特地区、干旱半干旱区等自然条件恶劣的地区，2004年遭遇严重自然灾害的村的比重高达40.8%，其中旱灾占49%，水灾占17.7%。恶劣的自然条件使技术创新增加了难度，一方面是技术创新要解决的问题数量多，难度大，不可能通过一两个关键技术的突破能够解决贫困地区大面积的难题，而是需要用系统工程的思维方式来统一组织相关学科进行攻关。另一方面是技术创新的成果无法迅速普及，同时又会常常因为无法改变的自然环境而效果较差。

（二）贫困地区的经济条件

1.从区域经济状况看，贫困地区多是少数民族地区、革命老区、边远山区和特别贫困地区，有的还集“少、老、边、穷”于一体，经济外向依存度低，县级财政属于典型的“吃饭财政”，县乡两级财政债务沉重，严重缺少基础设施，文化、教育、卫生事业落后，产业结构单一，缺乏支柱产业，缺乏自我发展机制和条件，极大地制约了经济发展，2004年国家扶贫工作重点县的人口占全国的22%，但地方生产总值仅占全国的6%，地方财政预算内收入不足全国的3%。

2.从企业经济状况看，贫困地区的企业一般经济效益只够维持自身生存，而且多是国营企业或改制的国营企业控股的合资企业，民营企业发展较弱。企业用于新技术改进、新工艺改造、新产品开发等方面的资金占全部投入的比例很小，只能满足企业自身发展的最低要求，无法带动整个区域的技术创新。

表5-1　2003年农村固定资产投资情况

单位：亿元

指　标	全国合计	非农户	其中：企业单位	其中：事业单位	农　户
农村固定资产投资完成额	9754.9	6553.9	5108.4	1445.5	3201.0
其中：投向科学研究、技术服务和地质勘查业	4.1	4.1	2.3	1.8	0.0
其中：信息传输、计算机服务和软件业	14.9	10.8	5.0	5.8	4.1

数据来源：中国农村统计年鉴－2004

3.从农户经济状况看，贫困地区农户收入来源单一，且收入不稳定，农业收入占纯收入的比重在50%以上。贫困农户的家庭经营收入所占比重高，而家庭经营收入以种植业和养殖业为主，其他产业收入相对较少。而且越是贫困的农户，种植业收入所占的比例也就越高，对种植业依赖程度越高，而工资性收入越低。在农村金融领域，信用社处于垄断地位，而近年来农村信用社的贷存比逐渐降低，存贷差逐渐增长，大量资金流入城市，农民特别是贫困地区的农民很难从信用社得到贷款。一些农民和企业有很好的项目，产品更新换代也有市场，但就是缺乏资金，也只能放弃。农民从正规金融系统得不到贷款的状况促进了民间借贷的发展。民间借贷在一定程度上缓解了资金的供需矛盾，但借贷者不得不付出更高的利息。

贫困地区落后的经济条件严重影响了技术创新的投入力度，一方面政府对于技术引进和研发的投入减少，另一方面农户对采用新技术的投入减少，而且作用技术创新主体的企业无法发挥其创新主体的作用，造成贫困地区技术创新严重缺乏资金支持的局面。

（三）贫困地区人力资本

贫困地区的人力资本积累水平普遍较差，从业人员文化水平偏低。东、中、西三大地区间存在显著的知识发展差距，西部省区的知识发展水平明显处于全国最低水平，中西部地区存在明显的知识资源匮乏与知识瓶颈，大量贫困地区劳动者将由于普遍缺乏获取、交流、应用和创造知识与信息的能力，而形成严重的知识贫困问题。

1.贫困地区科技人才资源严重不足，且专业分布不合理。农村科技和农业技术推广工作，特别在基层比较艰苦，其工作和生活条件与其它行业相比是比较差的，其收益却往往少于其它行业，特别是在贫困地区，这种行业之间形成的反差更大。长期以来，广大农村科技和农业技术推广工作者以其奉献精神，在艰苦的岗位上成为农业经济发展的主力军。但是，随着市场经济的发展，人才流动机制的形成，使农村科技和农业技术推广人员及其后备军—大中专毕业生有了重新择业和自主择业的机会。贫困地区在社会环境、生活环境、经济环境、政策环境上大多没有优势，不能吸引人才，并留住人才。在这种情况下，更多的人、财、物向富裕地区流动，使贫困地区本就不足的农村科技和农业技术推广人才更为缺乏。根据调查，贫困地区出去的大中专毕业生，能回到本地工作的仅为50%左右，而且院校层次越高，回乡的比例越低，回乡的学生中又有一部分改行从事其他职业，或是逐步调往条件比较好的地区。所以，农村科技和农业技术推广战线将长期面临着稳定队伍和防止人才流失的问题。另外，从国家正式编制人员分析，县乡两级种植业和畜牧业技术人员均占国家正式编制总人数的36%，农机、经管则分别占11%和13%。这一比例与目前农业内部生产结构存在着较大的差距。农业生产上所急需的水产养殖、经作、园艺等专业，其技术人员的比例均不超过4%（中国农民素质发展报告—2004）。总的来看，贫困地区科技人才资源数量不足，质量不高，而且分散、流失严重，是贫困地区技术创新的严重障碍因素。

表5-2　2003年农林科研机构人员状况

指　标	科研机构数（个）	从业人员（人）	专业技术人员	从事生产经营活动人员	中高级技术人员	经常费收入（万元）	政府资金
全国	1459	116088	64262	30786	37771	875356	560934
西部地区（10个省）	378	24580	14624	5035	8055	130331	97092
西部地区所占比例(%)	26.0	21.2	22.8	16.4	21.3	14.9	17.3

数据来源：中国农村科技发展报告—2004

2.贫困地区劳动力科学文化素质普遍偏低。到2004年底，劳动力的文盲率仍高达14%，比全国平均水平高1倍。贫困地区一般自然条件差，资源贫乏，经济基础薄弱，交通不便，信息闭塞。这些地区农民一般科学文化水平较低。许多贫困人口因贫而失学，又因失学而成为新一代贫困人口。贫困地区劳动力素质低，既是贫困的结果，又是造成贫困的原因。

但单纯把贫困人口素质低归结为制约贫困地区技术创新的原因，未免过于片面。农民安贫、依赖、自卑、自给、守旧、求稳等心理特点不利于贫困农户采用新技术，阻碍技术创新的进程，但农民急于致富、以农为本、从众、好奇、迷信专家等心理特点如果得到正确引导，对推动技术创新有着有利的一面。

同时，农民分散的经营形式、较低的组织化程度，影响了贫困地区农民对农业技术的吸收和需求，而且还影响到农民在结构调整中所获得的技术支持的有效性。一方面，农民在寻求结构调整的技术支援时要花费较多的交易成本，另一方面，农户经营分散，不利于指导与服务，分散的农户使技术服务和推广过程中要花费农业技术推广人员更多的精力，同时也使技术推广的成本增加。

（四）贫困地区的技术创新环境

1.贫困地区技术创新政策不完备。在《中国农村扶贫开发纲要（2001—2010年）》中明确要求要加大科技扶贫力度。在扶贫开发过程中，必须把科学技术的推广和应用作为一项重要内容，不断提高科技扶贫水平。科技部、中国科学院和中国科协于2001年联合制定了《"十五"科技扶贫发展纲要》，其中明确了科技扶贫在新时期的主要任务就是加快科技成果在贫困地区的转化，推动贫困地区科技支撑能力建设，促进贫困地区形成有利于科技进步的机制和环境，积极培育贫困地区科技发展的内在动力。

虽然国家高度重视科技在扶贫开发中作用的发挥，但是，在贫困地区基层还未形成对技术创新有利的政策体系，目前还不能起到推动贫困地区技术创新和鼓励技术创新的作用，也无法保护贫困地区合法的技术创新活动。

2.贫困地区的技术创新投入不足。每年中央政府向贫困地区转移支付的扶贫资金不断增加，地方各级的配套资金也有较大幅度的增加，但是，按资金投入分，用于贫困地区技术创新的经费仍显不足。如2002年西部地区科技活动经费筹集总额是392.7亿元，而同期东部地区是2073.6亿元，是西部地区的5.3倍；同期全国是2938.0亿元，西部地区仅占13.4%（中国科技统计年鉴—2003）。研究开发经费、技术开发经费的不足成为贫困地区技术创新的主要障碍因素。

3.贫困地区的技术创新机构弱化。技术创新机构是技术创新活动的行为主体，主要组成单位是各种科研机构和高等院校等；还包括教育培训机构、中介机构等。在各种科研院所及企业研发机构上，贫困地区所拥有的数量都显著低于发达地区，缺乏技术创新力量。在各种技术创新机构中，农技推广机构的问题显得尤其突出。由于农技推广工作的特殊性以及相关政策的影响，造成农业技术推广体系不够健全，不少地方存在着"网破"、"线断"、"人散"的现象，在贫困地区就更为严重。贫困地区的技术市场状况也可以从很大一个方面反映贫困地区技术创新的状况。一是技术市场管理体系不健全，二是技术市场法规不配套，三是技术市场管理人员素质难以胜任。

综上所述，贫困地区自然条件恶劣，经济困难，导致技术创新投入少、技术创新环境差、劳动力科学文化素质低，进一步导致创新技术的供给不足和对技术创新的需求不足。当在贫困地区技术市场中技术供给和技术需求都不充足时，技术创新形成的条件不存在，导致技术创新停滞。

三、围绕贫困地区特色支柱产业发展抓技术创新，提高贫困地区自我发展能力

发展贫困地区特色支柱产业是指以科技开发和有效利用贫困地区的自然资源和社会资源优势，走挖掘内涵、扶持、稳定、协调发展经济的扶贫开发路子。贫困地区在开发特色支柱产业地，根据自身的资源优势，选择能发挥其优势潜力的若干产业作为区域的原始生长点，通过直接引进先进适用的科技成果，开发某一种产品或产业，形成拳头产品或支柱产业，向农

户扩散技术，从而带动整个贫困地区经济的发展。在目前我国社会发展阶段和贫困地区实际情况的基础上，贫困地区技术创新必须依靠政府主导力量推动，广泛吸纳社会力量参与，加大科技投入强度，围绕区域支柱产业的发展，走技术引进与自主创新相结合的道路，提高贫困地区自我发展能力，最终实现脱贫致富。

（一）以新品种、新产品引进为主的技术创新

由于贫困地区技术产生和储备的能力都不足，因此当一项适合当地的新技术或一个新品种被引进后，将导致当地某一产业质的飞跃或者一个全新产业的产生与发展，使其迅速成为农民收入的主要来源。

专栏11 安徽金寨县的西洋参产业的蓬勃兴起

在20世纪80年代，西洋参在我国还是稀奇东西，由于它对外界条件要求比较高，因此在国内引种的范围也很小，价格也很高。安徽农业大学研究气象的宛志沪老师发现安徽金寨县海拔800米以上的高寒山区与西洋参原产地生态环境基本相似，在1986年宛老师带领相关学科的老师和学生到金寨县开始了蹲点研究。通过多年探索，不但把西洋参引进了贫困的金寨县，还带动农户种植西洋参，将其作为一个支柱产业发展起来，很多农户因为种上了一片参园而脱贫致富。1990年在全县推广西洋参栽培技术，1992年开始批量加工。1995年，全县西洋参种植已发展到4个国有林场，在地西洋参面积达8万平方米，产值达960万元以上，实现了自采种、自育苗、自种植、自加工的生产，同时积极开辟市场，开展西洋参成药和参叶、茎、果肉及须根的综合利用，逐步实现系列化开发。西洋参的种植与加工已成为金寨县高寒山区群众脱贫致富的好途径。

（二）以先进实用技术引进和组装配套为主的技术创新

由于贫困地区的整体科技资源少，劳动力科学文化素质普遍较低，因此引进示范推广的技术必须是成熟的、先进的、实用的技术成果，结合当地生产实际情况，将相关技术成果组装配套并且试验示范成功后，再向贫困农户推广。一方面能够保证技术成果的实际效果，另一方面也是保护贫困农户的根本利益。

专栏12 陕西苹果高光效树型改造综合配套技术的引进、示范与推广

陕西省是我国苹果优势主产区之一，2001年果园总面积554万亩，涉及27个苹果主产县，年产苹果392万吨，总产值115亿元。苹果产业已经成为陕西的主导产业和经济命脉，是绝大多数果农重要的经济收入来源，产量和价格的轻微变动，都会对经济产生很大影响。特别是中国加入世贸组织以后，国际市场对高品质苹果的需求增加，而广大果农依照现行栽培技术生产的苹果达不到国际市场的要求，使陕西苹果产业的进一步发展受到限制，果农收入的增加也受到影响。

科技部自2001年10月开始累计投入240万元，在陕北延安市的5个苹果主产县的8个核心示范果园（合计300亩），示范推广了"高光效树型改造综合配套技术"，将北京昌平的苹果高光效树型修剪技术、果实套袋技术、三维强力有机肥和反光膜使用技术、病虫害综合防治技术等综合配套后引入到陕北苹果产区。两年来，该项目示范效果显著，示范园数量迅速扩大，关键技术得到普遍应用，经济效益显著提高。

经过两年多的试验示范，8个核心示范园的树型改造效果明显，果实从数量、形状、大小、着色度、含糖量等方面提高显著，果农在苹果上的经济收入也大大增加。

如宝塔区狼卧沟果农叶张鸿种苹果8年来没有收益，参加项目第一年（即2002年）就增加收入15000元，见人就夸该项技术好，还主动担当了该项技术的宣传员。2003年9月，科技部和陕西省人民政府在陕北召开了苹果改形技术现场会，将该项综合配套技术向陕西全省推广。

（三）以资源综合开发利用为主的技术创新

贫困地区开发优势资源，将资源优势转化为经济优势，必须以市场为导向，以科技为先导，以资源为依托，狠抓一批支柱产业。一是选择贫困地区最具资源优势的产业，集中科技力量解决产业发展中的关键技术问题，形成具有较高技术水平和较大规模的区域性支柱产业。二是建立社会化科技服务体系，面向农民，联结市场，为支柱产业的发展提供产前、产中、产后的综合性服务。三是引导贫困地区扩大开放，大力引进技术、人才和资金，推进各种形式的横向经济联合与合作，使之逐步形成合理有效的资源配置与产业分工。

专栏13 通过技术创新，茶叶产业成为英山县富民强县的第一产业

茶叶是湖北省英山县的传统产业，过去由于粗放经营，经济效益很低，20世纪80年代中期，全县2万亩茶园亩平收入不到300元，效益问题严重制约着茶叶产业的发展。为实现资源的综合开发利用，英山县通过自主研究、引进专家、引进企业大力推进茶叶产业的技术创新。一是围绕科学建园展开技术攻坚战，创造出了”一年种、二年摘、三年亩产过双百”的成果，实现了茶园从山地向耕地发展，由传统产品向优势产业的转变，引导出全县科学建园的热潮，高产高效茶园每年以近万亩的速度递增，亩平茶叶效益由300元跃升到1000元。二是成功地研制出”英山云雾茶”系列名茶制作技术，并向全县100个中心茶场推广，从而带动了全县名优茶制作水平的提高，使茶叶亩平效益由1000元上升到3000元。三是成功研究出良种茶无性系繁育技术，结束了英山长期在外地购茶苗的历史，降低了茶园建设成本。茶园规模的扩大，老茶园的改造，大大增强了茶叶产业发展后劲，茶叶整体水平又得到了提高，亩平茶叶效益由3000元上升到4000元。四是引进企业充分解决大路茶出路问题。2004年引进了一个企业开发珠茶项目。生产珠茶所用原料主要是大片茶草，变废为宝，所生产的珠茶全部出口。该企业投资规模5500万元，日消化大片茶草15万斤。这一个企业一年能帮助茶农人平增收100元。如今，英山茶叶产业实现了”栽培品种良种化、采摘加工机械化、茶园建设园林化、技术质量标准化”。2004年全县茶叶面积发展到14万亩，茶叶产量1380万公斤，茶叶系列产值3.17亿元，全县种茶农户8.5万户，占总农户数的85%以上，县乡财政收入的30%，农民人均收入的47%来自茶叶。

（四）以生态建设及生态恢复为主的技术创新

很多贫困地区是自然条件非常恶劣、不适宜人类居住的地区。如贵州、广西的喀斯特地区，西藏、青海的高海拔阴湿地区，甘肃、宁夏的干旱地区等。在这些地区开展扶贫开发，一方面进行适度的生态移民，另一方面就是在现有条件下开发生态保护技术，在不继续破坏生态环境或改善生态条件的前提下，发展农业生产，解决贫困人口的温饱问题。

所谓生态建设及生态恢复技术，就是指运用生态学原理和系统科学的方法，把现代化技术与传统的方法通过合理的投入和时空的巧妙结合，使已经受到影响的生态系统恢复和发展并

保持良性的物质、能量循环，从而达到人与自然的协调发展的治理技术。根据我国西部生态情况，西部生态建设及生态恢复技术分为土壤改造技术、植被的恢复与重建技术、防治土地退化技术、小流域综合整治技术、土地复垦技术、节水农业技术、特色经济植物产业化技术等七类。

专栏14　甘肃省半干旱地区集雨节灌技术示范

甘肃省半干旱地区集雨节灌技术集成项目，项目实施地点是静宁县灵芝乡尹岔村。到2003年底已基本完成了实施方案所要求的各项内容，同时因地制宜设列的各项试验取得阶段性成果。(1) 集雨水窖。新建水窖158眼，修补破损集水渠1000米；在80亩相对集中果园中铺设输水管道5000米，安装提灌水泵100台（套）和各种控制阀、定时器50个。(2) 节灌工程。一是日光温室渗灌技术。新建日光温室5栋6.5亩，栽植的黄瓜、西葫芦、西甜瓜等处于吊蔓期。全部采用高垄覆膜栽培，小垄沟内铺设意大利渗灌设备，进行渗灌，比漫灌节约用水50%，水分利用率提高50%。二是果园滴、渗灌技术。在80亩果园中配套以色列滴、渗灌管2500米，各类微喷头400余个，比漫灌节约用水47%。三是安装移动式喷灌10台（套），解决山区地形抗旱的实际困难。(3) 农艺节水技术。推广双垄沟集流增墒地膜玉米1260亩；地膜周年覆盖少免耕技术（一年覆膜两年使用）920亩；小麦微垄覆膜集雨技术1500亩；冬小麦覆盖麦衣、麦草保墒技术56亩。开展了果树覆膜套袋栽培试验。新建2个水分监测点。示范推广抗旱保水剂、土壤改良剂、抗旱种衣剂共1320亩。(4) 研制推广农机具。研制成功双垄沟玉米覆膜机；今春生产30台，全部投放使用。购置微垄覆膜机50台，在小麦上推广使用面积1500亩。(5) 集雨工程试验研究。开展了不同材料集雨窖试验、日光温室膜面集雨技术试验等2项。(6) 建立集雨节灌专家系统，开展技术咨询和培训。

（五）以企业技术改造为主的技术创新

对于贫困地区非常薄弱的工业基础而言，在工业领域里进行技术创新，难度可想而知，同时成功后的效益也可想而知。它发展的不仅是工业企业本身，将带动更多的相关产业得到不同程度的发展。

专栏15　湖南平江潜水电泵厂稠油输送泵的开发

湖南平江县潜水泵厂过去是一个以生产农用水泵为主导产品的小型企业，效益不十分明显。1991年该厂从北京、上海以及中国石油大学等科研院所请来专家当顾问，到美国等地参观考察，组成专门课题攻关小组，引进当时的高、精、尖技术项目——稠油泵生产技术，开发出KDY、AY系列十几个品种的稠油泵，填补了国内空白。开发成功的稠油泵以其高新技术给企业带来明显经济效益。1995年企业完成总产值6500万元，实现利税800万元，出口创汇200多万美元，分别比上年增长66.6%、42.8%，实现了比1990年翻两番的目标，成为平江县经济的支柱企业。稠油泵的生产带动了其他几个企业的发展。该厂为了保证稠油泵重点生产任务，将小型潜水泵的铸造、加工分散给县内外十余家农机厂、铸造厂、电机厂，使这些企业起死回生。同时该厂的发展壮大，又带动了当地印刷、纸箱、运输、商贸等相关行业的发展，使一些濒临破产的企业得到了生机。

四、建立以政府主导的贫困地区技术创新体系的政策建议

（一）政府大力改善贫困地区技术创新环境

1. 广泛宣传和普及技术创新知识，推广技术创新的思想，明确技术创新活动的范围，切实支持技术创新活动。

2. 多渠道解决资金投入问题，加大科技投入。对于贫困地区公益性的技术创新，政府应进行直接投资，或争取上级支持。通过向中央或省级部门申请立项，引导国家转移支付的资金向贫困地区技术创新方面流动。

3. 制订一系列鼓励区域内技术创新的具体政策。由于贫困地区地方财政困难，可以通过税收政府、激励制度等政策工具来鼓励区域内的技术创新活动。

4. 协调各技术创新主体之间的关系，促进创新资源的合理配置。政府应当在促进创新主体之间的互动，促进产学研与贫困地区经济发展结合，促进新技术引进与扩散，促进人才流动等方面发挥作用，通过合理配置技术创新资源，推动技术创新。

5. 稳定基层科技人员队伍，发展农村科技服务机构，加强基层科技推广工作。应充分利用"绿箱政策"，加强贫困地区科技中介服务机构建设，通过科技中介服务的作用，稳定和调动基层科技人员队伍的积极性，发展多元化的农村科技中介组织，不断将先进适用的技术引进贫困地区，并根据当地实际情况进行组装配置，尽快应用于实际生产中。

6. 逐步形成贫困地区技术创新需求机制。针对我国贫困地区对农业科技成果的有效需求不足的现实，尽快从制度上建立一个能有效激励贫困地区引进新生产要素，提高技术采纳率的技术需求扩张机制，这关系到贫困地区技术创新的最后形成。

同时加强农民技术培训，不断提高贫困人口科学文化素质，积极调动农民在生产过程中采用新品种、新技术、新设备的积极性，努力满足农村、农业和农民的基本科技需求，扩大整个农村社会对技术创新的需求。

7. 完善针对贫困地区和贫困人口的信贷制度，促进贫困地区创新主体加大技术创新投入，保障贫困人口旺盛的技术创新需求。

（二）支持贫困地区的企业发挥其技术创新主体的能动性

贫困地区的企业是贫困地区技术研究开发的主体，也是贫困地区创新投入及其收益的主体，是贫困地区技术创新系统的核心。企业的技术创新是以营利为目的的。但是由于贫困地区的企业大多技术创新能力较弱，主体作用的发挥有一定困难，政府可以在以下几个方面帮助企业提高技术创新能力，促进其主体作用的发挥。

1. 为企业与大学和科研院所搭建技术转让、技术合作、共同研发的合作平台，并提供技术市场咨询服务。

2. 对农村中小企业与非营利性的科研院所合作从事科技研究开发、示范和推广活动的，对其相关税收减半征收。

3. 为企业引进技术和研发技术多渠道筹资，在加强审核监管的基础上，对其与科技直接相关的设备费和运行费用提供补贴。

4. 建立完善的贫困地区技术创新的风险投资和分散机制，设立财政专项基金对贫困地区科技企业的贷款进行贴息支持。

（三）鼓励社会力量广泛、深入地参与贫困地区技术创新

社会力量主要包括大学和科研院所、中介服务体系、农民专业技术协会、科技志愿者、国际技术援助组织，专家大户和技术带头人等。大学和科研院所的根本目标应是开发新的具有较强公益性质的技术资源。它们不仅提供科技成果，而且提供知识和人才。农技推广机构、农民专业技术协会、国际技术援助组织、科技志愿者等非营利性的中介服务机构（人员）将是贫困地区技术创新最有益的补充。对于这支社会力量，政府要充分调动其在贫困地区技术创新中的积极性和作用。

1. 利用"绿箱政策"支持大学和科研院所等开展公益性的技术创新研究，并将获得的研究成果作为公共产品提供给贫困地区，为贫困地区技术创新提供大量的、主渠道的创新技术供给。

2. 充分发挥农技推广机构、农民专业技术协会、国际技术援助组织等中介服务机构在各创新主体间进行知识交换的桥梁和纽带作用，促进创新技术在贫困地区的快速扩散和广泛作用。

3. 重视以技术推广人员为重点加强对贫困地区科技人员的教育培训，特别是科技知识更新、经营管理和市场分析能力的培训等。

科技部中国农村技术开发中心

农村劳动力转移培训研究报告

从某种程度上说，农村劳动力素质的高低，决定着农业人口非农化的速度和效益。因此，加强对农村劳动力转移培训的研究，强化农村劳动力转移培训，提高农村劳动力技能水平和就业能力，对于增加农民收入、保持脱贫的稳定性，都具有十分重要的意义。

一、农村劳动力转移培训历史沿革

农村劳动力转移培训是一种以农村劳动力为主要对象，按照不同职业岗位的要求培养农村劳动力职业技能以及传授引导性知识的职业教育活动。从内容看包括引导性培训和技能培训；从性质看包括较正规的职业学校教育和短期实用技能培训；从与就业的关系看包括就业前的培训和就业后的在岗培训。

随着国家对农村劳动力的流动就业政策的放开，我国农村劳动力流动就业经历了从控制流动到允许流动、从无序流动到规范流动、从城乡有别到公平就业三个阶段，农村劳动力流动规模不断扩大。随着农村劳动力流动就业人数的增加和用人单位对农民工技能要求的提高，农村劳动力转移培训大体经历了三个阶段。

（一）上世纪80年代初到80年代末农村劳动力转移培训萌芽时期

这一时期，随着城市经济体制改革的全面推进，以及大量"三来一补"简单加工业在东南沿海地区的出现，新增了大量需要农村劳动力的就业机会。这一时期，对政府来说，主要是想办法把更多的人送出去，关注的主要是输出的数量。这一时期的农村劳动力转移培训主要是技校按计划招收一定比例的农村劳动力，以及企业以学徒工的形式进行培训。其他培训大都是零星的、分散的，不成规模和气候。

（二）上世纪80年代末到90年代末农村劳动力转移培训发展时期

这一时期，国家对农村劳动力有序流动非常关注，各地大力发展省际之间、地区之间的劳务协作，通过定单培训、定向输出，提高农民工外出务工组织程度。特别是随着经济发展、产业升级和结构调整，用人单位对劳动力的技能素质要求越来越高，而农民工对提高收入和自身发展的要求也更加迫切。这一时期的农村劳动力转移培训走上全面发展阶段。这一时期的一个重要特点就是随着国家对职业教育和培训事业的放开，民办职业教育和培训机构迅猛发展，在农村劳动力转移培训中占有着越来越重要的地位。

（三）本世纪初以来的农村劳动力转移培训财政扶持时期

这一时期，一方面我国经济快速发展，企业对农民工特别是有技能的农民工的需求迅猛扩张，另一方面，有技能的农民工供不应求，越来越成为制约我国经济发展的瓶颈。国家对农村劳动力转移培训问题越来越重视，2003年制定了农民工2003~2010年培训规划，2004年启动了阳光工程，中央及地方财政开始对受训农民进行补贴。

二、农村劳动力转移培训现状

据国家统计局抽样调查统计，在2004年外出就业的1.2亿农村劳动力中，接受过培训的占28%。以此推算，应有3000多万人曾参加过各类培训。

劳动保障部门所属技工学校、就业训练中心和审批的民办培训机构2004年共培训农村劳动力约700多万人。其中：全国2884所技工学校学制教育和短期培训共培训农村劳动力约100万人；3323所就业训练中心共培训农村劳动力约250万人；2万多所民办培训机构共培训农村劳动力约370万人。此外，农业、教育、科技、建设、扶贫等部门，以及工会、共青团、妇联、工商联等群众团体也组织农民工的培训。据以上情况分析，2004年参加各类机构组织的非农业培训的农村劳动力大约在1000万人左右。上述培训除技工学校和部分职业中学毕业生接受了较正规的职业学校教育外，绝大多数是短期实用技术培训，达到国家职业技能等级标准的比例也较低。

2003年，国务院办公厅转发了六部门的《2003—2010年全国农村劳动力转移培训规划》，农村劳动力转移培训开始受到各级政府的重视。2004年，农业部、财政部、劳动保障部、教育部、科技部、建设部共同组织实施了"农村劳动力转移培训阳光工程"，中央财政安排2.5亿元，各地也安排资金，用于对农村劳动力参加转移培训的补贴，当年享受补贴的农村劳动力近250万人。这项措施进一步调动了农民参加培训和培训机构面向农民开展培训的积极性。

三、农村劳动力转移培训的政策

党的十六届三中全会通过的《中共中央关于完善社会主义市场经济体制若干问题的决定》指出：改善农村劳动力转移就业的环境。农村富余劳动力在城乡之间双向流动就业，是增加农民收入和推进城镇化的重要途径。建立健全农村劳动力的培训机制，推进乡镇企业改革和调整，大力发展县域经济，积极拓展农村就业空间，取消对农民进城就业的限制性规定，为农民创造更多就业机会。逐步统一城乡劳动力市场，加强引导和管理，形成城乡劳动者平等就业的制度。深化户籍制度改革，完善流动人口管理，引导农村富余劳动力平稳有序转移。加快城镇化进程，在城市有稳定职业和住所的农业人口，可按当地规定在就业地或居住地登记户籍，并依法享有当地居民应有的权利，承担应尽的义务。

《中共中央国务院关于促进农民增加收入若干政策的意见》指出：加强对农村劳动力的职业技能培训。这是提高农民就业能力、增强我国产业竞争力的一项重要的基础性工作，各地区和有关部门要作为一件大事抓紧抓好。要根据市场和企业的需求，按照不同行业、不同工种对从业人员基本技能的要求，安排培训内容，实行定向培训，提高培训的针对性和适用性。要调动社会各方面参与农民职业技能培训的积极性，鼓励各类教育培训机构、用人单位开展对农民的职业技能培训。各级财政都要安排专门用于农民职业技能培训的资金。为提高培训资金的使用效率和培训效果，应由农民自主选择培训机构、培训内容和培训时间，政府对接受培训的农民给予一定的补贴和资助。要防止和纠正各种强制农民参加有偿培训和职业资格鉴定的错误做法。

《国务院关于进一步加强农村教育工作的决定》把农村教育、农民教育培训提上了重要议事日程。《决定》要求："以农民培训为重点开展农村成人教育，促进农业增效、农民增收。普遍开展农村实用技术培训，每年培训农民超过1亿人次。积极实施农村劳动力转移培训，每年培训2000万人次以上，使他们初步掌握在城镇和和非农产业就业必须的技能，并获得相应的职业资格证书或培训证书。"

《国务院办公厅关于做好农民进城务工就业管理和服务工作的通知》要求各地区、各有关部门应把农民工的培训工作作为一项重要任务来抓，结合实际，制定专门的培训计划，提高农民工素质。流出地政府在组织劳务输出时，要搞好农民工外出前的基本权益保护、法律知识、城市生活常识、寻找就业岗位等方面的培训，提高农民工遵守法律法规和依法维护权益的意识。流出地和流入地政府要充分利用全社会现有的教育资源，委托具备一定资格条件的各类职业培训机构为农民工提供形式多样的培训。为农民工提供的劳动技能性培训服务，应坚持自愿原则，由农民工自行选择并承担费用，政府可给予适当补贴。用人单位应对所招用的农民工进行必要的岗位技能和生产安全培训。劳动保障、教育等有关部门要对各类培训机构加强监督和规范，防止借培训之名，对农民工乱收费。

《国务院办公厅关于进一步做好改善农民进城就业环境工作的通知》（国办发[2004]92号）要求各地区、各有关部门加强对农民进城就业的培训工作。要求地方各级政府采取积极措施，引导和鼓励农民工自主参加职业教育和培训，鼓励用人单位、各类教育培训机构和社会力量开展农民工职业技能培训。充分发挥各级劳动保障、农业、教育、科技、建设等职能部门和农村基层组织的优势，充分动员和利用社会各方面的职业教育培训资源，积极引导、鼓励和组织准备进城务工的农民参加职业技能和安全生产知识培训。继续实施好《2003—2010年全国农村劳动力转移培训规划》，鼓励农民工自愿参加职业技能鉴定，对鉴定合格者颁发国家统一的职业资格证书。职业技能鉴定要尊重农民意愿，任何单位不得强制农民工参加收费鉴定。农村劳动力转移培训经费由政府、用人单位和农民工个人共同负担。各级财政要在财政支出中安排专项经费扶持农民工职业技能培训工作。用于补助农村劳动力转移培训的经费要专款专用，要让农民工直接受益。

《国务院办公厅转发农业部等部门2003—2010年全国农村劳动力转移培训规划的通知》（国办发〔2003〕79号）确定的推进农村劳动力转移培训的政策措施主要有：

（一）加强组织领导

建立农村劳动力转移培训工作部际联席会议制度，研究解决农村劳动力转移培训工作中的重大问题，编制培训计划，落实扶持政策，统筹规划、综合协调农村劳动力转移培训工作。各级政府要将农村劳动力转移培训列入年度工作考核内容，实行目标管理。要结合本地实际制定实施计划，确定各阶段的目标、任务和工作进度，明确各有关部门的工作职责，细化政策措施。要建立统筹协调的领导体制和分工负责、相互协作的工作推进机制，通过制定政策和制度创新，充分调动一切可以利用的资源，广泛开展农村劳动力转移培训工作。农业、劳动保障、教育、科技、建设、财政等相关部门在职责范围内，切实做好农村劳动力转移培训工作。

（二）加大农村劳动力转移培训的资金投入

农村劳动力转移培训经费实行政府、用人单位和农民工个人共同分担的投入机制。中央和地方各级财政在财政支出中安排专项经费扶持农村劳动力转移培训工作。用于补贴农村劳动力转移培训的经费要专款专用，提高使用效益。

（三）制定农村劳动力转移培训激励政策

用人单位负有培训本单位所用农民工的责任。用人单位开展农村劳动力转移培训所需经费从职工培训经费中列支，职工培训经费按职工工资总额1.5%比例提取，计入成本在税前列支。符合条件的教育培训机构，均可申请使用农村劳动力转移培训扶持资金。获准使用农村劳动力转移培训扶持资金的各类学校和培训机构，须相应降低农民工学员的培训收费标准。对参加培训的农民工实行补贴或奖励。农民工自愿参加职业技能鉴定，鉴定合格者颁发国家统一的职业资格证书。任何单位不得强制农民工参加收费鉴定，鉴定机构要视情况适当降低鉴定收费标准。

（四）推行劳动预备制度，实行就业准入制度

组织农村未能继续升学并准备进入非农产业就业或进城务工的初高中毕业生参加必要的转移就业培训，使其掌握一定的职业技能并取得相应的培训证书或职业资格证书。用

人单位招收农民工，属于国家规定实行就业准入控制的职业（工种），应从取得相应职业资格证书的人员中录用。对用人单位因特殊需要招用技术性较强，但尚未参加培训的特殊职业（工种）的人员，可在报经劳动保障部门批准之后，先招收后培训，取得相应职业资格后再上岗。

（五）整合教育培训资源，提高培训效率

在充分发挥现有教育培训资源作用的基础上，改造和完善一批教育培训机构，加强基地建设，完善教学培训条件，建设一批能起示范和带动作用的农村劳动力转移培训基地。引导和鼓励各类教育培训机构在自愿的基础上进行联合，增加培训项目，扩大培训规模，提高培训的质量和效益。引导和鼓励教育培训机构与劳务输出（派遣）机构在自愿的基础上建立合作伙伴关系，通过签订培训订单或输出协议，约定双方责任和权益，实现培训与输出（派遣）的良性互动。对培训机构与输出（派遣）机构的合作，地方政府和有关职能部门要制订鼓励措施，加强业务指导。发展和改革农村教育，使农村职业学校、成人学校成为农村劳动力转移培训的重要阵地。充实农村普通中学职业培训和就业训练的课程安排。具备条件的农村初高中，要结合当地实际情况，将新增劳动力培训作为学校的重要工作内容。各类职业学校要扩大面向农村的招生和培训规模，积极开展农民工的职业技能培训。加强农村成人学校建设，充分利用农村成人学校开展农村劳动力转移培训。城市职业学校和成人学校要结合市场需求，及时调整专业结构，积极开展进城农民工的教育培训工作。

（六）加强农村劳动力转移培训服务工作

加强农村劳动力转移培训师资队伍建设。农村劳动力转移培训师资可以由教育培训机构通过开展继续教育来解决，也可从职业学校和成人学校、科研单位、企业、技术推广部门聘请。要定期组织开展师资培训，不断提高教师业务水平。加强农村劳动力转移培训的教材开发。教材的编写和选用坚持统一规范、实际适用和先进创新的原则。引导性培训教材，技术要求规范、统一的专业教材，全国统一编写；其他教材由各地根据实际需要编写或选用。做好农村劳动力转移培训的信息服务工作。定期调查并公布劳动力市场供求状况，定期对不同职业（工种）、不同等级的农民工职业供求和工资价位进行调查，调查分析结果及时向社会公布。建立农村劳动力转移培训效果评价制度。以实现高质量就业目标为导向，制定评价标准，定期对开展农村劳动力转移培训的各类教育培训机构的专业设置、培训内容、课程安排、收费标准、招生情况、学员结业率、结业学员鉴定通过率、就业率、工资水平等状况进行调查统计，并及时向社会公布。做好跟踪服务和就业指导工作。各类教育培训机构和中介组织要主动参与农村劳动力就业市场体系建设并发挥积极作用，为学员就业创造条件并提供信息服务。建立农村劳动力转移培训人才资源库，为农村劳动力就业市场体系建设奠定基础。

四、农村劳动力转移培训存在的主要问题及其原因分析

近年来，农村劳动力转移培训的人数增长迅速，不少地区在工作中也创造了好的经验，但与上亿农民工的需求相比，还只是点上的突破，远远不能适应形势发展的要求。当前，农村劳动力转移培训存在的最大问题是培训规模小、层次低与我国经济发展和用人单位的需求不相适应的矛盾，培训项目与生产和服务实际脱节，不能满足就业需要。从全国情况看，虽然接受过培训的农民工人数增加很快，但农民工的整体素质并没有明显改善，企业急需技术工人的突出矛盾并未缓解。从全国114个主要城市劳动力市场2005年一季度职业供求分析数据看，初级工和中级工招聘岗位与求职人数的比达到1.6：1以上，高级工及技师的超过2：1。

这一问题的严重性已日益显露：农村转移劳动力的就业空间狭小，部分进城农村劳动力实现就业十分困难，工资水平低下，城镇化难以推进；企业产品质量不高，附加值低，多数企业只能实施低价策略参与国际竞争；安全生产事故层出不穷，人民生命财产安全得不到切实保

障。如果不认真及时加以解决，这个问题将逐渐成为一个带有全局性影响的经济和社会问题。

（一）从政府管理角度讲，主要是存在三个不足

一是资金投入不足。长期以来，农村劳动力转移培训没有放在重要位置，列入重要议事日程。在培训工作中重城轻乡，对农村劳动力转移培训考虑的较少，资金投入更少。目前，财政投入的资金主要是阳光工程和部分定点扶贫资金。但总量较少，与巨大的农村劳动力转移培训需求有较大差距。

二是强制约束不足。主要表现在在岗农民工培训方面。我国《劳动法》、《职业教育法》都对包括农民工在内的企业在岗职工职业培训作出了明确规定，要求企业履行对劳动者进行职业培训的法律义务，提取企业工资总额一定比例作为职工的培训经费，培训经费税前列支。但由于农民工流动性较大，企业一般不愿自觉花钱对农民工进行培训。同时，企业提取的职业培训经费大多用于高级管理人员的培训、出国考察等项支出，基本没有用于一线工人的技能培训和提升。在岗农民工培训基本没有开展起来。由于法律没有规定具体罚则，对不履行在岗职工培训法定义务的企业，政府部门缺少强制和约束手段。

三是统筹协调不足。涉及农村劳动力转移培训工作的部门较多，责任不够明确，缺乏统筹规划指导。实施阳光工程后，一些地方认为农民工的职业培训将由农业部门负责，更强化了职业培训城乡分割的状况，致使农民工职业培训的师资、教材、课程、标准等建设无人牵头研究和开发，基本处于放任自流，影响了工作进展。

（二）从培训本身来讲，主要是存在三个不适应

一是培训体系不适应农村劳动力转移培训需求。经过二十多年的发展，我国的职业培训体系初步形成。但职业培训资源也多集中在城市，毕业生最受企业欢迎的技工学校在县一级数量很少，县乡其他培训机构大都设施简陋，难以进行有助于农民工外出就业，且有较高质量的培训。

二是培训设施不适应产业发展需求。目前，社会上各类培训机构分属不同的管理部门，社会总体培训资源处于支解和分隔状态，难以实现效能的最优化。由于单个培训机构既无能力也无动力承担高能级实训设施的投入，培训机构实训设备的低水平重复建设问题和跟不上产业需求的问题并存。多数地方培训机构的实训设备都极度短缺，即使有一些设备也大都落后产业需求几代。

三是培训产品不适应农民工群体的需求。培训的方式、模式、课程、教材、考核、证书等，对路的少、不对路的多，效果好的少、效果差的多，受欢迎的少、受冷落的多。比如培训方式还不够灵活，培训地点也不够贴近农民，培训教材的特点也不鲜明，针对性、实用性不够强，职业资格证书相对农民来讲，门槛过高。

同时，城乡分割、地区分治和财政分灶吃饭，是影响培训工作效率的深层次的体制性障碍。

五、对策措施建议

农村劳动力转移培训必须突出政府的引导扶持和统筹规划作用，加强管理，加大投入；农村劳动力转移培训必须坚持社会化、市场化改革方向，动员社会各类培训资源参与农村劳动力转移培训工作；农村劳动力转移培训必须坚持分类、分层次培训，针对不同的农民工进行不同的培训；农村劳动力转移培训必须坚持为就业服务，面对劳动力市场需求开展培训，不断增强其针对性、实用性和有效性。具体说，要着重抓好以下几项工作：

（一）统筹规划，明确责任，加强部门间协调沟通

将农村劳动力转移培训置于城乡就业工作和职业培训工作的大盘子中统筹考虑，国家和各地在制定”十一五”规划时要将解决农民工问题纳入规划范围，将加强农民工的职业培训作为规划的重要内容，进一步明确各级政府和劳动保障部门的职责任务。各地在安排职业培训体系建设时必须充分考虑广大农民工的需求。各有关部门要根据统一的规划和要求，建立沟

通协调和工作配合机制，共同做好农村劳动力转移培训工作。

（二）制定和实施以项目为龙头的农民工国家培训计划，整合培训资源，创新培训方式，提高培训质量

国家制定农村劳动力转移培训计划，提出不同行业不同层次培训的具体计划。针对不同农民工群体对培训的需求，设立几大国家项目：如设立面向几亿农户的电视（远程）培训国家项目，为准备外出的农民提供进城务工常识引导性培训、就业热门行业基本技能培训等课程，以及城市就业信息，使广大农民足不出户就能免费获得基础培训。继续搞好"转移培训阳光工程"国家项目，强化培训与劳务输出结合。设立面向农村初高中毕业生和贫困地区青年的技术工人培训国家项目，针对企业对技术工人的迫切需求，强化技术工人订单培训。设立面向农民工集中行业的农民工岗位培训国家项目，选择建筑、煤炭等行业先行，再逐步推开，根据不同岗位和技能层次的要求，强制组织多种形式的在岗培训，使职工达到必要的国家职业标准。

配合这些国家项目的实施，要强化配套政策措施。一是要针对上述国家项目的培训要求，组织技工学校、有关行业、企业开发高质量的培训课件和教材，广泛推广使用，同时依托重点培训机构大力加强实训设施建设，形成一批公共实训基地，从整体上解决培训内容不对路、培训质量不高的问题。二是要完善多种形式的培训补贴政策，推行招投标和培训券制度，鼓励农民工参加培训，调动各类培训机构积极参与上述项目。三是要完善企业职工培训制度，督促企业切实履行职工培训的法律义务，对不履行义务的企业，采取强制提取培训费等方式组织培训。四是要大力推行国家职业资格证书制度，通过财政补贴降低农民工参加职业技能鉴定的支付压力，使参加上述培训项目的农民工经鉴定取得相应的职业资格证书。积极开发单项职业能力标准，开展单项职业能力鉴定，免费发放相应的单项职业能力证书，并与职业资格证书衔接贯通，推动农村劳动力转移培训上档次，上水平。

（三）加大对农村劳动力转移培训的资金支持，建立多元化的农村劳动力转移培训资金筹集机制

农村劳动力转移培训经费实行政府、用人单位和农民工个人共同分担的投入机制。中央和地方各级财政在财政支出中安排专项经费扶持农村劳动力转移培训工作。用于补贴农村劳动力转移培训的经费要专款专用，提高使用效益。安排扶持农村劳动力转移培训的国债项目和政策性贷款，用于支持中西部地区改善培训条件和建立技工学校学生和进城农民工个人助学贷款。出台鼓励民间资本投资农村劳动力转移培训的优惠政策，放宽民间资本进入职业教育培训领域的准入条件，简化行政审批程序。

（四）引导企业建立培训农民工的激励机制和落实有关政策，推动建设、煤炭等行业在岗农村劳动力转移培训工作

引导企业加快建立职工凭技能职业资格得到使用提升，凭业绩贡献确定收入分配的使用待遇机制，建立科学合理的技能人才薪酬制度。鼓励和督促企业认真落实《劳动法》、《职业教育法》有关要求，履行对劳动者进行职业培训的法律义务，提取企业工资总额一定比例作为职工的培训经费，培训经费税前列支。将这笔钱专项用于职工特别是一线工人的技能培训和能力提升。对不履行法律义务、拒不开展农民工岗位技能培训的企业，经当地政府批准，劳动保障部门可会同有关部门对企业职工培训经费的使用进行统筹安排，从企业应提的"职工培训经费"中强制提取一定比例用于对农民工的培训，采取政府购买培训成果的方式，统一组织实施企业在岗农民工岗位技能培训。

（五）强化就业政策和就业服务对农村劳动力转移培训的引导和支持作用

就业是民生之本，也是安国之策。农村劳动力转移培训工作要以就业为导向，以

提高就业能力为目标。加强就业信息对职业培训的引导，定期调查并公布劳动力市场供求状况，定期对不同职业（工种）、不同等级的农民工职业供求和工资价位进行调查，调查分析结果及时向社会公布。推进劳动力市场信息网与职业教育培训网的联接，搞好市场就业服务与职业培训的衔接，实现"以输出带培训，以培训促输出"。充分发挥劳动力市场机制在劳动力资源配置中的基础性作用。加强政府公共就业服务机构建设，提供就业培训、职业介绍、职业指导等优质服务，充分发挥职业培训在促进农村劳动力转移就业工作中的作用。

（六）推行劳动预备制度，实行就业准入制度

组织农村未能继续升学并准备进入非农产业就业或进城务工的初高中毕业生参加必要的转移就业培训，使其掌握一定的职业技能并取得相应的培训证书或职业资格证书。用人单位招收农民工，属于国家规定实行就业准入控制的职业（工种），应从取得相应职业资格证书的人员中录用。对用人单位因特殊需要招用技术性较强，但尚未参加培训的特殊职业（工种）的人员，可在报经劳动保障部门批准之后，先招收后培训，取得相应职业资格后再上岗。

劳动保障部

公平优先：中国贫困地区教育发展报告

贫困问题是一个世界性课题，反贫困是当今世界各国政府所面临的重大主题之一。一个国家消除贫困并实现可持续发展的最有效战略，是扩大教育机会，提高教育质量。坚持教育公平优先，大力发展贫困地区教育，是遏制贫困孳生、蔓延和发展的最重要手段，也是中国政府治理贫困的重要战略选择。

早在20世纪40年代的《联合国人权宣言》即规定"不论什么阶层，不论经济条件，也不论父母的居住地，一切儿童都有受教育的权利"。20世纪60年代以来世界性的教育改革浪潮中，教育平等成为"全世界所有国家和所有与教育问题有关的人最关心的问题"。世界银行专家建议中国政府采取两个教育战略：一是确保足够资源帮助贫困农村地区教育，向全民提供更多的高质量基础教育机会；二是鼓励城市和沿海地区更好地提高教育质量。教育公平是社会公平价值在教育领域的延伸和体现。贫困地区教育发展必须坚持公平优先原则，政府保障贫困地区人口享受平等公平的教育机会和平等的发展机会是教育公平性的最重要体现。

一、中国贫困地区教育发展主要问题

（一）贫困地区教育发展存在的主要问题

1.农村贫困地区中小学生上学困难和辍学等问题依然严重

据中国教育事业发展统计简况（2004年）统计，全国有小学学龄人口10548.08万，在校学龄人口总数为10437.1万，入学率为98.9%，有110.99万学龄人口不能进入小学学习，绝大部分为农村贫困地区的孩子和流动人口子女。从调查分析，一般情况辍学儿童中，男性高于女性。据教育部义务教育监测项目办公室《中国60个项目县初中学生辍学情况监测报告》依据2002年58个县调查的统计结果表明：初中辍学率达2.58%，其中男性辍学率为2.76%，女

生辍学率为2.32%；汉族初中学生的辍学率为2.74%，少数民族初中学生辍学率高达3.53%；残疾学生辍学率为3.53%，监护人非父母的初中学生辍学率达4.31%。在58个调查县中的9个国家级贫困县中，初中学生辍学率为3.94%，男生和女生分别为4.22%和3.60%。有21个县初中学生辍学率高于3%，占项目县总数的36.2%，其总体辍学率高达5.15%，其中男、女性辍学率分别为5.33和4.90%。

表5-3 58个调查县初中学生辍学率比较

单位：人

指 标		初中在校生数	时点辍学生数	辍学率（%）
国家级贫困县	男	177263	7480	4.22
	女	140823	5063	3.60
	合计	318086	12543	3.94
非国家级贫困县	男	640868	15106	2.36
	女	453138	8733	1.93
	合计	1094006	23839	2.18

资料来源：教育部义务教育监测项目办公室：《中国60个项目县初中学生辍学情况监测报告》

据国家统计局2004年贫困监测结果表明：国家级贫困县小学（7~12岁）在校率仅为95.2%，也就是说至少有近5%的小学学龄儿童没有进校学习。初中（13~15岁）在校率为88.4%，少数民族县仅为84.5%，分别是有11.6%和15.5%的初中学龄少年没有进校学习。

表5-4 2004年国家扶贫重点县教育基本情况

单位：%

指 标	重点县	中部地区	西部12省（区）	少数民族县	重点村
儿童在校率：					
7~12岁	95.2	98.4	93.7	92.2	93.7
13~15岁人口	88.4	91.8	86.3	84.5	86.9

资料来源：国家统计局农村调查总队

2.农村贫困地区人口文化素质大大低于全国平均水平

2004年全国6岁以上人均受教育年限为8.01年，比2000年全国第五次人口普查的7.62年提高了0.59年。2004年国家扶贫重点县劳动力文化素质大大低于全国平均水平。

表5-5 2004年国家扶贫重点县劳动力文化程度

单位：%

指 标	文盲、半文盲	小学	初中	高中	中专	大专以上	人均受教育年限
重点县	14.04	35.84	41.43	6.70	1.54	0.44	6.93
中部地区	6.84	31.06	50.88	8.82	1.85	0.55	7.80
西部12省（区）	18.61	38.87	35.43	5.36	1.35	0.38	6.38
少数民族县	18.37	38.25	36.10	5.42	1.50	0.35	6.43
重点村	16.66	37.56	37.97	5.97	1.44	0.41	6.62

资料来源：根据国家统计局2004年贫困监测结果计算

3.农村贫困地区教师资源紧张、师资质量偏低

整体而言，农村贫困地区教师学历、职称水平相对落后于中东部地区和城市地区。但是，我国农村地区教师资源首先是一个数量问题。由于经济发展水平落后、教育的支撑能力弱、生活条件艰苦等诸多原因，农村贫困地区教师数量不足，代课教师比较过高。截至2003年，全国基础教育阶段学校有代课教师近54万人，占全国教师总数的5.3%，其中小学代课教师近42万，占代课教师总数的78%；中学代课教师12万人，占代课教师的22%。有76%的代课教师分布在农村地区，50%的代课教师主要分布在西部地区，贫困地区中小学代课教师比重更高。师资数量不足和水平不高，严重地影响着农村贫困地区教育发展的水平和质量。

（二）农村贫困地区教育水平落后的因素分析

贫困地区教育发展水平落后的原因是多方面的，有经济因素、政治因素、文化因素、传统因素、个人因素等，其主要原因在于以下几个方面。

因素之一：历史性教育贫困

贫困是一种长期的历史性现象。贫困地区的教育发展也受到经济、社会、文化和教育自身发展历史的影响。经济社会发展落后制约了义务教育的普及。西部地区国土面积占全国总面积的71.4%，是少数民族集中聚居的地方。由于历史原因，贫困地区、少数民族地区教育资源缺乏，教育发展水平不高。

因素之二：资源性教育贫困

贫困的定义是可支配的资源量低于某个水平。即低于贫困线的生活水平。将这个概念引入教育，教育贫困的定义是可支配教育资源低于某个水平，即低于维持自身接受教育所需资源与能力水平。区域性教育资源贫困表现在政府不能提供满足适龄人口受教育所需要的教育资源、个人无力支付接受教育和培训所需经费和维持教育正常运行和发展的教育资源短缺等三个方面。以城市为中心的教育政策倾向导致农村贫困地区教育资源匮乏和教育资源配置不合理。由于教育经费短缺，出现校舍破旧、教室紧张、大班容量现象，影响教育教学正常秩序和教学质量；由于学生家庭贫困，无力支付学杂费、食宿费和交通费，为了生计被迫辍学；由于家庭贫困，不少学生考上高一给学校而不能不放弃继续学习的机会，甚至造成悲剧。教师资源短缺是资源性教育贫困的根源。

因素之三：地理性教育贫困

贫困人口大多数居住分散、偏僻，办学条件差，教育设施落后，加之贫困户生活困难，无力支持子女上学，适龄儿童失、辍学率较高，青、壮年文盲比例偏大。2003年全国城镇和农村居民人均文化教育娱乐支出分别为934.4元和235.7元，国家重点扶贫县人均文化教育、娱乐用品及服务支出为177.4元(2004年)，分别相当于全国城镇居民和农村居民的18.98%和75.26%。此外，由于地理性因素，教育成本过高也是教育不发达的重要原因之一，在边远贫困地区国家或个人要付出更高的教育成本。

（三）影响结果：教育权力与机会贫困

由于经济、社会、文化、科技和教育等种种因素，特别是以上四种原因，导致的直接结果是一部分群体或个人教育权力与机会的贫困。教育权力贫困是指宪法和法律规定公民个人有受教育的权力，因经济、社会和文化等原因实际不能享有这种权力的现象。换句话讲就是，公民享有受教育（或受良好教育）的名誉权力，而不享有接受教育的实际权力。其表现形式为：一是作为政府应该提供的公共教育产品——义务教育，政府不能为所有学龄儿童提供，即政府不作为所产生的教育权力贫困；二是作为政府和市场共同提供的准公共产品——非义务教育，个人无力承担必要的教育支出，即政府与个人"不能为"所产生的教育权力贫困；三是完全市场化的教育服务与产品，个人没能力负担，即个人不能为产生的教育权力的"相对贫困"。针对贫困

地区而言，我们所强调的是第一种教育权力贫困，这是政府必须给予和保障的公民的教育权力。教育权力贫困直接导致教育机会贫困。

世界银行的一份报告指出：新兴工业国家的经济增长率，在工业化初期，约58%归功于较高的小学入学率，约35%归功于有形投资，中学入学率的作用居第三位。劳动者的知识水平与素质已经成为提高生产率和经济增长的内在动力之一。由于教育发展水平与机会差距，在贫困地区将出现两种恶性循环：即政府教育投入不足——教育水平落后——教育机会短缺——劳动力素质不高——经济发展缓慢——教育投入不足；第二重恶性循环：教育支付能力低——教育机会少——文化素质低——竞争力低——收入低——教育支付能力低。两种恶性循环相互交错、相互影响。由于缴费上学政策的出台，农村和贫困地区出现了许多因上学而至贫的现象，这与教育的宗旨与功能相背离。政府有责任有政策、有资金调节教育贫困问题，保障教育特别是义务教育的公益性特征，保障贫困家庭女子接受教育的权力。

二、未来中国农村教育发展宏观政策选择

（一）未来中国农村贫困地区教育发展背景分析

1.中央确定了全面建设小康社会的战略目标

十六大确定了全面建设小康社会的战略目标，中央进一步提出农村小康建设的目标要求：即高举邓小平理论伟大旗帜，全面贯彻"三个代表"重要思想，坚持党在农村的基础政策，深化农村改革，调动和保护农民的积极性，不断解放和发展农村生产力；坚持大力推进农业和农村经济结构战略性调整，提高农业综合生产能力和可持续发展能力，提高农村现代化水平和城镇化水平，全面繁荣农村经济，稳定增加农民收入，改善教育、卫生条件，丰富农民文化生活，实现农村社会全面进步。可以说，全面建设小康社会重点和难点都在农村，农村全面实现小康之日，便是中国全面建设小康社会成功之时。教育发展的重点和难点也在贫困地区，贫困地区教育较为发展之日，便是全国教育现代化之时。

2.中国中小学学龄人口减少、教育负担相对减轻

中国是一个发展中的人口大国，农村教育人口众多，这是中国农村教育面临的最大挑战。目前，中国有小学人口12000万，初中人口近7000万。成人文盲8700万，其中青壮年文盲2000万。沉重的人口负担，必然对教育发展造成沉重的财政负担。另一方面，据人口预测，从2000年到2015年，中国小学入学人口基本保持在11000万左右。随着中国综合国力的增强，特别是伴随中国贫困人口规模下降，教育负担相对逐步减轻，这将为国家加大解决贫困地区教育问题力度、提高全民教育的整体质量创造机遇和条件。

中国农村贫困人口总量不断减少，为中国农村教育发展提供了良好机遇。据国家统计局农村社会经济调查司提供的《中国农村贫困监测报告－2002》统计，1978年全国农村贫困人口高达25000万，1990年下降到8500万，2000年降至3209万，2001年为2927万。1978~2001年，中国农村人口的贫困发生率从30.7%下降到3.2%。2004年，全国贫困人口减少至2610万，绝对贫困人口与低收入人口合计数量为7587万人，比2003年减少930万人，这对于贫困地区和贫困人口的教育发展减轻了压力。

3.农村地区包括贫困地区人民生活水平不断提高

中国农村居民生活水平日益改善，为中国农村教育发展将提供新的需要和更有力支持。中国农村居民家庭收入从1989年的人均602元，提高到2002年的2476元；农村居民家庭恩格尔系数从1989年的54.8%下降到2002年的46.2%。农村家庭对于教育的支付能力进一步提高。

表5—6 1980~2003年全国农民人均文教支出变化情况

年 份	实际支出（元）	增长率(%)
1980	8.25	
1985	12.36	49.8
1990	31.38	153.9
1991	36.44	16.1
1992	43.77	20.1
1993	58.38	33.4
1994	75.11	28.7
1995	102.39	36.3
1996	132.46	29.4
1997	148.18	11.9
1998	159.41	7.6
1999	168.33	5.6
2000	186.71	10.9
2001	192.64	3.2
2002	210.31	9.2
2003	235.70	12.1

资料来源：国家统计局农村社会经济调查司：《中国农村住户调查年鉴—2003》，中国统计出版社，2003年7月

贫困地区教育支付能力不断增长和国家对于贫困地区教育的支持力度不断扩大，有利于加快贫困地区教育发展步伐，实现教育跨越式发展。

（二）中国农村教育发展的政策选择

按照教育部《教育部财政部关于进一步加强农村地区″两基″巩固提高工作的意见》（教基[2004]4号）提出的目标：今后5年，加强农村地区″两基″巩固提高工作的主要目标是：义务教育的普及程度进一步提高，小学适龄儿童都能按时入学，在校生年辍学率控制在1%以下；初中阶段毛入学率达95%以上，在校生年辍学率控制在3%以下，按时毕业率明显提高，17周岁人口初级中等教育完成率明显提高；视力、听力和智力残疾儿童少年义务教育阶段入学率分别达到85%以上；全面扫除有学习能力的青少年文盲（15~24岁），青壮年文盲率下降到5%以下，复盲现象得到有效控制，脱盲人员巩固率逐年提高。经过不懈努力，使教育普及程度明显提高，教育投入明显增长，办学条件明显改善，办学水平和教育质量明显提高，教师队伍素质明显优化，形成农村义务教育和扫盲工作持续健康发展的机制。

为此我们提出以下有关发展中国农村贫困教育的具体思路与措施：

1.坚持优先发展贫困地区教育

政府是实现教育公平的最主要责任主体，要把优先发展教育作为贫困地区开发与发展的长期大计。《中华人民共和国宪法》第九条规定″中华人民共和国公民有受教育的权利和义务。公民不分民族、种族、性别、职业、财产状况、宗教信仰等，依法享有平等的受教育机会。″要坚持义务教育公平优先原则，强调义务教育发展中的政府负责，增强各级政府发展义务教育的责任感，牢固地树立义务教育在科教兴国中的基础性战略地位。实现教育公平包括教育机会均等、教育权利公平、教育过程公平、教育目标公平、教育政策公平、教育条件公平。政府要为全体适龄儿童少年特别是贫困地区学龄人口享受平等的教育机会，保障将教育发展计划优列入地区发展计划，保障人口资源开发优先于自然资源开发，保障教育投资优先于其他建设设施投资，促进人的全面发展和贫困地区人力资源开发。

教育要成为贫困地区经济、社会、文化发展的动力源和助推器。坚持教育为本、教育富民，全面提高农业生产率和农民创业致富的能力，全面提高贫困地区人口的整体科学文化

素质。农村教育的主要任务是提高农村人口特别是农业劳动者的素质，培养有农业科普知识的现代化农民和乡镇企业工人，并为农村人口向城市转移提供有力的教育支持。

2.建立贫困地区教育发展保障机制

国家要在贫困地区教育发展中发挥核心作用，促进社会融合，缩小收入差距，促进社会公平，而不是社会分化。在完善公共教育财政体制下，政府在资源分配中应更多地关照弱势群体，防止不同群体的教育发展水平差距过大，保护弱势群体的经济利益和社会权益。今后，中央政府调整公共教育财政支出结构，明确国家对义务教育的基本责任，建立中央和地方责任分担，以中央转移支付为重点、地方统筹为主的两级责任体系。农村税费改革以后，中央加大转移支付力度，有力保障了农村义务教育管理体制的调整。落实"在国务院领导下，由地方政府负责、分级管理、以县为主"(简称"以县为主")的农村义务教育管理体制，县级政府要切实担负起对本地教育发展规划、经费安排使用、校长和教师人事等方面进行统筹管理的责任。中央、省和地(市)级政府要通过增加转移支付，增强财政困难县义务教育经费的保障能力。特别是省级政府要切实均衡本行政区域内各县财力，逐县核定并加大对财政困难县的转移支付力度；县级政府要增加对义务教育的投入，将农村义务教育经费全额纳入预算，依法向同级人民代表大会或其常委会专题报告，并接受其监督和检查。贫困地区乡镇政府要积极筹措资金，改善农村中小学办学条件。

3.全面实现农村贫困家庭子女免费义务教育

由于中央持续实施减贫计划，中国贫困人口规模大大减少。加之中央和省级政府财力不断增强，有必要建立一项全国性的贫困家庭子女免费义务教育制度。《国务院关于进一步加强农村教育工作的决定》提出：到2007年，争取全国农村义务教育阶段家庭经济困难学生都能享受到"两免一补"(免杂费、免书本费、补助寄宿生生活费)，努力做到不让学生因家庭经济困难而失学。要建立保障残疾儿童少年接受义务教育的制度和工作机制，提高残疾儿童少年义务教育阶段普及程度。要进一步提高女童初中阶段入学率，在达到义务教育基本要求的基础上，开设适合女童需要的课程，有关助学资金要注意适当向女童倾斜。要配合流入地政府做好进城务工就业农民子女接受义务教育工作，对返回原籍就读的学生要及时办理就学手续。

允许发达地区、大城市依靠自身财力，对于本行政区域内贫困家庭子女实施免费义务教育。这样可以形成"两线进攻"的态势，加快免费义务教育的实施速度。教育部正在拟定《2020年中国教育发展纲要》，也将免费义务教育问题作为重要研究与决策内容。

4.全面加强农村贫困地区教师培训

农村贫困地区地域广大，交通不便，教师编制紧张，培训经费短缺，工学矛盾突出，增加了教师培训的困难，严重影响了农村教育质量的提高。组建教师网联，充分借助现代远程教育手段，采取各种不同模式，有利于打破时空阻隔，充分利用优质资源，大规模地开展高水平的教师培训。要努力提高贫困地区中小学教师的学历水平，到2007年，小学教师、初中专任教师要全部符合国家规定学历，新补充的小学、初中教师有40左右%分别达到专科和本科学历。

——实施教师网络联盟计划，提高教师队伍尤其是农村教师队伍整体素质。中小学教师网联计划旨在以现代远程教育为突破口，在政府的支持和推动下，充分调动各级各类举办教师教育的高等学校(机构)的积极性，整合资源，实施"三网"结合，系统集成，多种教育形式衔接与沟通，实现教师教育的创新、集成和跨越，为贫困地区中小学教师素质的不断提高和终身学习提供服务与支持。

网络培训计划的总体目标是构建以师范院校和其他举办教师教育的高等学校为主体，高水平大学为核心，区域教师学习与资源中心为服务支撑，社会力量积极参与，职前职后教育一体化，教师教育系统、卫星电视网与计算机互联网相互融通、学校教育与现代远程教育等各种教育形式相结合，学历教育和非学历教育相沟通，系统集成，优势互补，共建共享优质教育资源，覆盖全国城乡的教师教育网络体系。教育部拟用五年时间，使所有的农村小学教学点都具有教学光盘播放设备和成套教学光盘；所有的农村完全小学都有一套卫星电视接收系统和计算机；所有的农村初中都具备计算机教室。

——开展”新一轮民族、贫困地区中小学教师综合素质培训计划暨新课程师资培训计划（2004~2008年）”，培训内容包括：第一，加强中小学教师师德教育，增强教师职业道德意识，增强教师的光荣感和使命感，促进教师职业道德水平显著提高。第二，加强全体教师新理念培训，转变教育观念，增强实施素质教育的自觉性和主动性，提高实施素质教育的能力和水平。第三，加强全体教师新课程培训，坚持通识培训与具体学科培训相结合，加强实施新课程的自觉性和责任感。第四，加强全体教师新技术培训，使教师能够运用现代教育技术等与课程教学整合，提高教育教学质量。第五，加强改革创新力度。实施新一轮综合素质培训项目，必须研究适应新形势的新思路、新方法、新机制，特别是要采取一些有效政策措施，加快民族地区、贫困地区教师培训的步伐。

5.努力实现城乡教育资源共享

中国是一个发展中的大国，人口众多，地域广阔，经济、社会、文化、教育极不平稳，加之自然地理、民族宗教、文化风俗等因素，历史上形成了一定发展差距。中国政府在发展教育方面，采取了分区规划、分类指导的方针，允许和鼓励不同地区依据各自的实际情况，制定切实可行的发展规划，由局部实现突破，带动整体发展。中国教育成功地走出了一条从非均衡发展、到相对均衡发展的道路，最终要实现中国教育的均衡发展。教育部提出：加快农村教育发展是城市教育发展的重要机会。城市职业学校要扩大面向农村的招生规模，到2007年争取年招生规模达到350万人。允许城市特别是随人口出生率下降中小学教育资源相对富余的大城市，面向农村招收初高中学生，并使这些学生享受与城市青少年同样的教育质量和教育收费。

利用城市中等职业教育资源，广泛开展对城市农民工和流动人口的教育与培训，开展”城市绿卡”培训活动，对于其开展城市法律、城市生活知识方面的教育与培训。具有高中以上学历或经过培训、有固定收入的人群均可选择城市和城镇生活。要探索建立政府对农村劳动力转移培训的稳定的投入渠道，使其投入、管理和使用制度化、法制化和科学化。

实施农村中小学现代远程教育工程要按照”总体规划、先行试点、重点突破、分步实施”的原则推进。在2003年继续试点工作的基础上，争取用五年左右时间，使农村初中基本具备计算机教室，农村小学基本具备卫星教学收视点，农村小学教学点具备教学光盘播放设备和成套教学光盘。农村中小学可一校挂两牌，日校办夜校，积极开展农民文化技术教育和培训，成为乡村基层开展文化、科技和教育活动的重要基地。

6.加快发展农村贫困地区高中阶段教育

目前，高中阶段教育问题已经成为制约我国整个教育发展的瓶径问题，更是农村贫困地区人口，特别是农村劳动力文化素质提高的关键问题，这是发掘贫困地区人力资源优势的重要环节。国家应在教育规划、教育投资和教育政策方面大力支持农村高中阶段教育发展。从2003~2007年，经济发达地区的农村要努力普及高中阶段教育，其他地区的农村要加快发展高中阶段教育。要积极发展贫困地区各种形式的初中后教育。国家继续安排资金，重点支持中西部地区一批基础较好的普通高中和职业学校改善办学条件，提高教育质量，扩大优质教育资源。在高中教育发展投资不足的条件下，可采取中央与地方财政投资、银行融资、民间集资、社会捐资和成本收费等多种形式，扩大贫困地区高中教育资源，加速人力资源层次的提升。

发展农村贫困地区高中阶段教育应做到普通高中与职业学校相互兼顾、相互结合，结合贫困地区经济、社会和文化特点，坚持升学导向和就业导向，为贫困家庭孩子提供就学和就业出路。积极鼓励发展民办高中阶段教育和幼儿教育。

国家教育发展研究中心

少数民族特困情况问卷调查分析报告

据2000年全国第五次人口普查数，我国少数民族总人口1.04亿，占全国比重8.4%。民族自治地方面积611.73万平方公里，占国土总面积的64%。民族自治地方包括5个自治区、30个自治州、120个自治县，此外，还有1248个民族乡（镇）。据国家民委对少数民族地区农村贫困监测分析，2004年末少数民族贫困地区未解决温饱的绝对贫困人口为1245.6万（人均纯收入低于668元），占全国47.7%；低收入贫困人口为2287.7万（人均纯收入低于924元），占全国46.0%。两项合计少数民族贫困地区未解决温饱和低收入贫困人口共计3533.3万，占全国46.6%。少数民族地区农村贫困发生率为7.8%，高于全国（2.8%）5个百分点；低收入人口占农村人口的比重为14.3%，高于全国（5.3%）9个百分点。少数民族贫困问题依然是我国扶贫开发的难点之一。

少数民族群众由于特殊的生存环境以及长期发展过程中形成的独特文化习俗、生活习惯、行为方式，受其影响，部分少数民族群众表现出的贫困问题具有其特殊性。少数民族贫困人口主要聚居在西南石山地区、西北干旱地区和高寒深山区，还有部分少数民族贫困群众分布在人口较少民族聚居地区、边境地区、牧区，散杂居地区也有一定数量的分布。西南石山区主要包括云、贵大部，桂西北、渝东南、湘西、鄂西等地。这片地区居住着全国一半以上的少数民族，其中有相当部分还生活在极端贫困之中。由于长期封闭，社会发育程度低，旧的思想观念和习惯势力仍严重阻碍经济和社会的发展。西北干旱区主要包括陇南、宁南、内蒙西部、新疆南部等地，干旱缺水是脱贫的主要制约因素。高寒深山区主要包括青藏高原及其周边陇、川、滇二级台阶地区、横断山脉、乌蒙山区等地，高寒缺氧、灾害频繁、生产门路少、边远闭塞，是该区长期贫困的主要成因。尽快解决上述少数民族特困片区的贫困问题，对于推进少数民族地区乃至全国的扶贫开发进程、统筹区域发展意义重大。此外，人口较少民族、牧区、边境地区的贫困问题也较为突出，部分地区呈现区域性民族整体贫困状态。

针对少数民族特困问题，国家民委于2004年5、6月份，开展了特困少数民族贫困情况问卷调查。调查对象为中西部民族自治地方国家和省、自治区扶贫工作重点县以及部分不在扶贫工作重点范围内的少数民族自治县（包括内蒙古2个县、四川2个县）。问卷调查要求各有关省（区、市）根据实际情况，以少数民族贫困人口分布相对集中、贫困程度较深的连片区域为重点，以县为单位填报特困少数民族贫困情况调查问卷和调查表。此次调查共向河北、内蒙古、辽宁、吉林、黑龙江、湖北、湖南、广西、海南、重庆、四川、贵州、云南、西藏、甘肃、青海、宁夏、新疆等18个省（区、市）的387个县发放了调查问卷，其中有国家扶贫开发工作重点县267个、省定重点县87个以及西藏33个县，共收回有效问卷322份。对322个县上报的调查问卷统计分析的同时，国家民委还对广西、贵州、云南、湖南、四川、青海、新疆、宁夏的一些贫困县、乡村进行了实地调查，调查结果发现，虽然区域性贫困问题得到明显缓解，但局部地区的贫困问题仍很严重。根据调查分析，云南、贵州、湖南、广西、四川、青海、新疆、甘肃、宁夏、内蒙古、重庆等11个省（区、市）（西藏作为特殊片区，整体被列入国家扶贫开发工作重点扶持范围）的77个少数民族贫困县，属于特殊贫困少数民族地区。

一、特困少数民族分布及贫困状况

——77个特困县分布在全国11个省（区、市）、37个地（州、盟、市），占全国625个民族自治地方县（不包括市辖区）的12.3%，占267个少数民族扶贫工作重点县的28.8%。其中，国家扶贫工作重点县71个，省定重点县6个；农区县52个，牧区半牧区县（旗）

25个；边境县12个，分布在云南和新疆；人口较少民族聚居县10个，分布在广西、贵州、云南、甘肃、新疆；少数民族自治县28个，占全国120个少数民族自治县的23.3%。77个少数民族特困县主要集中分布在西南石山地区，四川、贵州、云南三省有45个县，占62.5%。

——77个县有乡镇1309个，村委会13097个，贫困村8240个，贫困村占村委会比重为62.9%。在77个县的8240个贫困村中，实施扶贫开发规划的村4347个，占52.8%。贫困村中不通公路的村3160个，占38.3%；不通电的村1761个，占21.4%。

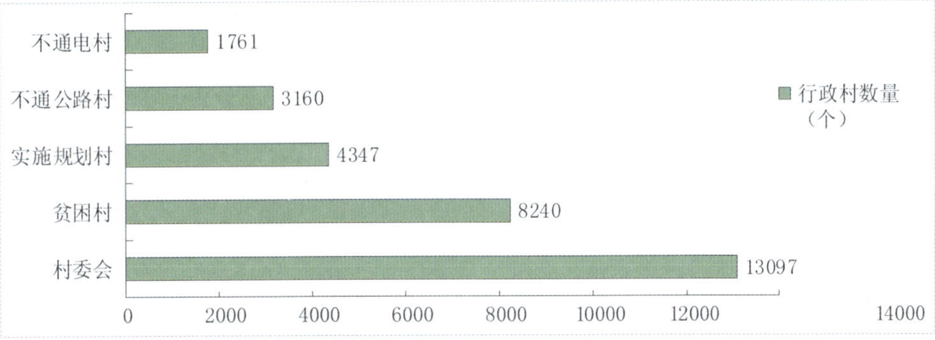

图5—1
77个县行政村情况

——截止2003年底，77个县总人口1818.03万，其中乡村人口1631.58万。有绝对贫困人口390.1万（人均纯收入低于637元），占少数民族地区农村绝对贫困人口（1304万）的29.9%；贫困发生率23.9%，高于同期少数民族地区农村贫困发生率（7.3%）16.6个百分点。其中，青海为44.6%排最高，云南为37.2%次之，新疆为32.9%排第三，广西为11.9%排最低。在390.1万绝对贫困人口中，300元以下人口96.5万，占24.7%；300~500元人口128.5万，占32.9%；500~637元人口165.1万，占42.4%。在绝对贫困人口中有残疾人口75.4万，占19.3%。绝对贫困人口的民族分布较广，计有31个少数民族，包括蒙古、壮、苗、瑶、侗、土家、布依、仡佬、毛南、彝、藏、回、水、傣、哈尼、拉祜、佤、布朗、傈僳、独龙、怒、普米、白、纳西、保安、东乡、撒拉、土、维吾尔、柯尔克孜、塔吉克族。其中，云南有18个少数民族，贵州、广西分别有7个和6个少数民族。

——77个县有低收入人口469.0万（人均纯收入低于882元），占少数民族地区农村低收入人口（2694.8万）的17.4%；低收入人口占乡村人口比重为28.7%，高于同期少数民族地区农村低收入人口占乡村人口比重（15.1%）13.6个百分点。其中，甘肃为43%排最高，重庆为20.2%排最低。

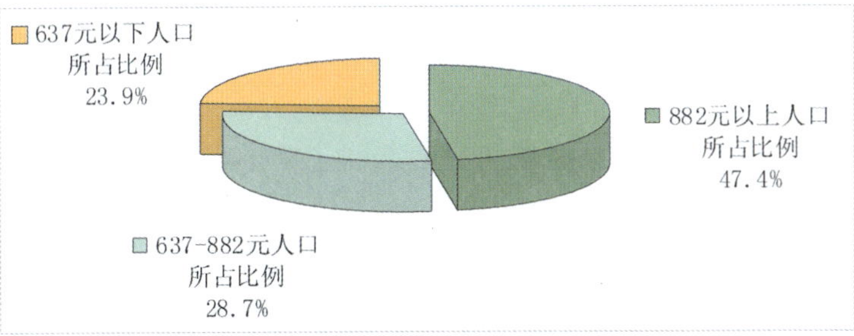

图5—2
77个县乡村人口按收入分段比例图

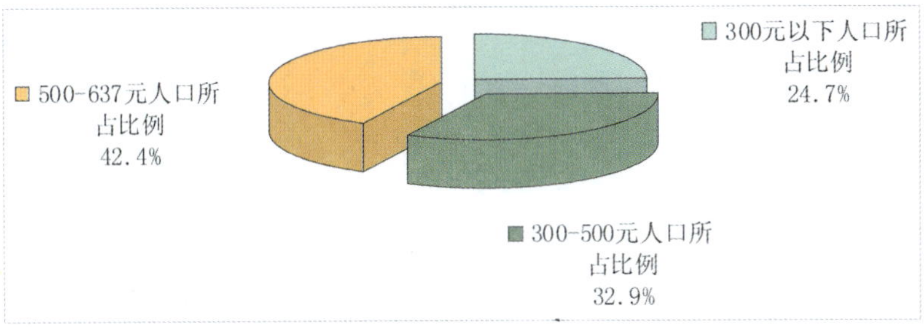

图5—3
77个县绝对贫困人口按收入分段比例图

图 5-4
77 个县分省区贫困发生率及低收入人口占乡村人口比例示意图

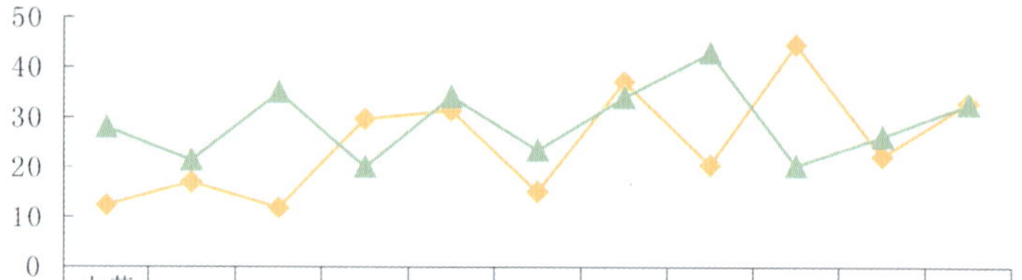

	内蒙古	湖南	广西	重庆	四川	贵州	云南	甘肃	青海	宁夏	新疆
贫困发生率（%）	12.5	17.1	11.9	29.7	31.4	15.2	37.2	20.6	44.6	22.3	32.9
低收入人口占乡村人口比例（%）	28.1	21.5	35.1	20.2	34.3	23.5	34.1	43.0	20.5	26.3	32.8

——77 个县乡村户数为 380.1 万户，其中农村住房困难户数为 63.0 万户，占 16.6%。尚有 391.78 万人、623.35 万头（只）牲畜未解决饮水困难，未解决饮水困难人数占乡村人口的比重为 24.0%。在云、贵、川三省，四川凉山州的普格、昭觉、喜德县；贵州的紫云、印江、雷山县；云南的镇沅、西盟、维西县，这 9 个县有近 20 万人属缺乏基本生存条件需易地搬迁。据调查统计，2003 年，77 个县地方病、传染病发病人数共计 16.95 万例，占乡村人口比重为 1.0%。据不完全统计，其中地方病发病人数 7.08 万例，占 41.8%；传染病发病人数 4.44 万例，占 26.2%。

图 5-5
77 个县分省人均 GDP

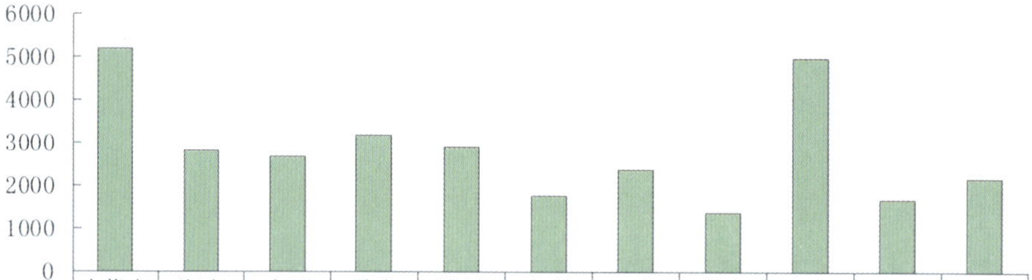

	内蒙古	湖南	广西	重庆	四川	贵州	云南	甘肃	青海	宁夏	新疆
人均GDP（元）	5195.6	2817.7	2678.8	3173.2	2901.5	1765.9	2371.4	1374.5	4975.6	1676.7	2174.0

——77 个县 2003 年完成国内生产总值（GDP）443.78 亿元，人均 GDP 为 2441.0 元。其中，人均GDP最高的是内蒙古为5195.6元，最低的是甘肃为1374.5元。地方财政收入约22.9亿元，人均财政收入126.0元。其中，人均财政收入最高的是青海为194元，最低的是宁夏仅为49.2元。在地方财政收入中农业税占11.5%，约2.64亿元。农业税所占比重从4.2%（广西）到24.6%（内蒙古），11 个省（区、市）中有 4 个省（区）的被调查县农业税所占比重平均值低于 10%。牧业税占0.9%，约0.2亿元。重庆、贵州、宁夏的被调查县未开征牧业税。77个县的农牧业税合计为2.84亿元，占地方财政收入比重为12.4%。2003 年，77 个县农（牧）业税减免总额约0.61 亿元，占地方财政收入比重为 2.7%。

图 5-6
77 个县分省农村居民人均纯收入

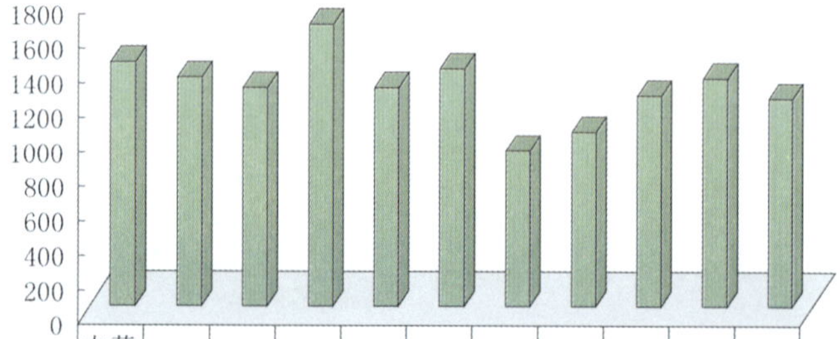

	内蒙古	湖南	广西	重庆	四川	贵州	云南	甘肃	青海	宁夏	新疆
农村居民人均纯收入（元）	1413	1326	1266	1633	1267	1375	901	1011	1223	1322	1205

——据统计，77个县农村居民人均纯收入为1233元。分省农村居民人均纯收入最高为1633元（重庆），最低为901元（云南）。分县农村居民人均纯收入从623元（云南绿春县）到1674元（重庆彭水苗族土家族自治县）。77个县农村居民人均纯收入小于1000元的县20个，占26.0%；1000~1300元的县29个，占37.7%；大于1300元的县28个，占36.3%。

——77个县适龄儿童入学率为67%~100%，初中毛入学率为6.5%~119.2%，青壮年文盲率为0%~63%。据不完全统计，在77个县中，九年义务教育阶段享受"两免一补"或"三免费"的中小学学生人数为43.65万人。

——77个县有农村社会救济对象125.3万人，占乡村人口比重为7.7%，是绝对贫困人口规模（390.1万）的1/3。

——在77个被调查县中，有19个县建立了农村最低生活保障制度（或农村生活困难救助），已纳入农村低保的人口有14.65万人，占乡村人口比重为0.9%；因资金缺口大，应纳入但尚未纳入农村低保的人口有92.27万人，占乡村人口比重为5.7%。39个县尚未建立农村最低生活保障制度，仍实行传统农村社会救济。

综合以上情况，特困少数民族地区贫困面大，贫困发生率高，大多呈整体贫困状态，自然条件恶劣，生产生活条件差，教育卫生落后，地方病、传染病发病率高，是扶贫工作的难中之难。

二、特困少数民族贫困原因

——自然环境极为恶劣，生存条件差。与其它贫困地区相比，少数民族贫困地区自然条件更为恶劣，人口、资源、环境的矛盾尤为突出。加之长期以来受人口增长、各种灾害和不合理开发的影响，使本来脆弱的生态遭到破坏，水土流失日益严重，土层日趋瘠薄，土地"石化"和草地"三化"加剧，有些地方已无地可种、无牧可放，丧失了基本的生存条件。少数民族贫困人口约有一半以上分布在西南石山地区，如广西、贵州、云南、四川等省区的苗、壮、瑶、布依、彝、怒、独龙、傈僳、拉祜、佤、布朗族等。这类地区山高沟深，生态环境恶劣，耕地稀少，土质极差，大多是典型的喀斯特岩溶地貌。群众生产、生活十分艰难，有的甚至不具备人类生存的基本条件。广西大石山区石漠化面积已达4.7万平方公里，占全区石山面积的52.8%，大石山区人均耕地不足0.5亩，生活极端困难的人口不少于50万人。这部分地区是目前我国贫困人口分布最多、贫困程度最深、扶贫难度最大的集中连片贫困地区，需要采取移民搬迁的办法才能解决。另外，还有部分少数民族贫困人口分布在高寒阴湿地区和干旱荒漠地区，如新疆、青海、西藏、宁夏、甘肃、内蒙等省区的维吾尔、哈萨克、塔吉克、藏、回、裕固族等。这些地区高寒缺氧、干旱缺水，自然灾害频繁，土地盐碱化，草场沙化、退化严重。内蒙古沙化、退化、水土流失面积占全区国土面积的60%左右。青藏高原牧区海拔多在3000米以上，无霜期不足150天，许多地方全年几乎没有绝对无霜期，低温、雪灾、雹灾、旱灾、鼠虫害、滑坡、泥石流等灾害频繁发生。四川凉山州有部分少数民族群众生活在3000米以上的高山和40度以上的陡坡地区，风大、低温、缺水，农作物难以成熟。如此恶劣的自然条件，加大了扶贫开发的难度。

——历史原因，社会形态发展过程中形成的社会发育程度滞后。在广西、贵州、云南、四川、西藏等地的边远深山区、大石山区，还有瑶、苗、彝、傈僳、怒、独龙、普米、佤、拉祜、布朗、基诺、哈尼、德昂、景颇、门巴、珞巴等十几个民族，是在新中国成立后，从原始社会残余形态阶段、奴隶制社会阶段和封建农奴制阶段，一步跨入社会主义社会的。昔日的奴隶翻身当家做了主人，实现了各民族政治上的平等，但经济、文化、教育、卫生等各项社会事业发展与其它地区相比都有较大差距，多数还保留着较多传统的生产生活方式，与现代社会的效率观念、生活方式形成较大反差。反映在生活上，吃光分光用光的生活积习还不同程度存在；反映在生产活动上，刀耕火种，广种薄收，生产力水平十分低下。受不良传统文化习俗的影响，表现出落后的生产经营方式，原始平均主义和等靠要的依赖思想，陈旧保守的传统观念和心理素质，畸形的消费习惯和观念。营养不良的食物结构，缺乏健康保障的卫生习惯，低下的教育水平，影响着一代又一代人的智力发育和身体素质的提高，造成这些民族人口素质的持续下降，甚至处于既不会生产也不会生活的”原始贫困”状态。在这些地区扶贫仅有一般性措施是不够的。

——劳动力文化科学素质差，文盲现象较为严重，不掌握基本的科技知识，基础教育、职业教育十分落后。农村基础教育薄弱，劳动者素质低，是长期以来制约特困少数民族地区扶贫开发和经济发展的一个重要因素。近几年通过”两基攻坚”，特困少数民族地区的办学条件有所改善，但由于底子差、欠账多，办学条件差、师资质量低，群众收入低，无钱供孩子上学导致适龄儿童入学率低、辍学率高等现象仍较普遍。据不完全统计，77个特困县九年义务教育阶段享受”两免一补”或”三免费”的小学、初中生人数为43.65万人，仅占特困县小学、初中生总数363.6万人的12.0%。有的县小学适龄儿童入学率仅为67%，初中毛入学率仅为6.5%。青壮年文盲、半文盲率普遍较高，最高的达63%。由于基础教育薄弱，职业教育落后，劳动力生存技能低，不断形成新的贫困群体。

——遭受地方病、传染病困扰，家庭成员残疾或大病造成丧失劳动能力，农村基本医疗卫生设施不完善。特困少数民族地区农村医疗卫生事业落后，边远农村缺少医疗点，缺医少药突出。群众因病致贫、因病返贫十分普遍，部分特困少数民族群众仍处于贫病交加的境地。据统计，77个特困县地方病、传染病发病人数共计16.95万例。贵州省农村卫生院所缺少医务用房1 8万平方米，无医疗点行政村近6000个，六盘水水城县金盘乡大寨村由于医疗条件缺乏，2003年一年因病无条件和能力治病而死亡的青壮劳力（20~30岁）就有20多人，占全村人口1094人的2%。

——地理位置边缘化，基础设施较落后，制约了特困少数民族地区经济社会的发展。特困地区由于地处偏远、基础设施差，自然条件恶劣，居住较分散，投入成本高，加之地方财政困难，虽经多年扶持，但由于底子薄、欠账多、投入少，基础设施建设滞后、生产生活条件差、教育卫生等社会公共服务水平低等问题没有得到有效解决，贫困面貌改观不大，脱贫进展迟缓。据调查统计，在77个县的8240个特困村中，不通公路的村3160个，占38.3%；不通电的村1761个，占21.4%。在整村推进的特困村规划实施中，77个特困县中8240个特困村只有4347个实施了扶贫规划，其余3893个尚未实施扶贫规划。

三、加快特困少数民族地区脱贫的对策建议

77个特困少数民族贫困县涉及到约20个民族、390万人。这些特困少数民族地区贫困面大，贫困发生率高，大多呈整体贫困状态，自然条件恶劣，生产生活条件差，教育卫生落后，地方病、传染病发病率高，是扶贫工作的难中之难。”十一五”期间，国家要进一步加大政策和资金的投入，特别要采取特殊政策措施，帮助解决特困少数民族地区的脱贫问题。

——加大投入，将特困村优先纳入扶贫开发整村推进实施范围，重点安排扶贫资金，集中力量改善生产生活条件。对尚未纳入规划实施的3893个特困村全部纳入规划实施范围；国家安排的农村”六小”工程、以工代赈等项目，向特困县倾斜；在特困少数民族地区统筹规划一批基础设施项目，在国家帮助下，集中解决通电、通路、通电话，解决人畜饮水、住房改造等问题。

——进一步加大移民搬迁的力度，对缺乏生存条件、自然灾害多发区、生态保护区的少数民族群众采取易地搬迁扶贫，实施生态移民工程，国家给予适当补助。

——做好扶持人口较少民族发展工作，实施《扶持人口较少民族发展规划（2005—2010年）》，力争先于其他同类地区实现减贫目标。

——进一步开展兴边富民行动，加快边境少数民族地区经济社会发展。

——对丧失劳动能力和残疾特困少数民族人口，国家给予最低生活保障补助。健全农村社会救济制度，对遭受重大自然灾害的特困少数民族地区，加强农村救灾工作。

——加快特困少数民族地区农村社会事业建设步伐，坚持以人为本，促进经济社会和人的全面发展，推动特困少数民族地区的社会进步。

——从维护祖国统一、保持边疆稳定的政治高度，对边境地区承担守卫祖国领土任务的特困少数民族采取特殊扶持措施，给予适当的（或提高）生活补贴，改善这部分人口的生存条件。

国家民委扶贫办

武陵山区扶贫开发情况调研报告

根据国务院扶贫开发领导小组安排，农业部对口帮扶武陵山区。从1986年开始，农业部选派干部到武陵山区定点扶贫，深入了解当地的资源环境、农业生产、农民生活、农技推广服务体系状况，分析研究当地贫困的原因、扶贫开发的策略、产业发展的思路，为地方经济发展出谋划策，安排落实部援项目。实践证明，这种定点扶贫，是落实党在贫困地区的有关政策、扶持地方产业发展、锻炼干部的有效途径。

一、武陵山区概况

武陵山区地跨湘、鄂、渝、黔四省市，在祖国的版图上是一块特别的地区。这里群峰连绵、沟壑纵横，是典型的喀斯特地貌，是"山外青山还是山，只见石头不见田"的深山区、石山区，最高海拔3005米，最低海拔66.8米，海拔500米以上的土地占80%以上，山地丘陵占总面积的90%以上。2000年以前有21个被国家确定为重点扶持的贫困县。其中湖南湘西自治州所辖7县1市，国定贫困县3个，省定贫困县5个；湖北恩施自治州所辖6县2市均为国定贫困县；重庆黔江开发区所辖5县均为国定贫困县；贵州铜仁地区所属8县1特区，有国定贫困县5个。它集老、少、边、穷于一身，是我国18个集中连片的贫困地区之一，是全国仅次于大别山区的第二大贫困片区。1986年初，在武陵山区四地州1100万人口中，尚有721万人生活在衣不遮体、食不果腹、房不避风雨的贫困线上，贫困发生率在60%以上。

武陵山区四地州气候条件优越，自然资源丰富，区域发展优势明显，开发潜力巨大。这里盛产烟、果、茶、桑、麻类、板栗、大枣、刺梨等多种经济作物。其中，烟叶、茶叶尤具优势，种桑养蚕历史悠久，湘西的　柑、铜仁的刺梨等都是地方名优特产品。本地区不仅适宜于种植用材林、薪炭林和水源涵养林，还适于种植以杜仲、漆树、桐油、油茶、核桃等为主的经济林木。此外，武陵山区草场面积大、牧草资源丰富，发展草食性牲畜具有得天独厚的有利条件。该地区中药材生产质量好、产量高，闻名于世；矿藏资源种类多，储量大，开发前景好。

二、农业部定点扶贫情况

20年来，农业部紧紧围绕不同历史时期农业和农村经济发展的中心任务，密切联系贫困地区农民生产、生活的实际需要，采取综合措施，多层次、多角度地进行倾斜性帮扶，使定点扶贫工作取得了显著成效。农业部的扶贫工作大体上可以划分为两个时期：

第一时期是从1986年至2000年，农业部联系武陵山区湘、鄂、渝、赣4地州21个县。其中又可以分为两个阶段：1986~1993年的扶贫开发阶段和1994~2000年的扶贫攻坚阶段。扶贫开发阶段的主要任务是通过扶贫开发解决贫困地区农民的温饱问题。1988年农业部在湘西州花垣、保靖、永顺3个县城实施"温饱工程"，拉开了以粮食增产为核心的扶贫工作序幕，大幅度的提高了当地的粮食生产水平，用10年的时间结束了当地外调口粮的历史。在扶贫攻坚阶段，农业部逐步调整了扶贫工作的主攻方向，坚持在保证粮食生产水平的基础上，以资源开发为重点，着力调整产业内部结构，按照区域资源优势，大力培育和发展种植业、养殖业和农产品加工业，形成新的经济增长点，增加农民的收入。

第二时期是从跨入21世纪以后，农业部在武陵山区负责的扶贫点包括两个州共8个县，分别是湖北省恩施州的咸丰、来凤、鹤峰、宣恩4县和湖南省湘西州的龙山、永顺、保靖、古丈4县。

2001年8月湖北省恩施州召开了农业部定点扶贫工作会议，确定了新形势下农业部定点扶贫的指导思想是：把新阶段的扶贫开发与全面建设小康社会的目标相结合，与农业和农村经济结构战略性调整相结合，与应对加入世界贸易组织相结合，与实施西部大开发相结合。

近几年来，农业部整合内外资源、集中投入，支持贫困县发展特色产业，建设农村经济支柱；加强基本农田建设，夯实扶贫开发基础；加强生态环境建设，实现可持续发展；大力推进科技扶贫，实现跨越式发展；创新发展机制，增强自我发展能力。在扶贫开发中，一是强调抓重点，扶真贫，到村到户；二是强调围绕种养业，发展龙头企业＋基地＋农户的产业化经营，延长产业链，增加附加值，带动农民增收致富；三是强调积极发挥农村各类经济组织、经纪人和农村能人的作用，帮助农民开拓市场、传播技术；四是强调充分发挥地方基层干部和人民群众的积极性和创造性，形成合力。

经过多年努力，农业部定点扶贫工作取得了显著成效：粮食供求趋于平衡，基本解决了农民的温饱问题；当地支柱产业发展迅速，优势特色更加明显；两州农业产业化经营蓬勃兴起，农民组织化程度不断提高；科技推广得到强化，农业科技贡献率明显提高；人与自然走向和谐，生态环境得到有效保护。

三、主要做法和经验

（一）加强领导，健全制度，不断完善定点扶贫工作机制

农业部成立了以分管部长维组长、各司局分管领导为成员的部定点扶贫工作领导小组；制定了详细的切实可行的扶贫规划；建立健全了扶贫工作责任制；建立了干部下派蹲点联络制度。

（二）突出重点，科学规划，努力发挥项目扶贫的带动作用

实施项目带动产业发展，是农业部在武陵山区开展扶贫取得成效的一项主要做法。农业部多次组织有关专家和学者进行详细的调查，编制了《农业部定点扶贫地区优势特色产业开发规划(2003—2007年)》，按市场需求确定项目支持内容，对优势产业进行重点扶持。

（三）统筹考虑，整合资源，推动区域经济协调发展

树立全局观念，解决关键问题，整合资源优势，完善配套措施，推动贫困地区经济社会全面发展，是农业部几年来通过抓关键项目带动，促进当地农业和农村经济发展的一条重要经验。进入新时期以来，农业部认真组织研究，统筹考虑扶贫项目的安排，找准产业发展链条中的关键环节、薄弱地带，加大支持力度。

（四）发挥优势，协调联络，推动扶贫山区对外开放和交流

扶贫联络是定点扶贫的一项重要任务。通过联络、协调，让基层干部群众及时了解党中央、国务院的重大方针政策，了解农业部工作重点和产业支持目标；让部领导和有关部门及时了解扶贫县的基本情况和发展需求，为制定正确的扶持政策、措施提供依据；让外部了解扶贫地区的自然条件、产业优势和发展环境，加强交流，促进合作。扶贫联络的重要职责之一是把扶贫地区的资源优势与发达地区的技术优势、人才优势、管理优势紧密结合起来，形成扶贫地区的产业发展优势。

（五）下派干部，挂职锻炼，提高政治业务素质和实际工作能力

从多年来的实践经验看，下派干部到定点扶贫地区挂职锻炼，是提高干部素质和能力，增强服务”三农”意识的一个非常重要而有效的途径。农业部党组非常重视挂职干部的下派工

作，制定了一系列管理办法和措施，努力在工作和生活上为挂职干部创造条件。

四、新时期的定点扶贫工作

农业部新时期定点扶贫工作的基本目标和基本任务是：与两州八县广大干部群众一起，同呼吸，共命运，上下一心，团结奋战，力争使两州八县农业和农村经济结构得到优化，优势特色产业基本形成，农村经济登上一个新的台阶，进而使农民的温饱问题得到稳定解决，农民生活有一个较大的改善，农村面貌发生显著变化。继续解决剩余贫困群众的温饱问题，巩固扶贫成果，为实现小康创造条件。坚持开发式扶贫方针，帮助贫困地区改善生产条件和生态环境，调整农业结构，千方百计增加农民收入。发挥中央和国家机关的智力和信息优势，加强对农民的技术培训，提高农民的科学文化水平，同时围绕扶贫抓党建，抓好党建促扶贫，帮助贫困乡、村搞好班子建设，培养脱贫致富的带头人，提高基层党组织的战斗力和凝聚力。

农业部发展计划司

关于陕西省安塞县信贷扶贫情况的调查报告

信贷扶贫是我国扶贫开发的重要组成部分，是党中央、国务院赋予农业银行的一项十分重要的任务。办好扶贫信贷业务不仅对促进贫困农民增收、推动贫困地区经济发展有重要作用，而且对农业银行的改革与发展有着重要的影响。近年来，农业银行系统各级党委认真贯彻中央扶贫政策，积极与有关部门配合，按照”放得出、收得回、有效益”的要求，遵循”方式多样、因地制宜、加强管理、讲求效益”的原则，加快投放进度，调整信贷结构，积极探索信贷扶贫有效实现形式，着力强化扶贫贷款管理工作，努力促进扶贫对象增加收入和贫困地区经济发展，摸索出了一些行之有效的办法，积累了一些成功经验，取得了较好的成效，将为下一阶段的信贷扶贫工作提供良好的示范作用。

为全面贯彻国务院扶贫开发工作会议精神，进一步做好信贷扶贫工作，近期，我到陕西省安塞县作了专题调研。通过深入乡村和农民家中实地查看，与地方党政、农民和基层农业银行座谈等形式，掌握了第一手的情况，形成了一些体会与看法。现报告如下：

一、安塞县及信贷扶贫基本情况

（一）安塞县基本情况

安塞县位于陕西省北部，陕北高原的南部，是陕甘宁边区和延安革命根据地的一部分。全县辖7镇5乡1个街道办事处，211个行政村，1018个村民小组，总人口16.39万，其中农业人口12.55万，占76.6%。总面积2950平方公里，属典型的黄土高原丘陵沟壑区，暖温带半干旱气候。土地贫瘠，灾害频繁，自然条件差，为国家扶贫开发工作重点县。

（二）1998~2001年信贷扶贫概况

为帮助该县贫困农民脱贫，多年来，政府做了大量的工作，农行注入贷款近亿元，但由于受自然条件和市场的制约，效果并不明显，返贫人口回升。截止2001年，该县贫困农民13039户、58674人，占农业人口总数的46.75%；其中10125户有扶贫贷款，余额9211万元，户均9000元。扶贫贷款业务中不良贷款余额达6080万元，占比66%，亏损23万元。安塞县被上级行列入限制投入区域，陷入了”贷款难”与”难贷款”的两难局面。

（三）2002年以来信贷扶贫工作取得的成效

2002年，在总结信贷扶贫存在的问题，分析现状基础上，安塞县委、县政府和市、县两级农业银行进行了深入的研究，双方决定以中央扶贫开发工作会议和《中国农村扶贫开发纲要（2001—2010年）》精神为指导，加强银政合作，创新工作方式，健全运作机制，创造良好信用环境，合力破解信贷扶贫工作难题。

2002、2003、2004年，农业银行安塞县支行分别投放扶贫贷款729万元、2338万元、1768万元，三年累计投放4825万元。支持建设规模化、标准化示范种植基地10个，蔬菜大棚22600棚，2.6万亩，农民人均达到0.18棚，0.2亩，每棚年均收入5000元以上，农民人均增收1000元以上。支持发展舍饲养羊16.8万只，农民人均1.4只，年均收入300元。支持发展特种养殖业340户，年产值560多万元；发展苹果10.5万亩，其中挂果面积4.7万亩。

2004年，全县地方生产总值9.08亿元，财政收入4.07亿元，其中地方财政收入2.01亿元，农民人均纯收入2196元，分别比2001年增长34%、135%、36%、26%，全县整体跨过温饱线。而且，改变了该县以原油开采为主要经济来源的局面，基本形成了棚栽、草畜和林果三大主导产业，可持续发展能力明显增强。与此同时，农业银行安塞县支行各项业务也实现了较快发展。2002年以来投放的扶贫贷款到期收回率达98%以上，表内利息收回率100%。通过银政合作、全社会动员，三年累计清收多年沉淀的扶贫不良贷款2326万元，扶贫贷款不良率下降45个百分点。截止2004年，该行各项存款余额38858万元，各项贷款余额30562万元，经营利润1094万元，分别比2001年增长372%、188%、564%。全口径不良贷款占比22%，较2001年净下降19个百分点。初步实现了信贷扶贫业务"放得出、收得回、有效益"和良性循环的目标。

二、安塞县信贷扶贫转变的原因分析

安塞县信贷扶贫工作发生了如此大的转变，对比2002年前后情况，主要有以下原因：

（一）创造了吸引信贷资金投入的良好社会信用环境

为增强贫困农户的信用观念，创造良好的社会信用环境，安塞县委县政府与农业银行银政合力采取了三项措施进行治理。一是加大了宣传力度。县委宣传部、普法办在县电视台设立了《金融法规专题讲座》，每周两期滚动播出。农业银行将《商业银行法》、《担保法》、《扶贫贴息贷款管理办法》等经济金融法律、法规、制度整理成通俗易懂的小册子，编印了宣传资料，分发至各乡镇、各村委会，对群众进行普法宣传。二是开展清收试点教育。2004年6月3日，县委县政府和农业银行在前些年集体抗债严重的沿河湾村进行试点清收教育，使农民在思想上受到了强大的震动和启发。经过23天干部包组、党团员带头、一户一策的宣传动员，共清收贷款本息28.21万元，收回率达到93%，有力地推动和指导了全县的清收工作。三是加强信用村（户）建设。把创建信用村、信用户作为农村精神文明建设、五星级家庭创建的必备要件，三年来，评选、授予82个村为文明信用村，563户为五星级家庭信用户，并分别给予政府奖励和享受农业银行优惠的信贷条件，引导和促使农村信用环境朝着有利于市场经营的方向发展。从对13个乡（镇），230个农民的抽样调查结果看：有100%的农民认识到扶贫贷款不是政府的救济款，是需要归还的有偿资金；57%的农民表示，贷款到期还本付息是天经地义的；83.8%的农民认为增强信用观念，诚实履行合同，对改善今后的农业投资环境，提高持续发展水平有直接影响，并纷纷表示要做诚实信用、遵纪守法的村民。

（二）找准了切合当地实际与具有良好市场前景的有效载体

安塞县在扶贫贷款投向上，重点支持了能充分利用当地光照条件，节约土地与灌溉水源，有利于退耕还林，保护环境的棚栽业和具有当地特色的特种种养业。通过组织推动、科技带动、市场驱动、服务促动等手段，从改变扶贫贷款投入难、效益低、风险大状况入手，把农民组织起来，变小为大、变散为集中，形成集约经营、公司＋农户的产业链，较好地解决了小生产和大市场的矛盾，提高了农业生产效率和综合收益。一是组织县乡两级和农口部门领导到山东等地学习农业产业化建设经验，根据本地实际制订了棚栽业和林果发展规划。

二是县财政投资组建了生态农业示范园和棚栽业服务公司，负责技术培训、工厂化育苗、新技术示范推广及市场调研和组织销售工作，通过示范村和专业大户带动群众，引导群众，解除了群众的后顾之忧。三是出台了一系列土地流转、贷款投入、费用补贴和基础设施建设等优惠政策，减轻了农民负担，调动了农民增加投入的积极性，促进了产业项目的开发。仅2003、2004两年就新建大棚1万余棚。每棚投入5000~20000元，其中农民主要以投工投劳形式投入，农业银行以贷款形式支持4000~8000元。棚均年产值稳定在7100元以上，棚均年纯收入5000元左右，最高棚收入2.8万元。大部分贷款户在1.5~2年内可以还清贷款，有的在归还老贷款后，重新贷款扩建新棚，逐步发展成为专业大户和致富带头人。

（三）健全了信贷扶贫工作的运作机制

安塞县在信贷扶贫工作中，党政部门和农业银行相互支持、相互配合，构建了扶贫贷款运作新机制。一是县政府成立了由主要领导任组长，有关部门、各乡镇和农业银行为成员的棚栽业开发领导小组，形成了有组织、有计划、有安排、有落实的协调工作机制。二是农业银行简化了贷款手续，把扶贫到户贷款的审批、管理、会计处理等权限下放到基层分理处（营业所），由基层信贷员与乡（镇）、村委会共同筛选出符合贷款和种养条件的农户，采用石油井位土地占用费质押、"五户联保"等办法，把贷款直接发放到户，直接使用到项目上，农民、农行和乡、村基层组织共同监督。三是加强扶贫到逾期贷款的清收工作。县政府把清收目标纳入乡（镇）领导的政绩和任期责任考核之中，实行一票否决。对清收先进单位和个人，由政府和农行分别列出一块专项费用予以奖励。农业银行实行了信贷计划倾斜政策，按上年收回贷款额的185%匹配下一年度小额到户贷款计划，多收多贷、少收少贷、不收不贷。加大了对棚栽业的投入力度，确保了扶贫贷款的合理利用和良性循环。

三、安塞县开展信贷扶贫工作的启示与思考

（一）创造良好的社会信用环境是做好信贷扶贫工作，促进贫困农户增加收入、贫困地区经济发展和实现银行信贷资金安全的重要前提。扶贫贷款既要体现党和政府的扶贫政策，又要确保国家金融资产安全和商业银行的经营效益。安塞县前后两方面的实践表明，只有把培养农民在市场经济条件下的新型信贷文化，发展诚信经济放在信贷扶贫工作的始终，创造良好的社会信用环境，才能吸引扶贫贷款的更多、更快地投入，实现农民增收、经济发展和银行增效的"多赢"。

（二）寻找切合当地实际的信贷扶贫方式与载体是做好信贷扶贫工作，促进贫困农户增加收入、贫困地区经济发展和实现银行信贷资金安全的重要基础。信贷扶贫资金怎么使用、用到哪里，对扶贫贷款的安全和扶贫效果都有很大影响。在自然条件差、市场经济不发达的贫困地区，贫困农户缺乏商品生产的经验与能力。安塞的经验表明：只有找准符合当地实际和具有较好市场前景的农业产业结构和生产经营方式，才能有效地增加贫困农户的收入，增强他们的自我积累、自我发展能力，从根本上改变贫困地区的落后面貌，扶贫贷款的良性循环也才有一定基础。

（三）党政部门的精心组织和配合是做好信贷扶贫工作，促进贫困农户增加收入、贫困地区经济发展和实现银行信贷资金安全的关键环节。扶贫开发是一项系统工程，特别是扶贫开发到村到户，贫困农户不仅需要资金，更需要为其提供技术、信息、管理等产前、产中、产后等社会化服务。从安塞前后的变化对比和全国信贷扶贫工作的实践看，党政部门组织有力，领导方式、方法到位，工作措施到位的地区，也是信贷扶贫工作开展较好的地区；反之，则信贷资产质量差，经营亏损大，扶贫贷款投放也不理想。因此，做好信贷扶贫工作，不仅取决于银行的态度和决心，更需要党政部门强有力的领导，需要社会各方面在扶贫开发的全过程中予以全力配合，才能实现"放得出、收得回、有效益"的目标。

（四）建立有效运作机制是做好信贷扶贫工作，促进贫困农户增加收入、贫困地区经济发展和实现银行信贷资金安全的基本要求。扶贫贷款投放的区域和对象为贫困地区、弱质产业和弱

质群体，风险相对较大。为真正做到扶贫贷款″放得出、收得回、有效益″，近年来我行一直致力于建立和完善信贷扶贫的有效运作机制。其核心内容主要体现在：坚持″方式多样、因地制宜、加强管理、讲求效益″的原则，结合实际去探索信贷扶贫的有效实现形式。按照与对贫困人口的辐射带动作用相结合、与带动特色产业形成与发展相结合、与提高农民的组织化程度相结合、与因时因地制订信贷原则相结合、与各级党政及扶贫部门的支持配合相结合等″五结合″的要求，支持贫困地区农业产业化龙头企业发展。在扶贫对象符合政策、政府帮扶措施到位、项目市场前景看好、农民增收效果明显、贷款收回机制健全、社会信用环境良好的区域，积极探索扶贫到户贷款的多种形式。

农业银行农业信贷部

扶贫到户贷款贴息方式改革试点

为更好发挥信贷扶贫资金的作用，解决贫困农户贷款难问题，2004年，国务院扶贫办和中国农业银行在河北、辽宁、安徽、江西、湖北、湖南、广西、重庆、贵州、陕西、甘肃等11个省（区、市）的33个县开展了扶贫到户贷款贴息方式改革试点。试点的基本思路是：将部分中央财政贴息资金拨付给地方，由地方将贴息资金直接核补给贷款贫困农户或发放贷款的金融机构，同时为贫困农户搞好配套服务。目前，试点工作进展顺利，取得了阶段性成效：

第一，提高了信贷扶贫资金的入户率。由于目标明确，措施具体，信贷门槛降低，大大提高了信贷扶贫资金的入户率。开展试点的信贷扶贫资金均投向了贫困户，入户率为100%；同时试点工作的开展，还提高了到县信贷扶贫资金的入户率，如甘肃省3个试点县的平均入户率为54.5%，远高于试点前的11.5%。此外，试点农户还贷率明显提高，以县为单位，2004年底到期还款率多数县达到了100%，最低的1个县也达到了74%。

第二，调动了农村金融部门的积极性。试点坚持″四定四不定″原则，即定贴息对象、定贴息方向、定贴息标准、定贴息期限，不定金融机构、不定贷款任务、不定统一利率标准、不定贴息方式。各县从实际出发自行选择贴息方式，19个县贴息到信用社或农行，13个县贴息到农户，1个县根据贷款规模和项目分别贴息到信用社和农户。金融部门普遍反映这一原则务实灵活、操作便捷，参与试点积极性高。

第三，调动了地方政府的积极性。试点规定将贴息资金安排到试点县，要求按照农户和项目实际需求发放贷款，不下指令性指标和盲目追求进度，明确″财政贴息资金如有结余，可结转继续用于下年度利息补贴或用于财政扶贫项目″。从制度设计上保证了地方政府能够负责地使用财政贴息资金并发挥其引导性作用。

第四，促进了贫困地区产业发展和农民增收。各地立足优势产业开发，鼓励贷款贫困户实施易直接增收的种养项目和小型加工项目。截止到2004年底，33个试点县用于种养业的贷款约4亿多元，占86%。如江西省遂川县将信贷扶贫列入″整村推进″扶贫规划，安远县发挥乡村产业协会的作用，余干县借助″企业＋基地＋农户″模式，多方引导贫困农户发展特色种养业，三县信贷扶持的贫困户户均增收1405元。

国务院扶贫办

构建“平安和谐云南”必须解决好农村贫困问题

中共十六届四中全会《中共中央关于加强党的执政能力建设的决定》指出：”要适应我国社会的深刻变化，把和谐社会建设摆在重要位置，注重激发社会活力，促进社会公平和正义。坚持最广泛最充分地调动一切积极因素，不断提高构建社会主义和谐社会的能力”。《决定》提出了建设和谐社会的思想，指明了中国社会发展和建设的方向。建设和谐社会是我们时代发展的要求，也是时代发展的必然，它需要我们从更深的层次去探索研究。胡锦涛总书记在2005年省部级主要领导干部专题研讨班上的讲话中指出，要把和谐社会建设摆在重要位置，努力建设民主法治、公平正义、诚信友爱、充满活力、安定有序、人和自然和谐相处的社会主义和谐社会。他强调：”在我们这样一个农民占多数人口的国家里，农民是否安居乐业，对于社会和谐具有举足轻重的作用。”因此，联系云南改革和建设实际，准确认识把握构建云南”和谐社会”目标已经成为人们关注的焦点。明确构建”平安和谐云南”的重点、难点问题，已经成为云南省战略机遇期的社会主调。

云南省社会正处于急剧转型的过程之中。转型是为了发展，而发展的目标是要发展出一个和谐社会。同时，发展也十分需要以和谐为基础，以和谐为条件。不和谐，难以发展。转型期既是经济增长的黄金时期，也是多种社会矛盾的高发期。它们都是摆在我们面前的难题。然而，根据构建”平安和谐云南”的基础和条件，必须认识到，和谐社会应该以相当的社会经济发展水平和物质财富的积累为基础，贫穷的社会不可能和谐，精神文化建设不完备的社会不可能和谐。认识和把握构建”平安和谐云南”的主要障碍，我们必须立足省情，从云南省改革发展稳定大局的最不和谐问题入手。

云南省地处祖国西南边陲，集”老、少、边、穷、山”为一体。由于历史和自然的原因，社会发育程度低，地区发展不平衡程度高；生产力发展水平低，自然半自然经济比重高；劳动者科学文化素质低，文盲半文盲比重高；人民生活总体水平低，贫困面大、贫困程度深、贫困人口比重高。全省有扶贫开发重点县80个，有73个国家扶贫开发工作重点县，占全国的12%，是全国贫困县最多的省，贫困人口占全国农村总数超过了10%。目前，云南省尚未彻底解决温饱问题的绝对贫困和低收入人口有777.7万人，占全省乡村人口比重高达22%，全省5个农民就有1个贫困人口，其中有262.3万绝对贫困人口，这些贫困人口生活在深山区、石山区、高寒冷凉山区、干热河谷区、革命老区、原战区、边疆和少数民族地区，生产生活条件十分恶劣。绝对贫困人口中，有80多万人口已基本丧失了生存条件，生活极度困难。由此可见，农村贫困问题必然成为云南省的构建”平安和谐云南”的重点和难点问题。

一、农村发展与贫困缓解——构建”平安和谐云南”的基础条件

改革开放以来，云南省的农村贫困缓解取得了举世瞩目的成就，绝对贫困人口从1992年底的783.1万人下降到300万人以内。2000年以来，党中央和省委省政府制定并实施了一系列惠农政策和措施，加大财政对”三农”的支持力度，大幅度降低农民税费负担，加快农村社会保障体系建设步伐，以农业生产为主的低收入农户和其他脆弱群体广泛受益。在党中央、国务院的亲切关怀和国务院扶贫办的大力支持下，省委省政府带领云南广大干部群众，弘扬自强不息、苦干实干精神，自力更生，艰苦奋斗，通过全省上下的共同努力，扶贫开发取得了显著的成效，农村反贫困取得新的进展。云南省的农村贫困规模明显下降，贫困程度明显缓解。

根据国家统计局农村居民生活消费价格指数，2004年全国农村绝对贫困人口的标准由上年的637元调整为668元，低收入人口的标准由上年的882元调整为924元。按照这一贫困标准，对全省126个县（区、市）14300户农户的农村住户和贫困监测抽样调查数据，进行贫困测量，全省农村绝对贫困和低收入人口从2000年底的1022.1万人下降到2004年的

777.7万人，4年净减少244.4万人。其中，初步解决温饱但还不稳定的农村低收入人口从2000年底的684.6万人下降到2004年的515.4万人，绝对贫困人口从2000年底的337.5万人年下降到2004年底的262.3万；绝对贫困和低收入人口比重由2000年底的29.63%下降到2004年底的22.03%。其中，绝对贫困人口占农村人口的比重（贫困发生率）由2000年底的9.78%下降到2004年底的7.43%；低收入人口占农村人口的比重由2000年底的19.85%下降到2004年底的14.60%

通过举全省之力对云南省的贫困人口实行扶贫攻坚，努力调节社会分配格局，千方百计增加向贫困地区的投入，积极推进扶贫开发，帮助贫困群众尽快解决温饱、摆脱贫困，缩小与发达地区的收入差距，逐步实现社会公平。 云南省新阶段农村贫困规模的明显下降，贫困程度的明显缓解，极大地促进了云南省贫困地区经济发展水平的提高，极大地丰富了贫困地区物质和精神财富的积累，使部分贫困人口彻底摆脱了贫困，对于阻止农村内部收入消费水平差距，缓解城乡人民收入消费水平差距进一步扩大趋势，向统筹城乡、协调发展，构建”平安和谐云南”的目标迈出了坚实的一步。

（一）农业形势明显趋好，对于避免贫困地区国民经济产生波动发挥了重要作用

近年来，尽管云南省农业增长仍然低于整个国民经济的增长，农业在国民经济中所占比重为20.4%，但是，农村经济稳定增长对云南省的贫困缓解起到重要的推动作用。2004年农业总产值967亿元，可比价增长6.7%，农业增加值达到604亿元，增长速度达到5.6%，农业总产值增速是自1997年以来，增长幅度较大的一年。农业与非农产业协调发展，对于避免贫困地区国民经济产生波动发挥了重要作用，促进了全省国民经济的平稳运行。虽然一些贫困地区近年受到洪涝、地震等灾害的影响，但气候对农业生产较为有利、加之经济环境对农业生产刺激明显，国家采取了一系列有效支持贫困地区农业政策措施等影响， 2004年农业各项指标都超额完成政府确定的目标，整体上云南省农业形势明显趋好。

（二）农业生产稳定增长，对提升贫困地区经济规模产生积极的推动作用

2004年云南省全年粮食总产量达到1509.5万吨，实现了从 1990 年到 2004年粮食生产稳步跨上1500万吨新台阶，连续11年增产的可喜局面，人均占有粮食 342公斤，比1978 年人均水平增长了22%。烤烟生产仍然坚持”双控”不动摇，烤烟产量达到 69.2万吨，比上年增加4.6万吨，增长8.6 %。糖料产量1688万吨，平均亩产达到4.2吨，同比增长700多公斤。茶叶产量达到9.5万吨，比上年增加0.9万吨，增长10%。橡胶产量达到21.9万吨，比上年减1.8%。鲜马铃薯产量 690万吨，比上年增长2.9%。蔬菜产量885万吨，比上年增加46万吨，增长5.5%。全省人均占有蔬菜200公斤。2004年云南省畜牧业产值占农业总产值的比重达31.3%，比上年提高了1.1个百分点，仅次于种植业在农业中所占份额。畜牧业已从家庭副业转变为农村经济的一个支柱产业。肉类总产量达到277.8万吨，比上年增长9.5%，其中：猪肉228.8万吨，比上年增长9.6%，占肉类总产的82.4%，人均猪肉产量52公斤，超过全国平均水平。牛肉产量19.4万吨，比上年增长10.6%，羊肉产量8.97万吨，比上年增长9.6%，牛羊肉产量占肉类总产的10.2%，奶类产量26.1万吨，比上年增长20.2%，禽肉产量18.70万吨，比上年增长6.72%，禽蛋产量15.1万吨，比上年增长5.41%。贫困地区经济发展加快。73个扶贫开发工作重点县人均GDP从2000年底的2207元提高到2004年的3271元，年平均增幅为10.3%，高于全省平均增幅0.5个百分点。人均地方财政收入从2000年底的120元提高到2004年底的155元，年平均增幅为6.6%。

（三）农民收入增长提速，对于贫困地区农民收入稳定增长拉动明显

2004年农民收入增幅继续扩大，农民人均纯收入达到1864元，人均增长167元，实际增长6%。农民收入实现快速增长，农牧业对农民收入的贡献率超过50%。外出务工收入继续保持稳定增长态势，对全年农民收入的贡献在25%左右。农民税费减免和各种农业补贴对对建立农民增收长效机制具有深远的影响。生产性增收贡献率提高，2004年农民家庭经营收入2337元，同比增加269元，增长13%，对农民增收的贡献率高达83%，比上年提高1个百分点，成为拉动农民增收的主要因素。工资性收入343元，增长2.4%； 农民从家庭经营

中得到的现金收入，人均达到1251元，比上年同期增长8%，其中，从第一产业得到的收入为728元，同比增长20%，出售农产品的收入达到357元，同比增长20.3%，人均出售畜产品收入达到319元，同比增长26%。农民从农牧业生产中得到的收益有了极大的提高。农民工资性纯收入326元，增长2.4%，对农民增收的贡献率为17%。农民家庭经营纯收入1387元，增长12%。对农民增收的贡献率为74%。农民财产性和转移性纯收入72元，增长7%，对农民增收的贡献为4%。贫困地区农民收入持续增长。73个扶贫开发工作重点县农民人均纯收入从2000年的1100元提高到2004年的1315元，年平均增幅为4.6%。农业总产值从2000年底的302亿元提高到2004年底的410亿元，年平均增幅为8%；人均猪牛羊肉产量从2000年的45公斤提高到2004年的57公斤，年平均增幅为6.1%。

（四）全省农民消费水平明显提高，贫困地区农民生产生活条件得到明显改善、社会事业明显进步。

2004年云南省农村居民人均生活消费支出为1569.98元，比上年同期增长164.28元，增长11.69%。，是1997年以来增幅最快的一年。吃、穿、住、用以及教育、健康、交通、通讯等各项支出全面增长，虽然受粮食价格大幅度提高影响，2004年农村居民恩格尔系数有所回升为53.9%，但从农户财产和生活消费设施拥有情况看，农民消费水平明显提高。文化教育、娱乐消费增加。2004年云南省农村居民人均用于文化教育、娱乐服务方面的支出达143.2元，比上年增长8.91%，农民文化娱乐生活也越来越丰富。但是农村劳动力受教育年限仍然很低，只有6.3年。医疗保健用品消费支出增加，农民健康状况逐步改善。2004年云南省农村居民医疗保健用品消费支出人均达87.66元，比上年同期增长9.67%，随着农民收入的不断增加，农民对健康保健方面的重视程度越来越高，农民医疗保健用品方面的支出也在逐年上涨，农民健康状况也在逐年改善。农民居住条件不断改善。2004年农民人均住房面积达23.53平方米，与上年基本持平，人均用于住房的支出达239.29元。农村居民住房不论是在住房结构（如钢混泥土结构、砖木结构）还是在居住条件（如住房卫生条件、能源使用情况、饮用水情况）等方面都有不同水平的提高。贫困地区农民的生产生活条件得到明显改善。73个扶贫开发工作重点县农民人均生活消费支出从2000年底的990元提高到2004年底的1181元，年平均增幅为4.5%。2004年底73个扶贫开发工作重点县农民人均住房面积达19.96平方米，住房价值达11024.5元/户，砖木和钢筋混凝土住房结构农户比重从2000年的19.6%提高到2004年的23.8%；农村电视普及率从2000年的55.3%提高到2004年的68.8%，农村电话（固定和移动电话）普及率从2000年的2.3%提高到2004年的19.9%；农村安全饮水户比重从2000年的54.8%提高到2004年的60.3%。73个扶贫开发工作重点县7~12岁适龄儿童入学率从2000年底的87%提高到2004年底的94%，4年共增加7个百分点；劳动力文盲率从2000年底的23.6%下降到2004年底的19.9%。已建卫生室的行政村比重从2000年底的32.8%提高到2004年底的90.4%；自然村通路率达到75.3%，自然村通电率达到91.6%，能接受电视节目的自然村比重已达77.8%。

为解决农村义务教育阶段贫困家庭学生的救助工作，在国家支持下，2005年全省”两免一补”的经费达到5亿元。目前，云南省630万义务教育阶段在校学生中，近40%的学生就学困难。”两免一补”将使全省受助的贫困小学生每人每年免交70元的教科书费、40元的杂费和150元的生活补助费，共计260元；将使受助的贫困初中生每人每年免交140元的教科书费、60元的杂费和250元的生活补助费，共计450元。

农村卫生工作稳步推进，国债项目和省级财政共投入经费1.582亿元，289所乡镇卫生院设备更新、355所乡镇卫生院和600所边疆民族贫困村卫生室基本建设得到改善；新型农村合作医疗试点工作进展良好，截至2004年12月底，累计减免门诊和住院费用15721.53万元，占筹资总额的83.71%，比全国平均水平高15.97个百分点，第二轮试点县（市）参合人数达602.51

万人，参合率81.81%，比全国平均水平高6.61个百点。省政府继续将农村能源建设列入"民心工程"，加强了领导和督促，促进了云南省农村能源建设再上新台阶。据不完全统计，2004年全省新建农村户用沼气池突破22万户，节柴改灶达到6.5万户左右。

虽然农村居民收入增加，农民生活水平不断改善，社会事业明显进步。但农村居民收入状况和生活水平与发达地区农民相比相差甚远，生活消费支出的增幅与城市居民相比差距较大，贫困地区农民生活状况还处于一个低水平状态。云南省农村特别是贫困地区农村的社区基础设施和各项社会事业仍然相当落后。

二、农村贫困程度深与城乡差异大——构建"平安和谐云南"的主要障碍

虽然云南省的农村社会经济和扶贫事业取得了巨大的成就。然而，随着"三农"形势趋好和扶贫实践的快速发展，特别是农业升温和贫困人口减少，云南省"三农"和贫困问题的特征也逐渐发生了新变化，这些变化给农村工作和扶贫工作带来了新的问题和挑战；云南省的农村贫困人口规模仍然较大，贫困程度仍然很深，云南省仍然是全国扶贫攻坚的主战场。巨大的农村贫困规模和较深的贫困程度，带来的是：农民收入与全国的差异、省内城乡收入差距有扩大趋势，改善贫困人群生活困难加大，缩小城乡、地区差距措施效果不明显。云南省贫困程度深与城乡差异大已经成为构建"平安和谐云南"的主要障碍，若不及时控制，它将阻碍十六大提出的全省人民在2020年全面实现建设小康社会的战略目标。

（一）贫困面大，贫困人口多，占全国的1/10

2004年全省777.7万农村绝对贫困和低收入人口，占全国7587.4万人的10.3%；全省262.3万农村绝对贫困人口，占全国2610.4万人的10.1%；云南省农村贫困人口总规模和农村绝对贫困人口数量在31个省排列中均为全国第二（仅次于贵州省）。云南省515.4万初步解决温饱但还不稳定的农村低收入人口，占全国4977万人的10.4%；云南省农村低收入人口规模在31个省的排列为全国第一。

（二）脱贫难度加大，贫困程度比全国平均深近2倍

2004年全省农村绝对贫困和低收入人口比重为22.03%，是全国平均8.10%的2.72倍，云南在31个省（区、市）排列中仅比青海、甘肃和贵州低，为全国第4高；全省农村绝对贫困发生率为7.43%，是全国平均2.8%的2.65倍，云南在31个省（区、市）排列中仅比青海、贵州、西藏、甘肃、陕西低，为全国第6高；云南省农村低收入人口比重为14.6%，是全国平均5.30%的2.75倍，云南在31个省（区、市）排列中仅比甘肃、青海、贵州低，为全国第4高。

表5-7 2000-2004年云南农村贫困标准和贫困人口

年份	绝对贫困					低收入					合计			
	标准（元）	人口（万人）	全国位次	比重（%）	全国位次	标准（元）	人口（万人）	全国位次	比重（%）	全国位次	人口（万人）	全国位次	比重（%）	全国位次
2000	625	337.5	1	11.74	7	865	684.6	1	17.89	5	1022.1	1	29.63	5
2001	630	273.4	2	9.64	6	872	708.5	1	18.70	3	981.9	1	28.35	6
2002	627	304.0	2	8.19	3	869	583.6	1	17.24	6	887.6	2	25.43	6
2003	637	275.4	2	7.32	7	882	544.9	2	16.04	4	820.3	3	23.36	5
2004	668	262.3	2	7.08	6	924	515.4	1	14.95	4	777.7	2	22.03	4

（三）农民收入与全国的平均水平差距继续拉大，2004年收入差距首次超过1000元

2000~2004年全省农民人均纯收入分别为1479元、1534元、1609元、1697元和1864

元，而同期全国农民人均纯收入分别为2253元、2366元、 2476元、 2622元和2936元，云南省农民收入与全国的差距分别为：2000年774元、 2001年832元、 2002年867元、2003年943元和2004年1072元。2004年全省129个县中，农民人均纯收入低于全国水平2936元的县有115个，占全省总县数的89.2%。

（四）城乡之间收入差距还在扩大

1978~1985年，农民收入增长大于城市，1985年云南省城镇居民人均可支配入与1978年相比，年平均实际增长幅度为8.6%，而同期农民人均纯收入的年平均实际增长幅度为10.9%；1985~1998年，城镇居民收入快速增长，年均实际增幅达6.3%，比农民收入的年均实际增幅快3个百分点；城乡收入差距进一步扩大，城乡收入比，1978年为2.5：1，1995年达4.0：1，2004年达4.8：1，城乡收入差距还在扩大。

（五）经济增长对贫困人口的减少作用有减弱趋势

2004年国民生产总值为2959亿元，比2000年1955亿元有较大幅度增长。4年来，云南省国民生产总值一直保持着8%左右的水平增长。同期，云南省贫困人口减少了244.4万人。但是，从每一年贫困缓解情况看，贫困人口的减少数量和幅度逐年递减，经济增长对贫困人口的减少作用有减弱趋势。

（六）贫困人口素质亟待提高

2004年云南省贫困地区农村文盲劳动力比重仍然高达19.5%，是全国贫困地区农村文盲率最高的省份之一，贫困地区曾受过技能培训的农村劳动力比重仅为14%。2004年云南省贫困地区农村7~15岁儿童失学率高达9.8%，有6.4%的农村人口的身体患有不同程度的疾病。

（七）巨大的农村贫困压力，使云南省农村全面建设小康程度低

根据国家统计局制定的新农村全面小康标准和监测方法。按照标准，包括经济发展、社会发展、人口素质、生活质量、民主法制和资源环境六个方面，共18项指标，对全国和分省进行的农村全面小康实现程度监测，2003年全国实现程度为16.9%，分省情况看：上海、北京、天津全面小康实现程度已经超过60%，特别是上海郊区全面小康实现程度已达85.2%，已经基本实现农村全面小康，但全国尚有一半的省（区、市）农村全面小康实现程度小于15%。西北地区除陕西外，其余四省（区）全面小康实现程度均为负值。西南5省市，云南农村全面建设小康程度为负值，仅比贵州高，为－0.2%，位列全国第25位。

三、贫困困境与扶贫瞄准——构建“平安和谐云南”的重大挑战

云南省近几年的扶贫成效是明显的，每年都有显著的脱贫效果，但是，反映出的问题不容乐观：第一，云南作为全国的第一大贫困省，重点扶持县和绝对贫困人口数量在全国最多的地位没有改变。第二，要充分认识云南扶贫工作的艰巨性和长期性，云南目前绝对贫困人口收入逐年下降，低收入人口返贫率高，剩余贫困户贫困深度更深、贫困强度更强、脱贫难度更大的特点。第三，要充分认识较大比重的边疆少数民族贫困户人口素质低下、7个人口较少民族处于整体贫困状态，长期的生产生活习惯很难在短期内改变的困难。第四，要充分认识云南省的贫困缓解速度呈现下降趋势，贫困分布和类型从单一的大规模分布，向复杂多样性点状分布转化，低收入和绝对贫困户人口变动大，贫困人群逐渐向文盲家庭、人口较多家庭、居住偏远山区家庭、边疆少数民族地区家庭分布，贫困人口的生存条件将向极其恶劣的区域分布特点。因此，把握云南省贫困变化的新特点，认清扶贫工作的艰巨性和长期性，今后每个贫困户的脱贫预算将会逐渐增加，任务将更繁重，云南省扶贫工作难度将更大。

（一）贫困人口分布特征

1．贫困人口在贫困地区、少数民族地区和边境地区呈现规模聚集

（1）农村贫困人口集中分布与贫困地区，80个重点扶持县分布着全省84.4%的贫困人口。2004年80个国家和省级重点扶持县8000户贫困监测抽样调查结果表明：农村绝对贫困和低收入人口为656.33万人，占全省总贫困人口的84.4%，占80个县乡村人口的比重

为27.36%；其中，农村绝对贫困人口为231.67万人，农村绝对贫困发生率为9.66%，农村低收入人口为424.66万人，农村低收入人口比重为17.7%。47个非重点扶持县。在47个非重点县中，2009年农村绝对贫困和低收入人口为121.37万人，占全省总贫困人口的15.6%，占47个县乡村人口的比重为10.65%；其中，农村绝对贫困人口为30.63万人，农村绝对贫困发生率为2.69%。从以上可以看出，云南省贫困人口主要还是分布在80个重点县中，重点县贫困人口的相对集中分布状态仍未改变。非重点县贫困人口比重虽然已经很低，但贫困人口多为零星的点状分布。

（2）超过一半的贫困人口分布于少数民族地区。根据对全省少数民族自治地方的78个县（区、市）农村住户调查数据贫困分解测量：2004年78个少数民族自治地方县农村绝对贫困和低收入人口为447.66万人，占全省总贫困人口的57.6%，占78个县乡村人口的比重为24.61%；其中，农村绝对贫困人口为168.97万人，占全省绝对贫困总人口的64.4%，农村绝对贫困发生率为9.25%，农村低收入人口为278.69万人，占全省低收入人口总人口的54.1%，农村低收入人口比重为24.61%。云南省民族地区与非民族地区的贫困比较发现：民族地区无论从贫困人口规模、贫困程度都比非民族地区高很多。2004年民族地区农村贫困和低收入人口比非民族地区多35.6%，人口比重比非民族地区高5.41个百分点；民族地区农村绝对贫困人口比非民族地区多81.1%，绝对贫困发生率比非民族地区高3.86个百分点。

（3）边境地区是全国、全省贫困面最大、贫困人口最集中、贫困程度最深的区域之一。在云南省的贫困人口中，少数民族贫困人口占较大比重。长期难于解决温饱的绝对贫困户中，有64.4%居住在少数民族地区。而在其中，居住在边境地区的少数民族、直过区少数民族和人口较少的少数民族是较为特殊的困难群体，他们大部分处于长期绝对贫困状态，诸多因素制约着扶贫开发工作的进展。云南有25个边境县，16个临边县，这41个边境地区县在4060公里的边境线附近有16个少数民族跨境而居。从边境地区农民的民族构成看，云南独有的少数民族有独龙、德昂、基诺、怒、阿昌、普米、布朗等7个少小民族大多分布于此，同时又多为直过区少数民族。该区域经济发展长期处于滞后状态。给边疆少数民族贫困地区经济发展、社会稳定和扶贫开发工作造成严重威胁。根据41个边境地区县农村住户调查数据贫困分解测量：2004年41个边境地区县居住乡村人口数量为890.3万人，占全省乡村总人口的比重为25.2%。农村绝对贫困和低收入人口为301.2万人，占全省总贫困人口的38.7%，占41个县乡村人口的比重为33.83%；其中，农村绝对贫困人口为122.68万人，占全省绝对贫困总人口的46.7%，农村绝对贫困发生率为13.78%，农村低收入人口为178.52万人，占全省低收入人口总人口的34.6%，农村低收入人口比重为20.05%。由此可见，边境地区是全国、全省贫困面最大、贫困人口最集中、贫困程度最深的区域之一。

2．贫困在行政区域上呈现规模和程度的不平衡分布

（1）16个州市贫困人口和规模的不平衡分布。2004年，在16个州市中，农村绝对贫困和低收入人口最多的是昭通市，为121.98万人，占全省15.69%；超过50万人的还有红河州86.24万人、曲靖市81.88万人、文山州75.15万人、思茅市73.75万人、临沧市70.51万人、大理州65.6万人。2004年，农村绝对贫困和低收入人口占乡村人口比重最高的是迪庆州，为53.51%；超过24%的还有怒江州47.94%、思茅市36.87%、临沧市35.99%、红河州25.74%、昭通市25.16%、丽江24.73%、文山州24.36%。

（2）县级贫困分布具有较大差异。2004年，全省127个县（市、区）（不含五华区、盘龙区，下同）中农村绝对贫困和低收入人口规模分县分布情况为：①贫困规模10万人以上的县：有18个，占全省总县数的14.2%，17个县总贫困人口为291.76万人，占全省总贫困人口的37.5%。②贫困规模5~10万人的县：有43个，占全省总县数的33.9%，43个县总贫困人口为325.54万人，占全省总贫困人口的41.9%。③贫困规模1~5万人的县：有51个，占全省总县数的40.2%，51个县总贫困人口为151.64万人，占全省总贫困人口的19.5%。④贫困

规模1万人以下的县：有14个，占全省总县数的11%，14个县总贫困人口为8.75万人，占全省总贫困人口的1.13%。

（3）区域贫困程度差异明显。2004年，全省127个县农村绝对贫困和低收入人口占乡村人口比重分布情况为：18个县贫困人口比重超过40%，占全省总县数的14.2%。农村绝对贫困和低收入人口占乡村人口比重最高的是贡山县，为72.14%；农村绝对贫困和低收入人口占乡村人口比重超过40%的县依次还有：西盟(71.51%)、沧源(63.85%)、福贡(63.13%)、德钦(62.83%)、绿春(58.29%)、澜沧(58.21%)、维西(57.57%)、双江(55.90%)、江城(53.45%)、镇康(52.17%)、兰坪(45.43%)、屏边(45.06%)、红河(45.06%)、香格里拉(44.19%)、南涧(43.47%)、金平(43%)、元阳(41.77%)。49个县贫困人口比重在20%~40%之间，占全省总县数的38.6%。32个县贫困人口比重在10%~20%之间，占全省总县数的25.2%。28个县贫困人口比重低于10%，占全省总县数的22.1%。

（二）农村贫困户特征

1.居住地理、地势和社区环境特征

（1）农村贫困人口大多居住于高寒、偏远山区。贫困地势统计数据显示，从不同农户类型的居住地势结构看，绝对贫困户和低收入户，分别有85.38%和84.34%的居住在偏远的山区，非贫困户中，居住山区户比重结构仅为62.26%；坝区和半山区的居住户比重结构：绝对贫困户仅为7.43%和7.19%，低收入户为6.95%和8.71%，但非贫困户高达21.68%和16.06%。绝对贫困户与低收入户的居住环境极为相似，与非贫困户的居住地势类型差异明显。山区扶贫开发将是云南省必须长期坚持的重点。

（2）贫困户生存社区基础设施差，环境恶劣。绝对贫困户、低收入户与非贫困户居住的社区基础设施条件差异较大，表现为：一是通公路的村，绝对贫困户、低收入户比重结构分别为：95.1%和96.37%，而非贫困户已达98.39%，相反，未通公路的村，绝对贫困户、低收入户比重结构分别为：4.9%和3.63%，而非贫困户仅为1.61%；二是通电话的村，绝对贫困户、低收入户比重结构分别为：91.58%和91.73%，而非贫困户已达94.6%；三是通电的村，绝对贫困户、低收入户比重结构分别为：97.55%和97.56%，而非贫困户已达99.53%；四是能接收电视节目的村，绝对贫困户、低收入户比重结构分别为：93.38%和94.24%，而非贫困户已达97.12%。绝对贫困户与低收入户的居住社区基础设施环境条件都比非贫困户要差，社区基础设施条件的改善是扶贫工作的基础性工作。

2.人口与劳动力，就业与儿童教育特征

（1）贫困户人口压力大，劳动力负担重，就业构成单一。全省地方农村住户抽样调查结果表明，农村绝对贫困户和低收入户平均每户人口规模为4.67人、4.84人，与非贫困农户比较，分别高出0.4人和0.57人；绝对贫困户平均每户整半劳动力比重为59.65%，低收入户61.23%，两者均比非贫困农户低6.01和4.43个百分点。从劳动力负担人口比较，绝对贫困户和低收入户平均每个劳动力负担人口分别为1.68人和1.63人，非贫困农户为1.52人，分别比非贫困农户高0.16人和0.1人。由于农村贫困户大多仍居住在边远、偏僻的山区，交通不便，对外信息不灵，就业构成单一，劳动力就业区域更多的局限于本地，就业门路窄，并集中在第一产业。绝对贫困户中，从业人员在本乡的劳动力占97.47%，这一比例较非贫困农户高出0.9个百分点；外出劳动力占2.53%，比非贫困农户低0.9个百分点。绝对贫困户、低收入户中96.14%和94.37%的劳动力集中于第一产业，分别比非贫困农户高5.38和3.61个百分点。这是至今农村贫困农户劳动生产效率始终较低、收入难以有效提高的重要因素之一。

（2）贫困户劳动者素质差，文化水平低。绝对贫困户劳动力综合文化程度指数为5.36年，比非贫困户低1.21年。绝对贫困户、低收入户劳动力文盲率仍高达25.61%和24.92%，比非贫困农户高很多，分别高出11和10.3个百分点；绝对贫困户、低收入户小学及小学以下程度的劳动力比重占47.31%和47.73%，比非贫困农户高4.33和4.75个百分点；绝对贫困户、低收入户初中及初中以上文化程度劳动力比重为52.69%和52.27%，非贫困农户初中及初中以上文化程度劳动力比重为57.02%，比绝对贫困户、低收入户这一比例分别高4.33和4.75个百分点。劳动力文化程度综合情况看：一是通过智力扶贫，贫困户劳动力综合文化程度明显提高，文盲率下降显著；二是贫困户呈现动态分布，贫困始终向文化程度低、劳动力素质差的农户转移。

（3）贫困户儿童入学率低，难以降低贫困的代际传递率。儿童入学率的高低在一定程度上反映了劳动力的后续发展能力。云南地方农村住户调查数据表明，2003年贫困监测对象劳动力人力资本的后续发展仍然较弱，儿童入学率明显低于其他农户，绝对贫困户、低收入户7~15岁儿童入学率为85.17%和84.87%，虽比上年提高了3.21和1.35个百分点，但仍比非贫困农户水平低6.75和7.05个百分点，即2003年农村贫困户中绝对贫困、低收入贫困农户仍有14.83%和15.13%的7~15岁儿童由于各种原因没有入学或中断了学业，这对贫困人口摆脱贫困带来极为不利了的影响。云南省贫困户儿童入学率低，给遏制素质型贫困和世袭贫困的蔓延带来巨大压力，难以降低贫困的代际传递率。

3.收入水平与结构，生产投入与效益特征

（1）贫困户不仅收入低、结构差，而且有逐步走低的趋势。同上年比较，云南省农村贫困监测对象收入综合平均数有着微小的变化。2003年农村绝对贫困户、低收入户全年人均纯收入为487.3元和758元，均比上年减少，分别减少4.8元和20.5元，其中现金人均纯收入分别为307元和404元，现金纯收入占纯收入的比重分别为63.1%和53.2%，同期非贫困户现金纯收入占纯收入的比重已达70.7%。与当年非贫困户比较，贫困监测对象收入差距明显。2003年农村绝对贫困户、低收入户全年人均纯收入分别仅为非贫困户全年纯收入的25.4%和39.4%，分别为全省农民人均纯收入1697元的28.7%和44.7%。2003年农村绝对贫困户、低收入户收入综合平均数同时走低，预示着云南省剩余的贫困人口：贫困深度更深、贫困强度更强、扶贫难度更大。2003年农村绝对贫困户全年总收入为1148.6元，比上年增加98.6元；其中：人均工资性收入为125.7元，比上年增加30元；家庭经营收入人均992.8元，比上年增加97.6元。2003年农村低收入户全年总收入为1266.1元，比上年减少26.7元；其中：人均工资性收入为150.8元，比上年增加20.3元；家庭经营收入人均1069.6元，比上年减少37.2元。农村低收入户受劳动力从业结构变动的影响，家庭经营收入有所减少而工资性收入增加幅度不大，导致收入总体水平的下降趋势，应引起有关部门的关注。收入结构与非贫困户比较，2003年农村绝对贫困户、低收入户来源于家庭经营的收入占总收入的比重分别为86.4%和84.5%，比同期非贫困农户的平均水平分别高5.7和3.8个百分点；农村绝对贫困户、低收入家庭经营总收入中第一产业人均收入为906.7元和1009元，占家庭经营总收入的比重分别达91.3%和94.3%，分别比非贫困农户高3和6个百分点；第一产业收入中种植业人均收入分别为528元和612.2元，占第一产业收入的比重为58.2%和60.7%，比其非贫困农户分别高4.7和2.2个百分点。

（2）贫困户生产投入严重不足，产业结构不合理，投入效益低。2003年农村绝对贫困户、低收入户家庭经营费用支出为580.2元和433.8元，分别仅为非贫困户794.1元的73.1%和54.6%。受收入水平的制约，农村贫困户的维持性投入特征明显。①产业投入结构：绝对贫困户产业投入比重，第一产业为90.4%，第二三产业为9.6%；第一产业投入比重比非贫困户的89.3%，高1.1个百分点；第二三产业投入比重比非贫困户的10.7%，低1.1个百分点。②种养投入结构：种植业投入比重分别为：绝对贫困户44.2%、低收入户47.5%、非贫困户49.6%；养殖业投入比重分别为：绝对贫困户54.5%、低收入户50.7%、非贫困户48.6%。③固定资产投资：绝对贫困户、低收入户购置生产性固定资产投资额，远远低于非贫困户的水平。绝对贫困户、低收入户人均购置生产性固定资产投资额为34.0元和40.9元，分别仅为非贫困户112.5元的30.2%和36.4%。④投资效益分析：农村绝对贫困户、低收入户的所有家庭经营项目的效益指标，均不同程度地低于非贫困户的水平。其中：家庭经营费用投入产出比为1.7和2.5，分别仅为非贫困户2.9的59%和86%。第一产业经营费用投入产出比为1.7和2.4，分别仅为非贫困户2.9的59%和83%。其中：种植业为2.3和3.1，分别仅为非贫困户3.6的64%和86%；养殖业为1.1和1.5，分别仅为非贫困户1.8的61%和83%。二三产业经营费用投入产出比为1.5和2.9，分别仅为非贫困户3.3的45%和88%。

（3）贫困户多因生产条件较差等影响，人均农副产品的生产量较为低下。从主要农副产品的生产情况看，绝对贫困户人均生产粮食304公斤，蔬菜104公斤，烤烟6公斤，油料3.6公斤，糖料166公斤，水果10公斤，肉类27公斤，只分别相当于同期非贫困农户农民人均粮食生产量的58.6%，蔬菜生产量的31.1%；烤烟生产量的25.6%，油料生产量的32.4%，糖料生产量的28%，水果生产量的29.6%，肉类生产量的46.5%。与此同时，绝对贫困户人均出售粮食60公斤，出售蔬菜38公斤，相当于非贫困农户农民出售量的50.1%和18.3%。

4．消费行为习惯、水平和结构特征

贫困户的消费特征呈现：”吃、穿、住”为主的生存型消费结构、较低商品化程度的自给型消费、低水平低层次食物摄入的营养不良型消费、基本耐用消费品拥有量较少的低生活质量型消费特征。2003年绝对贫困户人均生活消费支出为840.3元，比上年增加67.7元，增长8.8%。绝对贫困户增加的生活消费支出主要用于文教娱乐、食品、衣着、居住、购买家庭设备和用品五个方面，其他各项生活消费支出则均比上年减少。在增加的消费支出中，增加额最多的是文教娱乐，增加44.5元，其次是食品支出，增加18.2元，这也是当年贫困监测对象消费支出增长幅度最大的一项支出。绝对贫困户和低收入户农民人均生活消费支出，与非贫困农户的生活消费水平比较，分别低761.0元和720.8元，仅相当于非贫困农户的52.5%和55%。综合看，农村绝对贫困户农民生活消费有四方面的突出特点：

（1）”吃、穿、住”为主的生存型消费结构。农村绝对贫困户人均生活消费支出仅为非贫困农户生活消费支出额的52.5%；其中食品支出占生活消费总支出的比重即恩格尔系数仍高达63.6%，在绝对贫困户生活消费支出中，人均居住支出101.4元，占生活消费支出的12.1%；文教娱乐支出59元，占7.0%；医疗保健支出39.1元，占4.6%；衣着支出36.3元，占4.3%；家庭设备用品及服务支出28.6元，占3.4%；交通通讯支出23.9元，占2.8%。绝对贫困户用于满足基本生存需要的吃、穿、住三项支出额占生活消费支出总额的比重高达80%，而非贫困农户则仅为73.4%。其中，绝对贫困户的食品支出占生活消费支出的比重即恩格尔系数比非贫困农户高10.5个百分点，食品消费支出水平只相当于非贫困农户平均水平的62.8%；居住支出相当于非贫困农户的39.6%；衣着支出相当于非贫困农户的52.9%；家庭设备用品及服务支出、医疗保健支出、交通通讯支出、文教娱乐支出等分别只相当于非贫困户的44.5%、39.4%、27.6%和39.4%。云南省低收入农户的消费行为、特征和结构与绝对贫困户极为相似，同样为”吃、穿、住”为主的生存型消费类型。

（2）较低商品化程度的自给型消费。尽管贫困户与非贫困户一样，除吃、住外的其他生活消费商品率已经接近或等于100%，但绝对贫困户和低收入户生活消费总支出的商品化程度仍然较低，为56.7%和51.2%，同期非贫困农户为68.2%。贫困户食物消费的自给率很高，绝对贫困户的商品性消费比率仅为38.1%，比同期非贫困户的商品性消费比率45.1%低7个百分点；居住的商品性消费比率，绝对贫困户为72.1%，比非贫困农户的84.6%低12.5个百分点。

（3）低水平低层次食物摄入的营养不良型消费。云南省农村贫困户与非贫困户差异最显著的特征，主要表现在农户食物消费水平、结构和质量的反差方面。绝对贫困户人均粮食消费和肉类消费仅为178和18.9公斤，分别只相当于非贫困户80%和61.6%的消费水平；满足人体生活必需的11类基本生存需要食品中，绝对贫困户和低收入户人口的消费水平全部比非贫困户低很多。农村贫困户家庭基本耐用消费品拥有率与非贫困户相比均为较低水平，反映出贫困家庭的低生活质量状况。耐用消费品拥有率与非贫困户最接近的只有黑白电视机一个品种，其余均有较大差距。

(4) 基本耐用消费品拥有量较少的低生活质量型消费特征。绝对贫困户大型家具拥有率为39.1%，仅为非贫困户的40.3%；洗衣机拥有率4.1%，仅为非贫困户的21.9%；自行车拥有率14.8%，仅为非贫困户的31.1%；电话机拥有率为5.7%，仅为非贫困户25.4%；彩色电视机拥有率为29.1%，仅为非贫困户48.4%；黑白电视机拥有率为22.1%，为非贫困户的90.2%。

（三）扶贫政策效益和贫困瞄准的成效及问题

云南省的贫困地区是集贫困、民族、山区、边疆为一体的区域，全省16个州市129个县（市、区）中有80个重点扶持县，其中国家重点扶持县73个，省级重点扶持县7个，扶贫重点县主要分布在深山区、石山区、民族地区和边境地区，昭通、思茅、文山、临沧、怒江、迪庆6个州市为云南省扶贫的重点区域。扶贫重点县的总土地面积为250869平方公里，占全省的64%。扶贫重点县的人口密度为每平方公里91人，低于全省平均108人的水平；人均耕地面积1.2亩，低于全省人均1.5亩的水平。如何从自然资源、基础设施、经济发展水平、农民生活水平等几个方面，增强扶贫效益，提高贫困瞄准率。

1．村级扶贫政策效益、成果及问题

(1) 村级扶贫，贫困乡村基础设施条件得到极大地改善，差距依然明显。根据调查，重点扶贫县中，坝区村占9.5%，半山区村16.7%，山区村73.8%；少数民族聚居村55.9%，革命老区县的村占7.4%，边境地区村占23.6%，可见解决山区、边区、少数民族地区和革命老区的社区贫困问题是扶贫任务的重中之重。近年来，云南省增加了对重点扶贫县的基础设施建设的投资力度，交通、电力、通讯和广播电视条件明显改善。与上年同期相比，通公路的自然村比重为72.8%，增2.8个百分点，通电的自然村比重为90.0%，增0.5个百分点，通电话的自然村比重为38.0%，增5.2个百分点，能接收电视节目的自然村比重为77.7%，增3.7个百分点。云南省重点扶贫县注重土地资源条件改善，退耕还林、坡改梯等扶贫措施，使贫困地区耕地条件得以改善。2003年，25度以上坡耕地占总耕地面积比重为24.0%，比上年下降了3.8个百分点；梯田面积比重为12.7%，比上年提高了0.6个百分点；平均每个行政村荒山荒坡面积为1259.2亩，比上年下降了298.5亩。科技服务。云南省加大了对重点扶贫县村级农业科技服务的扶持，农村科学种田水平均有不同程度的提高。2003年，重点县举办过专业技术培训的行政村比重为49.9%，比上年的47.7%提高了2.2个百分点；农牧业新技术示范村比重为31.8%，比上年的31.5%提高了0.3个百分点；使用节水栽培技术的行政村比重为5.8%，比上年的5.5%提高了0.3个百分点。

(2) 扶贫到村项目覆盖率达92.7%，但物质扶持多，精神扶持少，资金扶持多，技术扶持少。2003年，云南省重点扶贫县当年参加过扶贫项目的村占总行政村比重为40.8%，占重点村比重为92.7%；参加的扶贫活动形式为：现金扶持51.6%，实物扶持74.1%，技术扶持36.7%，分别比上年提高9.6、25和8.7个百分点。

(3) 村级扶贫项目投资增加，但项目实际投入与需求差异显著。2003年，平均每个重点项目村当年使用的扶贫资金总额为24.4万元，从数量上看，比上年除人畜饮水和电力扶贫资金下降外，其他扶贫项目资金均有较大幅度上升。从扶贫投资结构看，主要用于退耕还林还草3.8万元，人畜饮水工程2.7万元，修建及改建公路2.3万元，修建基本农田2.1万元，养殖业1.7万元，种植业0.9万元和学校及学校设施建设0.9万元。

(4) 村级扶贫项目期望，种养业和基础设施建设仍然是主流，成为项目调整的重要依据。贫困地区乡村最希望得到的扶贫项目比重顺序为：种植业46.0%，养殖业13.7%，修建及改建公路9.1%，人畜饮水工程7.9%，修建基本农田5.5%，退耕还林还草4.9%，农产品加工业3.2%，林业2.2%，电力设施2.2%，技术培训1.4%，学校及学校设施1.3%，其他生产行业 0.3%，电视接收设施0.3%，扫盲、资助儿童入学0.3%，卫生室及设施0.1%。

（5）扶贫项目成果显著。2003年云南省贫困地区扶持农户和公共项目成果显著，一是农业产业项目扶贫成效明显，2003年平均每个重点项目村扶持农户为：种植业25.7户，比上年增3.9户，增长幅度17.9%；林业7.8户，比上年增1.8户，增长幅度32.2%；养殖业23户，比上年增17.8户，增长3.4倍。二是农村基础设施条件明显改善，2003年平均每个重点项目村修建基本农田58.5亩，比上年增29.6亩，增长幅度1倍；人畜饮水工程44.1户，比上年增7户，增长幅度18.9%；修建及改建公路8.7公里，电力设施0.7公里，电视接收设施0.9套，学校及学校设施0.2个，卫生室及设施0.1个，扫盲、资助儿童入学14.5人次，退耕还林还草264.6亩均比上年有不同程度的增长。2003年，重点县举办过专业技术培训的行政村比重为49.9%，比上年的47.7%提高了2.2个百分点。

（6）贫困村自然灾害频繁，救助与社会保障措施落实到位。贫困监测数据表明：尽管2003年云南省扶贫重点县遭受的自然灾害程度比上年有所下降，但仍然有47.8%的行政村遭受不同程度的自然灾害；平均每个受灾村缺粮需要救济的农户数为125.4户，平均每个受灾村当年收到救济、救灾款物为9485元，93%的需要救济农户当年收到过救济救灾款物。

（7）贫困地区劳动力转移取得初步成绩，问题依然严峻。农村劳动力从产业上向非农产业、从地域上向城镇转移或流动，是贫困地区农村产业化经营的重要举措之一。过去较长时期，由于我国独特的以身份户籍管理为核心的城乡隔绝体制，使贫困地区农民被禁锢在有限的土地上，农村富余劳动力长期累积，形成了一支庞大的农村富余劳动力队伍。云南省贫困地区农村劳动力大量闲置、效益低下，是导致贫困的根源之一，但从另一角度看，又是扶贫济困的丰富资源。2003年云南省贫困地区劳动力转移取得初步成绩：近年来，省委省政府将贫困地区劳务输出作为扶贫济困的重点措施，促进了贫困地区农村富余劳动力向非农产业转移。2003年贫困地区农村住户外出劳动力比重为6.0%，初步推算转移劳动力为145万人；劳动力转移方式比重为：政府或单位组织3%，亲戚朋友介绍39.5%，自发外出57.5%；在外从事行业比重：第一产业12.3%，第二产业37%，第三产业50.7%；本年度在外务工时间比重：6个月以上的占44.4%。2003年贫困地区农村住户外出劳动力，年人均在外务工总收入为2645元，比2002年的2304元增加341元，增长14.8%；其中：寄回或带回1016元，比2002年的977元增加39元，增长4%。2003年外出劳动力促进贫困地区农民纯收入增加40元，贡献率达到了3%。同时外出劳动力年收入变化可喜，16.3%的外出劳动力认为年收入逐年增加，只有6.7%的外出劳动力认为年收入逐年减少。云南省贫困地区劳动力受：劳动力转移主动性弱、工作技能差、就业信息渠道不畅等因素限制，转移地域以就近转移为主，转移方式以自发盲目流动为主，从业类型以建筑制造业、餐饮服务为主，就业时间以短期行为的打短工为主，使得劳动力转移规模小、就业行业单一、工资待遇低。建议在贫困地区加大就业组织力度，培育劳动力就业信息市场，根据市场需求强化富余劳动力技能培训的针对性。

2.瞄准贫困户和扶贫项目的经验和问题

虽然云南省近年来扶贫到户率有所提高，但是，贫困农民若能充分参与扶贫项目全过程，变被动接受扶持为主动积极进行参与式扶贫，扶贫成效会更明显。扶贫到户是云南省扶贫济困的主要手段，但扶贫资金和项目瞄准的技术难度一直很大。扶贫项目和资金是否投向最需要扶持的未稳定解决温饱的绝对贫困和低收入人群，扶贫项目实施是否透明公正，贫困农民是否能参与扶贫项目全过程，直接关系到扶贫工作的落实和成效。从扶贫参与情况看：贫困地区农户对村级扶贫情况的了解和参与情况，71.8%的项目村农户知道：”本村当年正在参加或完成某项扶贫活动”，56.6%的项目村农户知道：”村里当年有落实新扶贫开发项目”。在已知扶贫项目的农户中，71.8%的农户通过村民会议、村委会的公示，13.3%的农户通过村干部的个别通知，5.6%的农户作为村干部接到上级的通知，3.1%的农户通过亲朋好友知道，2.1%的农户通过贫困监测调查才得知。

扶贫经验表明，贫困农民若能充分参与扶贫项目全过程，变被动接受扶持为主动积极进行参与式扶贫，扶贫成效尤其明显。通过全省贫困监测调查，受扶持农户扶贫项目内容确定前57.9%的农户有机会参与讨论，参与率比上年同期的44%增加了13.9个百分点，但是仍然有42.1%的受扶持农户没有机会参与讨论。在项目实施前当年得到扶贫项目资助的农户中：60.1%的农户能自选项目，94.3%的农户征得了本户同意。

扶贫到户关键的指标是项目区的项目覆盖率（指项目区扶持农户占总户数的比重），2003年云南省项目区扶贫到户的项目覆盖率为30.3%，比上年同期的28.8%上升了1.5个百分点。项目区扶贫到户项目类别比重为：退耕还林26.1%，人畜饮水12.0%，修建及改扩建道路9.6%，种植业9.0%，养殖业4.2%，电力、技术培训4.2%，基本农业建设4.0%。

要提高扶贫效益，必须加强项目分析论证，还必须倾听贫困户意见，关心贫困户需求，必须克服扶贫项目选择技术难度大的困难。我们应该认识到，扶贫项目和资金是否投向最需要扶持的未稳定解决温饱的绝对贫困和低收入人群，扶贫项目实施是否透明公正，贫困农民是否能参与扶贫项目全过程，对云南省整个扶贫济困进程将产生直接影响。

四、机制创新与战略调整——构建“平安和谐云南”的希望目标

（一）统筹城乡经济社会和谐发展，建立城乡统筹的一体化扶贫体系，研究制定国际可比、城乡可比的新的贫困标准

伴随着云南省城市化进程的加快和户籍制度的不断松动，城乡贫困形成之间的联系日益密切，需要调整城乡减贫分而治之的策略，逐步采取有效步骤，统筹城乡的减贫政策和战略。城镇贫困人口和城乡流动人口的增加要求我们应当尽快建立一个城乡统筹的一体化扶贫体系。统筹的内容应当包括：第一，在农村地区建立救助制度。其对象既要包括残疾人、孤寡的老年人和长期因病丧失劳动能力而又没有其它收入来源的人群；以及因自然和经济等方面的原因，短期内家庭的收入和消费达不到最低生活标准的家庭。第二，完善现有的城镇救助体系，对进城务工人员，因灾难、短期失业等原因出现生活困难者给以必要的救助。第三，农村和城镇都需要进行开发式扶贫，扶持的对象主要是有劳动能力但仍然比较贫困的人口。

云南省目前农村绝对贫困人口的标准是人均年纯收入687元以下，这个标准是国家根据1986年开始大规模扶贫时，按照当时解决温饱的要求制定的，已经不适应全面建设小康社会的要求。目前我国测算农村低收入贫困人口的标准是人均年纯收入924元以下，实际上与世界银行提出的按购买力平价计算1天1美元收入的国际贫困线标准十分接近。建议直接采用这个标准，这样既有利于和世界减贫的工作接轨，也有利于全面建设小康社会和联合国千年发展目标的实现。

（二）坚持以人为本，完善目标瞄准性减贫战略的真正实施，全面实施并严格管理参与式贫困分析、评估制度，增强扶贫针对性，提高项目到村到户瞄准率，力求使每一个贫困人口都能直接受益；增强扶贫项目评估科学性，提高项目实施有效性，力求每一个受益村社会经济效益最大化，力求使每一个受益贫困户能脱贫。

新阶段扶贫开发的主要任务，就是尽快解决262.3万农村绝对贫困人口的温饱问题，同时帮助515.4万初步解决温饱、但还不巩固的低收入贫困人口，实现稳定脱贫。完成这个任务，必须贯彻真扶贫、扶真贫的原则。要以贫困人口为基本扶持对象。扶贫资金和扶贫项目，要直接用于解决贫困人口温饱、增加收入和改善生产生活条件等方面。贫困人口不能直

接受益的项目，不得使用扶贫资金。必须增强扶贫开发的针对性。要根据每个贫困人口的不同情况，制定和落实具体的帮扶计划和项目。对具有劳动能力和开发潜力的贫困人口，着力帮助改善生产生活条件，发展特色产业，提高综合素质，促其尽快脱贫；对缺乏基本生存条件地方的贫困人口，积极稳妥地进行生态移民和扶贫移民搬迁，帮其易地脱贫；对丧失劳动能力的特困人口，实行社会救济，保证其基本生活需要。

增强扶贫针对性，提高项目到村到户瞄准率，力求使每一个贫困人口都能直接受益；增强扶贫项目评估科学性，提高项目实施有效性，力求每一个受益村社会经济效益最大化，力求使每一个受益贫困户能脱贫，必须全面实施并严格管理参与式贫困分析、评估制度。一是扶贫项目的目标不仅以改善人民的生活水平为目的，而且要保障和实现最贫困农民参与社区决策的权利，二是力图使项目能够覆盖到最贫困最偏远的乡村，三是通过参与式的项目设计、实施和评估来让当地贫困人群根据他们自己的意愿选择项目建设内容。四是解决平等发展的障碍为目的，使所有的妇女和女童都能享有和男人平等的开发自己潜能的机会，五是明确扶贫项目直接投入到基础教育、卫生、农业、基础设施、能力建设的重要性。对贫困村和贫困户提供适合的技术，服务和基础设施，让项目村和项目农户更多地参与决定哪些是他们需要的项目活动。

（三）以构建”平安和谐云南”社会为目标，以科学发展观为指导，推进开发式扶贫新模式， 努力探索资源开发与环境保护双赢机制，创造有利条件，最大限度地发掘贫困地区人力资源潜能。

面向当地自然资源的开发式扶贫是云南省过去扶贫工作的特点，这方面经验应该总结发扬。应继续坚持，并逐步增加资源开发的技术含量，以提高开发效率，减少对环境的不利影响。要坚持开发式扶贫方针，以解决温饱和巩固温饱为中心，以贫困自然村为主战场，实施整村推进，抓好重点村产业扶贫项目的建设，以增加贫困农户收入为目标，提高自我积累和自我发展能力，发展农业产业化是农村经济发展的必由之路。贫困地区经济的发展，同样也离不开农业产业化的发展。但是，云南省的贫困地区由于基础条件恶劣、贫困规模大、贫困程度深，开发式扶贫的短期效益并不明显，一个主要原因在于他们缺乏稳定脱贫的经济支柱和支撑。因此，根据市场规律，依托贫困地区的自然资源优势和劳动力资源优势，因地制宜，采取”公司＋农户＋基地”等产业化发展模式，探索和开发贫困地区特色产业的发展，推广和普及先进的生产技术，扶持科技含量高、具有带动作用的龙头企业，促进资源优势尽快转化为经济优势，促进和带动贫困地区经济的较快发展。

根据部分贫困地区在当地自然资源的开发式扶贫过程中，过度依赖资源、无限制地掠夺资源，出现的毁坏生态平衡现象，严重地阻碍了地区经济的可持续发展。建议以构建和谐社会为目标，以科学发展观为指导，推进开发式扶贫新模式， 努力探索资源开发与环境保护双赢机制。

同时随着社会主义市场经济体系的建立和完善，在自然资源开发的基础上，应当同时侧重对贫困人口的人力资源开发，通过推动基础教育、成人教育和科技培训来提高贫困人口适应市场的能力和通过成功的人口迁移来获得非农就业机会的能力。同时，实施”劳务输出工程”，努力提高贫困者素质，增强他们的知应能力，应使每个极端贫困户至少输出1个剩余劳动力。通过劳务输出项目扶持，使暂时贫困户和低收入人群争取短期内在全省率先摆脱贫困。建议以社区为单位建立社区学习中心，促进基础教育和成人教育、学校教育和社区教育、家庭教育和社会教育的有机结合，逐步将贫困人口集中的贫困社区建设成学习型社区。另外，健康和教育一样是人力资本的重要组成部分，因此，也应当进一步增加对农村地区医疗、卫生领域的投入，推进农村新型合作医疗制度的建立和完善，采取特殊措施（如减免费用）以保证合作医疗能覆盖到所有贫困人口。

（四）创新扶贫开发工作机制，努力构建贫困地区和谐社会

树立以人为本的思想，解决执政理念问题。以人为本，是执政理念的根本和核心。提

高执政能力，首要问题是抓发展。因此，只要有利于贫困地区经济社会发展，有利于贫困农民增加收入，有利于尽快解决群众的温饱问题，就应大胆地试，大胆地闯，大胆地干。工作方式，要有三个根本转变：一是行政指挥为主转变为提供信息、技术服务为主，充分尊重贫困群众的意愿和自主权。二是由以生产性指挥为主转变为以项目带动、市场引导为主，着力培育、扶持贫困农民产业化经营。三是由以一般号召和普遍的宣传为主，转变为分类指导，典型带动为主，引导贫困群众选择好项目，帮助群众发展经济。

抓住重点、难点解决突出问题。解决贫困地区群众的温饱问题，是构建贫困地区和谐社会的基础手段。首先要巩固扶贫开发取得的已有成效，继续加大扶贫开发的力度。其次是巩固和发展平等、团结，相互尊重的社会主义民族关系，妥善处理好各种关系，促进贫困地区各民族团结和睦，努力推进人与人，民族与民族，贫困地区与发达地区的和谐。因此全省80个扶贫开发重点县应采取有效措施，加快发展，不断改善贫困群众的生产、生活条件，缩小富裕户与贫困户，区域间和地区间在发展上的差距。同时要加大教育扶贫的力度，提高贫困地区群众的整体素质，缓解贫困群众无钱看病、因病、因教返贫问题，建立农民最低生活保障制度，拓宽贫困户子女的就业门路，切实加强贫困地区群众直接受益的水、电、路、基础设施建设和社会文化事业，为本地区的和谐社会发展创造条件。

以合理的利益协调机制，化冲突为和谐。构建贫困地区和谐社会必须努力促进贫困地区经济社会全面发展。贫困群众是一个弱势群体，需要政府利用公共权力来保护他们的利益。一要治理人居环境，按照发展生态经济、建设生态环境、培育生态文化的要求，大力推进生态家园建设，开展生态文明村创建工作，努力实现生态文明村经济结构好、人居环境好、道德风尚好、生活方式健康的目标，建设富裕、文明、进步的社会主义新农村。二要尊重劳动、尊重知识、尊重人才、尊重创造才能激发活力。三要保证贫困儿童的九年义务教育的普及，加强对成年人的培训，重点是加强贫困劳动力的培训，培育能人，提高贫困农牧民就业本领和适应市场经济社会的能力。四要保证贫困农民子女能够接受高等教育。五要建立有利于吸引各类人才、有利于调动各类人才积极性的用人机制。六要帮助贫困群众克服等、要、靠的依赖思想，增强自主意识，使农户以自助、自治的方式组织起来，参与社会管理，参与社会矛盾的解决。

扶贫难度加大，扶贫资金短缺，贫富分化，已经成为影响贫困地区和谐社会的最大障碍，应改革小额信贷制度推进扶贫。根据过去几年云南省的扶贫经验，小额信贷在进行开发式扶贫时取得了较好的效果。对此，政府应该在以下方面进行改革来进一步推动小额信贷的发展：逐步放开各种类型的小额信贷市场，并建立相应的管理体系和机制；准许小额信贷机构根据市场状况和运行成本自主决定贷款利率；通过鼓励竞争来保证小额信贷机构不断创新、降低成本和提高服务质量；政府可以将目前经由商业银行发放扶贫贴息贷款的资金转由小额信贷机构来发放。另外，政府还可以探索利用龙头企业家、金融机构加农户的方式，由龙头企业为农户的贷款提供担保，以解决金融企业对农户信息不对称的问题，使农户顺利获得贷款资金。

云南省农调队、云南省贫困监测办公室

江西省移民扶贫工作的调查与思考

一、实施移民搬迁扶贫工作的背景

江西省21个国家扶贫开发工作重点县有近25万人常年居住在深山区、水库库区和地质灾害频发区，是江西省扶贫攻坚最难啃的"硬骨头"。

在这些地方，多数的村庄至今不通路，不通电，不通广播电视，不通电话，缺乏基本医疗卫生和文化教育设施，耕地少、土壤贫瘠，生产资料严重短缺，自然灾害频繁。极端落后的基础设施和近乎原始的生产条件，使这些地区的群众长期处于非常贫困的状态，多年的扶贫实践也证明，要就地解决他们的温饱问题，难度大、成本高、操作难、效果差。而且深山区的生态环境和资源保护，也由于人类活动的不断而日渐强化的作用，变得日渐艰难，生态风险越来越大。

开门见山，悠悠青山隔断致富出路；抬脚遇水，茫茫碧水阻挡幸福前程。移民搬迁、寻找幸福的新家园是广大库区、深山区贫困群众的共同愿望。特别是在上个世纪末大量农民工进入发达地区打工的浪潮涌动后，这些祖祖辈辈居住在大山里的年轻一代，为大山外面热火朝天的发展势头所惊奇，被发达地区人民的美好生活所吸引，对大山外面的生活充满了难以遏制的向往，"搬出大山，拔掉穷根"成了他们的急切心声。

专栏16 遂川县背景资料

遂川县山地占总面积的80%，素有"八山一水半分田，半分道路和庄园"之称，人平水田不足0.5亩，是一个人多地少，经济基础薄弱的老区贫困县。2000年，遂川县3.6万贫困人口，有2.89万人居住在深山区，普遍存在出门行路难，儿童上学难，青年娶妻难，有病就医难，用水用电难，通讯邮电难，发展经济难的"七大难"。

不仅如此，由于地质原因，遂川县还是一个山体滑坡灾害频发的山区县。由于平地稀少，全县有7000多农户长年居住在大山脚下或半山腰，生命和财产受到泥石流、山体滑坡等地质灾害的威胁。2002年，全县先后发生了5次危害较大的山体滑坡灾害，特别是9月13日至14日连续暴雨，造成严重的山体滑坡，999幢房屋全部倒塌，28人死亡，千余人受伤，大量农田被毁。

专栏17 万安县背景资料

万安县位于江西中南部，面积2051平方公里，辖9镇7乡1垦殖场，总人口29.4万人，是集老、少、边、穷、库于一体的革命老区。1991年6月国家"七五"重点水利工程——万安水电站下闸蓄水后，全县有7个乡镇，37个行政村，309个村民小组，3万多亩良田，9万多亩山地被淹没。3万群众迁出库区，7000多人在库区后靠安置，库区影响人口6900余人。耕地贫瘠，交通不便，自然资源缺乏，基础设施落后，极大地制约了库区深山区群众的生产发展。

崎岖的山路不知摔伤过多少挑担的老人和上学的幼童，茫茫的大水不知吞噬过多少不幸的生命。涧田乡杨梅坑村村民江德秀突发急病，村里几个人抬着他匆忙赶往最近的弹前乡卫生院，可是，30多里的山路只走了近20里，病人就已经咽了气；武术乡大蓼村一位村民被毒蛇咬伤，也是在送往卫生院的途中丧命。

在这些库区和深山区，适龄儿童入学率93%，少年入学率81%，初中辍学率高达16%；库区有16个行政村不通电，48个行政村不通电话，39个行政村不通邮，所有村组几乎不通广播电视；1996年至2001年，这里的农民年人均纯收入分别为721元、711元、704元、655元、608元、640元，其中人均纯收入在413元以下的就有765户3386人，最低人均纯收入只有290元，人均粮食占有量不到200公斤。

立党为公，执政为民。江西省委省政府急库区深山区贫困群众所急，想库区深山区贫困群众所想。为了满足库区深山区贫困群众的迫切愿望，给他们以社会均等的发展资源，保障他们的生存权和发展权；为了全面建设小康江西、实现江西在中部地区的崛起；为了降低扶贫成本和降低行政管理成本；为了保护生态环境、优化人口分布，实现快速、全面、协调、可持续发展的需要；为了新阶段扶贫开发工作创新与突破，根据国务院《中国农村扶贫开发纲要（2001—2010年）》中提出的"对目前极少数居住在生存条件恶劣、自然资源贫乏地区的特困人口，要结合退耕还林还草实行搬迁扶贫"的要求，2003年初，江西省委、省政府在深入调查研究的基础上，果断做出决定：用5年左右的时间，对全省21个国家扶贫开发工作重点县中居住在库区深山区、缺乏基本生存条件的25万贫困群众实施移民搬迁扶贫，从根本上改善他们的生存条件，发展生产，增加收入，从而推动全省整个扶贫开发工作。2003年先在九江市的修水县、吉安市的万安县和遂川县三个不同类型的扶贫开发工作重点县进行试点，取得经验后2004年起在全省推开。试点工作计划搬迁移民12300人，其中，修水县5000人，主要探索深山区移民扶贫工作经验；万安县3300人，主要探索水库库区移民扶贫工作经验；遂川县4000人（含就近避灾1000人），主要探索地质灾害频发区移民扶贫工作经验。

专栏18 修水县背景资料

修水县是江西省版图面积最大的国家扶贫工作重点县，境内有江西省"八五"重点工程——东津水库。全县有近5万人居住在深山区和库区，生活十分艰苦。以程坊乡为例，乡政府所在地距县城36公里，6个行政村46个村民小组全部不通公路。东津水库下闸蓄水后，仍有1073户4502人分散居住在库区的深山老林中，人均一分半冷浆田，水稻单产300斤左右。还有人均半亩的旱地，只能种点红薯，还得遭受野兽的严重破坏。村民们长期处于行路难、运输难、上学难、就医难、娶妻难的"六难"境地。该乡齐源村，有95户413人，他们到乡政府除了要走3个多小时的山路外，还要坐2个多小时的船，孩子念书，也要走4公里的山路，再坐1个多小时的船。有个13岁女孩桂冬霞，在程坊中学念书，每次回家都要走3个多小时的山路，坐2个多小时的船。2002年，该乡农民人均年收入不足900元。

二、移民扶贫工作的政策设计

在总结以往移民建镇经验教训的基础上，江西省确定了移民扶贫试点工作的目标、原则、方式、范围、对象、补助标准和资金筹集办法等。

（一）工作目标

移民扶贫工作的目标是"整体搬得出、长期稳得住、逐步富得起。"所谓"整体搬得出"，是指以自然村或居住点为单位实施整体搬迁，不能搬一部分留一部分，以降低扶贫成本和行政管理成本。所谓"长期稳得住"，是指通过有土安置和无土安置相结合的方式，通过全社会的支持和帮助，解决他们的生计问题。有土安置的，人均必须要有半亩以上的耕地；无土安置的，要实现每户至少有1人务工或经商。所谓"逐步富得起"，是移民搬迁的根本目的。通过有效的扶持，使移民逐步走上富裕道路。搬迁是手段，富起来才是最终目标。

（二）基本原则

包括三个方面：

一是工作原则，是"政府引导、群众自愿、以县为主、省市支持"。移民扶贫是一种政府行为，政府在组织发动、宣传动员以及安置地和安置方式的选择确定等方面进行引导。群众自愿搬迁，并自主选择安置地和安置方式、建房方式。政府不搞强制命令，不搞大包大揽。县政府负责全县移民扶贫搬迁工作的具体组织实施、统筹协调和后续扶持工作。省、市两级在政策、资金和基础设施建设项目等方面给予适当的帮助和支持。

二是搬迁原则，是严格的“整体搬迁”。一般要求以自然村（村小组）为单位实施整体搬迁；深山区和库区群众居住特别分散的少数地方，以居住点为单位实施整体搬迁；在有条件的地方，实施行政村整体搬迁，将所有居住在该村范围内的人口全部搬迁出去。一个自然村或居住点只要有1户不愿意搬迁，就不得列入移民扶贫搬迁的范围，只有做通全部住户的工作，才列入移民扶贫搬迁范围。

三是安置原则，是“集中安置为主，分散安置为辅，有土安置与无土安置相结合”。有土安置的，要为农户提供耕地、山场或水面等基本的生产资料，其中耕地一般人均不低于0.5亩，并及时为农户办理土地承包手续。允许和鼓励农户跨地域、跨乡镇投亲靠友安置。鼓励部分条件较好的农户到城镇或圩镇作无土安置，并使每户至少有一人务工或经商。

（三）工作方式

一是先搬迁边、远、偏、散地区群众，争取做到低成本安置，高标准扶持，通过长时间、系统化的帮扶，促使移民户早日脱贫致富。

二是“阳光操作”。从移民搬迁户的确定，到安置地的选择；从建房补助资金的发放，到公共设施建设的投入；从集中建房的公开招标，到建房的质量监督等等，都做到公开、公正和透明。

三是“四个结合”。将移民扶贫与加快城镇化、集镇化建设相结合，与解决农村富余劳力出路相结合，与退耕还林相结合，与生态保护和环境建设相结合。

（四）工作范围

江西省移民搬迁扶贫工作的范围，是在国家扶贫开发工作重点县中，缺乏基本生产生活条件的深山区、库区和地质灾害频发区。其中：

1.深山区，指海拔较高，距离乡镇或集镇较远，不通电、不通公路、不通电话、不通广播电视，缺乏教育和医疗网点，耕地少、耕作难度大，生存条件恶劣的山区；

2.库区，是指中央和省属的大中型水库淹没区一定范围内缺乏水、电、路、教育、医疗等基础设施，耕地少、耕作难度大，生存条件恶劣的地区；

3.地质灾害频发区，是指经常发生山体滑坡、泥石流等各种自然灾害，严重威胁群众生命财产安全的地区。

（五）搬迁对象

是指上述范围内的贫困农业人口，并且一般要求是：必须是本人自愿并提出书面搬迁申请；有当地常住户口；村民小组人均耕地在0.5亩以下；以乡为单位，2002年农民人均纯收入在1000元以下。

我们还规定，在职干部职工（包括离退休人员）和违反计划生育政策超生的农户子女，不作为移民扶贫的对象，此类人员如果随家搬迁，不享受移民扶贫的各项政策和资金的扶持。

另外，在核算移民户的户籍人口时，对新婚、出生、死亡等特殊情况下如何计算核定家庭人口数，各地还根据当地实际，划定了相应的时间界限。

（六）补助标准和资金筹集

移民扶贫的资金补助为每个移民人口3500元（其中遂川县地质灾害频发区就近避灾每户补助4000元）。人均3500元中，财政扶贫资金2500元，省财政专项资金500元，市财政配套500元。为了保证这笔资金专款专用，全部用在移民户身上，省里制订了《江西省库区深山区移民扶贫资金管理试行办法》，要求各地严格按照此办法的规定管理和使用资金。

此外，为了移民扶贫搬迁工作的顺利开展，保障移民户的合法权益，减轻安置地乡村和移民户的经济负担，省政府专门下发了《江西省库区深山区移民扶贫若干政策规定》，在鼓励贫困群众移民搬迁方面制订了一系列优惠政策，同时要求各地根据当地实际制定相应的实施办法与细则。

专栏19《江西省库区深山区移民扶贫若干政策规定》

省委、省政府决定，从2004年起，在全省21个国家扶贫开发工作重点县全面推开移民扶贫工作，为了切实把这项工作落到实处，完成移民扶贫的各项任务，特作如下规定：

一、移民搬迁造成土地撂荒和为移民修建公路等公共设施占用耕地，免征农业税及附加、农业特产税及附加。

二、移民搬迁建房应尽量使用闲置土地，严格控制占用耕地。确需占用耕地的，可通过造地等方式进行置换，造地所需资金，由所在县（市）政府从土地收益中安排解决。移民搬迁建房可免交耕地占用税和防洪保安资金，建造自用居住房可免交城镇土地使用税、房产税，建筑安装营业税由建筑施工单位或施工工匠缴纳，不得直接或变相向移民户征收。县（市）有关部门要按国家有关法律规定，对移民使用迁入地农村集体经济组织的土地，要依法及时办理承包权变更手续，核发土地承包证，免收有关税费。

三、移民搬迁建房占用林地可免收林木补偿费、林地补偿费和森林植被恢复费。

四、移民迁出地符合退耕还林条件的，要优先安排退耕还林项目。实施了退耕还林的地方，原有山林按国家规定实行封山育林。

五、移民搬迁建房自采沙石和自制砖瓦，应在当地有关部门指定的范围内进行，免收有关规费。

六、移民搬迁建房免征市政公用设施配套费、建筑行业上级管理费、招投标管理费，免收移民建房设计图纸费，减半收取地形测量费、建设工程质量监督费、规划设计费、工程勘察设计费。

七、移民迁入地新建公路，省交通厅每公里补助2万元，做油路、水泥路面，按县乡公路标准给予补助，并免息金。对新建公路中的大、中桥梁，按每延米3000元标准补助。省交通厅还应将移民集中安置地行政村道路改造和建设列入”十五”和”十一五”计划，优先安排。

八、移民搬迁建房需要木材的，由本人提出申请，逐级报经当地县级林业主管部门批准后，使用自用材采伐限额指标在指定的山场采伐，木材从迁出地带到迁入地，林业和税务部门免收各种税费。

九、公安部门要及时为移民办理户口迁移手续，只收取户口簿工本费。

十、省有关部门在保留原有项目和资金的基础上，对新增的项目和资金应优先安排支持移民集中安置地的基础设施建设。

十一、对因移民搬迁造成土地撂荒的农业税减收，原则上在市、县两级的农业税机动减免中解决，如市、县解决有困难的，由省财政按核实的撂荒面积适当给予专项转移支付补助。

十二、本规定只限于全省移民扶贫工作。各市、县可结合本地实际，依据本规定制定实施细则。

三、移民扶贫工作的具体做法

江西省开展移民搬迁扶贫工作已经两年多了。2003 年试点完成了 12300 人的搬迁任务，2004 年完成了 41267 人的搬迁任务，2005 年将完成 50000 人的搬迁任务。江西省移民搬迁安置点大都选择在"近路、近水、近田、近电、近校、近医"的适宜位置，注重了与示范村建设、城镇建设有机结合，统一规划，统一设计。据统计，两年共建设移民集中安置点 397 个，建造了 7843 余幢移民住房。为安置点修建公路 430 公里，架设输电线路 312 余千米，修建人畜饮水设施 1114 处，修建学校、卫生院 84 所，比较好地解决了安置点的生产生活条件问题。移民扶贫搬迁不仅从根本上改善了移民户的生产生活条件，为他们脱贫致富打下了坚实的基础，而且促进了安置地基础设施建设和社会事业发展。

移民扶贫搬迁的另一个重大成果，就是改进了干部作风，密切了党群、干群关系，增强了群众脱贫致富的信心。以修水县为例，仅 2003 年，全县共有 320 名干部投身于移民扶贫工作。为了抢时间、赶进度，各安置点的乡镇领导、挂钩帮扶的县领导、县直机关干部及工程技术人员蹲在施工现场，有时还通宵达旦，与移民同甘共苦共建家园，亲身经受了实实在在的"三个代表"重要思想教育。移民户在赞扬移民扶贫的对联中写道："移民扶贫，党恩浩荡"，"四方好邻居共同致富奔小康，三都建新村移民齐心谢党恩"。全县出现了"三多"现象（即群众谈论最多的是移民扶贫，干部付出汗水最多的也是移民扶贫，领导过问最多的还是移民扶贫）。据统计，2003 年全县为移民扶贫工作减免各种税费达 1410 万元，为移民户人均节约资金 1740 元。万安县有的乡村干部每人联系一户移民户，亲自动手帮助移民平整房屋基脚，联系建材。

江西省的移民扶贫搬迁是从实际出发探索出的一条扶贫开发新路子，可以用"坚持自愿，以人为本；整体搬迁，无后遗症；群众参与，公正透明；领导重视，部门支持；迁稳并重，跟踪服务"这 40 个字来概括。

（一）坚持自愿，以人为本

江西省移民扶贫搬迁工作的最大特点，就在于体现了坚持自愿、以人为本的原则。为确保"整体搬得出，长期稳得住，逐步富得起"目标的实现，各重点县都注重以人为本，摒弃行政命令、强迫执行的做法。在移民扶贫搬迁对象的确定上，一定要经过农户本人提出书面申请；在安置方式的选择上，由移民户根据自身的实际情况，自主选择集中安置或分散安置，是有土安置还是无土安置；在群众最为关心的建房问题上，由移民户自主选择委托建房或自行建房，是完全建好后入住还是先建一层入住。在安置点的选址问题上，要由有安置积极性的乡镇和村组提出书面申请，县移民扶贫工作领导小组审查批准后才确定。有的安置点所在乡镇还在县城设立了移民接待站，免费接送移民户参观、选点，并免费安排食宿。万安县韶口乡为了达到移民安置"零负债"的目的，在对移民建房实行"零收费"制度的同时，鼓励移民实行"一层房"安置，少建多层房，尽量减少其在建房上的投入。从而提高其生产投入能力。

（二）整体搬迁，无后遗症

江西省开展移民搬迁扶贫的第二个特色，就是坚持整体搬迁不动摇。由于库区和深山区人居相当分散，我们要求各重点县一定要以居住点为单位，实施整体搬迁，不能搬几户留几户，以从根本上杜绝移民返迁现象的发生。搬迁以后，除了移民经营山场必须的房屋，其他房屋必须拆除。移民原来耕作的田地，实行退耕还林，既能保护和改善生态环境，也能在一定程度上缓解移民的搬迁负担。

（三）群众参与，公正透明

移民搬迁扶贫不仅仅是政府部门的重要任务，更是搬迁户自身一辈子的大事。江西省在开展移民搬迁扶贫工作中，特别注重群众全过程的参与，实行"阳光操作"，以保证这项好事实事的公正透明。在宣传发动上，各县发动县直单位和乡村干部，深入移民户家中，宣传移民搬迁扶贫政策和措施，听取移民户的意见和建议，反复进行调查摸底与核查，做到了"宣传资料发放到户、政策规定宣讲到户、群众疑虑解答到户"。在移民搬迁对象的确定上，各县都要经过本人申请、民主评议、村和乡镇审查、张榜公示、县级核批、签订协议等多道程序。在安置点的选择上，各县做到让每个移民户了解每个安置点的详细情况，以利移民户自主选择。在建房问题上，积极动员和吸收移民户参与工程招投标以及质量、进度和造价的监督。大部分重点县还由移民户自己推选代表组成理事会，直接参与工程建设，联系购买材料，监督工程质量、进度和资金发放。工程竣工验收时，由审计部门对建房及配套项目的资金使用进行审计，算好帐、列好清单送到移民户手中，真正做到让移民户放心、安心和欢心。

（四）领导重视，部门支持

移民扶贫工作是一项极其复杂的系统工程，几乎牵涉到"三农"的所有问题，需要领导层的高度重视和支持。江西省委、省政府对移民扶贫工作高度重视，主要领导经常过问，多次做出重要批示，提出明确要求。为了加强对移民扶贫工作的组织领导，省里成立了移民扶贫工作领导小组，由分管的副省长任组长，并在省扶贫办设立了省移民扶贫工作领导小组办公室。省扶贫开发工作领导小组向省领导送呈了《关于恳请在国家扶贫开发工作重点县定点联系的省领导重点关注移民扶贫工作的函》，得到了省委孟建柱书记的高度重视，并做出重要批示：实施移民搬迁扶贫工程，这是解决居住在深山区、库区、地质灾害频发区群众脱贫的重要举措，是一件利国利民的大好事，省扶贫开发领导小组提出的实施意见很好，拟请方方面面对于这项工作给予更多的关心、支持、帮助。分管副省长危朝安每次下乡调研，都少不了移民扶贫这一议题。各有关部门也通力协作，国土资源厅、建设厅、财政厅、发改委、交通厅、电力公司、水利厅、农业厅和农业综合开发办等部门急移民搬迁扶贫工作之所急，尽力提供政策、资金和技术上的支持，保障移民户的合法权益，减轻他们的经济负担，有力地保证了移民扶贫工作的顺利进行。

各个重点县也都成立了由书记、县长亲自挂帅的领导小组和办公室，建立了乡镇一把手负责制。他们在每个安置点成立工程指挥部，并各安排一名县直部门正职领导负责抓点指导。修水县的县长除担任领导小组办公室主任以外，还兼任了办公室下面的配套组组长。县级工程技术人员也经常深入施工现场进行指导监督。"高规格的工作机构产生了高效率，及时有效地解决了跨部门、跨领域的协调难题，从而保证了试点工作政令畅通、措施落实。"（摘自国务院扶贫办《简报》）

（五）"迁""稳"并重，跟踪服务

迁出来仅仅是移民扶贫工作的第一步。我们还在"长期稳得住"和"逐步富得起"上下功夫。全省现有的397个移民扶贫安置点，水电路等基础设施基本解决，有土安置的大多划入迁入地村组进行管理，无土安置的集中安置点也大多成立了社区管理委员会，较好地实行了社区管理。遂川县草林镇新苑移民社区管委会还提出了"四进社区五到户"的目标，即：科技进社区、文化进社区、医疗进社区、道德新风进社区，政策法规宣传到户、劳动就业帮助到户、致富技能培训到户、最低生活保障到户、邻里纠纷调处到户。

省扶贫办在安排全省贫困户劳动力转移培训工作时，明确规定要将移民户劳力的培训纳入计划优先安排。会昌县对无土安置的移民，免费进行珠绣、烹饪、电车、缝纫、电脑操作等非农职业技术培训，采取联合职校、劳动就业部门和委托乡（镇）办班等形式，拟定培训计划，开展分类培训，培训移民1500余人次，其中女性300余人次，每户移民有1~2个有技术的劳力到园区企业打工或外出务工，使移民户有稳定的经济来源。有的在无土安置移民发展第三产业方面还出台了税费减免、贷款扶持等优惠措施。

各移民扶贫安置点上的乡镇政府和有关村组，都能从大局出发，全心全意为移民办好事办实事。移民户和迁入地的村民关系融洽。修水县为确保移民搬迁后实现"稳得住、逐步富"的目标，在各安置点实施了"扶贫牵手"工程，组织党、团、妇联、工会、民兵、消防、及有关部门青年志愿者开展送科技到安置点、"我为移民做好事"等多种形式的活动，太阳升安置点的村民们还将安置点旁边的田地调出给移民，并无偿帮助移民整地种菜。

此外，针对特别困难的移民户，省扶贫办正在开展调研，寻求根本解决特困移民户生计问题的良策。

四、移民扶贫搬迁工作的实际效果

江西省移民扶贫工作的目标是"整体搬得出、长期稳得住，逐步富得起"。

（一）整体搬迁情况

"整体搬得出"是江西省开展移民扶贫的首要目标。搬一部分留一部分的做法，极易造成移民返乡或搬富留穷的问题。在整体搬迁的基础上，实行"一退两走一平"，即原有耕地实行退耕还林，财产搬走、户口迁走，房屋拆平。从两年来的实际情况看，全省21个重点县共搬迁移民11701户53567人，共涉及整体搬迁点390个。绝大多数整体搬迁点都在一年或两年内做到了整体搬迁，也有极少数安置点要用三年左右的时间才能做到整体搬迁。"一退两走一平"工作中，退耕还林与财产搬走两项实施较好；户口迁移工作程序繁多，2003年的移民基本办理完毕，但2004年移民进展较慢；房屋拆平工作全省参差不齐，多数迁出点也是拆了一部分留了一部分，有些在本乡甚至本村安置的移民也确实需要将老房子作为生产资料来使用。总的来看，"整体搬得出"的目标基本实现。

（二）有土安置移民的生产资料状况

全省已搬迁移民53567人中，有34022人是有土安置的，人均水田面积都在0.5亩以上，大部分移民还有0.5亩以上的旱地。移民户口粮基本上能自给自足。迁出地的耕地，除本村安置的以外，都进行了退耕还林。万安县有土安置移民到安置点后，人均耕地达1亩，还有1亩山场，0.1亩水面。对移民户所有的在迁出地的果园、毛竹林和杉木林，遂川县（大部分为无土安置）规定，收益权仍归移民户所有；大部分县规定，移民户可将其山场所有权和经营权作为股份参与分红。在正常年景下，有土安置的移民户的吃饭问题得以较好解决。2004年的移民情况表明，移民户到迁出地以后，家庭年人均纯收入普遍比原来增加了200元以上。

（三）无土安置移民的生活来源

按省委省政府的目标，无土安置移民每户至少有一人务工或经商。从实际情况来看，全省两年来19300多无土安置移民中，有8500多人在经商或务工，户均达1.5人以上。达到了省里规定的目标。而且选择无土安置的移民户，大多是原有经济基础较好，有了一定自我发展能力的农户，由于移民搬迁带来的交通和通讯等方面条件的改善，家庭收入有了较大幅度的增长。应该说这部分农户移民后的生活状况在国家宏观经济状况没有大的起伏的情况下，肯定要好于有土安置的农户。省扶贫办在安排全省劳动力劳务输出培训工作时，明确规定要将移民户劳力的培训纳入计划优先培训。会昌县对无土安置的移民，免费进行珠绣、烹饪、电车、缝纫、电脑操作等非农职业技术培训，采取联合职校、劳动就业部门和委托乡（镇）办班等形式，拟定培训计划，开展分类培训，培训移民1500余人次，其中女移民300余人次，每户移民有1~2个有技术的劳力到园区企业打工或外出务工，使移民户有稳定的经济来源。

（四）移民安置点的管理

全省397个移民扶贫安置点，有土安置的大多划入迁入地村组进行管理，无土安置的集中安置点也大多成立了社区管理委员会，较好地实行了社区管理。移民们有困难可以找迁入地的村组解决，甚至有的移民还会找迁出地的乡镇政府（他们叫"娘家人"）寻求帮助。遂川县草林镇新苑移民安置点成立了新苑移民社区党支部和管委会，安排了办公场所，配备了专职人员，建立健全了各项管理制度。为加强移民的后续管理，该社区还提出了”四进社区五到户”的目标，即：科技进社区、文化进社区、医疗进社区、道德新风进社区，政策法规宣传到户、劳动就业帮助到户、致富技能培训到户、最低生活保障到户、邻里纠纷调处到户。

397个集中安置点，全部解决了通路问题，但还有149个未能完全解决通电问题，186个未能完全解决饮水问题，涉及移民近万人。这些安置点还有待地方政府尽快采取有力措施，解决关系到移民生计的通水通电问题。

（五）与安置地村民的关系

应该说，江西省的移民安置工作在组织和安排上是有力和富有成效的。各移民扶贫安置点上的乡镇政府和有关村组，都能从大局出发，全心全意为移民办好事办实事。移民户和迁入地的村民关系融洽。修水县为确保移民搬迁后实现”稳得住、逐步富”的目标，在各安置点实施了”扶贫牵手”工程，组织党、团、妇联、工会、民兵、消防、及有关部门青年志愿者开展送科技到安置点、”我为移民做好事”等多种形式的活动，太阳升安置点的村民们还将安置点旁边的田地调出给移民，并无偿帮助移民整地种菜。但有土安置的调田问题，有可能成为今后移民户与安置地农户产生纠纷的源头，必须引起高度注意。

（六）移民户心理状况

移民搬迁是祖祖辈辈居住在库区深山区的贫困群众的迫切愿望。他们在搬到迁入地以后，精神面貌发生了极大的变化，觉得生活更有了奔头。虽然移民建房补助资金十分有限，大部分移民为了建房也都背了一定的债务，但他们信心十足，都在用心描绘自己向往的愿景。遂川县一户移民为了建房，负债近2万元，但仍然乐呵呵地说：看到小孩读书那么方便，负再多的债我也愿意。

（七）移民扶贫政策落实与资金安全

2004年2月和3月，针对资金安全，江西省布置各县进行自查，并组织省直有关部门进行了检查和验收。7月份，省审计厅对三个试点县的移民扶贫补助资金进行了专项检查。结果表明，用于移民建房的专项补助资金已全部下达到位，并设立了专账管理。除用于耕地、山场征划和基础设施建设部分的经费划拨到有关乡镇外，其余用于移民建房的补助资金已全部发放到移民手中，资金使用手续完备，未发现贪污、截留、挪用现象。黄智权省长专门做出批示，”实施移民扶贫搬迁工程，把地处库区、深山区、地质灾害频发区的贫困群众搬迁出来，从根本上解决他们的问题，是省委、省政府实践'三个代表'重要思想，落实科学发展观，立党为公，执政为民，进一步加强扶贫开发工作的重要举措。去年三个县试点，资金管理严，任务完成好，要认真总结。希望政府各部门继续关心、全力支持这项工作；有移民任务的市、县要高度重视，管好用好这笔来之不易的扶持资金，切实把这项德政工程管理好、实施好。”每人3500元移民建房补助资金政策在广大移民户当中已经做到了家喻户晓，基本上都能最大限度地发放到移民户手中，但有的地方扣除移民用于安置地田地补偿、基础设施投入等所谓”国民待遇”的资金过多，有的县达到了每人1000元，使本就不多的移民建房补助资金更显短缺。

政策方面，各县都能严格按照省里制定的优惠措施加以落实，有的在无土安置移民发展第三产业方面还出台了税费减免、贷款扶持等优惠措施。

五、问题与建议

（一）有土安置的难度越来越大

由于国家免征农业税，且近两年粮食收购价格和农副产品价格有较大幅度上涨，农民种田的比较收益大幅提高，农民种田的积极性高涨，他们对土地的依赖和珍惜程度也上升到一个新的水平。安置地的农民不愿意将自己的田地调给移民，有土安置方式的调田工作遇到了很大困难。一些地方将调田工作当作政治任务来硬性完成，但这种方法易引发人民内部矛盾，且也与国家农村土地政策不符。因此，在今后的安置工作中，应将”有土安置为主”的方式调整为有土安置和无土安置相结合，提倡和鼓励移民户选择无土安置。

（二）集中安置点的配套设施建设滞后现象越来越明显

集中安置点需要水电路等大量的配套基础设施投入。两年来，集中安置点特别是2004年的安置点都不同程度存在配套设施不够完善的问题，而且随着2005年更多的移民集中安置，安置点的水电路问题将更为严峻。省直有关部门的支持力度十分有限且行动滞后，市县财政也是捉襟见肘，一些集中安置移民较多的乡镇为此借资垫付了不少的资金，这样的局面无法持续。因此，今后的移民扶贫安置要积极向配套设施投入较少的分散安置方式转变，走集中安置与分散安置相结合之路，鼓励和提倡移民投亲靠友分散安置。为了使部门配套基础设施投入与移民搬迁同步，有必要改变原来的”渠道不变，各负其责，各记其功”的方式，改为由省库区深山区移民扶贫领导小组集中部门资金统一安排。

（三）有些地方在移民扶贫搬迁上贪大求洋

库区深山区移民是弱势群体中的弱势群体，他们多年处于极端恶劣的生存环境，积累能力相当之低。而有些地方在集中安置点建设上提出一些诸如”高起点，高标准”、‘新农村示范点’之类的不切实际的口号，急功近利，给基层政府和相关部门造成很大负担。更重要的，是给贫困如洗的移民户造成很大的建房负担，移民户建房负债的现象比较普遍，增大了实现”稳得住、富得起”目标的难度。因此有必要鼓励移民户建一层楼房或建平房安置。

（四）少数迁出点未能做到整体搬迁

在少数迁出点，仍然有部分贫困农户未能实现搬迁。这些农户大多十分贫困，在搬迁问题上确实力不从心。令人担忧的是，在绝大多数农户已经迁走的情况下，剩余农户的生存状况将显著恶化，已经陷入了天灾人祸无人帮忙甚至无人知晓的境地。因此，地方政府和相关部门必须采取特殊措施，及早将这部分农户搬迁出来。省里也有必要加大对这部分农户的支持力度。

综上所述，江西省的移民扶贫工作至今为止，措施得当，效果明显，确实是推进新阶段扶贫开发工作的一条好路子。但随着时间推移和政策变迁，移民扶贫的政策微调必须跟上，以适应新形势的需要。同时，江西省是个农业大省，也是贫困大省，目前在重点县范围内还有近20万库区深山区贫困群众需要移民搬迁，若加上非重点县，搬迁任务还会更大，因此请国家层面在尽可能的范围内，对江西省的移民搬迁扶贫给予更多的帮助和支持。

江西省扶贫办、江西省农调队

吉林省农村贫困户成因及扶贫问题研究

贫困是当代中国农村的一个严峻的现实问题。为了减缓农村贫困，中国政府颁布了一系列的扶贫文件，实施了一系列的扶贫政策，有效地加快了农村脱贫的步伐。那么，当前吉林省农村人口贫困状况如何，农村贫困人口形成的主要根源何在，又应该如何使农村贫困人口尽快脱贫致富？本文就吉林省农村贫困的成因及扶贫问题进行了初步探讨。

一、农村贫困户的基本状况

（一）农村贫困人口分布特点与变动情况

1.贫困人口分布

2000年，省政府根据全省10107个行政村经济发展的实际情况，按照统一的划定标准，确认了1024个村为首批扶贫重点村。2002年末，在原已确定扶贫重点村的基础上再次进行了确认，有961个村继续被确定为扶贫重点村，共计覆盖人口114.5万。从961个贫困村的分布状况看，主要分布在：延边291个，占30.3%；白城268个，占27.9%；松原108个，占11.2%，白山107个，占11.1%。覆盖人口的分布情况是延边11.1万人，占9.7%；白城27.7万人，占24.2%；松原17.3万人，占15.1%；白山3.3万人，占2.9%。2002年，国家还将吉林省的靖宇、大安、通榆、镇赉、和龙、安图、龙井和汪清等8个经济相对落后的县（市）确定为重点扶持县。这8个国家重点扶持县共有贫困村496个，覆盖人口25.9万人。其覆盖贫困村的数量，超过了全省贫困村总数的一半。

2.贫困人口变动情况

根据抽样调查资料推算，2000年，吉林省农村中的绝对贫困人口（年人均纯收入低于627元）为59.1万人，占全国贫困人口总数的1.8%。到2004年的四年间，由于各项扶贫政策的落实及各级政府扶贫力度的加大，致使贫困人口逐年减少。到2004年末，全省的绝对贫困人口（年人均纯收入低于637元）已减至29.3万人，下降了50.4%。占全国贫困人口总数的1.1%，下降了0.7个百分点。但由于受到自然灾害的影响，特别是2003年西部的白城和东部的延边相继遭受不同程度的旱灾、风灾及低温冷害，多数贫困地区的农民收入下降，贫困人口增加，贫困人口的数量曾一度反弹到43.5万人。

（二）吉林省农村贫困户与非贫困户家庭收入的构成差异

据对8个国家重点扶持县640个农户的调查资料显示，2004年人均纯收入在1000元以下的(以下简称贫困户)有213户；人均纯收入在1000元以上的(以下简称非贫困户)有427户，农村贫困户与非贫困户家庭人均纯收入分别为453.3元和2053.4元。

2004年农村贫困户的人均全年总收入为1652.1元，其中：工资性收入119.0元，占全部收入的7.2%；家庭经营收入为1255.9元，占全部收入的76.0%；转移性收入214.9元，占全部收入的13.0%；财产性收入62.3元，占全部收入的3.8%。

当年农村非贫困户的人均全年总收入为3241.4元，其中：工资性收入307.9元，占全部收入的9.5%；家庭经营收入为2492.8元，占全部收入的76.9%；转移性收入307.5元，占全部收入的9.5%；财产性收入133.2元，占全部收入的4.1%。

在总收入的构成比中，工资性收入所占比例差距较为明显，贫困户比非贫困户低2.3个百分点，表明贫困户几乎很少打工赚钱，其家庭的主要收入依然是来源于家庭经营的种植业。

二、农村贫困户的主要成因

农村改革开放二十多年来，吉林省农村经济已步入了快速发展的良性轨道，大多数农民不但摆脱了生活困境，而且已从温饱逐步向小康迈进，农村的贫困状况有了明显的改善。但由于受到历史、自然和社会等多方面因素的综合影响，农村中的贫困人口在较长一个时期内仍难以消除。这些农村贫困人口的形成可归纳为两种形式，一种是传统的渐进式贫困，另一种是现代的激进式贫困。

（一）传统的渐进式贫困

传统的渐进式贫困是指在一段时期内缓慢形成的并具有历史性特点的贫困。包括以下几个形成因素：

1．部分地区自然环境和资源条件的劣势，产生了农村群体贫困户

首先，自然环境的恶劣是造成农村贫困的主要原因之一。在全省农村的贫困人口中，有2/3是集中居住在西部的干旱区和交通闭塞地区。恶劣的自然环境，使农业产出率和农产品商品化程度很低。恶化的生态环境导致旱灾、风灾、水灾等自然灾害频发，致使这些地区的农村经济发展缓慢，增加农民收入的难度很大。

其次，贫困地区农村的自然资源日渐匮乏。多年以来由于农村人口的过快增长，农业生产技术研发推广滞缓，农村经济的发展过多地依赖于农村资源的消耗。贫困地区土地资源中水源充足、排灌设施齐全的优质耕地面积少，仅占现有耕地面积的35%，中低产田的面积占65%。有80%的耕地分布在干旱盐碱地和山区、丘陵，土地质级差，产出量低。加之，当今城市经济的发展，往往是以牺牲农村土地资源为代价，低价位的农村土地圈占，高价位的农业生产资料，进一步加大了农村贫困化趋势。

2．贫困家庭一般多为”畸形”结构，导致农村家庭”单位”贫困户

（1）家庭人口”两多一少”。即：人口数量多、病号多，劳动力少。贫困户户均人口3.62人，比非贫困户多出0.31人，特别是61岁以上的老人和6岁以下的小孩比重明显偏高。其中：0~6岁婴幼儿占户均人口的12.2%，比非贫困户8.2%的比例高出4个百分点。贫困家庭人口健康状况的一个明显特征是长期患重病的人数较多，据调查，有30.5%的贫困户家庭有人长期体弱多病，比非贫困户高6.9个百分点。由于吉林省农村目前医疗保障制度尚不健全，农民看病就医的费用几乎要自己全部负担。农村贫困户劳动力占家庭人口的比重为62.7%，比非贫困户低12.3个百分点。

（2）家庭劳动力”两低一少”。即：占人口的比重低、文化程度低，参加农业科技知识培训少。农村贫困户中劳动力的文化程度普遍较低：文盲和只有小学文化程度的劳动力占37.9%，比非贫困户高出10.4个百分点；具有高中及高中以上文化程度的劳动力只占7.4%，比非贫困户低1.4个百分点。在调查的213户农村贫困户中，只有22人（占5.4%）参加过农业科技知识学习。劳动力文化程度低，缺少职业技能培训，是农村贫困家庭普遍存在的一种现象。

（3）劳动力就业”两窄一低”。即：了解信息渠道窄、从业门路窄，非农就业比例低。从劳动力的就业情况来看，农村贫困户本地从业的占94.4%，比非贫困户高出1.6个百分点，而且绝大部分从事单一的种植业，或兼营家庭式的养殖业，而经营二、三产业的几乎没有。由于劳动力被束缚在单一的种植业上，再加上缺少外出的就业信息，贫困户劳动力外出的”半径”小到只限于本乡镇范围内。离开本乡镇外出从业且超过6个月以上的劳动力所占的比重只有5.5%，比非贫困户低1.7个百分点。

3．生产方式落后、生产力水平低、经济效益差，是农村贫困户形成的又一重要原因

（1）经营规模小，生产能力低。吉林省农村贫困户平均每户经营耕地面积为19.1亩（其中粮食播种面积为13.3亩；经济作物播种面积5.8亩），户均拥有生产性固定资产原值3768元，分别比非贫困户平均值低9.9%和32.4%。贫困户户均拥有大中小型、手扶拖拉机0.3台，比非贫困户平均值低25.7%，而贫困户户均拥有传统胶轮大车0.32台，却比非贫困户平均值高20.0%，可见贫困户的劳动生产基本停留在”人耕马种”的初级生产方式上。由于生产方式落后，经营管理水平较低，制约了其生产的发展。吉林省农村贫困户经营的耕地平均亩产粮食为179.8公斤，比非贫困户平均水平低32.4%；贫困户户均出售粮食的现金收入为950.4元，为非贫困户的45.5%，尚不足非贫困户收入的一半。

（2）以种植业为主，结构调整进程缓慢。收入水平低、家底薄、非劳动力人口多等因素，制约了农村贫困户开展多种经营和多渠道就业。在日常生活中，贫困家庭劳动力一方面要照顾老幼、病号，另一方面文化素质又较低，直接限制了其外出务工从业，要经营二、三产业也困难重重，因此，贫困家庭的大多数劳动力只能在家从事传统的种植业。据调查，吉林省农村贫困户中主要从事农业的劳动力比重高达91.3%，比非贫困户平均高6.5个百分点；每年从事农业生产时间6个月以上的劳动力占45.5%，比非贫困户高11.1个百分点，而从事非农业生产时间6个月以上的劳动力只占7.0%，比非贫困户低3.1个百分点。

（3）农业经济效益水平较低。吉林省农村贫困家庭的生产经营活动一般都是围绕着和

食品有关的种植业进行的，而种植业产品的收入弹性和价格弹性都很低。近年来，国家虽曾多次调整农产品的收购价格，并制定了最低保护价，但粮食价格的增长幅度始终赶不上涉农生产资料价格的增长幅度。由于粮食收入弹性低，整个国民经济增长对增加农产品需求的刺激作用不大，偶尔个别农户的增产可以增加其收入，但在多数农户同时增产的情况下，农产品价格弹性低的特性，又会促使出现"卖粮难"、"谷贱伤农"现象，最终还是无法有效增加农村贫困家庭收入。

（二）现代的激进式贫困

现代的激进式贫困是指遇特殊和突发因素而快速形成的贫困，具有当前性特点。主要包括：

1.自然灾害型贫困

自然灾害是农村人口绝对贫困和返贫的重要原因，而且往往越是贫困地区，受灾的情况越为严重，从而形成恶性循环。目前，吉林省贫困人口主要分布在自然条件相对恶劣、交通不便、自然灾害频发的偏远地区。由于农业对气候的依赖性较强，干旱、洪涝、风雹等突发性灾害瞬间就可能造成庄稼减产甚至颗粒无收。白城市历来十年九旱，2004年，全市遭受50年不遇旱灾，镇赉、通榆、洮南等县市粮食几乎一半绝收。2003年，东部延边州受低温冷害和风灾的影响，全州粮食减产四成以上，使许多生活条件已经有所改善的农户，再次被推进了贫困的大门。

2.教育消费型贫困

随着教育产业化的加速推进，学费日益昂贵，成为多数农民的沉重负担。尽管我国已经基本普及九年制义务教育，但义务教育免收的仅是学费，其它的教育收费却日渐增长。即使是在延边少数民族地区，一名普通初中学生每学年收费仍高达700~800元，超过了国家贫困线标准（农村人均纯收入低于650元）。高中和大学教育费用更让普通农民家庭难以承受。可以说，供养一个在校大学生就能导致一个中等收入的农村家庭即刻陷入贫困状态。2004年我们深入到供养大学生的农户家中进行了一次专项调查，其结果是，在调查的800个农户中，98%的农户不富裕，95%以上的农户欠有外债，甚至有的已经毕业几年的大学生家庭至今都没还清债务。高昂的教育费用导致部分农户重新陷入贫困。公主岭市双城堡镇大滚子村八屯耿传富有一子在长春市读大学，年学杂费用平均需要13000元，而家庭固定的经济来源主要是靠卖粮获得的5000元纯收入，加上其它收入，每年还要举债5000元用以维持其子读大学的费用，目前已欠外债20000多元。

3.疾病型贫困

看病贵，已经成为当前全社会的共识。正是由于医疗费用的剧增，农村因贫致病、因病返贫的现象日益突出。"小病拖，大病扛，扛不过去见阎王"的情况屡有发生。一旦得了重病，整个家庭，甚至整个家族都将面临沉重的经济压力。通榆县苏公坨乡田利太村东社农民赵岩松一家四口人，生活虽算不上富裕，但也能维持正常的生计。到2002年末，其家里还有存款7000余元。2003年初，赵的老父亲感觉身体不适，到县医院检查出患上了肝病，两年间先后到长春、白城和本县的医院就诊，不但花光了所有积蓄，现在还欠了一万多元的外债。据靖宇县民政部门统计，全县农村户中已有4000多个农户因看病就医而导致生活陷入困境，约占全县乡村总户数的22.7%。据调查，目前吉林省农村贫困人口中有50%左右为因病致困或因病返贫。

4.信息匮乏型贫困

在知识经济时代，知识和信息日益成为财富和竞争力的源泉与标志。但农村贫困人口往往获取、吸收、交流知识的能力缺乏，处于信息边缘状态，难以及时把握市场经济信息带来的发展机遇。在选择农作物耕种品种、种植方法以及调整产品结构等各个环节通常具有较大的盲目性，往往出现一窝蜂现象，导致农产品价格大起大落。在销售方面，由于缺乏有效的市场信息指导，参与流通的组织化程度低，流通渠道少，即使获得了好的收成，也难以实现产品价值，导致丰产不丰收。

三、对新形势下加强吉林省扶贫脱困工作的几点建议

进入新世纪，吉林省的扶贫开发进入了一个新的历史时期。随着扶贫工作的不断深入，也出现了一些新情况、新问题。必须引起我们的高度重视。一是解决贫困人口温饱问题的速度明显趋缓；二是返贫问题十分突出；三是扶贫工作单位成本提高，扶贫投入的边际效益递减。目前吉林省尚未解决温饱的贫困人口处于小集中、大分散的局面，多分布在贫困村屯，解决贫困的难度越来越大，用常规的扶贫措施已难以取得预期的效果，必须建立扶贫项目的目标瞄准机制。

所谓建立扶贫项目的"目标瞄准"机制，就是在确定扶贫项目时要首先确定扶持的对象，用事先制定的标准来分配扶贫资源。"目标瞄准"准确定位在"区域瞄准"、"家庭瞄准"、"群体瞄准"和"活动瞄准"上。

（一）制定对贫困地区的扶贫规划与扶贫规划目标的实现程度责任制必须同时并举

为了加快农村贫困人口脱贫的步伐，国家在改革中相继颁发了一系列扶贫文件，出台了一些扶贫政策，其中有较大影响的有：1984年9月30日，中共中央、国务院联合发出了《关于帮助贫困地区改变面貌的通知》；1986年3月，全国人大六届四次会议将"老、少、边、穷"地区迅速摆脱经济和文化落后的状态作为一项重要内容列入《国民经济和社会发展"七五"计划》；1994年3月，国务院制定了今后7年全国开发扶贫工作的纲领性文件《国家八七扶贫攻坚计划》；2001年5月，国务院制定了《中国农村扶贫开发纲要（2001—2010年）》。然而，近年来在落实这些政策、计划以及在具体实施扶贫工作中还存在着种种问题：就贫困地区而言，这些年扶贫资金尽管投入得不少，但由于政府不了解实际情况，还存在着投入流于形式，作表面文章，盲目建扶贫项目的问题，扶贫中也还存在着"话语霸权"的问题等等。这些问题导致扶贫政策在很大程度上未能真正从根本上缓解农村贫困，因此，必须建立与扶贫规划目标的实现程度紧密相关的责任制及其考核制度。

（二）加大对贫困地区投入与对投入的监管必须并举

目前贫困地区农村的产业结构决定了要完全依靠自力更生来发展自己是十分困难的，政府必须不断加大对贫困地区的投入，改善基础设施条件，增加贫困地区农业生产的科技含量，才能在不断增加农民收入的前提下，解决农村的贫困问题。但政府扶贫的投入必须真正用于贫困地区的建设，更确切地说用在与贫困人口息息相关的项目上，而不被挪作他用或是被贪污。因此必须建立、健全扶贫资金使用的监管措施，使扶贫资金真正发挥出最佳的产出效应。

（三）向贫困地区"输血"与增强贫困户自身"造血"机能必须同时并举

"八七扶贫攻坚计划"实施以来，各级党委和政府直接针对农村贫困户进行了多方面的扶持，特别是生活方面的救济很多，这对提高农民的生活水平，帮助农民解困起到了很大作用，但从根本上来说还只能治标，不能治本。必须特别重视贫困户自身"造血"功能的形成，变"输血"式扶贫为"造血"式扶贫。其主要做法：1. 要改变过去那种单纯救济的扶贫方式，调动干部和群众的积极性，切实激发起贫困地区内部的经济活力。2. 要改变平均使用扶贫资金的办法，集中人力、财力、物力，一片片、一批批地改变贫困地区的面貌。3. 在信贷、税收和经济开发等方面给予贫困地区以特殊的优惠政策。4. 由中央、地方政府和贫困地区居民共同投资，或通过实施以工代赈政策，改善贫困地区的交通、饮水条件，加大农田等基础设施建设的力度。5. 各职能部门在资金、物资和技术上向贫困地区倾斜。

（四）积极安排和组织贫困地区的劳动力转移与对劳动力的培训工作必须同时并举

农村贫困家庭非农就业难有两种情形：一是劳动力被老幼、病残者所困，难以外出务工。各级政府应对这部分困难户给予扶持，在当地为他们提供一些非农就业机会。二是劳动力文化程度低，打工技能差，无法从事具有基本技能的"技术型"体力劳动，又缺乏信息交

流网络，外出找工作相对困难。各级政府应对这部分困难户有针对性地提供就业前培训，使他们具有一技之长，适应外出劳务所需要的技能条件。

（五）强化教育扶贫和强化人才扶贫必须同时并举

推行贫困家庭子女"零"费用义务教育制度，建立"政府主导、多方筹集"的培训投入机制，提高后续劳动力素质。贫困家庭穷，穷在没文化。要提高贫困家庭的收入，就要让他们掌握文化知识，更新观念，具有市场头脑、市场观念。因此必须降低教育的两道门槛。一是义务教育阶段，过多的杂费导致贫困的孩子失去受教育的机会，教育部门应该加大对基础教育，尤其是农村基础教育的投入。二是高等教育阶段，政府制定相应的政策和采取措施，解决高等教育学费高，低就业率问题，为贫困地区出来的大学生创造一个良好的就业机会，加大助学贷款的力度，通过银行的免息和低息助学贷款及社会上的支持和帮助，让贫困学生迈过这第二道门槛。

（六）发展贫困地区农业基础产业和用农业产业化项目拉动贫困户脱贫致富必须同时并举

将特困村纳入本地区农业产业化项目的基地范围，用农业产业化项目拉动贫困农户脱贫致富。要以市场需求为导向，以经济效益为中心，以农业产业化龙头企业或专业合作经济组织为依托，以本地农产品资源为基础，围绕主导产业或主导产品，建立生产、加工、销售有机结合和相互促进的运作机制，逐步建立农产品加工、流通企业与贫困户利益共沾、风险共担的经济共同体，形成生产—加工—销售为一体的产业经营链，发展"公司加贫困户"的龙头企业和"订单农业"，加快农业生产与市场接轨，实现农业经济效益的最优化和农村贫困户利益的最大化。

吉林省农调队

对黑龙江省农村扶贫开发整村推进工作的评价

黑龙江省从2002年开始实施"一次规划、两年实施、逐村验收、分批推进"的扶贫开发整村推进战略，首批实施的500个重点村到2003年年底已完成了扶持任务，2004年又有527个重点村被列为扶持对象。为了总结经验，做好第二批的整村推进工作，我们在39个县（市），抽选100个扶贫开发重点村，对村书记或村长进行了问卷调查。在已经完成推进工作的500个重点村和2004年即将扶持的527个重点村中，分别收回问卷58份和36份。我们还对兰西、桦南、抚远等部分扶贫开发重点县进行了实地调研。

一、基础设施得到明显改善，薄弱方面仍然很多

首批实施的500个重点村到2003年年底已完成了扶持任务，集中对生活和生产的基础设施进行了建设，取得了很大成效。

推进村基础设施薄弱方面仍然很多。受资金制约，由于每个村只选择一个或者几个新建、改建项目，没得到改善的基础设施有些方面仍然比较落后。在调查中有很多村干部提出了急需新建、改建的项目，其中有的是推进过程中未完成的项目或者是烂尾的项目。

二、2004年新推进村的项目选择建议

新推进村的村干部，在项目选择中希望更加注重尊重农民的意愿。有44.8%认为应该由农民自己选择扶贫项目；有6.9%认为应该由村领导安排；有1.7%认为应该由上级下达；有46.6%认为应该采取多种方法结合选择扶贫项目。

认为最适合在农户开展的扶贫项目的多项选择结果是：选择动物饲养的占80.6%；种经济作物占72.2%；劳务的占66.7%；抗旱防涝设施建设占61.1%；种粮食的占47.2%；选择农产品加工占30.6%；林渔业生产占16.7%；其他的占8.3%。

三、来自基层领导的建议

（一）不要半截子工程和烂尾工程。有的村反映，学校改造资金不足，有的没建院墙，有的没修厕所。宁安县江富村反映解决的饮用水井质量不合格，而今抽不出水，村民照常饮用过去的浅井水，水质不好，花了11万元，打了一口废井，农民意见很大。也有的村反映，井虽然打了，但没钱安装管道。我们在兰西县和兴村也了解到同样问题，打井之初水质还可以，现在已经不能饮用，推进结束以后，如果政府不能投入一定资金治理，整村推进投进去的13万元的资金和大量人工就会白白浪费。

（二）项目要尽早落实。2004年新被列为推进村的汤原县合作村建议项目要早实施，时间过去将近半年，扶持项目还没有落实下来，两年时间很快就过去。计划要早落实，资金要早到位。让贫困户早知道，吃个定心丸。

（三）扶持项目要增加针对性。部分村反映落实的扶贫项目，并非村里或者农民申报的，在具体实施过程中有些困难。扶贫项目下达，应实事求是，根据村和户的具体情况，选择老百姓乐意干，见效快的项目。讷河市华升村建议要加大扶贫力度，做到扶持一个，脱贫一个。华升村是讷河市首批推进三个村最贫困的一个，现在还没有脱贫，建议扶贫工作组来村里看看，搞个调查。

（四）增加透明度和加强监督。有的村反映，项目计划报上去了，哪些项目被省里批准了我们也不知道，只能听县里的人讲，能不能也公示一下。巴彦县民主村建议：”对于扶贫项目（如打井、修桥）的投资，有关部门要加强检查监督的力度，使扶贫资金中途不流失、不失控”。甘南县永青村提出扶贫项目要加强规范化管理，包括建设和使用，要有监督和管理机制。

（五）加强扶贫项目的环境建设。一些村长建议，对于一些生产项目要加强对农民的技术培训，养殖业要抓好防疫工作。政府在扶持地区要抓龙头企业建设，解决产品的加工、运输等问题。

黑龙江省农调队

第六部分：统计资料

6

资料使用说明

一、资料来源

（一）《中国统计年鉴》：指国家统计局出版的历年《中国统计年鉴》，其具体数据来源请参阅该年鉴的有关说明。

（二）《县（市）社会经济统计年鉴》指国家统计局农村社会经济调查总队出版的历年《县（市）社会经济统计年鉴》，该年鉴以农调总队的分县社会经济统计为基础。

（三）全国农村住户调查：是指国家统计局农调总队在全国31个省开展的全国农村住户抽样调查，样本包括864个县的6.8万农户，调查结果对国家和省一级有代表性。

（四）国家农村贫困监测调查：是指国家统计局农调总队进行的国家农村贫困监测抽样调查，该调查在1997年至2001年期间在592个国家贫困县中开展，2002年起在592个国家扶贫开发工作重点县开展。调查样本包括5400个村、5.4万农户的资料，调查结果对所有国家和分省扶贫开发工作重点县（贫困县）有代表性。

（五）林业和卫生资料来源于部门统计，其中林业资料为内部出版资料，卫生资料为卫生部公开出版的《2003中国卫生统计年鉴》。

二、其他技术性说明

（一）本书中的全国数据未包括香港、澳门特别行政区和台湾省。

（二）本书所列指标的计量单位均采用公制

（三）空栏为没有收集到数据或数据太小，"——"为有关年份或有关调查中没有设置该指标 。

（四）由于机器汇总造成的部分分项数与汇总数之间的尾数差异，本书中未作调整。

1．综合资料

1-1 贫困状况与区域发展

1-1-1 历年农村贫困人口及贫困发生率

年 份	贫困人口（万人）		贫困发生率（%）	
	全国[a]	重点县[b]	全国[a]	重点县[b]
1978	25000	—	30.7	—
1985	12500	—	14.8	—
1990	8500	—	9.4	—
1991	9400	—	10.4	—
1992	8000	—	8.8	—
1994	7000	—	7.7	—
1995	6500	—	7.1	—
1997	4962	2600	5.4	13.4
1998	4210	2200	4.6	11.1
1999	3412	1800	3.7	9.2
2000	3209	1700	3.4	8.9
2001	2927	1812	3.2	9.1
2002	2820	1752	3.0	8.8
2003	2900	1763	3.1	8.9
2004	2610	1613	2.8	8.1

数据来源：
(a)全国农村住户调查
(b)国家农村贫困监测调查

1-1-2 历年农村低收入人口及占乡村人口比重

年 份	低收入人口（万人）		占乡村人口比重（%）	
	全国[a]	重点县[b]	全国[a]	重点县[b]
2000	6213	—	6.7	—
2001	6103	—	6.6	—
2002	5825	3076	6.2	15.5
2003	5617	2946	6.0	14.8
2004	4977	2580	5.3	12.9

数据来源：
(a)全国农村住户调查
(b)国家农村贫困监测调查

1-1-3 2004年全国及国家扶贫开发工作重点县基本情况

指标	单位	全国[a]	重点县[b]
一、县（县级市、区）个数	个	2862	592
二、行政区域土地面积	万平方公里	960	243
三、乡（镇）个数	个	36952	10624
四、村民委员会个数	个	652718	150528
五、年末总户数	万户		6077
其中：乡村户数	万户	24951	4978
六、年末总人口	万人	129988	22898
其中：乡村人口	万人	94254	20097
七、年末单位从业人员数	万人	75200	986
八、乡村从业人员数	万人	49695	10633
其中：农林牧渔业	万人	30595	7496
九、农业机械总动力	万千瓦特	63756	9384
十、有效灌溉面积	千公顷	54478	8293
十一、境内公路里程	万公里	187	59
十二、农村用电量	亿千瓦时	3933	182
十三、住宅电话年末用户	万户	24551	1694
十四、移动电话年末用户	万户	33482	1793
十五、民用汽车拥有量	万辆	2821	118
其中：私人汽车拥有量	万辆	1597	72
十六、城镇在岗职工平均工资	元	16024	10976
十七、农村居民人均纯收入	元	2936	1585

1–1–4 2004年全国及国家扶贫开发工作重点县综合经济

指 标	单位	全国[a]	重点县[b]
一、地区生产总值	亿元	136875.9	9151.3
1．第一产业增加值	亿元	21224.9	2960.7
其中：农业	亿元	11827.7	1646.1
林业	亿元	905.6	199.7
牧业	亿元	5953.7	954.2
渔业	亿元	2081.1	97.6
农林牧渔服务业	亿元	--	63.4
2．第二产业增加值	亿元	72387.2	3402.7
其中：工业	亿元	62815.1	2564.7
3．第三产业增加值	亿元	43720.6	2735.7
二、财政总收入	亿元	26355.9	687.8
其中：地方财政预算内收入	亿元	11879.8	348.9
三、财政支出	亿元	28360.8	1451.6
其中：支农支出	亿元	1671.4	78.6
科学三项支出	亿元	228.1	6.3
教育事业费支出	亿元	3146.3	362.0
四、年末金融机构各项存款余额	亿元	253188.0	7601.5
其中：城乡居民储蓄存款余额	亿元	126196.0	5663.2
五、年末金融机构各项贷款余额	亿元	177364.0	5131.5
其中：农业贷款	亿元	9843.1	1260.7
六、出口总额	亿美元	5933.7	18.6
七、当年实际使用外资金额	亿美元	640.7	11.6

数据来源：
(a)中国统计年鉴
(b)县（市）社会经济统计年鉴

1-1-5 2004年全国及国家扶贫开发工作重点县农业、工业、基本建设投资及社会发展

指 标	单位	全国[a]	重点县[b]
一、农作物总播种面积	千公顷	153553.0	34173.3
其中：粮食作物播种面积	千公顷	101606.0	23807.6
二、粮食产量	万吨	46947.0	9231.5
三、棉花产量	万吨	632.4	64.4
四、油料产量	万吨	9571.0	543.2
五、肉类总产量	万吨	7244.8	1345.6
六、水果产量	万吨	15340.9	1081.7
七、蔬菜产量	万吨	55064.7	5373.5
八、国有企业规模以上工业企业数	个	219463	10253
九、国有企业及规模以上工业企业总产值（现价）	亿元	187220.7	3628.6
十、国有企业及规模以上工业企业从业人员年均数	万人	6098.6	211.2
十一、国有企业及规模以上工业企业产品销售收入	亿元	187814.8	3504.7
十二、国有企业及规模以上工业企业产品销售利润	亿元	11341.6	253.8
十三、社会消费品零售总额	亿元	53950.0	2723.1
十四、普通中学数	万个	7.9	1.5
十五、小学数	万个	39.4	12.5
十六、每万人口中中学生人数	人	776.0	638.6
十七、每万人口中小学生人数	万人	870.0	1060.3
十八、医院、卫生院床位数	万床	304.7	31.4
十九、医院、卫生院技术人员数	万人	439.0	40.5
二十、社会福利院数	万个	3.9	0.7
二十一、社会福利院床位数	万床	146.7	17.8
二十二、参加养老保险的人数	万人	16353.0	489.3
二十三、参加医疗保险的人数	万人	12404.0	671.7

数据来源：
(a)中国统计年
(b)县（市）社会经济统计年鉴

1-1-6 国家扶贫开发工作重点县扶贫资金使用情况

单位：万元

指　标	2002 年	2003 年	2004 年
扶贫投资总额	2508636.3	2770000.0	2920036.1
一、按资金来源分：			
1.中央扶贫贴息贷款累计发放额	1025220.5	874685.4	792469.5
2.中央财政扶贫资金	357609.5	395722.8	458778.7
3.以工代振	398573.6	417670.8	475284.1
4.中央专项退耕还林还草工程补助	226190.2	374150.0	452008.4
5.省级财政安排的扶贫资金	98636.4	104449.0	116124.1
6．利用外资（实际投资额）	175985.6	315039.7	345095.7
7.其他资金	220075.9	294219.2	280276.7
二、按资金投向分：			
1.种植业	251505.4	222226.9	261768.6
2.林　业	269723.7	373822.6	458931.4
3.养殖业	229487.8	246893.0	254971.2
4.农产品加工	155612.2	172526.2	153010.3
5.其他生产行业	220204.7	222630.4	190372.0
6.基本农田建设	153050.9	168059.7	167675.7
7.人畜饮水工程	122302.6	121180.7	110702.3
8.道路修建及改扩建	494771.8	361117.7	345579.4
9.电力设施	145337.9	370394.5	269180.5
10.电视接收设施	15819.1	17176.8	14164.9
11.学校及设备	62553.4	55714.9	55968.0
12.卫生室及设施	34864.0	36659.4	39297.0
13.技术培训／技术推广	19642.7	20518.9	27397.2
14.资助儿童入学／扫盲	17929.1	19553.4	23050.5
15.其　　他	308341.1	358147.4	535488.9

数据来源：国家农村贫困监测调查

1-2 社区发展与农户经济状况

1-2-1 2004 年全国及国家扶贫开发工作重点县农村环境、资源与生产条件

指　标	单位	全国[a]	重点县[b]	重点村
一、基础设施				
1.通公路的自然村占全部自然村的比重	%	98.0	77.6	73.7
2.通电的自然村占全部自然村的比重	%	99.0	95.1	93.4
3.通电话的自然村占全部自然村的比重	%	96.7	64.4	54.5
4.能接收电视节目的自然村占自然村比重	%	99.1	87.8	84.9
5.有幼儿园／学前班的村占调查村的比重	%	——	55.4	46.7
6.有卫生室的村占调查村的比重	%	——	72.9	67.4
7.有合格乡村医生／卫生员的村占调查村的比重	%	——	74.5	69.6
8.有合格接生员的村占调查村的比重	%	——	71.9	68.2
二、人口状况				
1.平均每个村农户数	户	479.5	396.1	350.9
2.平均每个村人口数	人	1858.9	1629.1	1461.5
3.平均每个村总劳动力	人	1008.4	862.8	767.1
4.平均每个村外出打工半年以上劳动力人数	人	——	130.8	112.4
5.平均每个村当年举家外迁的户数	户	——	3.6	3.1
6.平均每个村当年举家迁回的户数	户	——	1.0	0.8
三、资源情况				
1.人均耕地面积	亩	2.0	1.7	1.8
# 水田、水浇地比重	%	——	0.6	0.5
# 梯田面积比重	%	——	0.2	0.2
#25 度以上坡耕地面积比重	%	——	0.3	0.4
2．人均桑园、茶园、果园面积	亩	——	0.1	0.1
3.人均林地面积	亩	——	1.5	1.8
4.人均牧草地面积	亩	4.7	3.4	6.2
5.人均荒山荒坡面积	亩	——	0.7	0.9

数据来源：
(a)全国农村住户调查
(b)国家农村贫困监测调查

1-2-2 2004年国家扶贫开发工作重点县村级经济情况

指 标	单位	重点县[b]	重点村
一、人均粮食作物播种面积	亩	1.6	1.7
二、人均粮食总产量	公斤	389.0	361.6
三、平均每个村乡镇企业个数	个	0.9	0.6
四、平均每个村乡镇企业从业人数	人	9.9	6.3
五、平均每个村乡镇企业销售总收入	万元	38.6	28.2
六、使用节水栽培技术的村的比重	%	6.4	6.8
七、有塑料大棚／温室的村的比重	%	13.8	11.4
八、是农牧业新技术示范户的村的比重	%	26.2	25.3
九、举办过专业技术培训的村的比重	%	36.1	35.4

数据来源：
国家农村贫困监测调查

1-2-3 2004年国家扶贫开发工作重点县当年受灾情况

指 标	单位	重点县	重点村
一、当年遭遇严重自然灾害的村的比重	%	40.8	41.6
二、自然灾害的类型比例	%	100.0	100.0
1.旱灾	%	49.0	50.1
2.水灾	%	17.7	16.7
3.病虫害	%	12.1	10.5
4.冷冻灾害	%	9.9	11.0
5.干热风灾	%	4.5	4.4
6.其他灾害	%	6.8	7.4
三、灾害程度	%	100.0	100.0
1.减产3-5成的比重	%	85.4	85.1
2.减产5-8成 的比重	%	11.8	12.1
3.减产8成以上的比重	%	2.8	2.8
四、缺粮需要救济的农户比重	%	6.7	8.1
五、当年收到过救济救灾款物的农户比例	%	2.8	3.4
六、当年收到过救济救灾款物的农户平均每户收到款	元	192.4	153.0

数据来源：
国家农村贫困监测调查

1-2-4 2004年全国及国家扶贫开发工作重点县农户人均生产支出及构成

指　标	全国[a]	重点县[b]	重点村
一、家庭经营支出总额（元）	923.9	583.2	526.9
1.种植业支出	435.0	291.7	254.6
2.林业支出	5.4	6.4	6.3
3.牧业支出	365.7	235.6	223.1
4.渔业支出	23.1	1.7	1.3
5.工业纯收入	31.2	9.7	8.0
6.建筑业纯收入	5.6	4.4	4.7
7.第三产业经营支出	57.9	33.6	29.0
二、家庭经营支出构成(％)	100.0	100.0	100.0
1.种植业支出	47.1	50.0	48.3
2.林业支出	0.6	1.1	1.2
3.牧业支出	39.6	40.4	42.3
4.渔业支出	2.5	0.3	0.2
5.工业纯收入	3.4	1.7	1.5
6.建筑业纯收入	0.6	0.8	0.9
7.第三产业经营支出	6.3	5.8	5.5

数据来源：
(a)全国农村住户调查
(b)国家农村贫困监测调查

1-2-5 2004年全国及国家扶贫开发工作重点县土地及生产性固定资产

指　标	单位	全国[a]	重点县[b]	重点村
一、户均土地使用情况				
1.耕地面积	亩		9.6	10.2
其中：水田、水浇地面积	亩		2.7	2.6
梯田面积	亩		0.9	1.0
2.林地面积	亩		2.1	2.1
3．桑园．茶园．果园面积	亩		0.3	0.3
4.牧草地面积	亩		18.9	30.7
5.荒山／荒坡面积	亩		1.0	1.0
6.粮食播种面积	亩		8.5	8.3
二、每百户拥有生产性固定资产				
1.生产用房及建筑物面积	平方米	2228.0	2197.5	2218.2
2.汽车	辆	1.4	0.9	0.7
3.大中型拖拉机	台	2.2	2.8	2.3
4.手扶拖拉机／三轮车	台	18.8	13.9	12.8
5.胶轮大车	辆	12.9	12.3	13.8
三、户均年末生产性固定资产原值	元	5956.2	4116.8	4072.9
其中：年末生产用房原值	元	1589.6	1122.9	1105.1
四、当年人均粮食产量	公斤	698.9	482.4	441.9
当年人均棉花产量	公斤	24.6	7.8	8.9
当年人均油料产量	公斤	34.3	23.3	22.8
当年人均肉类产量	公斤	47.6	39.6	38.4
五、人均期末存粮	公斤	546.0	425.8	396.9

数据来源：
(a)全国农村住户调查
(b)国家农村贫困监测调查

1-2-6 2004年全国及国家扶贫开发工作重点县农民人均纯收入及构成

指标	全国[a]	重点县[b]	重点村
一、全年纯收入（元）	2936.4	1585.3	1488.1
(一)工资性收入	998.5	489.4	437.7
其中：外出务工收入	398.3	257.8	231.5
(二)家庭经营纯收入	1745.8	997.2	960.0
1.第一产业纯收入	1398.1	890.5	867.4
(1)种植业纯收入	1056.5	624.2	592.1
(2)林业纯收入	34.1	46.1	49.7
(3)牧业纯收入	271.1	216.3	222.8
(4)渔业纯收入	36.3	3.9	2.7
2.第二产业纯收入	108.3	25.1	21.6
(1)工业纯收入	58.7	12.9	12.4
(2)建筑业纯收入	49.6	12.2	9.3
3.第三产业纯收入	239.5	82.6	72.3
(三)转移性收入	115.5	70.2	67.9
(四)财产性收入	76.6	28.5	22.6
二、收入构成（%）	100.0	100.0	100.0
(一)工资性收入	34.0	30.9	29.4
其中：外出务工收入	13.6	16.3	15.6
(二)家庭经营纯收入	59.5	62.9	64.5
1.第一产业纯收入	47.6	56.2	58.3
(1)种植业纯收入	36.0	39.4	39.8
(2)林业纯收入	1.2	2.9	3.3
(3)牧业纯收入	9.2	13.6	15.0
(4)渔业纯收入	1.2	0.2	0.2
2.第二产业纯收入	3.7	1.6	1.5
(1)工业纯收入	2.0	0.8	0.8
(2)建筑业纯收入	1.7	0.8	0.6
3.第三产业纯收入	8.2	5.2	4.9
(三)转移性收入	3.9	1.8	1.5
(四)财产性收入	2.6	4.4	4.6

数据来源：
(a)全国农村住户调查
(b)国家农村贫困监测调查

1-2-7 2004年全国及国家扶贫开发工作重点县农民人均消费支出及构成

指　标	全国[a]	重点县[b]	重点村
一、生活消费支出总额（元）	2184.7	1394.4	1307.6
1.食品消费支出	1031.9	741.5	716.2
其中：在外饮食支出	111.2	57.7	43.9
2.衣着消费支出	120.2	74.4	73.2
3.居住消费支出	324.3	165.0	144.3
其中：住房消费	——	82.9	70.5
生活用燃料	67.0	51.3	46.0
4.家庭设备用品及服务消费	89.2	49.1	45.1
5.医疗保健支出	130.6	78.0	71.2
6.交通通讯支出	192.3	85.1	78.2
7.文化教育、娱乐用品及服务	247.6	177.7	157.6
8.其他商品及服务支出	48.3	23.6	21.8
二、生活消费支出构成（%）	100.0	101.0	102.0
1.食品消费支出	47.2	53.2	54.8
其中：在外饮食占食品支出	5.1	4.1	3.4
2.衣着消费支出	5.5	5.3	5.6
3.居住消费支出	14.8	11.8	11.0
其中：住房消费占居住支出	0.0	5.9	5.4
生活用燃料占居住支出	3.1	3.7	3.5
4.家庭设备用品及服务消费	4.1	3.5	3.5
5.医疗保健支出	6.0	5.6	5.4
6.交通通讯支出	8.8	6.1	6.0
7.文化教育、娱乐用品及服务	11.3	12.7	12.0
8.其他商品及服务支出	2.2	1.7	1.7

数据来源：
(a)全国农村住户调查
(b)国家农村贫困监测调查

1-2-8 2004年全国及国家扶贫开发工作重点县农民人均食物消费量

单位：公斤／人

指　标	全国[a]	重点县[b]	
			重点村
一、谷物及制品消费	213.2	196.2	192.9
二、薯类及制品消费	3.2	8.5	9.3
三、豆类及制品消费	3.0	3.9	3.6
四、食用油消费	5.3	5.0	4.9
五、蔬菜及制品消费	106.6	87.5	81.2
六、肉类、家禽消费	19.2	17.8	18.0
七、蛋类消费	4.6	1.7	1.5
八、水产品消费	4.5	1.3	1.0
九、奶类及奶制品消费	2.0	1.3	1.7
十、水果消费	11.9	7.4	6.9

数据来源：
(a)全国农村住户调查
(b)国家农村贫困监测调查

1－3 就业、教育、卫生及扶贫项目村、户参与情况

1-3-1 2004年全国及国家扶贫开发工作重点县人口、劳动力就业情况

指　标	单位	全国[a]	重点县[b]	重点村
一、户均人口	人	4.1	4.3	4.4
二、户均劳动力	人	2.8	2.9	2.9
三、人口的年龄组构成				
1．0—6岁人口比重	%	4.5	6.0	6.4
2．7—15岁人口比重	%	14.0	16.4	17.1
3．16岁以上人口比重	%	81.5	78.5	77.4
四、劳动力负担系数		1.4	1.5	1.5
五、劳动力行业构成				
1．农业	%	65.8	78.6	79.6
2．林业	%	0.2	0.3	0.3
3．牧业	%	2.1	2.8	3.8
4．渔业	%	0.3	0.1	0.1
5．采矿业	%	0.7	0.9	0.9
6．制造业	%	9.6	4.5	4.0
7．电、煤及水的生产和供应业	%	0.3	0.2	0.2
8．建筑业	%	4.8	3.3	3.0
9．交通运输仓储和邮政业	%	1.7	0.9	0.8
10．批发和零售业	%	2.4	0.8	0.6
11．住宿和餐饮业	%	1.5	1.0	1.0
12．居民服务和其他服务业	%	3.2	1.7	1.5
13．教育	%	0.9	0.6	0.5
14．卫生社会保障和社会福利业	%	0.4	0.3	0.3
15．文化体育和娱乐业	%	0.2	0.1	0.1
16．其他	%	5.8	3.4	2.9
六、当地乡镇企业职工人数占劳动力比重	%	—	0.7	0.5

数据来源：
(a)全国农村住户调查
(b)国家农村贫困监测调查

1-3-2 2004年全国及国家扶贫开发工作重点县劳动力文化程度及培训情况

单位：%

指　标	全国[a]	重点县[b]	重点村
一、劳动力文化程度构成	100.0	100.0	100.0
1．文盲、半文盲	7.5	14.0	16.7
2.小学	29.2	35.8	37.6
3.初中	50.4	41.4	38.0
4.高中	10.0	6.7	6.0
5.中专	2.1	1.5	1.4
6.大专及以上	0.8	0.4	0.4
二、曾受过技能培训劳动力比重	15.5	11.2	11.6
三、少数民族中会汉语的人口比例	--	72.7	67.4

数据来源：
(a)全国农村住户调查
(b)国家农村贫困监测调查

1-3-3 2004年国家扶贫开发工作重点县劳动力流动情况

指　　标	单位	全国[a]	重点县[b]	重点村
一、流动方式				
1.政府或单位组织	%	2.4	3.4	3.6
2.亲戚朋友介绍	%	15.8	38.9	38.6
3.自发	%	81.8	57.7	57.7
二、流出地区				
1.县内乡外	%	15.0	12.6	12.4
2.省内县外	%	29.8	21.1	23.7
3.省外	%	55.2	66.3	63.9
三、在外时间				
1.0—6个月	%	18.7	36.8	40.5
2.6个月以上	%	81.3	63.2	59.5
四、在外收入				
1.总收入	元	--	3921.6	3716.5
2.自己生活消费支出	元	--	1447.4	1398.2
3.寄回或带回的现金及实物	元	--	1611.8	1507.0
五、外出比重				
1.当年外出打工人数占劳动力比重	%	--	16.6	16.0
2.未外出劳动力中曾经外出过的劳动力比重	%	--	3.8	4.2
六、返回的主要原因				
1.找不到工作	%	--	18.1	18.3
2.要不到工资	%	--	5.6	5.4
3.缺乏安全感	%	--	2.4	2.2
4.生活不习惯	%	--	3.9	3.6
5.疾病．伤残	%	--	2.9	2.7
6.回家结婚．生育	%	--	7.4	6.0
7.家中缺乏劳动力	%	--	34.4	35.3
8.其他	%	--	25.4	26.6
七、开始外出时间				
1.1年前开始打工	%	--	84.9	83.9
2.今年第1年打工	%	--	15.1	16.1
八、在外持续时间				
1.0—2年	%	--	49.8	52.1
2.2年以上	%	--	50.2	47.9
九、自己感受到的打工收入变化				
1.变化不大	%	--	42.8	41.7
2.时多时少	%	--	37.6	38.9
3.逐年增多	%	--	15.9	16.0
4.逐年变少	%	--	3.7	3.3

数据来源：国家农村贫困监测调查

1-3-4 历年全国及国家扶贫开发工作重点县学校数

单位：个

年份	普通中学学校数		小学校数	
	全国[a]	重点县[b]	全国[a]	重点县[b]
1993	82795	13015	696681	182418
1994	82358	14795	682588	192348
1995	81020	14481	668685	190372
1996	79967	14362	645983	188042
1997	78642	14154	628840	179749
1998	77888	14905	609626	171849
1999	77213	13606	582291	167539
2000	77268	13914	553622	162493
2001	80432	14578	491273	146328
2002	80067	14904	456903	139083
2003	79490	14750	425846	131118
2004	79058	14834	394183	124910

数据来源：
(a)中国统计年鉴
(b)县（市）社会经济统计年鉴

1-3-5 历年全国及国家扶贫开发工作重点县专职教师数

单位：万人

年份	普通中学教师数		小学教师数	
	全国[a]	重点县[b]	全国[a]	重点县[b]
1994	323.4	46.4	561.1	113.0
1995	333.4	46.4	566.4	114.7
1996	346.5	46.4	573.6	113.2
1997	358.7	51.2	579.4	110.6
1998	369.7	53.7	581.9	110.1
1999	384.1	55.7	586.1	110.2
2000	400.5	59.4	586.0	113.3
2001	418.8	62.7	579.8	113.3
2002	437.6	67.1	577.9	116.9
2003	453.7	69.5	570.3	113.5
2004	446.8	72.6	562.9	111.1

数据来源：
(a)中国统计年鉴
(b)县（市）社会经济统计年鉴

1-3-6 历年全国及国家扶贫开发工作重点县每万人口在校学生人数

单位：人

年 份	中学生人数		小学生人数	
	全国[a]	重点县[b]	全国[a]	重点县[b]
1993	454	242	1048	1036
1994	476	326	1070	1202
1995	511	350	1089	1202
1996	542	371	1112	1229
1997	566	366	1132	1201
1998	588	428	1118	1263
1999	621	460	1076	1231
2000	660	507	1028	1202
2001	697	538	983	1173
2002	733	587	946	1155
2003	763	619	910	1110
2004	776	639	870	1060

数据来源：
(a)中国统计年鉴
(b)县（市）社会经济统计年鉴

1-3-7 2004年国家扶贫开发工作重点县农村儿童入学情况

指　标	单位	重点县[b]	重点村
一、学生结构			
1.小学	%	52.6	55.4
2.初中	%	32.1	31.4
3.高中及以上	%	15.3	13.2
二、儿童入学率：			
1.7—12岁	%	95.8	94.3
2.13—15岁人口	%	90.7	89.2
三、平均每个学生教育费用	元	864.1	749.9
其中：学杂费和书本费	元	452.6	396.8
四、年内受到社会捐助的学生比重	%	4.6	6.7
五、小学生上学所需时间			
1．<0.5小时	%	67.8	66.1
2．0.5—1小时	%	20.1	20.7
3．1-2小时	%	3.2	3.5
4．2小时以上	%	2.4	2.5
5．住校	%	6.6	7.3
六、中学上学所需时间			
1．<0.5小时	%	24.8	23.1
2．0.5—1小时	%	19.8	20.2
3．1-2小时	%	5.7	5.6
4．2小时以上	%	1.8	1.6
5．住校	%	48.0	49.6

数据来源：国家农村贫困监测调查

1-3-8 2004年国家扶贫开发工作重点县农村儿童失学情况

单位：%

指　标	重点县	重点村
一、儿童失学率		
1.7—12岁	4.2	5.7
2.13—15岁人口	9.3	10.8
二、7—15岁儿童失学的主要原因	100.0	100.0
1.经济困难	42.3	44.6
2.自己不愿意	27.8	24.8
3.家中缺少劳动力	4.2	4.5
4.没考上高一级学校	4.2	3.5
5．没老师．没校舍．离校太远	2.9	3.7
6.其他	18.6	19.0
三、曾完成的最高学历	100.0	100.0
1.从未念过书	39.8	47.1
2.读过1—3年级	16.4	15.6
3.小学未毕业	15.8	14.3
4.小学毕业	13.7	12.4
5.初中未毕业	14.4	10.7
四、本人是否有继续读书的愿望	100.0	100.0
1.是	53.2	55.1
2.否	46.8	44.9

数据来源：
国家农村贫困监测调查

1-3-9 历年全国及国家扶贫开发工作重点县农村医院、卫生院床位和人员数

年份	医院、卫生院床位数（万床）		医院、卫生院技术人员数（万人）	
	全国[a]	重点县[b]	全国[a]	重点县[b]
1994	280.2	28.9	419.9	—
1995	280.6	28.6	425.7	—
1996	283.4	29.7	431.2	—
1997	286.9	30.7	439.8	39.3
1998	287.8	30.6	442.4	40.1
1999	289.0	30.8	445.9	40.6
2000	290.8	30.8	449.1	42.6
2001	293.5	31.1	450.8	42.0
2002	290.7	31.7	427.0	42.0
2003	295.5	31.2	430.6	40.7
2004	304.7	31.4	439.0	40.5

数据来源：
(a)中国统计年鉴
(b)县（市）社会经济统计年鉴

1-3-10 2004年国家扶贫开发工作重点县农民健康状况

单位：%

指　标	重点县	重点村
一、身体健康状况	100.0	100.0
1.残疾人数占人口的比重	1.2	1.2
2.患有大病人数占人口的比重	0.5	0.5
3.长期慢性病人数占人口的比重	1.6	1.6
4.体弱多病人数占人口的比重	3.8	3.9
5.健康人数占人口的比重	93.0	92.9
二、有病是否能及时就医	100.0	100.0
1.是	85.2	80.5
2.否	14.8	19.5
三、不能及时就医的主要原因	100.0	100.0
1.经济困难	64.7	64.9
2.医院太远	27.0	27.1
3.没有时间	0.8	0.9
4.本人不重视	2.6	2.9
5.小病不用医	4.9	4.2

数据来源：
国家农村贫困监测调查

1-3-11 2004年部分县市前十位疾病死亡专率及死亡原因构成

顺位	市			县		
	死亡原因	死亡专率 (1/10万分)	构成 (%)	死亡原因	死亡专率① (1/10万分)	构成② (%)
1	恶性肿瘤	126.42	23.92	恶性肿瘤	119.66	23.70
2	脑血管病	100.90	19.09	脑血管病	74.95	14.85
3	心脏病	99.36	18.80	呼吸系病	67.18	13.30
4	呼吸系病	69.33	13.12	心脏病	63.36	12.54
5	损伤及中毒	31.14	5.89	损伤及中毒	33.50	6.63
6	消化系病	17.13	3.24	消化系病	14.21	2.81
7	内分泌.营养和代谢疾病	14.91	2.82	内分泌.营养和代谢疾病	12.74	2.52
8	泌尿生殖系病	9.52	1.81	泌尿生殖系统	8.11	1.61
9	神经系病	4.59	0.86	围生期病	363.95	0.68
10	围生期病	168.46	0.52	肺结核	3.25	0.64
	十种死因合计		90.07	十种死因合计		79.28

①死亡专率：
指同种疾病患病人数与死亡人数的比率
②构成：
指一种疾病死亡人数占全部病死人数的比率
数据来源：
2003年中国卫生统计年鉴

1-3-12 历年监测地区5岁以下儿童死亡率

单位：‰

年 份	1991	1995	1997	1999	2000	2001	2002	2003
一、总计								
新生儿死亡率	33.1	27.3	…	22.2	22.8	21.4	20.7	18.3
婴儿死亡率	50.2	36.4	33.1	33.3	32.2	30.0	29.2	25.5
5岁以下儿童死亡率	61.0	44.5	42.3	41.4	39.7	35.9	34.9	29.9
二、城市								
新生儿死亡率	12.5	10.6	…	9.5	9.5	10.6	9.7	8.9
婴儿死亡率	17.3	14.2	13.1	11.9	11.8	13.6	12.2	11.3
5岁以下儿童死亡率	20.9	16.4	15.5	14.3	13.8	16.3	14.6	14.8
三、农村								
新生儿死亡率	37.9	31.1	…	25.1	25.8	23.9	23.2	20.1
婴儿死亡率	58.0	41.6	37.7	38.2	37.0	33.8	33.1	28.7
5岁以下儿童死亡率	71.1	51.1	48.5	47.7	45.7	40.4	39.6	33.4

数据来源：
2003年中国卫生统计年鉴

1-3-13 历年监测地区孕产妇死亡率

单位：1/10万

年份	总计	城市	农村
1990	88.9	45.9	112.5
1995	61.9	39.2	76.0
1997	63.6	38.3	80.4
1999	58.7	26.2	79.7
2000	53.0	29.3	69.6
2001	50.2	33.1	61.9
2002	43.2	22.3	58.2
2003	51.3	27.6	65.4

补充资料：
1949年前孕产妇死亡率为150/万
数据来源：
2005年中国卫生统计年鉴

1-3-14 2004年东、中、西部医院和乡镇卫生院医疗服务量及病床使用情况

指 标	合计	东部	中部	西部
一、医院				
诊疗人次（万次）	130518.6	70210.9	31214.6	29093.1
住院人数（万人）	4668.0	2124.3	1365.6	1178.0
病床使用率（%）	68.4	74.6	62.4	65.0
平均住院日（日）	10.8	11.3	10.2	10.6
二、乡镇卫生院				
诊疗人次（万次）	68057.4	28675.9	18037.8	21343.7
住院人数（万人）	1599.5	619.9	518.2	461.4
病床使用率（%）	37.1	39.1	37.0	34.7
平均住院日（日）	4.4	4.8	4.2	4.1

1-3-15 2004年全国农村地方病防治情况

指 标	克山病	大骨节病	碘缺乏病	指标	氟中毒	
					饮水型	煤烟污染型
病区县数	326	354	2812	病区县数	1108	200
病区县人口数(万人)	12958.9	10225.8	124407.7	病区县人口数(万人)	54466.76	9599.59
				氟斑牙人数(万人)	2149.05	1801.19
现症病人(万人)	4.03	79.52	61.08	氟骨症人数（万人）	136.40	151.74
累计控制(消除)县数	256	196	2329	控制县数	194	24
累计防治受益人口（万人）				累计防治受益人口(万人)	4064.55	806.67

①克山病现症病人数为潜在型、慢型、亚急型及急型克山病现症病人之和；
②碘缺乏病病区县数和人口数系开展碘缺乏病防治监测工作的县数与人口数；
③碘缺乏病现症病人数为甲状腺肿克汀病之和。
数据来源：
2003年中国卫生统计年鉴

1-3-16 2002-2004年国家扶贫开发工作重点县村级扶贫活动参与情况

指 标	单位	重点县			其中：重点村		
		2002年	2003年	2004年	2002年	2003年	2004年
一、重点村占总村数的比重	%	51.4	49.9	48.7	100.0	100.0	100.0
二、当年参加过扶贫项目的村占总村数的比重	%	29.8	33.1	39.9	40.2	44.5	52.2
三、参加的扶贫活动形式分的村比重							
1.现金扶持的村占总村数的比重	%	20.0	21.6	28.8	26.9	29.5	37.2
2.实物扶持的村占总村数的比重	%	18.6	22.1	22.8	25.6	29.3	29.7
3.技术援助的村占总村数的比重	%	10.0	11.8	12.9	13.8	16.2	17.7
四、平均每个村当年到位的扶贫资金总额	万元	3.6	5.9	15.6	5.2	8.7	16.0
五、当年使用的扶贫资金总额	万元	3.4	4.7	14.3	5.0	6.5	15.8
六、平均每个村扶持农户和公共项目成果							
1.种植业	户	5.9	5.8	5.9	7.9	8.5	8.0
2.林业	户	2.1	2.0	1.8	3.2	3.2	2.6
3.养殖业	户	2.9	4.4	4.4	4.1	7.2	6.4
4.农产品加工业	户	0.2	0.1	0.1	0.0	0.2	0.2
5.其他生产行业	户	0.4	0.4	0.2	0.3	0.6	0.3
6.修建基本农田	亩	7.3	11.1	5.4	9.3	17.1	7.1
7.人畜饮水工程	户	7.6	7.8	6.8	10.0	10.8	8.8
8.修建及改建公路	公里	0.4	1.0	0.6	0.6	1.0	1.0
9.电力设施	公里	0.2	0.3	0.2	0.2	0.2	0.2
10.电视接收设施	个	0.0	0.1	0.0	0.0	0.1	0.0
11.学校及学校设施	个	0.0	0.0	0.1	0.0	0.0	0.1
12.卫生室及设施	个	0.0	0.0	0.1	0.0	0.0	0.2
13.技术培训	人次	4.8	7.0	4.9	5.1	8.3	6.1
14.扫盲、资助儿童入学	人次	0.6	1.3	0.8	0.8	1.7	0.8
15退耕还林还草	亩	37.7	58.2	89.8	48.8	72.9	104.6
七、按是否希望某种扶持项目分的村数比重							
1.种植业	%	44.1	47.9	48.5	43.1	47.5	50.0
2.林业	%	6.6	7.4	8.2	6.3	7.5	9.0
3.养殖业	%	42.8	45.1	43.7	43.9	47.2	45.2
4.农产品加工业	%	7.8	8.5	8.7	6.5	7.2	6.8
5.其他生产行业	%	1.0	2.5	2.5	0.8	2.0	2.3
6.修建基本农田	%	9.4	10.1	11.3	7.9	9.1	9.3
7.人畜饮水工程	%	16.3	15.7	14.8	17.3	16.5	15.2
8.修建及改建公路	%	20.3	21.9	23.2	21.6	22.2	23.8
9.电力设施	%	4.1	4.4	4.4	4.0	4.4	4.2
10.电视接收设施	%	2.8	2.4	2.7	2.9	2.4	2.5
11.学校及学校设施	%	5.7	5.9	5.4	5.6	6.1	5.6
12.卫生室及设施	%	1.2	2.6	3.2	1.2	2.4	3.2
13.技术培训	%	7.5	10.0	11.9	5.8	9.0	10.2
14.扫盲、资助儿童入学	%	1.1	1.1	1.2	1.3	1.2	1.4
15.退耕还林还草	%	11.2	10.7	7.1	12.0	11.7	7.6
16.其他	%	2.6	3.7	3.2	2.9	3.5	3.7

数据来源：
国家农村贫困监测调查

1-3-17 2002-2004年国家扶贫开发工作重点县农户参与扶贫活动情况

单位：%

指 标	重点县			其中：重点村		
	2002年	2003年	2004年	2002年	2003年	2004年
一、对村级扶贫情况的了解和参与						
1.农户知道村里落实了新扶贫项目的比重	77.0	67.7	76.8	78.4	70.6	75.4
2.农户知道的途径						
(1)到本次调查才知道	10.2	6.1	11.2	9.6	6.1	10.6
(2)通过村民会议、村委会的公示户	63.0	70.5	67.5	63.8	71.0	68.4
(3)作为村干部接到上级的通知	8.1	7.3	6.0	7.4	6.7	6.4
(4)通过村干部的个别通知	11.1	8.5	8.4	11.6	8.5	8.1
(5)通过亲朋好友	4.0	3.2	2.7	3.5	2.9	2.4
(6)其他途径	3.8	4.4	4.1	4.2	4.6	4.1
3.项目内容确定前有机会参与意见的农户比重	42.1	50.6	50.7	57.2	52.9	51.8
二、农户参与的扶贫活动情况						
1.参加或完成某项扶贫的农户比重	43.2	52.8	60.6	45.6	55.5	59.0
2.参加／当年完成的扶贫项目主要是						
(1)种植业	14.8	10.6	10.4	14.2	10.3	11.7
(2)林业	4.7	4.3	1.6	4.9	4.6	2.3
(3)养殖业	9.2	10.9	8.4	9.2	12.4	9.4
(4)农产品加工	0.4	0.1	0.0	0.1	0.1	0.0
(5)其他生产行业	0.5	0.1	0.0	0.3	0.1	0.0
(6)基本农业建设	5.9	4.1	1.2	6.3	3.3	1.3
(7)人畜饮水	14.5	11.3	5.6	16.2	12.1	6.5
(8)修建及改扩建道路	15.5	13.7	11.4	16.5	15.5	14.4
(9)电力设施、技术培训	4.7	4.8	1.6	4.6	5.2	1.6
(10)电视接收设施	0.4	0.5	0.3	0.4	0.2	0.2
(11)学校及设备	3.3	2.0	1.4	3.9	2.5	1.9
(12)卫生及设备	1.0	1.0	0.7	1.2	0.6	0.6
(13)技术培训	0.4	0.3	0.2	0.1	0.4	0.2
(14)儿童入学和扫盲	0.6	0.5	0.0	0.9	0.7	0.1
(15)退耕还林	18.2	27.8	53.1	15.3	24.6	45.1
(16)其他	5.9	8.0	3.9	5.9	7.4	4.5
3.得到扶贫项目资助的农户比重	61.1	71.2	77.2	59.4	68.3	75.4
4.得到项目内容是自选的农户比重	38.1	42.8	36.1	37.4	41.1	37.9

数据来源：
国家农村贫困监测调查

2．分地区资料

2-1 生产、收入与消费

2-1-1 2004年各地区农机总动力和农村用电量

地区	农机总动力（万千瓦）		农村用电量（亿千瓦时）	
	全国[a]	重点县[b]	全国[a]	重点县[b]
全国	64027.9	9383.8	3933.0	181.5
河北	8135.6	1084.4	310.8	25.3
山西	2186.5	306.7	63.2	5.9
内蒙古	1772.3	631.6	26.7	8.0
吉林	1319.8	162.2	23.7	2.6
黑龙江	1952.2	268.8	33.5	5.0
安徽	3784.4	863.7	59.4	13.2
江西	1465.2	274.9	42.3	8.8
河南	7521.1	1752.5	157.7	22.5
湖北	1763.6	259.6	64.8	9.6
湖南	2923.9	347.9	57.5	5.9
广西	1814.3	348.1	32.4	5.4
海南	243.9	20.2	3.3	0.6
重庆	728.3	299.5	38.5	9.8
四川	2006.8	293.0	107.8	8.8
贵州	797.2	422.2	30.3	7.3
云南	1608.5	646.7	40.3	13.7
陕西	1307.0	437.3	84.0	13.1
甘肃	1321.3	444.0	41.4	12.2
青海	325.8	186.7	2.9	1.4
宁夏	528.5	167.8	9.0	2.1
新疆	1046.5	166.0	32.6	2.3

数据来源：
(a)中国统计年鉴
(b)县（市）社会经济统计年鉴

2-1-2 2004年各地区化肥使用量和有效灌溉面积

地 区	化肥使用量（万吨）		有效灌溉面积（千公顷）	
	全国[a]	重点县[b]	全国[a]	重点县[b]
全 国	4636.6	723.5	54478.4	8293.3
河 北	289.9	42.1	4459.8	804.3
山 西	93.4	18.2	1088.2	125.5
内蒙古	104.4	35.7	2635.9	685.4
吉 林	159.1	9.1	1595.2	77.1
黑龙江	143.8	18.8	2282.1	351.3
安 徽	277.6	69.3	3304.6	865.3
江 西	123.5	29.1	1841.6	425.5
河 南	493.2	122.4	4829.1	1145.9
湖 北	281.9	51.2	2071.0	256.2
湖 南	203.2	24.7	2683.3	345.6
广 西	195.2	21.7	1516.0	237.1
海 南	41.1	3.7	169.8	24.3
重 庆	77.0	29.7	616.8	168.1
四 川	214.7	36.6	2503.3	350.3
贵 州	74.3	40.5	692.9	334.5
云 南	137.2	64.8	1469.4	745.2
陕 西	143.1	49.0	1296.8	307.1
甘 肃	72.4	30.0	1003.3	307.4
青 海	6.6	3.5	180.3	66.8
宁 夏	27.6	6.3	406.3	80.9
新 疆	99.2	17.3	3106.6	589.7

数据来源：
(a)中国统计年鉴
(b)县（市）社会经济统计年鉴

2-1-3 2004年各地区粮、棉、油播种面积

单位：千公顷

地区	农作物总播种面积		粮食播种面积	
	全国[a]	重点县[b]	全国[a]	重点县[b]
全国	153552.5	34173.3	101606.0	23807.6
河北	8695.4	1950.6	6003.4	1347.7
山西	3741.5	969.5	2925.4	757.9
内蒙古	5924.0	2349.0	4181.1	1682.1
吉林	4904.0	491.6	4312.1	379.9
黑龙江	9888.4	1746.1	8458.0	1510.0
安徽	9200.4	2308.2	6312.2	1584.7
江西	5182.8	1256.2	3350.1	899.5
河南	13789.7	3549.6	8970.1	2269.5
湖北	7155.9	1767.4	3712.4	1068.3
湖南	7886.2	1186.4	4754.1	746.2
广西	6368.2	1232.9	3511.2	766.1
海南	826.9	120.5	471.8	67.0
重庆	3435.3	1534.1	2516.4	1121.5
四川	9387.5	1861.9	6476.5	1290.9
贵州	4695.0	2715.5	3037.2	1821.3
云南	5890.0	3165.7	4158.5	2274.9
陕西	4099.8	1994.1	3134.1	1526.4
甘肃	3668.9	2206.9	2534.6	1643.3
青海	473.3	251.7	244.7	137.5
宁夏	1158.3	702.8	791.7	445.2
新疆	3592.3	812.7	1413.9	467.7

数据来源：
(a)中国统计年鉴
(b)县（市）社会经济统计年鉴

2-1-3 续表

地区	棉花播种面积		油料播种面积	
	全国[a]	重点县[b]	全国[a]	重点县[b]
全　国	5692.9	641.2	14430.7	3331.3
河　北	669.1	131.6	583.6	149.9
山　西	114.6	1.7	298.3	134.0
内蒙古	6.7	0.1	671.0	213.9
吉　林	0.2	0.1	222.1	65.0
黑龙江			411.1	93.7
安　徽	398.9	99.9	1380.2	371.0
江　西	62.5	2.0	566.2	114.8
河　南	951.8	219.3	1538.9	490.5
湖　北	408.3	10.7	1476.0	255.7
湖　南	167.7	2.5	877.6	140.4
广　西	1.7	0.9	306.0	39.2
海　南			47.4	3.8
重　庆	0.4	0.3	244.1	131.5
四　川	35.8	7.2	1088.8	219.2
贵　州	1.6	1.5	531.6	240.6
云　南	0.6	0.5	204.9	110.4
陕　西	80.1	20.8	283.3	159.5
甘　肃	68.3	0.2	332.7	194.4
青　海			159.8	86.5
宁　夏	0.2		125.0	100.8
新　疆	1136.9	141.8	215.5	16.7

数据来源：
(a)中国统计年鉴
(b)县（市）社会经济统计年鉴

2-1-4　2004年各地区粮、棉、油、肉产量

地区	粮食产量（万吨）		棉花产量（吨）	
	全国[a]	重点县[b]	全国[a]	重点县[b]
全　国	46946.9	9231.5	6323510	644104
河　北	2480.1	543.2	665369	126993
山　西	1062.0	208.0	120151	793
内蒙古	1505.3	576.1	7373	128
吉　林	2510.0	107.6	88	29
黑龙江	3001.0	408.6		
安　徽	2743.0	844.3	412000	119858
江　西	1663.0	438.8	84812	4506
河　南	4260.0	1168.6	666700	145414
湖　北	2100.1	490.7	395430	13124
湖　南	2640.0	368.5	203000	1822
广　西	1398.5	249.2	876	313
海　南	190.1	27.8		
重　庆	1144.5	442.4	196	185
四　川	3146.7	617.9	33099	5153
贵　州	1149.6	726.4	623	582
云　南	1509.5	736.6	274	218
陕　西	1040.0	459.4	82260	18623
甘　肃	805.8	409.7	109965	160
青　海	88.5	44.2		
宁　夏	290.5	89.8	302	
新　疆	796.5	273.8	1783000	206203

数据来源：
(a)中国统计年鉴
(b)县（市）社会经济统计年鉴

2-1-4 续表

地区	油料产量（万吨）		肉类总产量（万吨）	
	全国[a]	重点县[b]	全国[a]	重点县[b]
全国	3065.9	543.2	7244.8	1345.6
河北	154.3	30.0	534.0	96.6
山西	28.2	10.1	66.6	18.3
内蒙古	103.7	29.3	201.3	69.1
吉林	38.1	5.6	243.5	19.1
黑龙江	46.0	9.4	165.3	28.6
安徽	299.7	66.3	333.7	104.3
江西	74.5	14.8	217.7	52.0
河南	408.7	122.3	641.5	151.5
湖北	314.4	45.6	309.3	73.1
湖南	139.6	20.3	517.1	62.3
广西	58.3	3.9	210.5	58.7
海南	9.1	0.7	52.3	4.9
重庆	41.8	19.1	168.4	71.8
四川	226.3	44.6	609.1	150.0
贵州	82.7	32.4	148.0	103.9
云南	33.4	14.5	277.8	141.1
陕西	46.1	22.6	101.6	51.0
甘肃	48.5	24.0	76.6	38.2
青海	28.9	15.1	24.8	13.7
宁夏	13.8	8.9	24.4	7.7
新疆	44.5	3.6	128.1	29.7

2-1-5 2004年各地区农村居民年末拥有主要生产性固定资产原值和数量

地区	固定资产原值(元/户)		房屋及建筑物面积（平米/户)		汽车(辆/百户)	
	全国[a]	重点县[b]	全国[a]	重点县[b]	全国	重点县
全　国	5956.2	4117.0	22.3	22.0	1.4	0.9
河　北	7879.6	4618.7	14.1	12.8	2.6	1.6
山　西	4248.8	3071.5	8.6	10.2	2.7	1.6
内蒙古	12909.5	7751.5	45.5	32.2	2.1	1.0
吉　林	9252.1	5755.9	25.5	19.0	0.9	0.9
黑龙江	9117.2	7729.9	22.1	15.7	0.5	0.1
安　徽	5069.6	2950.5	14.1	11.2	0.7	0.7
江　西	3283.1	2001.3	26.0	22.1	0.7	0.5
河　南	5832.8	3998.1	11.5	9.4	0.7	0.4
湖　北	3046.5	2261.8	21.4	23.7	0.5	0.6
湖　南	3312.4	2205.8	22.5	19.1	1.1	0.4
广　西	3298.8	3240.0	22.0	19.1	0.5	0.7
海　南	5471.8	3026.9	12.8	1.2	0.8	0.3
重　庆	2610.8	2790.2	29.5	24.0	0.3	0.6
四　川	4043.7	4491.0	34.3	38.7	0.9	1.1
贵　州	3696.3	3325.2	28.2	22.8	1.1	0.6
云　南	5382.8	4776.5	30.0	29.0	1.3	0.8
陕　西	4642.0	2963.3	15.3	14.3	2.0	0.7
甘　肃	5561.4	4005.6	22.5	19.7	1.2	0.7
青　海	8576.0	8799.0	27.6	25.7	4.0	2.7
宁　夏	13735.1	7411.7	45.0	31.2	3.7	0.3
新　疆	10737.2	5299.3	28.5	38.6	1.7	1.6

数据来源：
(a)全国农村住户调查
(b)国家农村贫困监测调查

2-1-6 2004年各地区农村居民家庭经营费用支出

单位：元／人

地区	家庭经营支出		其中：种植业		林业	
	全国[a]	重点县[b]	全国[a]	重点县[b]	全国[a]	重点县[b]
全　国	923.9	582.1	435.0	291.2	5.4	6.4
河　北	844.5	514.8	436.4	300.6	1.1	3.9
山　西	533.0	309.5	261.3	184.0	4.5	2.5
内蒙古	1548.2	962.0	748.9	521.9	3.9	6.2
吉　林	1201.6	964.3	823.3	740.1	4.7	10.2
黑龙江	1809.0	1579.4	1390.7	1301.8	1.3	1.3
安　徽	698.3	561.1	435.2	317.4	4.5	10.5
江　西	754.8	486.2	385.4	255.5	3.7	5.8
河　南	822.3	588.0	416.8	352.0	3.4	5.4
湖　北	765.0	548.6	394.5	249.7	2.8	7.2
湖　南	901.0	528.0	316.1	226.3	4.4	7.5
广　西	879.5	700.6	342.6	219.2	5.1	13.1
海　南	783.5	317.5	276.2	146.5	16.8	26.3
重　庆	696.4	677.2	185.7	231.7	2.2	3.4
四　川	1073.8	619.5	283.1	225.5	4.0	7.2
贵　州	585.9	509.5	201.9	187.0	3.3	2.7
云　南	860.1	636.2	357.5	284.2	8.1	7.9
陕　西	583.6	463.1	317.0	243.4	2.4	9.3
甘　肃	611.9	305.0	385.5	178.2	5.5	5.3
青　海	575.7	327.3	231.6	143.3	0.9	1.3
宁　夏	1122.0	589.2	533.6	283.5	1.7	1.2
新　疆	1311.5	714.0	1052.8	388.6	3.3	5.8

数据来源：
(a)全国农村住户调查
(b)国家农村贫困监测调查

2-1-6 续表

地区	牧业		渔业		二、三产业	
	全国[a]	重点县[b]	全国[a]	重点县[b]	全国[a]	重点县[b]
全　国	365.7	235.2	23.1	1.7	94.8	47.7
河　北	246.8	155.4	0.0	0.6	160.1	54.3
山　西	158.6	82.9	0.0	0.4	108.6	39.7
内蒙古	762.1	397.9	0.4	0.4	32.9	35.7
吉　林	355.1	197.2	3.8	0.4	14.6	16.4
黑龙江	394.6	240.9	2.1	2.6	20.3	32.8
安　徽	194.5	154.9	7.9	2.2	56.3	76.1
江　西	277.4	159.5	14.6	6.9	73.7	58.4
河　南	288.0	164.8	15.9	2.1	98.2	63.6
湖　北	256.4	248.9	51.9	4.0	59.4	38.8
湖　南	460.0	255.8	15.1	2.0	105.4	36.3
广　西	457.1	360.7	31.8	5.3	43.0	102.3
海　南	287.5	106.7	181.9	16.1	21.1	21.8
重　庆	456.3	411.7	12.9	0.4	39.4	30.0
四　川	676.9	334.7	11.0	1.1	98.9	51.0
贵　州	343.9	287.6	0.5	0.6	36.2	31.6
云　南	413.7	301.1	0.7	1.5	80.2	41.6
陕　西	206.1	146.9	0.1	0.5	58.0	63.0
甘　肃	168.0	100.9	0.0	0.0	52.8	20.6
青　海	241.1	111.0	1.1	0.0	100.9	71.7
宁　夏	477.2	259.3	5.6	0.0	103.9	45.1
新　疆	194.4	279.4	0.0	0.6	61.0	39.6

数据来源：
(a)全国农村住户调查
(b)国家农村贫困监测调查

2-1-7 2004年各地区农村居民人均纯收入

单位：元／人

地 区	人均纯收入		其中：工资性收入		家庭经营收入	
	全国[a]	重点县[b]	全国[a]	重点县[b]	全国[a]	重点县[b]
全 国	2936.4	1582.4	998.5	488.5	1745.8	995.4
河 北	3171.1	2098.8	1110.9	784.4	1887.7	1229.9
山 西	2589.6	1460.5	987.5	578.1	1497.2	784.8
内蒙古	2606.4	1704.2	394.8	338.6	2037.7	1236.2
吉 林	2999.6	1482.2	457.8	240.5	2292.8	961.8
黑龙江	3005.2	1193.4	413.1	129.1	2329.4	828.8
安 徽	2499.3	1918.1	884.6	856.0	1489.2	965.7
江 西	2786.8	1459.7	1017.5	570.0	1670.2	809.1
河 南	2553.1	2038.8	754.0	655.6	1716.7	1300.2
湖 北	2890.0	1728.2	755.2	648.6	2051.6	978.0
湖 南	2837.8	1495.7	1081.2	508.9	1614.6	902.8
广 西	2305.2	1586.5	857.6	526.1	1365.3	979.9
海 南	2817.6	1949.8	397.3	145.8	2257.6	1640.6
重 庆	2510.4	1871.7	931.7	707.7	1418.8	1050.9
四 川	2518.9	1602.9	829.2	484.6	1568.3	1022.3
贵 州	1721.6	1512.8	505.2	474.5	1115.9	964.9
云 南	1864.2	1417.3	325.9	279.2	1386.6	1044.6
陕 西	1866.5	1379.6	690.4	596.4	1028.3	645.7
甘 肃	1852.2	1319.4	527.6	436.6	1228.9	802.0
青 海	1957.7	1558.7	460.9	405.3	1333.6	1046.5
宁 夏	2320.0	1496.5	618.4	492.1	1506.1	865.8
新 疆	2244.9	1453.8	138.2	173.1	1970.4	1213.9

数据来源：
(a)全国农村住户调查
(b)国家农村贫困监测调查

2-1-8 2004年各地区农村居民人均生活消费支出

单位：元／人

地区	人均消费支出		其中：1.食品		2.衣着	
	全国[a]	重点县[b]	全国[a]	重点县[b]	全国[a]	重点县[b]
全国	2184.7	1391.9	1031.9	740.1	120.2	74.2
河北	1834.9	1467.7	780.1	665.5	127.1	94.5
山西	1636.5	1239.8	748.9	597.9	171.7	97.1
内蒙古	2082.6	1726.5	889.1	745.3	133.5	111.6
吉林	1971.2	1327.1	899.0	659.5	133.5	90.6
黑龙江	1837.4	1620.0	750.6	649.1	123.9	99.9
安徽	1813.7	1611.6	861.3	880.8	86.9	79.3
江西	2095.5	1513.7	1125.1	789.7	107.2	63.5
河南	1664.1	1468.6	808.3	729.2	108.1	93.4
湖北	2089.0	1683.2	1076.3	912.4	93.5	69.5
湖南	2472.3	1458.2	1338.6	863.7	112.4	51.4
广西	1928.6	1516.3	1047.6	890.0	64.4	47.4
海南	1745.4	1515.8	1027.9	821.3	59.0	41.9
重庆	1853.9	1752.7	1039.0	928.6	79.1	67.9
四川	2015.7	1413.4	1123.2	879.3	92.9	78.7
贵州	1296.3	1255.3	754.4	718.5	55.6	54.4
云南	1571.0	1181.2	848.3	701.6	61.9	47.2
陕西	1618.1	1465.0	686.4	645.6	91.8	70.6
甘肃	1464.3	1122.8	703.4	596.3	82.3	58.5
青海	1676.4	1230.8	813.4	677.4	121.8	98.4
宁夏	1926.8	1339.5	808.5	626.5	122.5	80.5
新疆	1689.9	1287.8	763.4	724.1	138.9	136.0

数据来源：
(a)全国农村住户调查
(b)国家农村贫困监测调查

2-1-8 续表1

地区	3.居住		4.家庭设备用品及服务		5.医疗保健	
	全国[a]	重点县[b]	全国[a]	重点县[b]	全国[a]	重点县[b]
全国	324.3	164.7	89.2	49.0	130.6	77.9
河北	340.9	187.2	80.4	57.7	116.0	134.2
山西	179.2	103.4	59.3	33.2	84.2	68.4
内蒙古	266.4	175.9	69.9	54.4	154.5	111.8
吉林	216.8	141.4	62.1	40.7	161.2	89.7
黑龙江	388.9	329.0	49.9	36.9	131.0	101.1
安徽	299.8	196.9	76.0	54.5	91.9	72.7
江西	234.7	191.9	66.9	56.1	110.3	80.0
河南	268.7	220.3	63.7	59.2	95.2	66.6
湖北	274.1	194.4	75.1	71.1	110.7	92.1
湖南	293.2	141.5	92.4	48.9	124.1	73.1
广西	311.5	174.7	64.9	48.7	83.6	62.9
海南	134.0	201.4	83.2	63.3	86.6	56.6
重庆	201.0	218.7	74.8	70.9	115.3	100.1
四川	234.3	133.4	79.1	43.4	117.4	61.3
贵州	166.0	138.7	41.5	44.1	47.2	42.5
云南	239.3	137.9	61.8	40.4	87.7	63.1
陕西	237.3	162.2	65.5	62.4	118.1	100.2
甘肃	179.9	129.3	58.9	37.9	85.3	55.2
青海	233.2	151.8	65.5	40.8	126.6	76.7
宁夏	325.2	202.2	65.3	51.0	186.9	94.5
新疆	304.8	159.5	56.0	41.9	142.0	104.4

数据来源：
(a)全国农村住户调查
(b)国家农村贫困监测调查

2-1-8 续表2

地区	6.交通和通讯		7.文教娱乐用品及服务		8.其他消费支出	
	全国[a]	重点县[b]	全国[a]	重点县[b]	全国[a]	重点县[b]
全 国	192.6	85.0	247.6	177.4	48.3	23.6
河 北	176.6	132.0	182.6	173.2	31.3	23.5
山 西	130.0	54.6	235.0	260.1	28.2	25.2
内蒙古	241.9	184.9	292.0	317.2	35.2	25.5
吉 林	215.0	98.8	237.3	173.1	46.3	33.3
黑龙江	175.9	120.5	188.5	263.8	28.8	19.7
安 徽	163.9	98.9	200.0	202.3	33.9	26.4
江 西	171.9	101.0	237.3	204.7	42.1	26.8
河 南	121.2	98.2	168.0	177.4	30.9	24.3
湖 北	162.7	119.9	245.7	195.1	50.8	28.7
湖 南	174.5	63.2	280.0	191.0	57.1	25.5
广 西	140.1	92.4	178.8	170.7	37.6	29.4
海 南	133.8	101.7	164.4	195.0	56.6	34.7
重 庆	119.7	114.2	198.6	230.1	26.4	22.1
四 川	127.6	54.7	209.7	135.0	31.5	27.4
贵 州	70.4	69.4	140.2	158.5	21.1	29.2
云 南	105.5	54.6	143.2	122.9	23.4	13.5
陕 西	126.1	91.7	258.8	291.4	34.0	40.9
甘 肃	130.2	68.9	202.6	164.7	21.6	11.8
青 海	176.4	84.5	108.1	76.0	31.5	25.1
宁 夏	155.3	114.5	217.1	149.0	46.0	21.4
新 疆	131.6	51.2	126.9	58.5	26.3	12.1

数据来源：
(a)全国农村住户调查
(b)国家农村贫困监测调查

2-1-9 2004年各地区农村居民人均主要食品消费量

单位：公斤／人

地 区	谷物		食用油		蔬菜	
	全国[a]	重点县[b]	全国[a]	重点县[b]	全国[a]	重点县[b]
全 国	213.2	208.2	5.3	5.0	106.6	87.3
河 北	211.2	204.9	5.0	4.5	57.9	67.7
山 西	211.7	196.6	5.1	4.9	82.9	66.7
内蒙古	195.2	213.6	3.6	4.1	75.4	65.8
吉 林	191.6	194.8	6.1	4.6	141.2	116.0
黑龙江	180.7	199.0	8.3	7.3	110.5	81.8
安 徽	205.2	236.5	4.5	6.7	81.5	97.0
江 西	258.2	229.8	7.7	6.3	135.5	117.1
河 南	234.9	230.2	3.6	4.7	92.4	91.1
湖 北	215.2	196.1	3.5	7.2	147.7	136.1
湖 南	243.9	238.1	11.0	6.5	145.7	119.4
广 西	199.9	184.8	4.0	2.9	106.3	83.1
海 南	203.9	178.7	4.3	3.2	67.4	58.3
重 庆	205.2	200.9	3.1	3.3	166.8	149.5
四 川	210.9	222.9	3.6	5.0	173.0	114.5
贵 州	186.8	196.7	3.1	3.2	136.3	111.0
云 南	184.1	190.9	2.5	2.5	97.7	84.8
陕 西	193.6	194.6	5.4	6.6	54.9	68.2
甘 肃	239.3	227.6	2.0	5.1	40.6	55.2
青 海	204.6	214.8	1.9	8.4	47.5	33.9
宁 夏	222.5	215.8	4.6	7.2	79.8	52.9
新 疆	232.0	216.7	8.9	9.0	68.3	54.5

数据来源：
(a)全国农村住户调查
(b)国家农村贫困监测调查

2-2 教育与卫生

2-2-1 2004年各地区中小学学校数

单位：个

地区	普通中学数		小学数	
	全国[a]	重点县[b]	全国[a]	重点县[b]
全 国	79058	14834	394183	124910
河 北	4917	1087	22953	7853
山 西	3318	790	28254	10488
内蒙古	1720	507	6874	2772
吉 林	1663	184	7781	788
黑龙江	2697	322	10791	1682
安 徽	3968	1077	21295	6889
江 西	2828	664	15257	4352
河 南	6229	1377	34164	9762
湖 北	3282	705	14085	5263
湖 南	4621	770	19615	4608
广 西	2937	576	15759	3948
海 南	554	102	3192	490
重 庆	1511	465	10409	5587
四 川	4965	838	21935	4992
贵 州	2635	1316	14257	9849
云 南	2280	1150	19752	14072
陕 西	2719	1035	22988	12872
甘 肃	2054	1010	15347	12405
青 海	507	254	2995	1805
宁 夏	425	165	2630	2225
新 疆	1965	440	5451	2208

数据来源：
(a)中国统计年鉴
(b)县（市）社会经济统计年鉴

2-2-2 2004年各地区中小学教师数

单位：人

地区	中学教师数		小学教师数	
	全国[a]	重点县[b]	全国[a]	重点县[b]
全国	9100765	726166	5628860	1110529
河北	567228	50869	324832	65688
山西	303079	29820	191152	41748
内蒙古	188869	25349	124319	41678
吉林	193776	8587	140904	13689
黑龙江	302008	15445	175274	20829
安徽	366625	44117	262528	70047
江西	297105	36448	194377	49464
河南	713630	77977	478499	118177
湖北	439210	50590	221763	58414
湖南	502172	43048	248345	43873
广西	305536	23172	200546	41312
海南	53764	3468	50108	6887
重庆	179369	28331	114007	44186
四川	489266	36885	307940	60133
贵州	224788	58035	180793	99191
云南	246916	59860	218969	120531
陕西	299005	52047	188062	75626
甘肃	172907	45131	128725	74465
青海	35349	9549	27832	13383
宁夏	40964	7559	33903	15480
新疆	184619	19879	134915	35728

数据来源：
(a)中国统计年鉴
(b)县（市）社会经济统计年鉴

2-2-3 2004年各地区中小学在校学生数

单位：万人

地区	中学在校学生数		小学在校学生数	
	全国[a]	重点县[b]	全国[a]	重点县[b]
全国	8695.4	1462.3	11246.2	2427.8
河北	532.9	94.1	547.0	110.0
山西	257.4	47.2	359.2	74.6
内蒙古	156.6	43.0	165.8	49.8
吉林	160.0	10.7	174.1	13.6
黑龙江	241.0	23.5	231.5	26.9
安徽	459.1	118.9	623.7	182.5
江西	297.9	69.9	386.2	111.7
河南	759.4	172.5	1014.1	274.2
湖北	451.7	95.9	475.0	121.5
湖南	471.9	74.2	432.6	79.5
广西	306.2	47.8	470.6	82.4
海南	54.2	6.6	100.2	12.3
重庆	170.7	60.3	271.9	120.2
四川	490.9	81.5	736.6	164.1
贵州	249.3	126.2	479.4	282.2
云南	235.1	118.9	440.6	252.0
陕西	302.6	104.8	371.0	150.4
甘肃	184.4	94.4	315.6	190.1
青海	31.5	15.5	51.3	25.5
宁夏	38.7	14.8	67.8	31.8
新疆	151.8	41.4	221.8	72.2

数据来源：
(a)中国统计年鉴
(b)县（市）社会经济统计年鉴

2-2-4 2004年各地区农村乡镇卫生院及床位、人员数

地　区	机构数(个)	床位数(张)	人员数(人)	每千农业人口		乡镇数(个)
				床位	人员	
总　计	41626	668863	1026099	0.77	1.18	37334
北　京	152	3723	5375	1.21	1.75	184
天　津	189	2231	4959	0.59	1.32	140
河　北	1966	33133	41123	0.73	0.90	1967
山　西	1593	22180	28833	0.96	1.25	1195
内蒙古	1330	12774	20130	0.87	1.36	1236
辽　宁	1028	20513	25693	0.94	1.18	991
吉　林	818	11828	25219	0.81	1.73	766
黑龙江	931	13050	22105	0.67	1.14	931
上　海	123	10944	9449	3.84	3.32	117
江　苏	1466	53786	80972	1.35	2.03	1201
浙　江	2235	21252	40169	0.64	1.20	1279
安　徽	2028	36792	51728	0.72	1.01	1542
福　建	939	17903	23748	0.72	0.96	951
江　西	1523	18978	31927	0.59	0.99	1429
山　东	1701	49048	79318	0.80	1.30	1518
河　南	2059	51362	81855	0.66	1.05	2109
湖　北	1142	31063	67190	0.74	1.60	962
湖　南	2500	36056	65710	0.69	1.26	2342
广　东	1411	36968	69068	1.28	2.38	1200
广　西	1322	20967	33301	0.53	0.84	1324
海　南	307	3992	7430	0.69	1.28	201
重　庆	1185	16139	25749	0.68	1.09	1044
四　川	5353	56754	72662	0.85	1.09	4800
贵　州	1449	14288	19326	0.44	0.60	1452
云　南	1485	24188	24921	0.69	0.71	1507
西　藏	667	1690	1763	0.76	0.80	683
陕　西	1773	17694	26759	0.64	0.97	1580
甘　肃	1435	12830	15590	0.65	0.78	1241
青　海	412	2134	3091	0.61	0.88	398
宁　夏	268	1786	3449	0.50	0.97	187
新　疆	836	12817	17487	1.07	1.46	857

数据来源：
2003年中国卫生
统计年鉴

2-2-5 2004年各地区村卫生室及人员数

地区	总村数(个)	村卫生室(个)	设置卫生室的村占总村数(%)	乡村医生和卫生员(人)	每千农业人口乡村医生和卫生员
全国	644166	551600	80.7	883075	1.02
北京	3974	2401	60.4	3708	1.20
天津	3836	2252	58.7	3859	1.02
河北	49661	46104	92.8	61696	1.36
山西	28467	20102	70.6	32223	1.39
内蒙古	12266	12518	100.0	17743	1.20
辽宁	11651	19944	100.0	25413	1.16
吉林	9495	8788	92.6	12271	0.84
黑龙江	8941	12689	93.2	22420	1.16
上海	1920	1764	91.9	2980	1.05
江苏	18369	16448	89.5	48515	1.21
浙江	35838	16249	45.3	16348	0.49
安徽	26019	21855	84.0	43935	0.86
福建	14528	15740	91.0	26709	1.08
江西	17641	17603	99.8	28480	0.88
山东	82081	50699	61.8	95436	1.56
河南	47798	48727	93.6	85018	1.09
湖北	26470	20141	76.1	34026	0.81
湖南	45632	34379	75.3	37852	0.73
广东	19924	21529	95.0	30772	1.06
广西	14333	21480	91.8	35150	0.89
海南	2663	1873	90.0	2138	0.37
重庆	10137	11315	100.0	20700	0.88
四川	52560	46339	85.7	69170	1.04
贵州	19819	18551	93.6	26297	0.82
云南	12935	13264	94.9	34868	0.99
西藏	5931	1937	32.7	1433	0.65
陕西	22857	21973	77.8	31833	1.16
甘肃	17022	13411	78.8	17757	0.89
青海	4133	4243	100.0	5214	1.49
宁夏	2425	2529	100.0	3488	0.98
新疆	8971	4753	53.0	5623	0.47

数据来源：
2003年中国卫生统计年鉴

2-3环境保护与林业

2-3-1 各地区六次森林资源清查中森林覆盖率

单位：%

地 区	第一次全国森林资源清查(1973~1976)	第二次全国森林资源清查(1977~1981)	第三次全国森林资源清查(1984~1988)	第四次全国森林资源清查(1989~1993)	第五次全国森林资源清查(1994~1998)	第六次全国森林资源清查(1999~2003)
全 国	12.7	12.0	13.0	13.9	16.6	18.2
北 京	11.2	8.1	12.1	15.0	18.9	21.3
天 津	2.7	2.6	5.4	7.5	7.5	8.1
河 北	10.8	9.0	10.8	13.4	18.1	17.7
山 西	7.0	5.2	33.0	8.1	11.7	13.3
内蒙古	0.8	11.9	6.3	12.1	12.7	17.7
辽 宁	17.8	25.1	11.9	26.9	31.0	33.0
吉 林	25.8	32.2	27.0	33.6	37.4	38.1
黑龙江	34.9	33.6	34.4	35.6	38.7	39.5
上 海	1.7	1.3	1.5	2.5	3.7	3.2
江 苏	3.3	3.2	3.8	4.0	4.5	7.5
浙 江	38.9	33.7	39.7	43.0	50.8	54.4
安 徽	12.7	13.0	16.4	16.3	23.0	24.0
福 建	48.5	37.0	41.2	50.6	60.5	63.0
江 西	36.7	32.8	35.9	40.4	53.4	55.9
山 东	8.7	5.9	10.5	10.7	12.6	13.4
河 南	10.9	8.5	9.4	10.5	12.5	16.2
湖 北	23.5	20.3	20.7	21.3	26.0	26.8
湖 南	31.1	32.5	31.9	32.8	38.9	40.6
广 东	33.9	27.7	27.3	36.8	45.8	46.5
广 西	23.3	22.0	22.0	25.3	34.4	41.4
海 南	—	—	25.4	31.3	39.6	48.9
重 庆	—	—	—	—	—	22.3
四 川	13.3	12.0	19.2	20.4	23.5	30.3
贵 州	14.5	13.1	12.6	14.8	20.8	23.8
云 南	24.9	24.0	24.4	24.6	33.6	40.8
西 藏	5.1	5.1	5.1	5.8	5.9	11.3
陕 西	22.3	21.7	22.9	24.2	28.7	32.6
甘 肃	3.2	3.9	4.5	4.3	4.8	6.7
青 海	0.3	0.3	0.4	1.5	0.4	4.4
宁 夏	0.5	1.4	1.8	0.4	2.2	6.1
新 疆	0.9	0.7	0.9	0.8	1.1	2.9

注：全国覆盖率数据含台湾。
数据来源：五次全国森林资源统计

2-3-2　2004年各地区天然林资源保护工程建设情况

地区	公益林建设（公顷）									
	当年造林面积								年末实有封山育林面积	
	合计	按造林方式分		按林种用途分					合计	其中:本年新封
		当年人工造林面积	当年飞播造林面积	用材林	经济林	防护林	薪炭林	特种用途林		
全国合计	641446	177910	463536	23454	1960	614695	482	855	5218082	567858
北京	—	—	—	—	—	—	—	—	—	—
天津	—	—	—	—	—	—	—	—	—	—
河北	—	—	—	—	—	—	—	—	—	—
山西	54640	—	54640	667	—	53973	—	—	144413	14730
内蒙古	77768	—	77768	—	—	77768	—	—	303527	85279
辽宁	—	—	—	—	—	—	—	—	—	—
吉林	—	—	—	—	—	—	—	—	196138	—
黑龙江	—	—	—	—	—	—	—	—	751906	—
上海	—	—	—	—	—	—	—	—	—	—
江苏	—	—	—	—	—	—	—	—	—	—
浙江	—	—	—	—	—	—	—	—	—	—
安徽	—	—	—	—	—	—	—	—	—	—
福建	—	—	—	—	—	—	—	—	—	—
江西	—	—	—	—	—	—	—	—	—	—
山东	—	—	—	—	—	—	—	—	—	—
河南	—	—	—	—	—	—	—	—	46869	14266
湖北	1867	1867	—	265	—	1469	133	—	452540	59402
湖南	—	—	—	—	—	—	—	—	—	—
广东	—	—	—	—	—	—	—	—	—	—
广西	—	—	—	—	—	—	—	—	—	—
海南	—	—	—	—	—	—	—	—	22014	—
重庆	—	—	—	—	—	—	—	—	224276	52405
四川	255480	111965	143515	7926	965	245445	349	795	1007971	81647
贵州	6956	—	6956	—	—	6956	—	—	374643	48466
云南	79763	25844	53919	2080	434	77249	—	—	623400	110380
西藏	761	761	—	—	—	761	—	—	8722	1492
陕西	126295	22431	103864	11649	561	114025	—	60	401396	17666
甘肃	30904	13752	17152	867	—	30037	—	—	185617	31758
青海	1290	1290	—	—	—	1290	—	—	185156	30367
宁夏	5722	—	5722	—	—	5722	—	—	207554	20000
新疆	—	—	—	—	—	—	—	—	81940	—
大兴安岭	—	—	—	—	—	—	—	—	—	—

数据来源：
2003年林业
统计年鉴

2-3-2 续表

地区	年末实有森林管护面积（公顷）		自工程实施以来累计一次性安置职工人数及费用			全部林业投资完成额（万元）	
	合计	其中：年末个体承包管护面积	合计（人）	其中：本年一次性安置职工人数	本年一次性安置费（万元）	合计	其中：国家投资
全国合计	87834115	13568861	319726	15242	34848	681985	640983
北京	———	———	———	———	———	———	0
天津	———	———	———	———	———	———	0
河北	———	———	———	———	———	———	0
山西	2407187	389571	858	4	11	14548	12129
内蒙古	3819862	908000	53695	8301	18374	96110	93230
辽宁	———	———	———	———	———	———	0
吉林	3721971	875531	50463	1016	3191	50605	47708
黑龙江	8775094	5211262	124751	499	666	118775	114765
上海	———	———	———	———	———	———	0
江苏	———	———	———	———	———	———	0
浙江	———	———	———	———	———	———	0
安徽	———	———	———	———	———	———	0
福建	———	———	———	———	———	———	0
江西	———	———	———	———	———	———	0
山东	———	———	———	———	———	———	0
河南	886897	55186	2176	———	———	3932	3712
湖北	3104419	1009251	10201	164	838	16893	15875
湖南	———	———	———	———	———	———	0
广东	———	———	———	———	———	———	0
广西	———	———	———	———	———	———	0
海南	459000	———	2733	1764	3958	7627	5973
重庆	2870526	1835679	4965	11	12	15085	12017
四川	19983058	1191642	10610	2505	4880	108735	99271
贵州	5313054	44625	4509	521	1320	21693	18679
云南	11984296	563373	6632	228	395	58382	53858
西藏	———	———	129	———	———	2354	2354
陕西	7700342	1020035	5844	———	368	42864	40833
甘肃	4390682	449941	7166	———	———	31016	28661
青海	1983333	———	45	———	———	7776	7751
宁夏	888684	14765	367	26	80	3152	2887
新疆	1876785	———	6260	111	557	8022	6865
大兴安岭	7668925	———	28322	92	198	74416	74416

2-3-3 2004年各地区林业系统自然保护区建设工程情况

单位：个、百公顷

地区	(一)年末实有自然保护区个数		(二)年末实有自然保护区面积		(三)禁猎(伐)区		(四)野生动物	(五)狩猎场	(六)从事野生动植物及自然保护区建设的职工人数		(七)全部林业投资完成额(万元)	
	合计	其中：国家级	合计	其中：国家级	个数	面积	个数	个数	合计	其中：各类专业技术人员	合计	其中：国家投资
全国合计	1672	164	1186713	713943	1889	609086	49	90	32103	9946	44465	22133
北京	14	1	1200	47	14	1003	2	2	446	93	462	188
天津	4	1	556	54	——	——	——	——	31	——	54	5
河北	13	3	3775	548	3	683	1	7	451	193	1422	350
山西	38	4	10624	618	——	——	——	9	462	133	1212	938
内蒙古	135	13	97515	19418	136	394305	1	1	1868	440	1553	1225
辽宁	50	5	7645	1657	74	30277	2	——	1596	430	1340	49
吉林	28	5	22246	5383	17	1215	1	1	1611	470	1300	574
黑龙江	94	7	32595	8519	32	16979	1	18	539	159	3574	628
上海	1	0	242	0	——	——	1	——	27	20	20	0
江苏	6	1	788	780	9	4568	3	——	166	66	40	0
浙江	17	6	927	746	52	470	4	1	515	324	1490	550
安徽	26	4	3593	1124	20	627	——	——	558	248	527	427
福建	92	7	4967	1251	——	——	——	——	500	150	1500	1000
江西	129	5	8125	850	——	——	——	2	1010	720	596	224
山东	40	2	8188	1580	8	867	3	——	2403	493	1360	0
河南	22	6	4708	2358	54	2034	——	——	2226	636	1800	622
湖北	41	3	8428	1798	58	4980	1	2	814	333	1695	1196
湖南	93	7	12576	3683	120	8588	8	5	3992	777	2568	1280
广东	191	5	8875	978	492	21872	3	8	1200	375	1726	0
广西	56	7	14480	1691	90	3549	——	——	1529	288	1188	952
海南	39	5	2966	682	219	1846	——	——	232	21	879	407
重庆	41	3	7091	1855	——	884	2	1	805	309	2313	1236
四川	116	13	74544	12461	100	74103	2	3	1343	428	7329	3577
贵州	94	5	6744	1800	283	3379	11	9	797	230	1846	1643
云南	135	11	28604	12809	65	13704	2	1	2591	999	3774	2350
西藏	43	7	411740	368925	——	——	——	——	732	200	50	50
陕西	34	5	9350	1883	23	115	——	3	757	380	178	15
甘肃	41	7	84328	42063	20	23038	——	2	1460	373	58	36
青海	8	5	207639	204081	——	——	——	2	204	12	60	60
宁夏	6	4	3917	3411	——	——	——	——	652	440	1085	1085
新疆	21	5	91417	6923	——	——	1	13	529	195	493	493
大兴安岭	4	2	6318	3967	——	——	——	——	57	11	973	973

数据来源：2003年林业统计年鉴

2–3–4 2004年各地区退耕还林工程建设情况

地区	(一)当年人工造林面积(公顷)			(二)当年种草面积(公顷)	(三)年末实有封山(沙)育林面积(公顷)		(四)全部林业投资完成额(万元)	
	合计	退耕地造林面积	荒山荒地造林面积		合计	其中：本年新封	合计	其中：国家投资
全国合计	3568185	1016557	2551628	123330	878026	216271	2357412	2130826
北京	13117	6319	6798	–––	–––	–––	11554	8459
天津	202	202	–––	–––	4667	667	100	100
河北	315804	92635	223169	1	91752	36408	138013	138012
山西	170666	32001	138665	82	–––	–––	116501	110215
内蒙古	442470	106668	335801	700	108748	9844	195086	194989
辽宁	118810	27845	90965	–––	–––	–––	52843	35538
吉林	37259	26006	11253	95489	–––	–––	46248	46246
黑龙江	115809	31733	84076	–––	81891	81891	67615	54930
上海	–––	–––	–––	–––	–––	–––	–––	0
江苏	–––	–––	–––	–––	–––	–––	–––	0
浙江	–––	–––	–––	–––	–––	–––	–––	0
安徽	29462	6701	22761	–––	–––	–––	61025	51261
福建	–––	–––	–––	–––	–––	–––	–––	0
江西	46666	6668	39998	–––	–––	–––	65999	58802
山东	–––	–––	–––	–––	–––	–––	–––	0
河南	186674	13332	173342	–––	–––	–––	78609	78609
湖北	120435	21325	99110	–––	212266	–––	86783	68617
湖南	322356	160258	162098	777	149419	–––	167887	141566
广东	–––	–––	–––	–––	–––	–––	–––	0
广西	134467	23222	111245	–––	–––	–––	61867	43745
海南	26668	–––	26668	–––	42778	–––	7903	6604
重庆	107168	27167	80001	–––	–––	–––	144630	134477
四川	101150	30671	70479	–––	14935	9723	297676	286027
贵州	143658	33339	110319	–––	92258	43803	147977	142870
云南	111190	26436	84754	81	22280	–––	105983	91967
西藏	667	–––	667	–––	–––	–––	500	500
陕西	421506	197236	224270	53	600	–––	180333	170818
甘肃	316138	33301	282837	1677	233	–––	164721	164440
青海	43707	13636	30071	24303	–––	–––	46062	44546
宁夏	144895	65155	79740	167	–––	–––	63502	19112
新疆	97242	34701	62541	–––	56199	33935	47995	38376
大兴安岭	–––	–––	–––	–––	–––	–––	–––	0

数据来源：
2003年林业统计年鉴。此表数据含京津风沙源工程中的退耕还林。

2-3-4 续表

地区	（五）补助粮、款兑现情况								
	当年粮款兑现退耕地总面积（公顷）	自工程实施以来累计粮食兑现数量总计（吨）			当年应兑现粮食改为兑现现金额（万元）	自工程实施以来累计生活费兑现金额总计（万元）			当年粮款兑现涉及户数（户）
		合计	其中：当年粮食兑现数量合计			合计	其中：当年生活费兑现金额合计		
			合计	其中：当年新退耕地粮食兑现数量			合计	其中：当年新退耕地生活费兑现金额	
全国合计	6600082	48042171	15904965	482718	1682439	1765129	712464	38924	23275788
北　京	8678	59984	13660	1500	——	1123	316	——	53375
天　津	——	7092	2080	——	——	139	47	——	19000
河　北	——	908000	——	——	103180	31541	14188	2583	1653621
山　西	393035	1006277	271671	4250	74903	30842	10991	909	670855
内蒙古	708041	2148320	529485	68817	112543	54244	22288	3175	1208744
辽　宁	153910	8453625	6139782	13365	30364	13678	5567	663	275422
吉　林	154249	338707	62433	1367	28467	9172	3678	402	176341
黑龙江	31733	461739	131792	28738	20043	34664	18456	12060	155053
上　海	——	——	——	——	——	——	——	——	——
江　苏	——	——	——	——	——	——	——	——	——
浙　江	——	——	——	——	——	——	——	——	——
安　徽	154972	437038	137396	9242	55621	17802	4960	247	749767
福　建	——	——	——	——	——	——	——	——	——
江　西	145816	332002	131266	18106	51822	12209	5306	847	609094
山　东	——	——	——	——	——	——	——	——	——
河　南	220000	4687237	——	——	58009	16105	6418	2507	1145013
湖　北	241681	1054393	298463	8175	73494	28354	7108	313	1005498
湖　南	317536	1377904	542729	175071	109281	24259	10958	3628	2066064
广　东	——	——	——	——	——	——	——	——	——
广　西	179642	524991	201020	750	22808	10333	3392	122	475936
海　南	22136	68253	18662	581	8037	2123	929	194	30013
重　庆	330565	1573355	247777	——	123735	26305	11156	1113	1652098
四　川	805612	4214974	200669	2100	249640	79015	23804	882	5130230
贵　州	380000	1395020	288889	21471	76131	26808	12295	895	1723223
云　南	223709	1068607	252763	34233	79712	21250	9678	1380	853762
西　藏	——	——	——	——	——	——	——	——	——
陕　西	1126532	14677220	5589661	24615	215952	1229846	505257	4106	1799251
甘　肃	466969	1618350	448353	14860	100260	43360	16507	795	1108567
青　海	175525	608277	128146	17360	20616	14833	5257	400	220887
宁　夏	210667	542660	84660	13200	32388	15480	6612	1000	323838
新　疆	149074	478146	183608	24917	35433	21645	7297	704	170136
大兴安岭	——	——	——	——	——	——	——	——	——

2-3-5 2004年各地区三北、长江流域等重点防护林体系工程建设情况

地 区	（一）当年造林面积（公顷）							
	合 计	按造林方式分		按林种用途分				
		人工造林	飞播造林	用材林	经济林	防护林	薪炭林	特种用途林
全国合计	448320	438319	10001	15753	63084	364709	2292	2482
北 京	3876	3876	---	394	286	1871	---	1325
天 津	4452	4452	---	838	399	3215	---	---
河 北	28378	18377	10001	2192	1898	24288	---	---
山 西	26440	26440	---	122	210	26108	---	---
内蒙古	4806	4806	---	---	---	4806	---	---
辽 宁	17068	17068	---	986	223	15859	---	---
吉 林	14574	14574	---	41	---	14533	---	---
黑龙江	32133	32133	---	738	177	30769	449	---
上 海	11308	11308	---	37	4957	5211	---	1103
江 苏	18941	18941	---	---	38	18903	---	---
浙 江	11006	11006	---	474	440	10092	---	---
安 徽	9184	9184	---	247	241	8696	---	---
福 建	5328	5328	---	150	---	5178	---	---
江 西	8318	8318	---	1271	153	6894	---	---
山 东	9084	9084	---	---	---	9084	---	---
河 南	27345	27345	---	2147	1638	23560	---	---
湖 北	17263	17263	---	2966	1680	12617	---	---
湖 南	6125	6125	---	747	134	5244	---	---
广 东	5209	5209	---	67	---	5142	---	---
广 西	10210	10210	---	1109	377	8724	---	---
海 南	2596	2596	---	---	---	2547	---	49
重 庆	---	---	---	---	---	---	---	---
四 川	---	---	---	---	---	---	---	---
贵 州	12974	12974	---	625	808	11541	---	---
云 南	9451	9451	---	---	---	9451	---	---
西 藏	23375	23375	---	---	---	23375	---	---
陕 西	7738	7738	---	---	193	7545	---	---
甘 肃	19681	19681	---	---	102	19579	---	---
青 海	6821	6821	---	---	---	6821	---	---
宁 夏	11977	11977	---	---	3136	8174	667	---
新 疆	82659	82659	---	602	45994	34882	1176	5
大兴安岭	---	---	---	---	---	---	---	---

2–3–5 续表

地 区	（二）低产低效林改造面积（公顷）	（三）年末实有封山（沙）育林面积（公顷）		（四）全部林业投资完成额（万元）	
		合 计	其中:本年新封	合 计	其中:国家投资
全国合计	29569	2545077	512496	352661	135782
北 京	475	7589	1333	23795	17744
天 津	–––	–––	–––	3575	1738
河 北	42	181683	97000	8671	4120
山 西	–––	89069	3469	4468	4312
内蒙古	348	316293	2734	1072	1072
辽 宁	–––	–––	–––	11958	7212
吉 林	–––	4071	3683	2666	2098
黑龙江	–––	32882	31147	6514	3000
上 海	–––	–––	–––	116702	31371
江 苏	27	1028	374	77192	5029
浙 江	184	93803	15517	6335	5442
安 徽	300	45794	9373	2949	2011
福 建	838	25183	6849	4308	3260
江 西	9298	63332	17666	4118	2543
山 东	–––	–––	–––	2133	2133
河 南	–––	101678	9327	2262	2097
湖 北	–––	23964	10744	3476	2483
湖 南	–––	122610	5144	5034	2963
广 东	6548	14707	7730	4393	3013
广 西	265	76071	15570	3018	2380
海 南	259	20	–––	1165	900
重 庆	–––	–––	–––	–––	–––
四 川	–––	–––	–––	–––	–––
贵 州	–––	80093	19075	3900	3900
云 南	–––	38256	9232	2465	2027
西 藏	–––	109937	109937	3000	3000
陕 西	–––	–––	–––	1405	1175
甘 肃	193	110685	8519	4342	4087
青 海	–––	215930	39801	1352	1352
宁 夏	31	–––	–––	5119	2225
新 疆	10761	790399	88272	35274	11095
大兴安岭	–––	–––	–––	–––	–––

2-3-6 2004年各地区京津风沙源治理工程建设情况

地区	治理情况（公顷）						
	造林面积（公顷）			年末实有封山（沙）育林面积（公顷）			
	合计	按造林方式分		合计	其中:本年新封	其中:无林地和疏林地封育	
		人工造林	飞播造林			合计	其中:本年新封
全国合计	473272	386358	86914	1201103	281116	934411	237651
北京	22056	15389	6667	108484	26040	43342	12136
天津	335	335	---	13347	5333	---	---
河北	182607	158609	23998	463103	111818	434497	107542
山西	65272	42331	22941	103643	32465	72648	24378
内蒙古	203002	169694	33308	512526	105460	383924	93595

数据来源：2003年林业统计年鉴

2-3-6 续表

地区	治理情况（二）			生态移民人数（人）	生态移民户数（户）	全部林业投资完成额（万元）	
	草地治理面积（公顷）	小流域治理（公顷）	水利设施（处）			合计	其中:国家投资
全国合计	238457	62348	5498	18387	6712	267666	261857
北京	4667	14500	832	2000	500	18469	13597
天津	---	100	74	---	---	540	500
河北	34401	17560	1103	4304	1135	104581	104362
山西	12899	12740	1137	2200	485	34255	33623
内蒙古	186490	17448	2352	9883	4592	109821	109775

数据来源：
2003年林业统计年鉴

3.国家扶贫开发工作重点县主要经济指标

（河北省）

单位编码	乡（镇）个数（个）	年末总人口（万人）	其中：乡村人口（万人）	乡村从业人员数（万人）	其中：农林牧渔业（万人）	农业机械总动力（万千瓦特）	农村用电量（万千瓦时）
灵寿县	15	31.1	27.1	13.2	8.7	32.9	18792
赞皇县	11	23.1	21.3	11.1	5.3	33.9	14672
平山县	23	44.8	42.0	20.2	14.0	58.4	8830
青龙自治县	25	51.8	48.2	23.9	18.7	13.6	6007
大名县	20	75.0	67.1	30.6	26.0	75.3	9831
涉县	17	38.6	34.5	17.7	7.9	22.0	3206
广平县	7	24.8	22.8	10.6	6.7	25.6	5466
魏县	21	81.0	76.0	33.2	25.7	72.6	4885
临城县	8	19.5	18.1	8.4	5.9	20.5	3951
巨鹿县	10	36.0	33.5	18.5	12.2	42.1	7461
广宗县	8	27.2	26.2	12.8	8.8	21.0	5658
阜平县	13	21.0	18.4	8.0	6.0	12.2	2244
唐县	20	53.8	49.4	25.9	17.8	43.6	8900
涞源县	17	26.5	22.4	12.2	9.0	15.7	2144
顺平县	10	30.0	27.5	14.7	11.0	37.4	11651
张北县	20	37.2	32.8	18.5	14.4	11.9	4030
康保县	15	28.1	25.5	13.8	11.1	20.2	1145
沽源县	14	22.5	20.0	11.0	9.0	11.0	1398
尚义县	14	18.9	16.9	9.8	7.5	7.5	759
蔚县	22	46.3	41.8	17.3	12.2	14.1	4145
阳原县	14	27.6	24.5	11.2	7.9	10.6	2059
怀安县	11	24.3	20.8	10.7	7.6	8.0	2226
万全县	11	22.0	19.4	9.9	6.6	10.1	4623
赤城县	18	28.0	25.9	11.3	8.4	17.0	1090
崇礼县	10	12.3	10.6	5.5	4.1	7.3	656
平泉县	19	46.4	40.5	22.2	11.1	28.4	6617
滦平县	22	33.7	29.9	15.6	9.5	15.0	4634
隆化县	25	42.3	38.6	22.0	16.7	19.7	3107
丰宁自治县	26	38.1	33.1	17.3	9.3	18.0	4670
宽城自治县	18	23.4	20.4	10.2	7.0	5.7	4211
围场自治县	37	51.9	45.0	22.9	17.9	32.7	6745
东光县	9	35.0	31.1	15.5	10.0	44.7	10005
海兴县	7	21.5	18.2	9.6	7.0	24.8	2621
盐山县	12	40.4	38.0	19.6	13.5	40.7	8129
南皮县	9	35.1	30.0	14.3	11.2	57.1	7917
献县	18	56.9	52.3	25.6	19.9	54.2	21682

单位编码	国内生产总值（万元）	第一产业增加值（万元）	财政总收入（万元）	其中:地方财政预算内收入（万元）	财政总支出（万元）	其中:支农支出（万元）	粮食总产量（吨）
灵寿县	269403	63904	10732	5377	20875	1015	131793
赞皇县	199662	57718	8311	4111	16163	729	109412
平山县	569920	122911	31517	11962	34511	1983	196620
青龙自治县	251826	63924	25425	10362	31534	954	125880
大名县	401299	126838	5241	3076	22168	624	457583
涉县	628132	29765	62019	17182	37335	1006	83547
广平县	208000	37184	5485	3151	12062	539	147016
魏县	435426	95928	9028	5425	26008	1069	414801
临城县	168437	28321	8149	2548	13259	874	65771
巨鹿县	238360	50355	9014	3332	15052	1058	123338
广宗县	122436	53379	3426	1736	11551	382	51613
阜平县	106207	21924	6817	3386	16376	463	51215
唐县	210599	66772	10836	5406	22734	657	164337
涞源县	179127	14318	30569	7982	22714	745	69166
顺平县	135679	46860	7071	3259	15239	199	120274
张北县	165646	91098	9056	3052	24155	1421	119286
康保县	100555	47620	2946	1140	15841	1089	93093
沽源县	75936	36172	3054	1832	16513	1147	76709
尚义县	59149	29896	2746	1096	12998	1065	53135
蔚县	263858	50029	15808	6125	22922	611	131853
阳原县	149991	31972	11111	3143	17220	485	92556
怀安县	91565	32662	8884	3048	17341	940	87133
万全县	93451	22926	6783	1632	14850	1109	101889
赤城县	126650	43602	10085	4210	18399	655	64599
崇礼县	69972	15465	4602	1711	9975	371	21208
平泉县	262874	82658	16571	3940	29812	1144	225519
滦平县	238721	51632	23088	6066	30295	1614	105339
隆化县	209041	69518	10396	3504	27306	2039	164894
丰宁自治县	242349	89369	12018	4320	35531	1430	169777
宽城自治县	332851	35666	40188	12226	34438	1013	55800
围场自治县	223174	75461	7828	3122	32087	1912	115581
东光县	354533	93688	15384	4590	20795	728	163416
海兴县	110008	30600	5737	2341	14138	1345	96361
盐山县	266515	60653	11800	4179	22536	1562	244205
南皮县	263828	67118	19618	4631	23517	867	135497
献县	409627	107002	13327	5609	24309	1205	282281

（河北省、山西省）

单位编码	乡（镇）个数（个）	年末总人口（万人）	其中：乡村人口（万人）	乡村从业人员数（万人）	其中：农林牧渔业（万人）	农业机械总动力（万千瓦特）	农村用电量（万千瓦时）
孟村自治县	6	18.5	17.0	8.0	5.2	21.1	23320
武邑县	9	30.6	29.8	14.3	8.0	37.2	10816
武强县	6	20.7	19.2	8.9	6.2	40.6	3134
娄烦县	8	11.7	10.0	4.7	3.1	5.6	924
阳高县	13	28.7	24.5	8.1	6.1	11.6	4977
天镇县	11	21.0	17.6	6.6	5.2	10.3	1727
广灵县	9	18.1	16.0	5.4	4.0	7.2	1725
灵丘县	12	23.5	19.8	8.0	5.7	12.0	1619
浑源县	18	34.4	29.5	12.8	8.7	13.1	2109
平顺县	12	15.9	14.5	6.7	4.9	9.5	1582
壶关县	12	28.4	25.9	11.1	6.5	9.6	6833
武乡县	14	20.7	18.0	8.8	6.3	11.1	1650
右玉县	10	10.3	8.4	4.2	3.1	13.0	322
左权县	10	16.0	13.6	6.2	4.0	11.0	2182
和顺县	10	13.6	10.7	4.1	3.0	11.0	1630
平陆县	10	24.6	21.7	10.9	8.2	26.9	3660
五台县	19	30.9	27.6	8.1	5.2	8.2	2101
代县	11	20.2	16.2	6.4	5.1	11.4	2154
繁峙县	13	25.4	21.5	7.2	5.3	7.0	3182
宁武县	14	16.0	11.0	4.4	2.9	6.6	521
静乐县	14	16.0	13.7	5.5	3.6	3.3	598
神池县	10	10.0	8.2	2.8	2.3	10.8	800
五寨县	12	10.8	8.9	3.3	2.4	12.6	1227
岢岚县	12	8.0	6.6	2.2	1.8	7.8	355
河曲县	13	13.6	11.2	3.8	2.7	5.3	1117
保德县	13	15.3	13.5	4.6	2.6	11.4	243
偏关县	10	11.3	8.9	3.5	2.4	9.1	522
吉县	8	10.3	8.9	3.1	2.3	3.7	251
大宁县	6	6.4	5.0	1.8	1.4	2.8	147
隰县	8	10.1	8.2	3.0	2.2	3.9	536
永和县	7	6.3	5.5	1.7	1.4	1.5	136
汾西县	8	14.1	12.3	5.4	3.8	7.3	516
兴县	17	27.2	24.2	9.8	7.5	11.9	375
临县	23	58.0	52.9	20.1	14.6	6.4	711
石楼县	9	10.5	9.1	3.1	2.6	3.9	157
岚县	12	17.3	15.4	6.4	4.7	4.0	225

单位编码	国内生产总值（万元）	第一产业增加值（万元）	财政总收入（万元）	其中:地方财政预算内收入（万元）	财政总支出（万元）	其中:支农支出（万元）	粮食总产量（吨）
孟村自治县	142824	27061	8370	2256	14851	878	102827
武邑县	271494	100517	9125	4373	17699	1013	261722
武强县	198241	45252	8382	3561	13114	455	154594
娄烦县	57679	5919	13203	4718	16138	710	13304
阳高县	65739	20873	8255	2109	23275	1632	162732
天镇县	50368	17199	2613	931	17649	964	115908
广灵县	51445	17929	4659	1018	15869	1113	73508
灵丘县	101913	12152	16572	3415	20606	1370	85705
浑源县	115370	42610	6795	2492	24702	1002	116430
平顺县	55146	13113	10068	2677	15079	984	45680
壶关县	160902	15900	21507	5195	22379	925	99854
武乡县	78504	18306	16770	4931	19241	892	113554
右玉县	50430	15402	5228	2304	13964	755	40063
左权县	91612	14695	14018	3809	16279	478	56686
和顺县	76443	14188	12046	3677	15830	1092	70752
平陆县	63262	15989	6285	1902	19856	997	82410
五台县	83811	18947	8457	4276	24302	1288	99154
代县	77290	13804	14592	5056	19004	847	86828
繁峙县	73858	17368	10588	4562	19641	796	74088
宁武县	54767	7195	17152	5654	16410	686	20986
静乐县	44847	10020	8054	2409	16422	362	36034
神池县	33067	14281	3847	1947	13080	469	39933
五寨县	28768	8656	4072	1698	15028	624	44995
岢岚县	26979	6475	2489	1252	13167	469	27857
河曲县	129388	11499	17383	6207	17977	465	46402
保德县	107760	8043	17001	5420	17593	619	34136
偏关县	63522	11482	6480	2500	15034	546	38015
吉县	39697	11427	1762	1015	13664	461	52267
大宁县	18506	4394	1168	428	10838	590	29119
隰县	38493	12792	2277	1055	15620	1026	58878
永和县	18188	6475	782	376	10632	349	21331
汾西县	70933	7399	8395	2665	14505	885	56175
兴县	50941	21470	4863	1889	21687	673	80182
临县	67885	25929	7200	2458	37432	915	76206
石楼县	15670	7393	1323	842	15693	375	15646
岚县	43814	6885	4571	1588	13053	720	21953

（山西省、内蒙古自治区、吉林省）

单位编码	乡（镇）个数（个）	年末总人口（万人）	其中：乡村人口（万人）	乡村从业人员数（万人）	其中：农林牧渔业（万人）	农业机械总动力（万千瓦特）	农村用电量（万千瓦时）
方山县	7	13.9	11.9	4.1	3.3	7.9	456
中阳县	7	13.5	10.6	3.6	1.5	8.0	56
托克托县	9	19.7	15.3	8.8	6.5	16.7	290
和林格尔县	13	19.0	16.2	7.2	6.4	26.7	2179
清水河县	11	13.7	11.1	7.9	3.8	7.6	498
武川县	16	17.2	13.9	7.6	6.6	24.8	2042
固阳县	12	21.3	14.6	7.6	6.2	27.8	3744
达茂安联合旗	17	11.1	7.8	4.1	3.4	18.0	1031
巴林左旗	19	35.5	29.9	15.8	11.0	23.9	4283
巴林右旗	16	17.8	12.0	4.7	4.3	15.7	956
林西县	16	23.6	18.1	9.0	4.0	18.5	3707
克什克腾旗	20	24.6	19.1	10.2	8.0	14.7	3017
翁牛特旗	27	47.0	41.2	17.9	12.1	25.7	5810
喀喇沁旗	18	36.7	32.8	13.8	8.8	18.8	5077
宁城县	26	59.8	52.9	24.5	14.0	27.9	6102
敖汉旗	29	58.6	53.3	25.6	16.4	30.0	11761
库伦旗	10	17.6	14.1	6.8	6.2	12.3	1970
奈曼旗	20	43.2	37.1	16.4	13.0	37.7	5939
准格尔旗	20	26.9	17.1	8.6	5.1	36.1	2153
鄂托克前旗	9	7.4	3.9	2.5	2.2	11.3	1078
杭锦旗	12	13.4	7.7	4.8	4.1	24.3	2576
乌审旗	13	9.7	6.3	4.3	3.9	21.7	1245
伊金霍洛旗	15	14.3	6.4	4.7	3.4	19.7	2042
化德县	10	15.7	9.4	6.2	5.8	10.4	508
商都县	15	33.8	17.9	12.7	10.6	14.8	1656
察哈尔右翼前旗	12	23.5	16.2	8.6	6.9	10.9	1344
察哈尔右翼中旗	19	21.4	14.7	8.9	7.3	14.1	693
察哈尔右翼后旗	14	20.8	12.5	8.2	6.2	8.7	1296
四子王旗	23	20.5	14.7	9.2	8.0	28.1	1466
科尔沁右翼中旗	15	25.0	17.0	7.2	6.6	23.2	1408
扎赉特旗	19	39.4	30.8	15.6	14.4	37.0	3046
太仆寺旗	12	20.2	14.3	7.6	6.6	16.4	686
多伦县	8	10.0	7.1	3.9	3.5	8.1	525
靖宇县	11	14.3	6.5	3.0	2.4	3.6	1034
镇赉县	16	31.3	17.8	8.3	6.7	47.0	4331
通榆县	20	35.5	22.6	11.2	9.8	48.0	2487

单位编码	国内生产总值（万元）	第一产业增加值（万元）	财政总收入（万元）	其中:地方财政预算内收入（万元）	财政总支出（万元）	其中:支农支出（万元）	粮食总产量（吨）
方山县	25998	6715	3537	1442	13503	743	26271
中阳县	154522	4642	25555	5928	18348	396	17325
托克托县	422995	52553	57886	26214	50343	1773	173802
和林格尔县	432156	71156	34035	10207	44621	2319	200160
清水河县	107033	33107	6074	3161	15798	710	70250
武川县	154681	61251	5318	3576	18272	1355	223495
固阳县	202000	49983	18243	12199	27688	394	181137
达茂安联合旗	274724	44636	24918	18069	36202	2014	112251
巴林左旗	175895	54563	12300	7316	44755	912	243656
巴林右旗	89467	34341	7369	5193	42299	2801	108231
林西县	150606	44097	8200	5510	33804	893	148153
克什克腾旗	158815	54781	10498	6379	37834	858	138530
翁牛特旗	239783	117093	8918	5903	44732	1610	445011
喀喇沁旗	126608	43978	8000	5454	33404	1294	177788
宁城县	296013	104071	13000	8208	43713	1629	436505
敖汉旗	291190	145034	8599	7328	47705	1093	426000
库伦旗	103197	35014	5485	3868	21082	385	169096
奈曼旗	299452	81223	9010	7115	36685	1580	366008
准格尔旗	950100	51000	123628	63791	85252	2022	142882
鄂托克前旗	132129	42129	5970	4483	20436	1138	96199
杭锦旗	182768	48768	13018	7866	42799	1039	122700
乌审旗	196506	46733	19006	11485	28539	1626	111297
伊金霍洛旗	546557	38158	65653	38027	53566	1976	111855
化德县	95732	36113	6404	3932	28204	512	87874
商都县	144203	57049	7548	3787	32105	824	135062
察哈尔右翼前旗	188603	55716	15290	7872	32726	1115	131500
察哈尔右翼中旗	101584	53291	4761	2552	26869	703	143550
察哈尔右翼后旗	169873	50576	15008	7114	32752	1013	119836
四子王旗	150956	74524	5258	3382	46786	1114	185310
科尔沁右翼中旗	125264	41285	8120	5303	25703	892	152500
扎赉特旗	160168	77245	9431	8450	35678	1375	450839
太仆寺旗	111900	43247	3305	2024	25158	510	64515
多伦县	81266	36568	3200	2690	21625	309	85140
靖宇县	79068	20935	5514	3630	21461	1373	32137
镇赉县	214695	93751	26084	6888	35834	3074	290804
通榆县	170760	64369	6061	4663	32350	3985	151276

（吉林省、黑龙江省、安徽省）

单位编码	乡（镇）个数（个）	年末总人口（万人）	其中：乡村人口（万人）	乡村从业人员数（万人）	其中：农林牧渔业（万人）	农业机械总动力（万千瓦特）	农村用电量（万千瓦时）
大安市	22	42.0	26.3	11.4	8.7	29.7	5532
龙井市	8	24.9	9.6	5.6	4.7	6.6	3610
和龙市	8	21.4	7.6	3.8	2.9	12.4	2150
汪清县	10	25.3	11.4	6.8	5.7	7.6	4153
安图县	9	21.5	9.8	5.0	3.5	7.2	3013
延寿县	9	26.6	17.3	7.3	6.0	12.3	3905
泰来县	10	31.9	22.8	11.8	9.2	25.8	4968
甘南县	10	31.8	26.1	14.9	13.0	28.2	2655
拜泉县	16	57.0	46.1	20.1	16.6	22.3	3282
绥滨县	9	13.1	10.1	5.4	4.7	16.4	84
饶河县	9	7.7	4.3	3.1	2.9	8.9	569
林甸县	8	26.9	19.4	10.5	8.8	24.7	2894
杜尔伯特县	11	25.0	16.9	9.2	7.1	27.4	3613
桦南县	10	44.3	30.3	17.0	13.3	19.3	12405
桦川县	9	21.8	15.3	8.2	6.7	26.6	2378
汤原县	10	26.6	16.8	8.9	6.7	20.0	5608
抚远县	9	11.2	8.3	4.9	4.7	6.2	1354
同江市	12	10.3	6.0	3.3	3.0	12.7	700
兰西县	15	47.4	38.5	18.6	13.9	18.0	5239
长丰县	20	77.6	70.7	43.7	26.5	39.4	8200
枞阳县	27	96.0	89.4	43.7	24.3	34.2	10704
潜山县	30	57.2	52.8	29.9	20.7	18.0	3529
太湖县	15	55.8	51.1	28.3	16.6	13.2	3264
宿松县	22	79.8	70.2	41.9	27.4	19.2	9928
岳西县	28	39.9	36.2	18.6	12.0	6.7	2116
临泉县	33	194.9	186.1	100.0	63.0	95.6	9880
阜南县	31	152.3	141.3	79.9	48.6	70.9	9248
颍上县	31	155.6	142.0	74.4	46.0	74.5	12218
无为县	32	139.5	103.3	70.6	38.1	50.0	19000
金安区	19	83.2	69.8	40.2	21.6	59.2	3456
寿县	26	129.7	119.3	65.8	42.6	101.7	6139
霍邱县	33	152.3	143.2	71.1	42.1	83.3	10923
舒城县	29	99.1	88.6	48.3	23.8	54.2	5523
金寨县	27	64.4	54.9	27.4	15.9	14.4	3324
霍山县	17	36.6	32.6	16.2	10.2	17.0	1869
利辛县	26	141.7	133.4	72.9	50.3	91.2	7916

单位编码	国内生产总值（万元）	第一产业增加值（万元）	财政总收入（万元）	其中:地方财政预算内收入（万元）	财政总支出（万元）	其中:支农支出（万元）	粮食总产量（吨）
大安市	325002	83002	18106	8778	39469	3316	241755
龙井市	139809	28857	11007	6830	37015	1856	152095
和龙市	123202	29703	7953	5349	33246	1019	86307
汪清县	142693	41738	9254	6500	35977	1284	60922
安图县	168459	32903	8398	5650	32220	1690	60299
延寿县	127359	47851	5035	3016	23763	2414	302237
泰来县	102632	44595	4395	2626	24495	2185	339273
甘南县	100309	32611	6124	2661	22415	1365	187456
拜泉县	237382	83777	5916	3686	33749	1492	470930
绥滨县	67102	28670	3774	1937	13686	696	210189
饶河县	37707	15471	2666	1257	13135	1280	128680
林甸县	115189	58097	11822	6420	16759	644	338020
杜尔伯特县	170466	70164	25354	11869	31100	1009	110859
桦南县	205209	89966	6701	3211	29373	3504	642168
桦川县	51088	23893	2686	1655	14843	1308	349893
汤原县	148920	59575	5223	2577	22363	2003	413241
抚远县	37247	12587	2038	1188	14247	1338	88174
同江市	96884	43335	4052	2020	21370	1972	201905
兰西县	100121	52396	5151	2929	31560	1724	303273
长丰县	280200	122077	20574	15548	41500	2393	486220
枞阳县	374719	130192	31976	15958	38821	772	346278
潜山县	291651	76941	12771	8990	32717	1063	242067
太湖县	249600	104300	11128	8819	31241	2431	194404
宿松县	320127	127407	13987	10489	30949	1058	258702
岳西县	156200	55737	9732	6488	28900	748	88736
临泉县	448800	234800	21139	13133	53089	1875	809593
阜南县	344451	177751	15263	12369	40823	1173	710384
颍上县	347900	152300	30577	17375	60228	3358	902558
无为县	652427	212774	39367	23235	57616	1623	428466
金安区	304502	91685	15433	12359	33260	2392	357956
寿县	388837	150292	17420	13278	43473	1682	1003681
霍邱县	412787	165530	20318	15625	54120	2613	1062123
舒城县	373510	113810	23690	16474	42201	1468	336682
金寨县	223316	73396	11395	7127	34856	1256	128902
霍山县	258611	43815	24006	12291	34527	1389	95155
利辛县	371700	202100	12083	10084	45125	1597	828310

（安徽省、江西省、河南省）

单位编码	乡（镇）个数（个）	年末总人口（万人）	其中：乡村人口（万人）	乡村从业人员数（万人）	其中：农林牧渔业（万人）	农业机械总动力（万千瓦特）	农村用电量（万千瓦时）
石台县	14	11.0	9.7	5.7	3.7	7.9	677
泾县	21	35.5	31.3	17.9	11.4	13.1	3852
莲花县	13	24.8	21.2	10.0	6.7	13.7	1336
修水县	36	77.4	65.9	32.1	19.0	18.0	5240
赣县	19	56.8	48.1	25.7	13.8	14.0	3859
上犹县	14	28.4	24.6	13.4	6.6	7.9	2373
安远县	18	35.2	29.8	14.5	9.3	6.0	1394
宁都县	24	71.5	61.4	31.9	20.0	16.3	3605
于都县	23	94.2	73.9	35.1	19.1	13.6	7343
兴国县	25	73.9	62.6	36.4	21.8	16.1	3634
会昌县	19	44.1	38.5	20.7	13.8	6.3	2832
寻乌县	15	30.0	25.5	12.8	8.8	8.3	2553
吉安县	19	43.9	37.7	18.3	12.2	20.1	2727
遂川县	23	52.6	48.8	25.7	15.3	9.6	9571
万安县	16	30.2	24.7	11.7	8.0	13.5	2085
永新县	23	48.3	39.9	19.8	13.8	17.1	2984
井冈山市	17	15.2	10.8	5.4	3.6	4.4	1069
乐安县	15	34.2	27.7	13.2	9.9	5.6	896
广昌县	11	23.1	19.4	9.5	6.5	8.0	1796
上饶县	27	70.3	64.9	30.2	13.5	13.5	4785
横峰县	9	19.7	15.9	7.5	5.3	5.2	1377
余干县	25	88.0	79.9	37.7	27.5	24.6	6898
鄱阳县	34	142.8	123.9	57.0	33.5	33.1	20111
兰考县	16	76.3	66.0	41.9	30.6	77.1	9958
栾川县	15	32.0	28.5	18.1	12.0	25.3	3074
嵩县	16	53.4	48.1	30.2	24.2	32.3	3348
汝阳县	15	43.5	37.7	24.6	17.5	29.8	7715
宜阳县	19	68.6	60.5	37.3	23.8	40.1	18998
洛宁县	21	45.5	40.7	26.2	20.9	25.7	4055
鲁山县	19	83.9	75.6	46.3	33.6	21.2	6923
滑县	22	125.3	117.0	73.8	59.5	223.9	19760
封丘县	25	74.0	67.0	34.3	26.5	91.0	5823
范县	13	49.0	40.9	24.9	20.2	64.6	2182
台前县	9	34.5	31.5	19.1	12.4	25.1	3610
卢氏县	19	37.4	33.0	17.4	13.5	15.2	2200
南召县	15	61.7	49.0	30.5	21.9	19.1	3200

单位编码	国内生产总值（万元）	第一产业增加值（万元）	财政总收入（万元）	其中:地方财政预算内收入（万元）	财政总支出（万元）	其中:支农支出（万元）	粮食总产量（吨）
石台县	34594	11594	3339	1671	11928	603	20923
泾县	261300	58000	14206	7719	25509	762	141879
莲花县	109195	30395	8099	5298	19439	1315	124102
修水县	289843	92180	22660	16187	42570	2706	178286
赣县	189499	75866	16186	10716	30340	2951	190870
上犹县	107416	44915	9065	6459	18938	1598	89711
安远县	109833	52291	7641	6109	23715	1995	112086
宁都县	305178	103215	14853	11322	37942	3382	310606
于都县	282518	88427	20313	15028	42282	3141	233317
兴国县	249646	104499	21682	11286	39665	2532	258667
会昌县	153988	66070	10100	6579	24031	1870	168936
寻乌县	112958	45703	7800	6427	20721	2099	97076
吉安县	225102	73356	20915	13995	31768	2469	280152
遂川县	172899	51867	13148	9782	26635	1937	183611
万安县	91705	41910	11370	7622	20713	2573	145774
永新县	156451	63138	10234	7469	27604	1971	219447
井冈山市	97673	20321	10103	7520	21702	1543	57250
乐安县	107315	41419	5116	3359	21816	1364	209112
广昌县	54101	19650	6154	4491	21755	1682	86923
上饶县	252888	55538	20888	13443	34056	2017	164333
横峰县	77376	17093	7160	5343	16318	819	66700
余干县	194400	85100	18629	15356	49700	2821	540792
鄱阳县	305178	132536	18008	14070	61520	4360	670020
兰考县	435820	103637	37009	8872	36820	755	322992
栾川县	279492	49724	40057	14839	27363	678	51346
嵩县	277736	99054	14415	8819	31518	668	174953
汝阳县	232857	65692	13427	8025	26200	579	142455
宜阳县	309922	109123	16309	11366	31888	946	343596
洛宁县	246996	90149	12016	8019	27775	1047	221387
鲁山县	288086	84861	9875	9332	28530	1110	182091
滑县	506292	244080	19320	13740	38064	2283	1049919
封丘县	301200	127158	7360	7360	30359	777	500234
范县	263368	52304	16052	7444	26357	511	248443
台前县	175890	34823	4545	3018	19918	679	92724
卢氏县	150833	47527	11862	7207	25394	739	80581
南召县	491671	96980	22863	9299	30360	737	179909

（河南省、湖北省）

单位编码	乡（镇）个数（个）	年末总人口（万人）	其中：乡村人口（万人）	乡村从业人员数（万人）	其中：农林牧渔业（万人）	农业机械总动力（万千瓦特）	农村用电量（万千瓦时）
淅川县	15	73.2	65.0	36.3	26.3	31.6	20223
社旗县	17	64.2	58.0	32.7	26.3	29.8	5710
桐柏县	15	43.2	34.0	20.3	14.4	37.2	4394
民权县	19	84.1	76.0	42.4	31.3	89.0	6974
睢县	24	79.4	73.0	44.6	32.7	84.4	5062
宁陵县	15	58.5	55.0	32.3	23.6	70.2	5037
虞城县	30	107.5	102.0	56.4	41.8	141.1	15205
光山县	25	79.4	70.0	41.1	27.1	21.6	4698
新县	17	34.8	28.0	17.4	7.4	8.0	1533
商城县	22	72.1	64.0	32.6	18.0	17.5	2822
固始县	33	159.1	143.0	78.9	45.4	38.0	12609
淮滨县	21	67.4	58.0	34.2	23.5	39.4	5616
沈丘县	21	124.3	113.0	65.5	41.3	65.0	11189
淮阳县	19	132.8	127.0	68.7	43.5	84.8	10670
上蔡县	25	136.7	127.0	77.3	57.1	89.9	7153
平舆县	18	94.4	87.0	58.8	38.7	73.4	5399
确山县	15	50.2	44.0	29.8	23.1	79.5	3386
新蔡县	23	103.1	95.0	60.3	42.6	61.7	6280
阳新县	16	98.8	64.4	28.7	14.0	13.6	21657
郧县	18	61.1	53.9	24.7	15.0	14.2	3425
郧西县	16	51.0	44.1	20.2	15.0	13.7	2994
竹山县	17	45.4	40.8	19.1	11.3	8.4	1475
竹溪县	15	36.0	28.7	12.9	7.6	10.5	1675
房县	19	48.9	39.4	18.8	9.9	9.3	3627
丹江口市	13	48.7	33.2	15.9	8.9	14.7	4998
秭归县	12	39.2	32.5	18.6	13.4	10.9	2127
长阳自治县	11	40.8	35.4	19.9	13.5	9.1	2353
孝昌县	12	62.7	56.6	25.5	14.4	17.3	2904
大悟县	17	61.4	50.0	25.1	13.3	13.3	6691
红安县	11	65.4	50.5	22.0	12.3	12.8	683
罗田县	12	59.5	47.4	24.6	11.3	9.5	6539
英山县	11	40.9	31.2	17.3	10.5	10.0	3764
蕲春县	14	96.7	78.9	29.3	16.5	17.9	1047
麻城市	16	116.3	88.5	45.9	26.7	16.2	11672
恩施市	13	77.1	64.1	32.6	19.2	11.2	3439
利川市	12	83.8	76.4	36.3	19.9	13.0	2725

单位编码	国内生产总值（万元）	第一产业增加值（万元）	财政总收入（万元）	其中:地方财政预算内收入（万元）	财政总支出（万元）	其中:支农支出（万元）	粮食总产量（吨）
淅川县	501678	146847	24500	14142	34092	1662	210557
社旗县	319649	135227	25316	7403	27236	784	361839
桐柏县	356878	104796	16878	9559	26657	917	181258
民权县	403693	177131	6911	6871	31758	1710	451300
睢县	433900	185371	7110	7101	32968	880	470200
宁陵县	226143	88925	5514	5316	26858	1395	297700
虞城县	520939	251027	11627	11433	42264	804	666100
光山县	365484	118380	10472	8952	35083	1293	371272
新县	238061	66922	7809	5045	23881	686	95655
商城县	324615	120453	7511	6806	34184	931	249077
固始县	723784	303987	21268	18451	61162	1523	821215
淮滨县	260977	111118	8019	5904	30287	890	362646
沈丘县	412755	153830	14525	9723	36483	1959	588000
淮阳县	591734	247674	16212	10848	42208	1514	631011
上蔡县	503522	180651	11949	11468	44957	1252	813076
平舆县	363626	147940	8348	8348	32213	1095	532720
确山县	315260	106006	7534	7516	25782	591	366919
新蔡县	410226	182836	8224	8218	34976	921	624621
阳新县	629100	136096	22511	11757	38184	2502	322138
郧县	188910	63341	16291	6370	29603	1008	134980
郧西县	140540	65224	9008	5558	21980	713	117026
竹山县	115661	51421	8216	5182	24033	982	140977
竹溪县	105783	47252	8068	5594	21663	1418	134541
房县	140879	54260	8506	5399	28200	1273	128260
丹江口市	408179	55613	44710	15058	15058	2102	76392
秭归县	236800	48679	14111	6690	31593	934	116637
长阳自治县	319096	71500	15105	8727	26305	450	152537
孝昌县	311538	97238	9363	6635	24537	703	272986
大悟县	379463	94684	16249	8589	25429	1020	253082
红安县	413628	93703	39118	11562	27562	268	257971
罗田县	310355	77585	23972	14300	24727	1502	190527
英山县	194874	88013	10386	5519	22566	1203	150970
蕲春县	517810	106502	23262	12737	37835	1018	360077
麻城市	700640	189912	32815	32815	60471	5025	484665
恩施市	406775	133275	27307	15038	40107	1509	263410
利川市	268621	132272	31919	13185	40502	2794	356184

（湖北省、湖南省、广西壮族自治区）

单位编码	乡（镇）个数（个）	年末总人口（万人）	其中：乡村人口（万人）	乡村从业人员数（万人）	其中：农林牧渔业（万人）	农业机械总动力（万千瓦特）	农村用电量（万千瓦时）
建始县	10	50.8	45.9	24.2	15.5	8.0	2605
巴东县	12	48.3	42.8	21.8	14.4	7.7	3194
宣恩县	9	34.2	31.4	15.8	10.1	7.1	1612
咸丰县	10	36.0	32.8	17.6	10.4	6.1	1479
来凤县	8	30.9	26.3	16.7	8.5	4.3	1292
鹤峰县	9	21.6	19.8	9.5	5.7	0.0	1399
神农架林区	8	7.9	5.0	2.6	1.6	0.8	253
邵阳县	22	97.2	89.6	52.3	39.5	25.1	4317
隆回县	26	111.1	99.8	56.4	42.7	16.9	8901
城步自治县	10	25.9	22.6	12.0	9.3	10.0	1411
平江县	27	100.1	90.1	44.8	26.3	36.9	7232
桑植县	38	43.1	39.9	20.9	14.7	13.9	1287
安化县	29	96.2	82.4	41.9	32.2	31.7	2285
汝城县	23	35.9	33.4	18.3	13.0	16.4	2315
桂东县	18	17.1	17.1	8.8	6.4	3.8	1091
新田县	19	36.6	35.9	20.3	12.8	26.5	1444
江华自治县	22	46.0	45.3	24.5	19.5	15.9	6955
沅陵县	42	64.4	55.1	29.9	21.3	19.5	6590
通道自治县	21	22.4	21.9	11.7	10.1	11.8	1280
新化县	26	129.2	121.6	66.6	51.8	37.8	4328
泸溪县	19	28.7	26.8	14.4	9.2	9.4	1040
凤凰县	31	37.4	34.6	18.7	15.8	9.9	969
花垣县	21	27.3	24.4	13.9	11.6	9.9	1135
保靖县	25	27.6	25.7	13.8	11.7	8.5	2453
古丈县	15	13.8	12.1	7.2	6.1	4.5	327
永顺县	45	49.2	45.6	23.9	19.0	13.1	1331
龙山县	47	54.2	49.8	25.1	18.7	26.4	2521
隆安县	12	37.1	35.6	19.7	14.2	16.7	2133
马山县	14	50.5	46.0	26.5	15.7	14.4	2500
融水自治县	20	47.4	42.4	24.3	17.0	11.0	2135
三江自治县	16	35.3	32.8	18.0	11.0	7.1	2800
龙胜自治县	10	17.0	1 .7	7.7	6.3	9.1	739
田东县	13	39.8	36.3	21.3	15.4	20.6	2875
平果县	17	46.0	41.2	24.0	15.9	21.5	4063
德保县	18	34.1	31.7	18.0	13.0	7.4	4600
靖西县	24	58.5	53.8	31.5	20.8	12.8	3000

单位编码	国内生产总值（万元）	第一产业增加值（万元）	财政总收入（万元）	其中:地方财政预算内收入（万元）	财政总支出（万元）	其中:支农支出（万元）	粮食总产量（吨）
建始县	189000	94024	9518	6794	31980	998	221919
巴东县	221378	81378	16747	8137	30691	1640	206379
宣恩县	145177	61612	9452	5032	19968	958	141012
咸丰县	172285	82103	12176	6217	22667	1215	175120
来凤县	131740	53443	15318	4970	22156	1141	133636
鹤峰县	116232	43812	8016	4439	20412	961	98298
神农架林区	45500	8486	6382	2448	13157	1136	17181
邵阳县	256128	100965	15854	13022	35746	2303	373385
隆回县	354825	121211	17272	12498	40518	2325	454143
城步自治县	104319	33881	10268	5696	18480	933	82498
平江县	465834	141078	23606	17844	45667	2331	489214
桑植县	110319	35291	7475	4695	27380	1103	137730
安化县	327361	122536	14803	9837	39832	2810	260643
汝城县	216608	54539	9371	4472	26200	346	171747
桂东县	67532	17695	5222	3321	36020	19	56192
新田县	130535	150	6321	4463	18495	1204	158598
江华自治县	150446	1739	7974	5305	25155	1387	186849
沅陵县	397364	67354	18540	12098	35247	1626	216127
通道自治县	67761	28487	5121	3394	14691	0	78735
新化县	368122	156942	24497	15911	48123	900	436410
泸溪县	92641	25644	7216	3468	20714	1104	73344
凤凰县	120818	27280	6269	4537	27424	1802	95656
花垣县	105294	24155	15962	7016	23419	1548	81368
保靖县	97380	26677	9449	4449	22050	952	89720
古丈县	39081	12710	2171	1419	13420	665	35051
永顺县	131023	53877	6166	4777	310	3161	207291
龙山县	149132	0	9006	5902	32972	1810	0
隆安县	140781	73454	13059	8572	20200	1446	128336
马山县	132884	55210	8050	5229	19876	1682	110620
融水自治县	127714	55791	10213	6228	23089	1216	120997
三江自治县	79996	34527	5262	4020	17082	1350	57657
龙胜自治县	109451	34278	9479	4823	15081	1362	59039
田东县	250601	90588	27188	12602	25288	2199	131090
平果县	505366	69638	74622	32425	35168	2493	122855
德保县	102086	35752	6908	4378	19655	1585	93349
靖西县	157141	74806	14584	10013	28667	1616	206588

（广西壮族自治区、海南省、重庆市）

单位编码	乡（镇）个数（个）	年末总人口（万人）	其中：乡村人口（万人）	乡村从业人员数（万人）	其中：农林牧渔业（万人）	农业机械总动力（万千瓦特）	农村用电量（万千瓦时）
那坡县	12	19.6	17.9	10.5	8.4	11.2	446
凌云县	10	18.7	17.7	8.9	5.5	5.7	451
乐业县	10	15.7	14.1	6.9	5.9	5.9	366
田林县	20	23.9	21.6	12.6	10.3	12.8	683
西林县	11	13.3	11.9	6.7	6.3	7.6	610
隆林自治县	21	35.9	34.3	17.8	16.2	12.6	1885
南丹县	13	28.4	23.0	13.5	10.4	9.2	2211
天峨县	11	14.6	13.2	6.6	5.3	11.4	466
凤山县	11	19.1	17.3	8.2	6.2	9.5	398
东兰县	14	28.1	26.4	12.6	9.6	17.0	1740
罗城自治县	13	36.2	32.7	17.3	12.0	14.4	2597
环江自治县	15	36.9	32.9	16.6	12.5	21.8	1329
巴马自治县	12	24.1	22.7	10.8	8.1	6.4	1422
都安自治县	22	61.5	58.8	31.1	22.3	19.8	3838
大化自治县	19	41.6	36.3	20.9	13.6	10.2	2531
忻城县	13	39.9	38.0	22.1	15.7	14.2	2831
金秀自治县	11	15.0	12.9	7.0	5.3	7.5	1744
龙州县	13	27.1	23.0	13.7	11.0	11.9	1919
天等县	14	40.5	38.8	25.5	14.0	18.4	1535
五指山市	7	11.0	5.4	2.8	2.3	1.6	279
白沙自治县	11	18.4	9.9	5.4	5.2	3.8	781
陵水自治县	11	33.5	26.7	13.0	10.3	6.9	2524
保亭自治县	9	16.0	8.2	4.5	4.1	3.2	560
琼中自治县	10	20.6	9.4	4.7	4.5	4.7	1486
万州区	42	169.7	127.8	74.9	44.1	32.6	10859
黔江区	27	50.2	46.1	28.4	20.4	22.5	2282
城口县	24	23.1	22.7	10.6	5.7	4.7	1048
丰都县	30	78.7	68.2	40.9	26.4	16.0	8729
武隆县	26	39.8	37.5	21.0	14.8	14.6	6513
开县	55	153.0	139.4	70.5	35.7	37.0	10952
云阳县	63	128.7	113.8	54.3	31.5	29.4	6715
奉节县	30	100.2	89.9	44.4	29.2	23.1	16301
巫山县	41	59.5	51.9	25.5	17.7	16.2	4353
巫溪县	56	51.9	46.8	22.5	11.9	12.4	4780
石柱自治县	32	51.0	44.5	28.2	22.6	16.0	6337
秀山自治县	32	61.0	57.1	35.0	20.0	20.0	12559

单位编码	国内生产总值（万元）	第一产业增加值（万元）	财政总收入（万元）	其中:地方财政预算内收入（万元）	财政总支出（万元）	其中:支农支出（万元）	粮食总产量（吨）
那坡县	46451	20343	3281	2488	14336	1072	51161
凌云县	60644	28141	4351	3336	15270	1703	45167
乐业县	43590	16969	3499	2768	13906	1053	48147
田林县	88666	40717	8755	7444	18246	1618	86439
西林县	49840	23905	5438	3395	12767	1676	50412
隆林自治县	105844	29453	33258	18552	29825	2581	77032
南丹县	170717	49369	31068	17028	27760	2453	83883
天峨县	102402	24342	9218	7495	15326	1926	52697
凤山县	50891	19921	2913	2406	12617	1341	35492
东兰县	69823	26792	7886	4778	16630	1027	53641
罗城自治县	112883	48056	8240	5186	18336	1184	117032
环江自治县	133395	56924	10605	5770	18588	1200	123500
巴马自治县	77877	34870	6508	3958	14725	1025	57200
都安自治县	137730	53199	12006	7954	28730	1838	126260
大化自治县	175156	32030	23916	12953	26319	1708	68199
忻城县	166489	88072	9358	5677	18722	1343	138179
金秀自治县	56823	27483	3372	2239	11708	1453	45890
龙州县	136185	62657	15498	9918	20392	1260	71159
天等县	116618	47623	10175	6838	19366	1161	130266
五指山市	71066	18196	18178	3192	17690	776	27551
白沙自治县	106531	78919	24877	3466	21106	933	67257
陵水自治县	165601	108079	26656	4343	24181	2654	100230
保亭自治县	72130	44303	3017	2587	16115	871	30545
琼中自治县	97684	67900	25012	3191	19688	912	52556
万州区	1092902	145717	105448	55361	149774	16690	513580
黔江区	289038	61107	75448	21246	78584	3132	252540
城口县	78787	23493	12220	6193	29518	955	84500
丰都县	342105	84361	14604	12302	40398	1639	328840
武隆县	256694	65388	23044	11416	38725	1907	169763
开县	610789	169978	33217	19670	77558	4008	556931
云阳县	373036	126589	21422	12161	60077	3219	438818
奉节县	333835	100306	23185	13703	52209	3490	429100
巫山县	193055	58547	8643	8581	39016	2036	225000
巫溪县	127644	53754	7243	4480	34890	1784	198800
石柱自治县	203982	63418	13586	9025	37986	1585	255911
秀山自治县	233121	69120	20077	10916	41635	2121	310172

（重庆市、四川省）

单位编码	乡（镇）个数（个）	年末总人口（万人）	其中：乡村人口（万人）	乡村从业人员数（万人）	其中：农林牧渔业（万人）	农业机械总动力（万千瓦特）	农村用电量（万千瓦时）
酉阳自治县	39	75.0	69.1	43.5	30.0	36.0	4024
彭水自治县	39	62.1	57.3	32.3	21.0	19.0	3010
叙永县	26	66.1	60.8	32.1	22.2	18.0	7752
古蔺县	29	80.2	69.6	38.2	31.1	6.0	3368
朝天区	25	20.6	19.3	10.5	8.3	6.0	923
旺苍县	35	45.1	34.9	17.6	11.4	14.0	2650
苍溪县	64	76.7	62.5	35.5	23.9	18.0	4813
马边自治县	28	18.2	16.3	8.5	6.4	2.0	1350
嘉陵区	48	67.8	60.1	31.2	19.9	17.0	7526
南部县	78	123.9	113.0	73.5	38.3	25.0	9250
仪陇县	71	105.8	96.7	48.1	32.3	13.0	3098
阆中市	73	85.7	65.7	35.8	21.3	18.0	4201
屏山县	21	29.3	26.3	15.3	10.9	7.0	3450
广安区	49	122.5	103.2	50.9	32.4	24.0	4936
宣汉县	55	117.0	103.1	47.6	27.2	18.0	6213
万源市	53	55.8	49.4	22.3	12.9	11.0	4144
通江县	74	72.3	65.6	32.7	22.9	13.0	2395
南江县	73	63.1	55.0	28.0	18.5	15.0	3150
平昌县	27	96.3	80.0	40.9	27.1	18.0	4068
小金县	21	7.8	6.9	3.9	3.1	7.0	1240
黑水县	17	5.7	5.0	3.0	2.1	2.0	1495
壤塘县	12	3.4	2.9	1.8	1.8	1.0	304
雅江县	17	4.2	3.7	2.1	2.1	5.0	77
新龙县	19	4.3	3.7	1.7	1.4	2.0	240
石渠县	22	6.3	6.0	2.9	2.9	1.0	31
色达县	17	3.7	3.2	2.1	2.0	0.0	10
理塘县	24	5.0	4.4	2.6	2.5	2.0	291
木里自治县	29	12.7	11.3	6.6	6.4	3.0	210
盐源县	34	33.0	30.2	18.5	17.6	7.0	1076
普格县	34	14.3	12.8	7.3	6.8	2.0	977
布拖县	30	14.4	13.5	8.0	7.5	1.0	306
金阳县	34	15.0	14.0	7.0	6.8	2.0	680
昭觉县	47	22.8	19.9	11.9	11.4	2.0	2235
喜德县	24	15.2	13.2	7.5	7.0	3.0	400
越西县	40	26.5	23.3	13.9	12.3	3.0	1800
甘洛县	28	18.6	16.5	9.2	8.2	3.0	1621

单位编码	国内生产总值（万元）	第一产业增加值（万元）	财政总收入（万元）	其中:地方财政预算内收入（万元）	财政总支出（万元）	其中:支农支出（万元）	粮食总产量（吨）
酉阳自治县	175319	74800	11213	6586	53277	11251	360303
彭水自治县	232999	84324	13889	12626	38594	1490	300215
叙永县	193188	71147	11444	6932	35997	2466	271914
古蔺县	188303	70149	16410	7870	35864	2190	238070
朝天区	57216	27012	2861	1930	15700	395	81605
旺苍县	181928	73581	10898	4237	31400	1650	169242
苍溪县	233936	116551	10676	6660	41603	2803	372546
马边自治县	62054	25722	5080	2408	22123	551	61710
嘉陵区	229614	78055	28508	4047	29110	1292	315057
南部县	597361	232392	50310	10163	49488	2634	516493
仪陇县	266664	142888	43047	4818	42866	3249	451059
阆中市	353820	116625	43326	8704	43005	2011	369608
屏山县	109011	35065	3700	2044	17972	543	121390
广安区	561625	145872	21312	13018	55785	2557	421349
宣汉县	479034	182944	15116	7887	57319	2863	519688
万源市	252356	99203	9174	4044	34545	1860	282430
通江县	223890	112529	44250	3522	43488	1860	340488
南江县	234053	110251	39725	5301	40335	884	338410
平昌县	278387	117462	46007	5314	45593	1873	362230
小金县	27015	8610	828	617	15850	385	22955
黑水县	20668	8115	1355	923	15373	636	15988
壤塘县	14595	6452	541	424	12635	439	3240
雅江县	11040	4148	588	385	11842	370	5302
新龙县	15439	5164	198	153	11635	382	7701
石渠县	17997	9710	305	200	13009	713	4008
色达县	13094	5864	402	284	12659	754	1885
理塘县	17599	7632	521	449	15800	543	7269
木里自治县	37722	17365	1392	998	18939	628	46403
盐源县	100302	44886	10273	5442	28113	657	135576
普格县	54276	23510	4714	2235	18471	607	69873
布拖县	47289	21402	2294	1248	18559	568	62626
金阳县	42119	23315	1137	691	19098	831	64410
昭觉县	57515	29742	1898	1118	23349	781	93555
喜德县	54687	18249	3439	1627	18782	353	68679
越西县	89136	32066	6920	4028	24376	460	103517
甘洛县	69146	23041	8243	4237	20948	689	73642

（四川省、贵州省）

单位编码	乡（镇）个数（个）	年末总人口（万人）	其中：乡村人口（万人）	乡村从业人员数（万人）	其中：农林牧渔业（万人）	农业机械总动力（万千瓦特）	农村用电量（万千瓦时）
美姑县	36	19.0	17.8	9.9	9.3	1.0	830
雷波县	49	23.5	21.0	11.7	9.9	3.0	1240
六枝特区	19	64.2	50.7	28.3	17.8	10.1	1333
水城县	33	73.7	70.9	35.9	27.4	20.7	2802
盘县	37	116.5	98.2	52.0	40.0	44.2	3564
正安县	19	59.5	57.1	34.2	19.8	8.8	1870
道真自治县	14	33.7	33.3	16.8	9.7	7.7	1555
务川自治县	15	44.0	39.5	24.3	17.6	10.3	1909
习水县	23	67.4	61.0	31.3	19.9	14.8	1869
普定县	11	42.3	38.2	21.3	14.1	9.5	1059
镇宁自治县	16	34.0	32.2	19.1	15.6	6.7	546
关岭自治县	14	32.4	31.2	17.8	12.9	6.8	1210
紫云自治县	12	33.5	33.2	20.1	14.7	5.9	614
江口县	9	22.7	20.4	13.1	8.2	6.3	1117
石阡县	18	38.8	38.3	23.3	15.1	7.2	3968
思南县	27	62.6	58.0	35.5	22.4	6.8	1900
印江自治县	17	40.2	38.0	22.7	12.8	7.6	938
德江县	20	46.3	41.1	26.7	18.7	7.8	889
沿河自治县	22	56.6	53.5	29.4	19.3	8.3	814
松桃自治县	28	64.0	61.7	38.1	24.6	7.4	1670
兴仁县	16	46.0	42.0	24.7	17.4	10.0	1621
普安县	14	29.2	26.9	13.8	10.0	5.7	538
晴隆县	14	27.7	26.5	15.4	12.2	6.0	746
贞丰县	13	35.1	33.2	19.4	13.2	6.6	724
望谟县	17	28.4	27.4	14.7	12.0	4.6	562
册亨县	14	22.2	20.7	11.6	9.4	4.0	572
安龙县	16	42.5	39.4	24.0	16.7	13.7	1191
大方县	36	96.0	89.0	57.4	40.2	17.4	3378
织金县	32	93.2	84.7	48.3	29.6	9.3	2346
纳雍县	25	78.1	72.7	42.0	26.2	9.4	2308
威宁自治县	35	111.2	101.7	60.4	49.0	14.8	5546
赫章县	27	65.3	60.5	32.3	22.7	10.9	2614
黄平县	14	35.3	31.9	17.8	11.3	7.2	431
施秉县	8	15.7	13.9	8.2	6.8	6.5	641
三穗县	9	20.9	18.8	11.1	7.3	4.2	964
岑巩县	11	22.3	19.9	11.2	8.1	4.7	1430

单位编码	国内生产总值（万元）	第一产业增加值（万元）	财政总收入（万元）	其中:地方财政预算内收入（万元）	财政总支出（万元）	其中:支农支出（万元）	粮食总产量（吨）
美姑县	51150	28401	2471	1846	22172	833	74850
雷波县	84860	36178	4266	3614	21821	803	84620
六枝特区	179441	36266	17428	11804	34884	1872	177603
水城县	181207	50025	20713	11428	35166	2232	235446
盘县	545788	76498	88013	30980	64206	4863	322134
正安县	149119	74102	26760	5022	26760	1330	294821
道真自治县	85682	47513	18528	4050	19061	1254	150229
务川自治县	86919	50148	21982	4453	22193	1235	187123
习水县	182456	63463	33177	7537	33600	1931	278522
普定县	130608	28919	20605	8121	20620	1495	114160
镇宁自治县	90008	25924	9358	4592	19212	651	107636
关岭自治县	73266	32700	5238	3188	19173	907	108700
紫云自治县	55564	34089	3797	2670	15787	507	116084
江口县	57542	27815	3379	2655	14694	1310	89297
石阡县	78526	51224	5488	4834	21537	2098	175729
思南县	149864	94937	8319	6547	30696	2205	242501
印江自治县	91017	58422	5405	4444	21812	1569	153610
德江县	118587	73716	6627	5409	23535	1493	173693
沿河自治县	104635	67030	6019	5065	26509	1967	181385
松桃自治县	135721	76217	27539	5110	27490	110	255058
兴仁县	104738	43138	12268	8545	20479	400	168500
普安县	75306	25724	11425	8313	21395	1228	84225
晴隆县	64395	21035	6118	4085	18270	1264	87176
贞丰县	84420	36757	8388	5756	18098	1139	113528
望谟县	60766	28136	3165	2384	17384	760	81151
册亨县	38901	25551	2488	1822	14641	1528	63164
安龙县	130000	45679	16021	7280	19693	1498	169982
大方县	199243	84784	17368	12356	35149	3964	307001
织金县	217667	83152	18998	14012	40686	1937	312178
纳雍县	276047	69345	30698	12496	38050	2208	272975
威宁自治县	238012	102080	24168	12536	40251	1918	341376
赫章县	129472	57193	10668	6446	27877	1290	198402
黄平县	53844	27986	4028	3104	17777	1359	112998
施秉县	51675	17293	8437	4301	12971	1510	61173
三穗县	53425	18376	3286	2328	13223	747	57728
岑巩县	49796	21232	4250	2108	14120	983	69318

（贵州省、云南省）

单位编码	乡（镇）个数（个）	年末总人口（万人）	其中：乡村人口（万人）	乡村从业人员数（万人）	其中：农林牧渔业（万人）	农业机械总动力（万千瓦特）	农村用电量（万千瓦时）
天柱县	16	41.2	36.1	22.4	15.6	7.0	941
锦屏县	15	22.5	19.8	11.0	6.7	5.3	1822
剑河县	12	24.3	21.9	13.2	9.3	4.4	1026
台江县	8	14.6	12.9	7.0	4.0	3.2	362
黎平县	25	50.7	46.5	26.5	18.0	8.6	2847
榕江县	20	33.2	30.0	17.4	13.4	5.1	1558
从江县	21	32.2	30.4	18.5	14.8	4.2	1284
雷山县	9	15.1	13.8	7.9	5.2	2.4	360
麻江县	9	22.2	19.8	11.5	8.4	5.3	510
丹寨县	7	16.5	14.4	8.4	5.3	2.4	1066
荔波县	17	16.4	15.2	9.0	6.8	9.8	719
独山县	18	33.2	30.5	18.7	12.5	9.8	1380
平塘县	19	30.6	29.3	18.3	13.2	7.6	688
罗甸县	26	31.7	29.9	16.4	11.5	4.7	1074
长顺县	17	25.6	23.1	13.7	9.6	4.3	1224
三都自治县	21	31.4	30.5	17.4	12.5	6.2	1279
东川区	14	30.3	23.0	14.2	11.5	10.1	1926
禄劝自治县	18	44.8	42.7	24.7	22.0	20.6	3640
寻甸自治县	17	50.2	47.6	28.0	24.2	19.0	4074
富源县	11	71.6	62.7	33.9	25.8	20.0	4154
会泽县	23	91.6	84.2	50.1	40.7	15.5	4485
施甸县	15	32.9	31.0	18.0	15.6	11.3	2699
龙陵县	12	27.1	24.8	14.7	13.5	9.0	1058
昌宁县	14	34.0	30.9	18.1	15.7	14.8	1741
昭阳区	25	76.7	65.8	35.1	28.1	12.4	3031
鲁甸县	14	39.6	36.8	19.0	17.2	7.9	1584
巧家县	19	53.1	50.1	28.1	24.4	5.6	3683
盐津县	12	37.9	35.5	17.4	12.6	3.4	1406
大关县	11	26.2	24.1	11.8	10.3	3.4	1490
永善县	18	42.0	38.9	20.5	16.7	5.6	1923
绥江县	6	16.0	13.6	6.6	5.5	2.1	899
镇雄县	35	130.7	125.5	58.9	46.8	14.1	4118
彝良县	18	54.2	51.6	26.4	23.2	8.1	2206
威信县	11	38.5	35.2	17.7	14.3	4.5	2688
永胜县	18	38.6	36.0	21.6	18.0	14.3	1694
宁蒗自治县	16	23.8	22.4	12.0	10.9	3.6	836

单位编码	国内生产总值（万元）	第一产业增加值（万元）	财政总收入（万元）	其中:地方财政预算内收入（万元）	财政总支出（万元）	其中:支农支出（万元）	粮食总产量（吨）
天柱县	75659	37504	6070	4513	20800	1484	130184
锦屏县	46165	17995	3922	3211	18098	1228	66169
剑河县	50528	25745	2509	2142	17650	724	73119
台江县	32572	14737	2582	1983	13066	518	44933
黎平县	91985	45814	5111	3272	26709	1198	153642
榕江县	69343	38478	3396	2475	19365	996	96789
从江县	61937	36268	3819	2797	19312	858	112470
雷山县	29592	12249	2252	1425	12506	752	49665
麻江县	49459	19762	5689	2738	13054	915	73710
丹寨县	37532	16087	2423	1442	11963	719	52288
荔波县	71507	19006	10351	4922	14555	768	53763
独山县	90209	47663	8408	4730	22205	1213	110346
平塘县	62600	29533	4337	3043	18946	499	96675
罗甸县	105630	41171	7616	4362	20920	820	101110
长顺县	67025	27100	6188	4119	15168	851	93691
三都自治县	64708	33544	3198	2308	19069	736	90341
东川区	92843	19442	11772	5568	35656	1840	71357
禄劝自治县	134586	60759	7796	7354	29677	4551	174860
寻甸自治县	150409	58398	12405	8081	32753	3198	183968
富源县	352900	101859	34996	17110	42757	2544	251166
会泽县	399935	57402	95959	30916	66987	3960	274845
施甸县	98500	44543	6221	3831	21223	1986	117664
龙陵县	99915	37210	9964	4606	23186	2349	90780
昌宁县	129151	58671	10472	5834	23868	2009	136017
昭阳区	515017	71947	17692	13321	48205	2471	222493
鲁甸县	77495	33900	4498	3018	34429	1136	109987
巧家县	105209	49398	4177	2906	24002	1320	140793
盐津县	84339	27550	3673	2338	19528	773	99898
大关县	56314	23346	1624	1123	15514	724	68408
永善县	119085	37600	2822	2236	22286	1265	121824
绥江县	38250	9424	1783	1300	13234	550	35926
镇雄县	181418	84680	7907	6985	44524	1443	283906
彝良县	96261	40454	4830	2863	23253	1049	127118
威信县	69362	22124	3041	2300	21698	802	120249
永胜县	118148	39645	6601	4667	31344	2404	121544
宁蒗自治县	57279	19966	1832	1487	22213	1479	66759

（云南省）

单位编码	乡（镇）个数（个）	年末总人口（万人）	其中：乡村人口（万人）	乡村从业人员数（万人）	其中：农林牧渔业（万人）	农业机械总动力（万千瓦特）	农村用电量（万千瓦时）
普洱自治县	11	18.6	15.0	8.6	7.1	12.0	498
墨江自治县	18	35.2	30.3	17.2	15.6	9.5	552
景东自治县	15	35.4	32.6	18.8	16.2	13.9	1359
镇沅自治县	11	20.5	17.7	10.4	9.5	12.8	768
江城自治县	8	9.4	9.3	5.1	4.5	4.0	481
孟连自治县	7	11.7	10.3	5.6	5.3	4.5	454
澜沧自治县	23	47.3	40.0	22.6	21.5	12.4	1073
西盟自治县	8	8.4	7.2	3.7	3.5	1.5	112
临翔区	11	28.0	22.9	13.2	9.9	7.7	1049
凤庆县	15	42.5	40.7	20.4	16.1	7.7	1657
云县	14	40.8	37.7	21.2	17.6	10.3	1087
永德县	12	32.8	30.7	17.3	16.1	10.7	695
镇康县	8	16.0	14.7	7.9	7.3	4.9	264
双江自治县	7	16.4	14.6	6.6	5.8	5.3	1387
沧源自治县	11	16.0	13.6	6.8	6.4	2.4	1278
双柏县	9	15.4	14.0	8.6	7.9	11.1	806
南华县	12	23.3	21.6	12.6	11.0	8.9	2105
姚安县	12	20.5	19.2	11.5	9.1	5.7	2553
大姚县	14	28.0	25.8	15.7	13.3	9.9	2510
永仁县	8	10.4	9.3	5.8	5.1	7.4	949
武定县	13	26.5	24.6	15.3	13.3	9.0	1907
屏边自治县	7	14.7	12.9	7.0	6.5	2.0	454
泸西县	10	37.8	34.4	20.3	17.3	19.2	8412
元阳县	15	37.1	35.2	20.5	18.7	3.8	1405
红河县	14	27.7	26.9	14.3	12.4	3.1	2571
金平自治县	14	32.0	30.2	16.9	15.6	6.9	898
绿春县	9	20.7	19.3	11.1	10.1	2.3	1408
文山县	16	43.5	35.3	19.7	17.2	15.1	3363
砚山县	12	44.9	41.2	23.1	21.0	33.8	2216
西畴县	10	25.1	23.2	13.7	11.1	8.0	1449
麻栗坡县	12	27.3	25.3	14.8	12.7	7.7	2369
马关县	15	35.4	32.1	19.5	17.2	10.0	1724
丘北县	14	45.0	42.7	22.6	20.3	11.7	2704
广南县	20	75.3	71.9	42.0	35.1	10.1	3885
富宁县	15	38.9	36.8	22.2	18.3	8.4	2174
勐腊县	12	20.3	12.0	6.4	6.3	13.8	655

单位编码	国内生产总值（万元）	第一产业增加值（万元）	财政总收入（万元）	其中:地方财政预算内收入（万元）	财政总支出（万元）	其中:支农支出（万元）	粮食总产量（吨）
普洱自治县	89880	27652	6353	3770	19131	1425	67513
墨江自治县	102808	30053	6865	5565	25010	1762	113398
景东自治县	121569	50046	18545	7947	26918	2097	129218
镇沅自治县	52391	21526	3730	2503	17045	1158	77324
江城自治县	47800	18668	2582	1915	12025	643	33890
孟连自治县	43635	15482	3756	2261	13065	1028	45556
澜沧自治县	110375	42947	7080	3801	28523	2515	158570
西盟自治县	21352	5822	756	553	11071	704	31625
临翔区	123861	35887	14275	11847	23145	2938	81301
凤庆县	111616	48509	7432	5871	18179	1306	135847
云县	205615	63664	23015	10955	26126	1216	133622
永德县	83285	36211	4909	3224	19361	2369	111436
镇康县	58011	23038	3195	2049	18452	1222	46124
双江自治县	55006	24554	3031	1853	14041	1085	57050
沧源自治县	57235	23802	2674	1762	16832	1724	47968
双柏县	52389	25743	3501	2630	15470	930	58430
南华县	82276	38231	6055	4154	18097	1192	94619
姚安县	93747	35596	3783	3056	16654	937	73265
大姚县	125301	41525	7741	4664	22888	1922	105461
永仁县	46881	20650	2375	1891	13987	868	41478
武定县	97453	42572	6205	4030	19927	1736	86132
屏边自治县	51495	19253	4153	2045	14171	733	57871
泸西县	144857	38515	15094	10684	25780	2427	122311
元阳县	79980	34556	3406	2487	20179	2510	122980
红河县	61275	31530	2538	1356	16357	735	84073
金平自治县	52830	23774	6631	3579	21573	770	105877
绿春县	34989	14489	2608	1926	15459	1179	71240
文山县	329460	60299	35249	20699	38700	3094	124903
砚山县	168598	50602	12568	7537	26423	1475	154550
西畴县	68226	26955	4424	2307	19694	511	81551
麻栗坡县	96862	33346	5416	3228	21415	661	85691
马关县	123231	42872	5387	5266	26291	238	124424
丘北县	96321	48879	4675	4328	24941	1519	157995
广南县	157012	84299	7634	5188	32251	1583	213195
富宁县	126257	49381	6704	4238	25474	985	116274
勐腊县	164631	79108	5725	3474	19713	1483	75890

（云南省、陕西省）

单位编码	乡（镇）个数（个）	年末总人口（万人）	其中：乡村人口（万人）	乡村从业人员数（万人）	其中：农林牧渔业（万人）	农业机械总动力（万千瓦特）	农村用电量（万千瓦时）
漾濞自治县	11	10.1	8.7	5.0	4.3	3.4	985
弥渡县	9	31.4	29.2	17.6	14.0	8.0	2925
南涧自治县	9	21.7	20.8	12.2	10.5	5.5	1483
巍山自治县	11	30.3	28.2	16.8	14.4	8.2	1758
永平县	9	17.3	14.0	7.3	6.3	4.4	2404
云龙县	12	20.1	19.3	9.9	8.6	5.2	3978
洱源县	10	27.4	25.4	14.1	11.5	11.0	1859
剑川县	9	17.0	15.6	8.2	6.2	6.3	1773
鹤庆县	10	26.4	24.3	13.4	10.4	12.9	3137
梁河县	10	16.0	14.7	8.3	7.1	9.4	586
泸水县	8	15.8	12.6	7.1	6.6	4.5	788
福贡县	7	9.2	8.2	4.7	4.4	0.8	175
贡山自治县	5	3.5	2.8	1.5	1.3	0.6	66
兰坪自治县	7	19.6	17.3	10.2	9.2	6.5	1925
香格里拉县	11	13.4	11.0	6.2	5.5	18.8	2263
德钦县	8	5.9	5.2	3.0	2.8	2.7	1273
维西自治县	10	14.5	13.3	7.9	7.0	5.7	1097
印台区	9	23.6	9.5	5.2	3.9	5.0	2410
耀州区	13	26.0	19.5	11.0	8.4	8.7	2583
宜君县	10	9.2	8.1	4.7	4.3	4.3	351
陇县	15	24.8	21.6	11.9	8.5	6.0	138
麟游县	10	8.7	7.7	3.7	2.7	3.4	2315
太白县	8	5.2	4.0	2.1	1.6	2.7	0
永寿县	12	18.8	16.4	8.3	5.5	9.6	166
彬县	15	32.5	28.8	14.3	10.9	3.8	184
长武县	10	17.3	15.7	7.1	5.2	7.5	63
旬邑县	13	27.0	25.9	12.7	9.2	6.1	37
淳化县	14	19.7	17.5	8.8	5.4	6.9	298
合阳县	15	43.6	39.4	21.0	16.5	16.0	5239
蒲城县	23	74.7	65.0	37.5	28.4	46.6	15416
白水县	13	27.8	24.2	13.3	9.2	14.0	1437
延长县	12	14.7	11.5	5.0	4.3	3.9	466
延川县	14	18.1	13.9	6.0	4.1	6.4	709
子长县	13	23.9	18.8	7.5	5.9	4.6	820
安塞县	12	16.2	14.1	5.2	4.0	3.6	846
吴旗县	12	12.6	10.7	4.5	3.5	6.7	602

单位编码	国内生产总值（万元）	第一产业增加值（万元）	财政总收入（万元）	其中:地方财政预算内收入（万元）	财政总支出（万元）	其中:支农支出（万元）	粮食总产量（吨）
漾濞自治县	36120	15720	4626	2871	12516	903	44200
弥渡县	96330	37047	6096	4344	17581	1166	115361
南涧自治县	67053	31101	18910	6109	18037	1385	81317
巍山自治县	106080	45012	6186	4249	19988	1218	114294
永平县	74030	40126	4645	3534	15772	1154	67292
云龙县	69582	30555	4359	2788	17226	925	91325
洱源县	106135	47795	8559	5012	21895	2919	125711
剑川县	56697	20649	5077	3379	16677	836	63100
鹤庆县	89661	28406	8121	5060	20681	1617	93485
梁河县	35375	11806	4262	2447	16920	1766	33424
泸水县	62202	13302	27355	5037	25914	1711	49136
福贡县	17897	7480	12853	579	12849	560	27215
贡山自治县	12958	4510	1354	954	8883	342	9194
兰坪自治县	69574	15460	15201	7209	25275	1315	73639
香格里拉县	70708	22211	8199	4613	28309	1333	55481
德钦县	20726	6399	1245	918	13127	586	18699
维西自治县	54680	19363	1439	1229	21737	2855	54562
印台区	47364	9698	2982	1950	8352	516	40320
耀州区	153661	20962	18773	6518	14768	689	100957
宜君县	27447	13203	1999	1249	8008	421	62051
陇县	111895	46776	6119	4023	10936	1114	106454
麟游县	41300	17688	1723	1139	5667	223	62880
太白县	31200	11363	2114	1189	5626	159	12090
永寿县	57200	25332	2466	1919	9376	374	87827
彬县	101110	32176	9037	4480	15277	613	109162
长武县	48000	16199	2737	2180	9213	367	58753
旬邑县	65800	41708	3437	2245	12181	703	93775
淳化县	72270	44515	2436	1928	10502	778	103654
合阳县	126990	41115	6558	4177	15661	747	178177
蒲城县	349443	76005	26595	8983	22131	879	286793
白水县	89124	37708	6706	3128	13915	771	96568
延长县	49425	17952	6648	3796	14804	1799	29489
延川县	425036	12896	14251	11615	21510	2042	42248
子长县	122597	22844	25760	20361	29963	2839	75468
安塞县	108410	19773	33994	20058	26161	3644	65595
吴旗县	91795	22360	41712	33076	34225	1990	45089

（陕西省、甘肃省）

单位编码	乡（镇）个数（个）	年末总人口（万人）	其中：乡村人口（万人）	乡村从业人员数（万人）	其中：农林牧渔业（万人）	农业机械总动力（万千瓦特）	农村用电量（万千瓦时）
宜川县	12	11.3	9.4	3.7	3.3	6.1	395
洋县	26	44.1	36.5	17.1	11.2	14.0	3620
西乡县	23	40.2	34.2	15.7	9.5	12.9	874
宁强县	26	33.4	29.8	15.0	9.4	7.6	2207
略阳县	21	20.1	14.6	6.7	4.3	9.5	1281
镇巴县	24	27.7	24.3	9.3	5.1	4.3	1371
府谷县	20	21.5	18.9	8.1	5.3	22.1	44070
横山县	18	33.0	29.9	15.2	12.9	13.7	1397
靖边县	22	28.6	25.1	13.2	9.3	20.7	5715
定边县	25	31.1	27.3	13.7	10.9	28.0	1741
绥德县	20	35.1	30.4	12.7	7.4	6.6	1209
米脂县	13	20.9	18.9	8.0	4.9	5.9	636
佳县	20	24.7	23.4	8.2	4.0	7.1	1079
吴堡县	8	7.9	7.1	2.5	1.7	3.3	10
清涧县	15	20.8	19.4	7.9	5.4	6.1	0
子洲县	18	30.5	32.1	14.4	9.8	5.4	787
汉滨区	43	94.8	74.2	38.5	23.1	20.1	7377
汉阴县	18	29.2	25.8	14.5	6.8	8.2	2695
宁陕县	14	7.5	6.1	3.2	2.2	2.2	499
紫阳县	25	33.7	29.8	15.5	8.4	9.9	1900
岚皋县	17	16.8	15.0	7.4	3.6	3.0	538
镇坪县	10	5.8	4.9	2.9	1.4	0.5	316
旬阳县	28	45.1	41.6	20.6	13.3	7.8	1901
白河县	15	20.8	18.7	10.3	5.6	2.8	1325
商州区	26	54.5	45.6	19.7	14.9	7.8	3764
洛南县	25	45.2	43.2	18.4	14.7	8.9	3479
丹凤县	21	30.2	27.1	11.9	8.2	4.2	1744
商南县	16	23.1	20.5	11.3	6.2	5.0	1348
山阳县	30	43.8	38.9	16.3	11.0	6.8	2290
镇安县	25	28.3	27.6	12.7	5.9	8.2	1021
柞水县	16	15.5	13.6	5.9	4.5	2.8	824
榆中县	23	42.2	38.6	20.5	13.9	29.6	3826
会宁县	32	58.3	56.4	29.0	22.9	26.3	3029
北道区	17	58.2	45.1	22.8	14.7	15.0	6416
清水县	18	31.0	29.0	14.7	12.1	6.6	1471
秦安县	17	59.9	56.6	28.3	20.8	14.3	3373

单位编码	国内生产总值（万元）	第一产业增加值（万元）	财政总收入（万元）	其中:地方财政预算内收入（万元）	财政总支出（万元）	其中:支农支出（万元）	粮食总产量（吨）
宜川县	30855	11873	1578	1320	12623	2011	35676
洋县	178767	48801	6250	4759	17684	663	166291
西乡县	97806	40691	4790	3559	15130	809	120095
宁强县	108586	42889	5714	3987	14517	650	97965
略阳县	124541	20535	15677	7523	14678	850	49088
镇巴县	67929	33230	2603	2068	12322	647	97582
府谷县	163006	10472	38153	22649	27276	982	61532
横山县	91200	31976	10361	4987	17166	949	144858
靖边县	501500	28202	71808	28769	37001	4579	166998
定边县	106500	33712	37545	16158	27005	1542	199685
绥德县	64900	18175	3487	1867	18198	507	78972
米脂县	46739	10939	1558	1269	14220	9460	64538
佳县	35776	17476	953	630	13864	593	58686
吴堡县	17300	5494	815	584	7913	422	15620
清涧县	4	15313	1485	835	13214	606	59311
子洲县	44123	17500	15008	1406	15593	1187	97289
汉滨区	409735	68207	12690	12231	33559	1231	262899
汉阴县	82199	37154	4002	3080	13029	630	91735
宁陕县	35466	11936	1208	819	6773	130	22136
紫阳县	78009	43474	3461	2612	13945	552	122556
岚皋县	63865	23607	3564	2018	10784	229	67456
镇坪县	22334	8887	1561	1070	5816	345	26031
旬阳县	180232	46830	31125	7625	22525	1187	126785
白河县	54147	24643	2978	1962	11633	629	34902
商州区	156900	34638	12420	9440	37384	1117	124522
洛南县	121700	48056	8611	5224	20483	1457	164311
丹凤县	82700	33325	3928	2996	14278	682	79638
商南县	63200	26210	3733	2820	13520	972	68884
山阳县	110742	35434	4302	3168	18923	858	80655
镇安县	106300	40310	4721	3568	15538	800	107553
柞水县	58300	16578	4338	2658	11400	750	42000
榆中县	165641	42741	15848	6420	27485	1714	113412
会宁县	131931	50331	3155	2007	27600	676	174880
北道区	312821	32521	22365	6438	27792	1930	107485
清水县	66082	32228	12704	2697	16220	236	111806
秦安县	128500	33970	5301	5064	21698	980	136445

（甘肃省）

单位编码	乡（镇）个数（个）	年末总人口（万人）	其中：乡村人口（万人）	乡村从业人员数（万人）	其中：农林牧渔业（万人）	农业机械总动力（万千瓦特）	农村用电量（万千瓦时）
甘谷县	15	59.8	55.7	27.9	15.1	11.6	3148
武山县	15	43.6	40.6	21.0	14.4	12.5	2569
张家川自治县	15	31.4	30.2	17.5	13.2	6.4	1578
古浪县	19	39.8	37.8	19.6	14.1	27.3	10996
天祝自治县	19	21.7	18.3	10.5	8.7	14.5	886
庄浪县	18	43.0	40.8	22.1	13.1	9.8	2248
静宁县	24	47.4	44.8	22.4	18.0	12.7	3493
环县	23	34.1	31.9	13.0	11.0	8.4	416
华池县	19	13.2	11.1	5.7	5.0	7.7	1927
合水县	12	17.0	14.8	7.5	5.5	6.0	2026
宁县	23	52.5	49.6	20.6	13.0	11.3	3846
镇原县	24	51.2	48.5	24.3	18.4	17.2	4495
安定区	25	47.7	37.2	20.1	11.8	24.2	2897
通渭县	23	46.4	42.7	22.4	14.6	12.3	2722
陇西县	17	49.5	43.3	19.7	13.3	13.9	2537
渭源县	16	34.9	32.8	16.2	12.6	10.2	1725
临洮县	18	54.1	49.3	25.6	18.3	26.4	3056
漳县	13	19.3	18.3	8.9	4.6	5.4	639
岷县	18	45.0	42.1	20.8	16.8	8.3	1899
武都区	36	53.4	48.0	24.3	21.9	3.8	11862
文县	20	24.5	21.8	10.6	9.4	7.9	1688
宕昌县	25	29.2	27.9	15.8	12.1	5.0	1171
康县	28	20.2	18.1	9.2	7.8	5.6	831
西和县	20	38.7	36.4	20.1	17.7	5.9	1529
礼县	29	51.8	49.2	23.7	18.0	8.9	2610
两当县	14	5.0	3.9	1.9	1.5	2.1	235
临夏县	27	37.9	35.7	18.8	12.7	8.4	1811
康乐县	16	24.5	23.3	11.7	10.0	6.3	7288
永靖县	19	20.3	16.4	8.6	5.7	10.9	10599
广河县	10	20.7	19.9	10.0	7.6	8.4	998
和政县	14	19.4	18.4	9.3	7.0	4.1	718
东乡族自治县	25	26.9	25.9	12.9	8.6	9.1	5577
积石山自治县	18	23.0	22.3	11.8	7.4	3.8	996
合作市	7	7.8	3.5	2.0	1.9	2.1	135
临潭县	19	15.0	13.7	7.0	5.0	4.6	849
卓尼县	17	10.2	8.9	4.5	4.0	2.8	574

单位编码	国内生产总值（万元）	第一产业增加值（万元）	财政总收入（万元）	其中:地方财政预算内收入（万元）	财政总支出（万元）	其中:支农支出（万元）	粮食总产量（吨）
甘谷县	134349	38509	5495	3074	15365	523	127101
武山县	103435	33754	5348	2615	18442	729	88101
张家川自治县	59262	17514	1982	1224	15656	583	84718
古浪县	111075	38574	4372	2436	22018	1253	141455
天祝自治县	81881	16855	6491	2933	25561	1146	38603
庄浪县	91055	38055	4212	2818	23552	1057	136488
静宁县	113004	39337	5456	3581	25540	1153	149657
环县	67053	29053	4896	3400	24943	397	114127
华池县	115118	12909	4850	3412	15849	556	71886
合水县	46622	19619	3346	2288	14248	1011	78783
宁县	109488	35540	6117	3650	25947	1369	199113
镇原县	83805	40805	6088	4361	27552	878	242988
安定区	132290	45661	11120	5704	28414	1187	188801
通渭县	85883	40154	2982	1921	21177	1195	160835
陇西县	119937	37083	10848	5612	24486	1087	126704
渭源县	61765	31205	2711	1990	17390	720	110161
临洮县	129968	45334	10926	6817	29944	1299	182612
漳县	41336	23674	11146	1236	11616	329	61536
岷县	75842	37942	5299	3600	24383	779	70625
武都区	94249	34878	6191	3496	22861	1032	117266
文县	52628	15379	6403	2121	16345	560	55171
宕昌县	35176	14566	1547	887	14836	544	68259
康县	37704	16356	2250	1164	13341	601	60853
西和县	21721	21721	7050	2667	19246	771	91692
礼县	63407	31022	2766	1663	25046	1064	118570
两当县	16719	6996	5032	448	7512	410	26473
临夏县	71272	26622	2158	1233	16872	600	104930
康乐县	42343	21265	1777	1252	13613	571	65921
永靖县	86209	18953	12815	4339	11055	571	69566
广河县	45535	15112	2529	1330	12742	729	57721
和政县	33136	16464	1578	1036	13916	125	43012
东乡族自治县	34536	14616	1407	766	16674	252	59303
积石山自治县	31111	15206	1183	883	16083	52	54286
合作市	43449	6408	4560	3702	37930	1548	8578
临潭县	30393	9454	1567	719	13350	458	23142
卓尼县	21895	11539	902	418	13233	386	17170

（甘肃省、青海省、宁夏回族自治区、新疆维吾尔自治区）

单位编码	乡（镇）个数（个）	年末总人口（万人）	其中：乡村人口（万人）	乡村从业人员数（万人）	其中：农林牧渔业（万人）	农业机械总动力（万千瓦特）	农村用电量（万千瓦时）
舟曲县	22	13.7	11.9	6.8	5.7	4.3	891
夏河县	14	7.9	6.4	3.4	3.1	2.1	391
大通自治县	22	42.9	34.4	19.6	11.3	36.2	1278
湟中县	18	46.7	44.2	26.0	19.3	70.7	2838
平安县	9	11.2	8.0	4.5	2.7	6.1	1364
民和自治县	23	37.2	35.0	17.5	9.9	23.3	2890
乐都县	22	28.3	24.9	13.3	7.0	19.1	1295
化隆自治县	19	23.1	21.8	10.0	7.6	12.7	1739
循化自治县	10	11.3	10.9	4.8	2.1	7.0	1061
尖扎县	9	5.1	4.2	2.1	1.8	3.2	606
泽库县	8	5.6	5.6	2.3	2.1	0.8	0
甘德县	7	2.4	2.1	1.1	1.1	0.4	0
达日县	10	2.5	2.1	0.9	0.9	0.1	0
玉树县	9	8.5	6.1	3.2	3.2	2.8	507
杂多县	8	4.0	3.7	1.5	1.5	2.0	0
治多县	6	2.5	2.3	1.2	1.2	0.1	0
囊谦县	10	6.5	6.2	2.9	2.9	2.2	35
盐池县	8	16.1	12.8	8.2	4.7	27.2	2162
同心县	11	32.5	24.1	9.3	9.3	15.6	3121
市辖区	14	48.9	40.3	18.6	13.0	24.9	6712
西吉县	19	46.1	43.4	22.2	17.7	29.3	1510
隆德县	13	18.6	16.9	8.8	6.0	11.3	2436
泾源县	6	12.3	11.6	8.0	5.1	8.5	524
彭阳县	12	25.3	23.3	12.7	8.9	22.6	1770
海原县	18	38.2	36.4	17.7	12.7	28.4	2852
巴里坤自治县	12	9.0	7.7	3.3	2.4	11.3	1650
乌什县	9	19.1	15.6	4.7	4.3	6.9	897
柯坪县	5	4.2	3.3	1.6	1.4	2.1	589
阿图什市	7	21.1	15.4	5.2	3.8	6.0	1063
阿克陶县	13	17.5	14.4	4.0	3.7	6.5	270
阿合奇县	6	3.6	2.6	0.5	0.5	0.8	18
乌恰县	9	4.6	2.3	0.7	0.5	1.1	71
疏附县	17	37.0	32.9	11.7	10.0	13.1	1910
疏勒县	15	30.3	24.7	6.6	5.8	10.1	680
英吉沙县	14	23.2	19.6	7.3	7.0	5.6	400
莎车县	29	66.6	48.2	17.9	15.8	17.1	1571

单位编码	国内生产总值（万元）	第一产业增加值（万元）	财政总收入（万元）	其中:地方财政预算内收入（万元）	财政总支出（万元）	其中:支农支出（万元）	粮食总产量（吨）
舟曲县	25359	11300	1012	520	12685	458	26733
夏河县	28588	12719	1728	832	12980	339	10254
大通自治县	342604	33151	44080	13526	33414	2855	66974
湟中县	181206	43611	6458	4973	31617	2198	129913
平安县	91635	8864	5687	2882	13015	1072	17712
民和自治县	128275	18470	5742	3346	23553	1569	70552
乐都县	125620	24453	4962	2877	27785	1623	49240
化隆自治县	69889	13288	4332	3050	19035	1104	48393
循化自治县	49760	10051	3595	3372	14051	851	30036
尖扎县	90603	6877	2898	2898	11186	506	13462
泽库县	29383	19572	124	124	7703	253	0
甘德县	7762	3989	4174	131	4264	149	0
达日县	7807	4958	5240	194	5538	523	0
玉树县	19289	10348	8740	1000	8985	505	5440
杂多县	19931	15869	4425	134	4425	164	0
治多县	16514	11626	4425	123	4240	190	0
囊谦县	18510	13994	7087	117	7115	364	9981
盐池县	224397	20569	7069	3904	25145	1166	73355
同心县	86204	25520	6556	2942	27762	1461	124734
市辖区	163493	37156	4055	2270	31509	1397	160144
西吉县	75074	29070	2347	1892	29596	1869	197106
隆德县	35934	13326	1061	827	19614	913	75873
泾源县	27341	8912	1019	722	12423	515	39207
彭阳县	56731	25788	1789	1241	23164	1118	115387
海原县	69679	27282	1898	1311	28760	1351	112570
巴里坤自治县	50597	20289	3440	1813	15296	1227	38775
乌什县	50089	27880	1389	1318	15916	587	149111
柯坪县	13169	5180	501	461	9052	93	21152
阿图什市	70878	22829	23310	4002	25209	2751	57126
阿克陶县	43024	21291	1494	1337	17255	1259	102650
阿合奇县	13327	4840	562	547	8518	562	2787
乌恰县	18218	4793	900	859	11422	821	2855
疏附县	91068	54559	19806	2575	22690	931	203000
疏勒县	75272	41993	2959	2959	19421	1622	147016
英吉沙县	60498	35910	1605	1395	15864	626	121805
莎车县	144222	86903	39561	6472	38310	2711	344384

（新疆维吾尔自治区）

单位编码	乡（镇）个数（个）	年末总人口（万人）	其中：乡村人口（万人）	乡村从业人员数（万人）	其中：农林牧渔业（万人）	农业机械总动力（万千瓦特）	农村用电量（万千瓦时）
叶城县	20	38.2	28.2	7.3	6.8	10.4	847
岳普湖县	9	13.6	10.8	4.1	3.8	4.9	694
伽师县	13	32.4	28.4	9.0	8.3	8.4	1211
塔什库尔干县	12	3.3	2.4	0.8	0.8	1.0	20
和田县	12	27.8	25.9	9.3	7.8	7.6	2829
墨玉县	16	43.6	39.7	12.4	10.1	8.0	1852
皮山县	15	22.5	15.9	5.7	5.2	3.8	469
洛浦县	10	24.3	21.7	8.2	7.3	6.8	2036
策勒县	8	13.7	11.8	4.5	4.0	3.4	731
于田县	15	22.5	20.4	7.8	7.6	5.2	759
民丰县	6	3.5	2.3	0.7	0.6	1.4	363
察布查尔县	13	17.0	11.0	3.9	3.3	8.5	524
尼勒克县	11	15.7	10.7	3.9	3.3	5.8	99
托里县	5	8.6	5.7	2.5	2.2	5.6	929
青河县	7	5.6	3.8	1.5	1.2	3.1	689
吉木乃县	7	3.5	1.5	0.4	0.4	1.5	61

单位编码	国内生产总值（万元）	第一产业增加值（万元）	财政总收入（万元）	其中:地方财政预算内收入（万元）	财政总支出（万元）	其中:支农支出（万元）	粮食总产量（吨）
叶城县	93300	60620	4540	4540	25558	1096	224509
岳普湖县	43778	21058	1795	1382	14363	647	80600
伽师县	99582	67230	2301	2188	20617	801	164078
塔什库尔干县	17185	3167	588	536	10531	492	6154
和田县	65673	40538	2878	1865	19814	765	159251
墨玉县	83873	47786	3303	2591	31012	1627	227667
皮山县	44823	24242	2563	1657	17991	728	108045
洛浦县	58046	28692	3122	1907	22078	1004	142459
策勒县	33932	15991	1284	1222	14951	527	71314
于田县	53954	31788	1976	1440	18551	860	120153
民丰县	15488	7238	1520	1491	9469	281	19637
察布查尔县	72186	35963	4693	2653	18539	1527	119030
尼勒克县	66909	25282	4001	2757	16027	1232	42743
托里县	54117	12254	2448	348	14385	821	24338
青河县	34613	14147	1010	791	10691	741	26213
吉木乃县	20928	7389	1074	787	9885	843	10731

4.分组资料

4-1 农村住户调查按地势分组表

指　标	单位	平原	丘陵	山区
一、调查户数	户	9315	10915	32710
户均人口	人	4.2	4.1	4.4
户均劳动力	人	2.8	2.8	2.9
其中：劳动力文盲率	%	7.9	9.5	17.3
其中：当年外出打工的劳动力比例	%	12.6	17.7	17.4
二、户均住房面积	平方米	82.0	92.9	92.4
其中：钢筋混凝土结构面积	平方米	6.2	17.0	11.1
户均住房价值	元	13574.3	13684.9	11249.1
户均年末生产性固定资产原值	元	5104.1	4213.5	3803.4
其中:年末生产用房原值	元	1035.7	1065.1	1167.0
户均耕地面积	亩	12.0	11.2	8.3
其中:水田、水浇地面积	亩	5.7	2.9	1.7
梯田面积	亩	0.1	0.8	1.2
人均年末存粮	公斤	534.8	469.2	382.2
人均粮食产量	公斤	758.0	553.4	384.5
三、人均全年总收入	元	2702.5	2504.0	2107.3
(一)工资性收入	元	436.5	547.7	485.5
其中：外出务工收入	元	231.6	316.7	246.4
(二)家庭经营收入	元	2137.9	1822.9	1491.1
1.种植业收入	元	1438.5	1085.7	794.2
2.牧业收入	元	442.8	526.8	481.6
3.林业收入	元	30.8	39.4	63.9
4.渔业收入	元	7.0	9.4	4.2
5.其他农业收入	元	34.8	29.8	18.9
6.工业、建筑业收入	元	21.1	21.8	14.4
7.第三产业收入	元	162.8	110.1	113.9
(三)转移性收入	元	94.7	101.7	105.7
其中：退耕还林还草补偿	元	3.4	9.9	20.6
(四)财产性收入	元	33.4	31.7	25.0
四、人均全年总支出	元	2361.2	2403.6	2006.9
(一)家庭经营支出	元	776.6	660.5	505.9
1.种植业支出	元	493.7	334.2	223.0
2.林业支出	元	4.5	5.5	7.2
3.牧业支出	元	223.2	265.3	229.7
4.渔业支出	元	2.5	3.4	0.9
5.其他农业支出	元	17.5	12.5	6.7
6.工业、建筑业支出	元	4.5	5.7	4.0
7.第三产业经营支出	元	30.8	34.0	34.2
(二)购买生产性固定资产	元	97.4	71.7	61.1
(三)税费支出	元	35.2	32.3	18.6
(四)生活消费支出	元	1385.5	1557.0	1345.7
其中：食品消费	元	671.7	791.7	744.8
五、人均纯收入	元	1782.4	1710.1	1492.1
其中：现金纯收入	元	1113.0	1082.0	906.7

4-2 农村住户调查按类型区分组表

指　标	单位	革命老区县	陆地边境县	少数民族聚居村
一、调查户数	户	16020	4205	18520
户均人口	人	4.2	4.5	4.6
户均劳动力	人	2.8	2.8	3.0
其中：劳动力文盲率	%	9.4	16.5	19.1
其中：当年外出打工的劳动力比例	%	20.6	7.1	13.4
二、户均住房面积	平方米	99.1	72.8	92.7
其中：钢筋混凝土结构面积	平方米	18.1	2.9	9.7
户均住房价值	元	13733.8	8804.0	10950.3
户均年末生产性固定资产原值	元	3005.2	5021.4	4617.4
其中:年末生产用房原值	元	814.7	1079.7	1359.5
户均耕地面积	亩	7.5	17.5	8.9
其中:水田、水浇地面积	亩	2.3	5.7	3.4
梯田面积	亩	1.1	0.8	0.7
人均年末存粮	公斤	377.8	481.8	372.2
人均粮食产量	公斤	440.5	533.4	422.3
三、人均全年总收入	元	2312.3	2257.0	2156.3
(一)工资性收入	元	616.7	245.8	343.8
其中：外出务工收入	元	346.4	84.2	155.4
(二)家庭经营收入	元	1556.0	1864.5	1693.7
1.种植业收入	元	886.8	1039.6	862.1
2.牧业收入	元	413.6	625.9	593.5
3.林业收入	元	59.3	79.1	79.1
4.渔业收入	元	9.3	6.1	5.0
5.其他农业收入	元	30.4	8.8	19.3
6.工业、建筑业收入	元	20.1	5.9	16.8
7.第三产业收入	元	136.5	99.2	117.8
(三)转移性收入	元	114.2	95.5	94.2
其中：退耕还林还草补偿	元	15.6	14.4	17.4
(四)财产性收入	元	25.4	51.2	24.7
四、人均全年总支出	元	2231.7	2206.7	2019.4
(一)家庭经营支出	元	534.6	731.4	582.6
1.种植业支出	元	256.0	439.5	251.7
2.林业支出	元	7.7	5.7	6.7
3.牧业支出	元	210.8	252.6	272.9
4.渔业支出	元	2.7	1.6	1.8
5.其他农业支出	元	12.0	3.0	7.9
6.工业、建筑业支出	元	6.7	0.8	3.7
7.第三产业经营支出	元	38.8	28.2	37.8
(二)购买生产性固定资产	元	65.3	78.3	67.6
(三)税费支出	元	26.5	22.5	18.3
(四)生活消费支出	元	1513.7	1317.2	1292.7
其中：食品消费	元	778.7	732.6	746.1
五、人均纯收入	元	1663.6	1400.6	1458.8
其中：现金纯收入	元	1014.6	806.8	911.4

4-3 农村住户调查按家庭类型分组表

指　　标	单位	单身或夫妇	夫妇与一个孩子	夫妇与二个孩子	夫妇与三个以上	单亲与孩子	三代同堂	其他
一、调查户数	户	3120	8015	15936	9775	1623	12437	2034
户均人口	人	2.3	3.2	4.0	5.1	3.4	5.3	4.8
户均劳动力	人	1.7	2.4	2.7	3.3	2.3	3.4	3.1
其中：劳动力文盲率	%	20.9	12.2	10.6	13.7	16.3	16.2	23.3
其中：当年外出打工的劳动力比例	%	5.5	14.5	17.1	18.0	18.5	17.5	14.9
二、户均住房面积	平方米	68.1	83.4	88.9	91.1	78.9	104.2	93.2
其中：钢筋混凝土结构面积	平方米	4.0	9.7	12.4	12.0	6.2	14.3	7.7
户均住房价值	元	8310.0	11050.8	12312.3	12133.9	8941.3	14119.0	11969.8
户均年末生产性固定资产原值	元	2618.4	3760.0	4074.2	4216.0	2852.2	4758.9	4761.6
其中:年末生产用房原值	元	803.8	1011.9	1131.9	1092.1	964.9	1274.9	1323.2
户均耕地面积	亩	8.7	9.6	8.8	11.4	7.2	9.4	10.4
其中:水田、水浇地面积	亩	1.9	2.5	2.4	3.3	2.5	2.9	2.7
梯田面积	亩	0.5	0.8	0.9	0.9	0.7	1.2	1.2
人均年末存粮	公斤	599.2	554.8	449.6	353.8	422.7	391.3	408.3
人均粮食产量	公斤	707.7	639.6	507.0	426.9	481.5	424.9	417.8
三、人均全年总收入	元	2920.3	2811.0	2450.6	2060.7	2262.1	2072.7	2039.3
(一)工资性收入	元	458.2	576.8	554.9	450.4	460.0	445.4	370.7
其中：外出务工收入	元	131.0	281.1	283.7	252.4	249.8	251.6	195.9
(二)家庭经营收入	元	2178.0	2061.5	1771.7	1509.0	1632.7	1506.7	1518.3
1.种植业收入	元	1342.9	1232.0	1026.3	870.8	948.8	843.1	857.2
2.牧业收入	元	623.4	565.8	504.1	440.9	511.4	450.4	464.7
3.林业收入	元	49.2	55.5	51.6	46.9	66.0	57.5	60.2
4.渔业收入	元	4.6	7.1	5.9	4.1	2.4	6.8	4.8
5.其他农业收入	元	17.5	31.4	29.6	21.0	8.8	20.3	16.3
6.工业、建筑业收入	元	15.3	18.9	20.9	16.4	13.8	14.0	13.7
7.第三产业收入	元	125.2	150.9	133.2	109.0	81.5	114.6	101.4
(三)转移性收入	元	238.1	136.5	95.2	79.0	125.6	96.0	124.3
其中：退耕还林还草补偿	元	14.9	15.5	15.5	15.0	18.6	14.4	24.7
(四)财产性收入	元	46.0	36.1	28.9	22.2	43.7	24.7	26.1
四、人均全年总支出	元	2596.2	2611.0	2362.9	1938.7	2057.1	1916.9	1858.4
(一)家庭经营支出	元	762.6	765.3	633.1	502.3	545.7	522.2	496.4
1.种植业支出	元	404.5	412.1	313.0	251.7	288.4	249.4	246.3
2.林业支出	元	6.1	7.6	7.1	5.9	8.5	5.7	5.9
3.牧业支出	元	315.4	290.4	257.1	201.1	227.2	216.6	203.6
4.渔业支出	元	1.3	1.4	1.7	1.4	0.8	2.3	0.7
5.其他农业支出	元	4.6	11.5	12.3	9.7	3.2	8.4	5.8
6.工业、建筑业支出	元	2.7	4.6	4.7	5.0	3.1	3.8	5.2
7.第三产业经营支出	元	28.0	37.7	37.2	27.5	14.6	36.0	29.0
(二)购买生产性固定资产	元	65.8	89.3	82.7	58.8	35.7	62.2	55.7
(三)税费支出	元	32.1	32.6	25.0	21.7	22.4	21.8	20.0
(四)生活消费支出	元	1621.6	1618.2	1539.1	1293.6	1391.5	1244.9	1228.6
其中：食品消费	元	934.9	857.6	781.2	674.4	805.2	686.5	716.6
五、人均纯收入	元	1980.9	1890.9	1692.5	1459.8	1598.5	1438.1	1426.4
其中：现金纯收入	元	1143.1	1135.7	1056.5	921.0	971.2	880.3	865.7

4-4 农村住户调查按最高劳动力文化程度分组表

指标名称	单位	文盲、半文盲	小学程度	初中程度	高中程度	大专程度以上
一、调查户数	户	1856	11665	28846	7875	2695
户均人口	人	3.9	4.1	4.3	4.5	4.5
户均劳动力	人	2.1	2.5	2.9	3.1	3.4
其中：劳动力文盲率	%	100.0	22.6	10.0	6.4	7.2
其中：当年外出打工的劳动力比例	%	8.4	12.9	18.0	17.7	16.8
二、户均住房面积	平方米	68.0	81.7	92.4	98.5	104.6
其中：钢筋混凝土结构面积	平方米	1.7	5.7	12.9	15.8	18.4
户均住房价值	元	7950.4	8956.8	12549.0	15099.7	16183.3
户均年末生产性固定资产原值	元	4463.0	3628.0	4097.7	4586.6	4827.3
其中:年末生产用房原值	元	1570.8	1078.4	1088.3	1161.5	1262.5
户均耕地面积	亩	18.0	8.3	9.5	9.7	9.2
其中:水田、水浇地面积	亩	1.3	2.2	2.8	3.1	3.0
梯田面积	亩	0.7	1.0	0.9	1.0	0.8
人均年末存粮	公斤	344.0	402.2	436.6	434.9	430.0
人均粮食产量	公斤	327.4	438.2	500.4	504.9	500.1
三、人均全年总收入	元	1684.8	2029.7	2310.6	2519.2	2788.5
(一)工资性收入	元	204.7	350.2	500.9	590.5	804.6
其中：外出务工收入	元	87.9	176.8	286.1	291.3	292.3
(二)家庭经营收入	元	1370.2	1562.0	1682.1	1780.9	1802.5
1.种植业收入	元	686.7	864.5	993.0	1031.9	1012.0
2.牧业收入	元	540.8	512.4	471.6	471.4	498.2
3.林业收入	元	53.1	61.2	50.0	53.8	55.4
4.渔业收入	元	1.1	4.9	6.2	6.1	5.8
5.其他农业收入	元	11.4	14.9	23.9	35.5	31.6
6.工业、建筑业收入	元	13.3	16.6	17.6	16.9	14.7
7.第三产业收入	元	63.9	87.5	119.8	165.3	184.8
(三)转移性收入	元	81.0	93.3	99.7	116.4	150.6
其中：退耕还林还草补偿	元	23.3	18.2	13.8	15.9	16.5
(四)财产性收入	元	28.9	24.1	27.8	31.5	30.8
四、人均全年总支出	元	1516.4	1863.2	2168.5	2413.8	2655.7
(一)家庭经营支出	元	367.0	516.1	602.0	626.6	660.0
1.种植业支出	元	170.8	246.4	306.6	315.0	323.4
2.林业支出	元	4.4	5.6	6.6	6.7	8.2
3.牧业支出	元	164.7	228.9	239.6	237.3	259.4
4.渔业支出	元	0.1	0.9	1.9	2.2	1.6
5.其他农业支出	元	4.1	5.1	10.0	15.0	13.5
6.工业、建筑业支出	元	4.0	4.0	4.6	4.3	4.5
7.第三产业经营支出	元	18.9	25.1	32.7	46.1	49.4
(二)购买生产性固定资产	元	57.4	53.8	73.5	76.9	76.1
(三)税费支出	元	11.8	19.3	25.3	28.0	27.3
(四)生活消费支出	元	1047.4	1219.8	1393.6	1586.1	1753.2
其中：食品消费	元	685.9	715.6	738.4	770.1	828.1
五、人均纯收入	元	1209.6	1409.3	1588.6	1756.2	1985.4
其中：现金纯收入	元	692.0	814.0	976.8	1136.3	1340.7

4-5 农村住户调查按人均纯收入分组表

指　　标	单位	0-200 元	200-400 元	400-600 元	600-800 元
一、调查户数	户	459	1042	2533	4388
户均人口	人	4.5	4.8	4.9	4.8
户均劳动力	人	2.7	2.8	3.0	3.0
其中：劳动力文盲率	%	21.5	18.3	18.4	19.0
其中：当年外出打工的劳动力比例	%	5.9	8.8	9.8	12.0
二、户均住房面积	平方米	76.5	79.0	82.9	84.3
其中：钢筋混凝土结构面积	平方米	6.0	6.7	7.5	7.0
户均住房价值	元	10432.9	10146.8	9645.8	9684.2
户均年末生产性固定资产原值	元	6104.9	5521.0	4242.8	3692.8
其中:年末生产用房原值	元	1571.6	1257.4	1168.1	1083.9
户均耕地面积	亩	12.8	10.9	9.4	9.0
其中:水田、水浇地面积	亩	2.5	2.3	2.4	2.2
梯田面积	亩	1.0	1.0	0.9	1.0
人均年末存粮	公斤	378.6	351.5	325.2	332.3
人均粮食产量	公斤	287.8	287.3	313.1	344.0
三、人均全年总收入	元	936.0	956.3	1044.9	1210.7
(一)工资性收入	元	89.3	105.8	132.5	181.7
其中：外出务工收入	元	33.6	42.5	49.7	79.7
(二)家庭经营收入	元	769.8	780.8	845.6	961.5
1.种植业收入	元	488.0	480.7	528.6	604.1
2.牧业收入	元	199.8	218.3	237.4	262.7
3.林业收入	元	21.2	24.0	25.3	32.9
4.渔业收入	元	1.9	0.7	1.2	2.5
5.其他农业收入	元	1.6	4.3	4.2	6.3
6.工业、建筑业收入	元	5.0	4.6	4.6	8.2
7.第三产业收入	元	52.3	48.2	44.3	45.0
(三)转移性收入	元	55.7	58.2	56.3	56.4
其中：退耕还林还草补偿	元	6.4	7.8	8.3	11.3
(四)财产性收入	元	21.2	11.4	10.5	11.1
四、人均全年总支出	元	1817.3	1565.3	1424.4	1467.8
(一)家庭经营支出	元	690.2	526.4	433.9	418.5
1.种植业支出	元	383.1	278.8	234.5	222.5
2.林业支出	元	8.8	4.5	6.1	4.8
3.牧业支出	元	219.1	195.1	165.8	165.9
4.渔业支出	元	0.5	0.2	0.4	1.4
5.其他农业支出	元	0.6	4.6	3.2	3.4
6.工业、建筑业支出	元	23.8	4.0	2.8	2.9
7.第三产业经营支出	元	54.2	39.2	21.1	17.5
(二)购买生产性固定资产	元	61.7	59.0	31.3	29.1
(三)税费支出	元	20.0	15.3	15.4	17.4
(四)生活消费支出	元	986.7	924.1	903.5	964.0
其中：食品消费	元	486.6	510.5	539.2	576.5
五、人均纯收入	元	113.7	314.9	513.1	701.7
其中：现金纯收入	元	-75.4	80.2	202.4	323.5

800—1000元	1000—1200元	1200—1400元	1400—1600元	1600—1800元	1800—2000元	2000—2500元	2500—3000元	3000—4000元	4000元以上
5595	5452	5455	4838	4225	3532	6178	3481	3145	2168
4.7	4.6	4.5	4.4	4.3	4.2	4.0	3.8	3.6	3.1
3.0	2.9	2.9	2.8	2.9	2.8	2.8	2.8	2.7	2.6
17.2	16.1	14.1	13.4	11.7	11.7	10.8	9.8	10.4	10.0
14.3	14.9	16.5	17.8	19.1	19.5	20.7	21.1	20.8	17.8
87.0	87.4	89.8	92.5	92.9	93.0	96.0	96.5	98.1	97.1
8.8	8.9	9.9	11.4	12.5	13.0	15.0	16.6	18.6	15.2
10484.8	10865.9	11614.1	11777.3	12332.3	12821.6	13850.0	14220.8	15600.2	16571.7
3754.7	3892.0	3816.5	3742.5	3990.7	3905.4	4091.0	4251.0	4223.5	5540.6
1075.2	1124.6	1071.9	1078.1	1104.9	1041.3	1132.8	1129.6	1066.2	1218.3
9.2	10.5	9.9	9.0	10.3	8.5	8.9	8.8	9.0	9.9
2.3	2.4	2.6	2.6	2.6	2.7	3.0	3.1	3.2	3.6
1.0	0.9	1.0	1.0	0.9	0.9	0.9	0.9	0.8	0.8
358.3	383.2	400.3	414.9	444.9	451.7	495.2	525.2	544.2	674.6
377.8	421.7	449.5	484.9	507.5	533.0	591.3	645.8	714.6	891.7
1439.3	1673.8	1917.8	2133.1	2396.8	2625.6	3023.2	3636.0	4407.1	7104.2
243.3	302.3	377.3	450.4	529.3	607.5	741.0	926.3	1146.6	1563.0
117.0	146.5	192.9	235.0	297.9	339.7	417.8	509.4	623.4	775.3
1115.0	1283.1	1440.4	1569.3	1741.4	1874.1	2118.3	2516.0	2985.4	5015.6
694.4	777.2	870.4	944.0	1023.0	1098.5	1225.7	1410.0	1612.4	2183.7
304.4	376.9	414.3	449.8	509.3	538.4	613.8	730.5	872.3	1634.3
34.7	45.0	47.1	50.8	55.0	59.2	62.0	75.9	95.3	178.1
3.0	3.5	4.8	3.4	5.8	5.9	10.0	11.4	17.1	12.7
12.2	8.7	12.2	17.1	18.9	21.5	28.6	42.1	54.2	216.3
8.3	11.0	12.2	13.9	17.5	18.8	24.9	24.1	55.2	55.4
58.0	60.8	79.4	90.2	111.8	131.7	153.3	222.0	279.0	735.1
68.1	73.4	81.4	94.3	100.9	118.0	130.6	145.4	202.5	363.5
13.1	15.3	14.2	15.6	17.1	16.2	18.4	19.0	24.5	27.8
12.9	15.0	18.7	19.1	25.2	25.9	33.2	48.3	72.5	162.1
1622.1	1736.6	1899.1	2000.2	2184.1	2351.1	2561.5	2965.0	3353.0	4943.0
442.3	470.8	511.7	523.6	578.8	600.9	658.6	764.8	833.0	1370.2
233.1	244.8	262.9	266.8	291.8	302.6	323.8	373.9	402.0	512.7
5.4	5.5	5.3	5.7	6.2	5.7	7.7	7.2	8.1	13.2
172.7	194.7	209.2	222.5	245.1	246.3	275.8	308.8	333.8	567.7
1.4	1.1	0.9	0.8	1.2	2.4	2.7	3.7	4.3	2.9
7.4	3.4	5.0	6.8	6.3	8.2	9.0	17.9	20.5	81.2
2.4	3.6	3.2	2.8	2.5	3.6	5.4	2.8	9.9	10.3
20.0	17.7	25.2	18.0	25.7	32.1	34.2	50.5	54.4	182.1
38.4	38.8	52.0	45.6	56.3	72.3	85.9	119.4	131.3	364.6
19.2	18.8	22.7	22.1	25.3	26.8	28.8	34.6	35.6	55.0
1071.3	1155.9	1254.9	1341.9	1449.2	1569.3	1689.2	1926.1	2201.5	2922.4
622.5	662.2	697.4	735.7	779.8	808.1	859.2	936.7	1035.1	1291.5
898.9	1101.7	1297.7	1498.2	1697.0	1896.1	2227.7	2721.4	3407.7	5509.4
458.5	606.9	749.0	894.4	1053.8	1205.6	1463.8	1830.8	2395.9	3900.2

4-6 农村住户调查按消费分组表

指　　标	单位	0-500 元	500-800 元	800-1000 元
一、调查户数	户	6196	4597	3159
户均人口	人	4.0	4.1	4.2
户均劳动力	人	2.6	2.7	2.8
其中：劳动力文盲率	%	18.7	17.0	16.3
其中：当年外出打工的劳动力比例	%	16.4	18.2	18.5
二、户均住房面积	平方米	80.9	83.0	86.0
其中：钢筋混凝土结构面积	平方米	8.3	9.6	10.4
户均住房价值	元	11916.7	11386.8	11467.0
户均年末生产性固定资产原值	元	2859.2	2900.1	2983.6
其中:年末生产用房原值	元	880.7	796.8	827.5
户均耕地面积	亩	6.1	7.9	7.1
其中:水田、水浇地面积	亩	1.2	1.7	1.8
梯田面积	亩	1.1	1.0	1.0
人均年末存粮	公斤	288.1	334.9	357.7
人均粮食产量	公斤	262.1	348.6	375.1
三、人均全年总收入	元	1541.7	1695.0	1724.1
(一)工资性收入	元	588.2	555.4	512.3
其中：外出务工收入	元	279.4	290.7	264.1
(二)家庭经营收入	元	827.0	1031.0	1100.2
1.种植业收入	元	489.4	642.2	689.3
2.牧业收入	元	168.2	222.7	260.3
3.林业收入	元	42.7	56.8	52.1
4.渔业收入	元	2.9	3.2	3.1
5.其他农业收入	元	8.1	9.3	8.6
6.工业、建筑业收入	元	23.6	15.1	13.2
7.第三产业收入	元	92.1	81.7	73.6
(三)转移性收入	元	102.0	87.4	87.3
其中：退耕还林还草补偿	元	14.3	15.2	15.1
(四)财产性收入	元	24.6	21.3	24.2
四、人均全年总支出	元	1274.6	1464.2	1541.5
(一)家庭经营支出	元	62.6	157.5	211.2
1.种植业支出	元	43.3	99.5	129.3
2.林业支出	元	1.1	2.0	2.3
3.牧业支出	元	16.1	50.9	73.2
4.渔业支出	元	0.1	0.2	0.2
5.其他农业支出	元	0.1	0.5	0.5
6.工业、建筑业支出	元	0.2	0.6	1.1
7.第三产业经营支出	元	1.6	3.7	4.6
(二)购买生产性固定资产	元	1.8	6.3	8.6
(三)税费支出	元	11.5	18.0	19.1
(四)生活消费支出	元	1148.7	1230.4	1241.1
其中：食品消费	元	622.8	664.5	674.1
五、人均纯收入	元	1394.2	1446.7	1420.6
其中：现金纯收入	元	960.9	907.2	843.5

1000—1500 元	1500—2000 元	2000—2500 元	2500—3000 元	3000 元以上
7779	6663	5632	4267	14647
4.3	4.3	4.4	4.4	4.5
2.8	2.9	2.9	3.0	3.0
15.6	14.3	13.8	12.9	10.6
18.3	18.3	18.1	17.5	13.5
87.9	91.2	93.3	95.1	97.2
10.7	11.4	11.8	12.5	13.5
11415.8	11537.9	12023.1	11984.4	13438.7
3112.0	3441.7	3840.6	4185.8	6201.9
889.7	976.0	1136.5	1175.3	1561.5
8.3	9.2	8.5	9.3	13.4
2.1	2.4	2.7	2.9	4.2
0.9	0.9	0.9	0.9	0.8
378.0	404.5	429.5	440.2	545.7
409.2	445.9	497.8	529.5	659.6
1885.9	2046.2	2233.7	2359.4	3166.9
516.1	492.5	500.5	477.8	412.6
281.3	270.8	275.0	265.8	212.3
1249.9	1430.6	1605.7	1754.7	2600.2
775.2	870.4	971.2	1053.2	1396.6
307.5	395.7	458.0	516.8	852.0
55.9	51.6	50.6	50.7	57.8
3.9	4.8	5.2	6.1	9.4
10.3	12.6	12.6	14.3	55.6
15.5	14.9	15.3	15.2	18.8
81.6	80.6	92.7	98.4	209.8
96.9	100.9	105.1	101.8	114.7
16.3	16.4	16.1	16.2	14.9
23.0	22.2	22.3	25.0	39.4
1661.4	1857.2	2013.1	2184.3	3207.7
286.9	395.6	503.7	610.7	1232.6
163.2	212.1	266.2	315.3	576.7
3.5	3.9	5.2	5.5	13.9
109.8	165.9	212.8	262.8	500.0
0.5	0.6	0.9	1.5	4.5
1.1	1.9	2.3	3.5	30.4
1.3	2.0	2.1	2.5	11.8
7.5	9.2	14.1	19.7	95.4
15.8	28.8	35.9	45.7	190.0
21.1	22.5	24.3	25.9	33.4
1276.6	1342.1	1372.9	1421.8	1648.5
700.9	745.7	750.9	764.2	830.8
1498.2	1545.2	1611.9	1626.7	1770.7
912.8	927.9	976.9	986.1	1081.9

4-7 农村住户调查按生产支出分组表

指　　标	单位	0-300元	300-600元	600-800元	800-1000元
一、调查户数	户	243	3442	6644	8120
户均人口	人	5.4	5.2	4.9	4.6
户均劳动力	人	2.8	3.2	3.2	3.0
其中：劳动力文盲率	%	41.1	21.1	18.1	15.7
其中：当年外出打工的劳动力比例	%	8.1	12.4	15.0	15.9
二、户均住房面积	平方米	67.1	77.9	83.7	86.8
其中：钢筋混凝土结构面积	平方米	2.2	5.4	6.9	8.8
户均住房价值	元	7150.7	9269.5	10175.3	10821.6
户均年末生产性固定资产原值	元	3501.5	3331.9	3599.7	3831.4
其中:年末生产用房原值	元	1529.5	893.6	956.3	1021.8
户均耕地面积	亩	31.9	12.6	10.0	9.1
其中:水田、水浇地面积	亩	1.6	2.4	2.4	2.6
梯田面积	亩	1.6	1.1	1.0	1.0
人均年末存粮	公斤	296.6	349.5	374.0	409.3
人均粮食产量	公斤	162.8	361.0	409.8	451.3
三、人均全年总收入	元	562.8	1275.0	1584.4	1847.5
(一)工资性收入	元	70.5	240.8	301.2	364.9
其中：外出务工收入	元	34.1	122.4	163.2	199.1
(二)家庭经营收入	元	441.9	977.5	1212.9	1398.3
1.种植业收入	元	214.9	615.4	756.8	853.1
2.牧业收入	元	171.4	258.4	329.8	389.9
3.林业收入	元	28.6	31.5	38.5	44.4
4.渔业收入	元	0.3	1.0	2.3	3.6
5.其他农业收入	元	4.5	15.3	10.4	15.5
6.工业、建筑业收入	元	2.5	10.3	9.4	13.6
7.第三产业收入	元	19.7	45.6	65.8	78.3
(三)转移性收入	元	25.9	46.7	55.0	67.5
其中：退耕还林还草补偿	元	6.1	8.0	12.1	14.4
(四)财产性收入	元	24.4	9.9	15.2	16.8
四、人均全年总支出	元	378.9	852.9	1177.2	1472.2
(一)家庭经营支出	元	166.9	292.8	392.0	462.4
1.种植业支出	元	92.4	168.3	207.9	243.3
2.林业支出	元	1.6	2.4	3.7	4.3
3.牧业支出	元	59.1	108.0	157.4	187.4
4.渔业支出	元	0.0	0.2	0.6	1.2
5.其他农业支出	元	7.0	5.9	3.8	5.1
6.工业、建筑业支出	元	0.7	1.3	1.5	2.3
7.第三产业经营支出	元	6.2	6.8	17.0	18.8
(二)购买生产性固定资产	元	21.0	27.4	31.4	46.4
(三)税费支出	元	3.5	13.6	16.5	19.8
(四)生活消费支出	元	179.3	495.1	705.8	899.8
其中：食品消费	元	122.5	349.5	484.6	588.2
五、人均纯收入	元	340.7	913.9	1112.1	1291.8
其中：现金纯收入	元	159.7	510.7	622.3	740.0

1000—1200元	1200—1500元	1500—1800元	1800—2000元	2000—2500元	2500—3000元	3000 元以上
7618	8746	5808	2617	4245	2050	3407
4.4	4.2	4.0	3.9	3.8	3.6	3.4
2.9	2.8	2.7	2.7	2.6	2.6	2.6
14.2	12.3	11.6	9.9	9.4	9.6	9.3
17.3	17.7	18.0	18.5	18.3	17.6	17.4
87.9	92.7	94.8	98.7	97.5	99.2	102.6
9.6	12.2	13.6	16.2	16.2	18.2	20.7
11276.9	12250.6	12946.0	14182.8	13668.5	14966.4	17785.0
3872.9	4062.2	4190.2	4672.2	4543.3	5356.7	5498.3
1079.4	1139.4	1192.9	1326.5	1259.9	1288.4	1399.8
8.4	8.7	8.7	8.9	9.9	10.1	11.4
2.6	2.8	2.8	2.9	2.9	2.8	3.1
0.9	0.9	0.8	0.8	0.8	0.9	0.8
414.9	429.0	439.9	451.6	489.2	520.5	575.7
470.2	501.0	516.8	534.3	565.1	597.5	679.0
2097.9	2381.6	2660.1	2903.7	3169.1	3553.1	4339.8
434.9	511.3	583.7	668.5	740.1	842.7	1004.8
244.2	280.4	307.5	345.0	373.3	412.2	472.5
1560.6	1743.5	1925.6	2065.0	2226.3	2480.0	2907.7
930.1	1012.1	1080.9	1142.2	1206.8	1299.7	1496.7
456.9	514.0	590.1	630.5	679.8	749.8	790.0
49.4	53.1	61.3	67.1	72.9	73.5	103.5
4.5	6.9	8.0	8.2	7.9	13.4	15.2
18.2	22.9	25.4	30.0	37.9	46.7	78.4
13.5	19.0	21.0	19.3	23.5	33.4	35.5
87.9	115.5	138.9	167.6	197.6	263.7	388.4
80.2	102.1	117.7	132.5	159.1	189.3	325.8
14.8	15.8	16.7	16.2	22.7	21.6	25.2
22.2	24.8	33.1	37.7	43.6	41.0	101.5
1753.5	2119.8	2508.3	2882.5	3290.1	4070.4	6212.0
527.6	605.2	676.7	737.7	812.5	965.7	1197.0
269.1	302.8	329.2	359.8	395.4	446.3	543.0
6.1	6.7	7.7	9.2	10.8	10.1	14.3
222.3	246.0	289.6	307.7	332.2	390.9	423.1
0.8	2.2	2.0	4.0	1.5	5.1	5.2
7.6	9.7	10.1	8.9	13.4	22.1	41.0
3.1	4.0	4.7	6.3	6.6	11.8	20.0
18.7	34.0	33.5	41.7	52.5	79.5	150.4
48.6	73.7	73.5	112.5	92.4	182.6	215.4
21.8	25.3	28.2	28.6	34.2	39.3	45.1
1095.3	1339.3	1639.5	1894.9	2217.5	2722.6	4522.7
684.5	785.2	891.1	970.5	1058.3	1184.9	1416.5
1466.5	1657.1	1845.7	2012.3	2190.8	2385.6	2871.9
862.1	1005.7	1167.4	1310.3	1448.4	1617.8	2027.7

4-8 农村住户调查按收入五等分分组表

指　　标	单位	20%低收入户	20%中低收入户	20%中等收入户	20%中上收入户	20%高收入户
一、调查户数	户	10588	10588	10588	10588	10588
户均人口	人	4.8	4.6	4.4	4.1	3.6
户均劳动力	人	2.9	2.9	2.9	2.8	2.7
其中：劳动力文盲率	%	18.7	16.1	13.5	11.3	10.2
其中：当年外出打工的劳动力比例	%	11.0	14.9	17.4	20.1	20.2
二、户均住房面积	平方米	82.8	87.9	91.4	94.1	97.2
其中：钢筋混凝土结构面积	平方米	7.2	9.0	11.0	13.7	16.6
户均住房价值	元	9996.5	10798.8	11819.0	13140.5	15047.4
户均年末生产性固定资产原值	元	4448.8	3819.7	3852.8	3930.9	4531.8
其中:年末生产用房原值	元	1206.2	1100.4	1098.9	1079.4	1129.4
户均耕地面积	亩	10.1	9.9	10.0	8.8	9.1
其中:水田、水浇地面积	亩	2.4	2.3	2.6	2.8	3.2
梯田面积	亩	1.0	0.9	1.0	0.9	0.8
人均年末存粮	公斤	351.6	376.5	416.3	461.8	557.1
人均粮食产量	公斤	337.7	407.1	474.9	549.4	702.2
三、人均全年总收入	元	1171.6	1612.1	2087.3	2700.3	4401.0
(一)工资性收入	元	161.6	289.6	432.3	632.9	1082.5
其中：外出务工收入	元	70.0	140.3	226.8	357.0	579.7
(二)家庭经营收入	元	938.8	1234.7	1543.7	1923.0	3045.8
1.种植业收入	元	587.6	755.3	926.6	1125.1	1583.0
2.牧业收入	元	254.9	353.9	446.1	557.3	914.1
3.林业收入	元	30.0	40.5	50.0	59.3	97.9
4.渔业收入	元	2.1	3.4	4.3	7.1	13.7
5.其他农业收入	元	8.3	8.8	15.6	22.1	75.2
6.工业、建筑业收入	元	6.7	10.5	13.0	21.4	38.7
7.第三产业收入	元	49.3	62.3	88.2	130.7	323.2
(三)转移性收入	元	58.4	73.2	91.2	116.1	199.4
其中：退耕还林还草补偿	元	10.1	14.6	15.7	16.7	22.2
(四)财产性收入	元	12.8	14.6	20.0	28.3	73.3
四、人均全年总支出	元	1581.0	1715.6	1986.2	2379.5	3372.4
(一)家庭经营支出	元	501.8	460.2	528.2	613.5	879.8
1.种植业支出	元	265.7	240.3	270.4	307.6	399.2
2.林业支出	元	6.3	5.3	5.7	6.4	8.9
3.牧业支出	元	185.3	187.4	220.6	257.0	357.6
4.渔业支出	元	1.0	1.2	0.9	1.9	4.0
5.其他农业支出	元	6.9	3.5	6.1	7.3	28.8
6.工业、建筑业支出	元	5.6	3.3	2.8	4.1	6.7
7.第三产业经营支出	元	30.9	19.2	21.7	29.3	74.7
(二)购买生产性固定资产	元	42.6	43.7	47.5	73.2	160.2
(三)税费支出	元	17.2	19.3	22.9	27.3	37.5
(四)生活消费支出	元	975.1	1139.2	1323.0	1580.1	2148.4
其中：食品消费	元	564.7	652.1	727.3	819.8	1017.0
五、人均纯收入	元	567.4	1050.8	1446.2	1958.8	3354.4
其中：现金纯收入	元	223.0	569.5	860.2	1253.9	2318.7

5．主要指标解释

1.贫困人口：贫困人口是指收入或生活消费低于贫困线的人口数。贫困线由食品贫困线和非食品贫困线两部分组成。2004年的全国贫困人口标准为668元。

2.贫困发生率：也称贫困人口比重指数，是指低于贫困线的人口数占总人口数的比重。

3.行政区域土地面积：指辖区内的全部陆地面积和水域面积。包括耕地、荒山、荒地、山林、草原、滩涂、道路和建筑物占地等陆地面积，以及河流、湖泊、水库等水域面积。

4.乡镇个数：指农村中经省、自治区、直辖市人民政府批准成立的乡一级行政区划的数量。不包括城关镇、城市街道办事处、工矿区。

5.村委会个数：指农村中经上级政府批准，按居住地区设立的基层群众性自治组织的个数。含城关镇中的村。

6.年末总人口：在县(市)范围内，按年末时点统计的所有人口数量的总和。不包括虽居住在当地，但未取得我国国籍的外国公民。

7.乡村人口数：指乡村地区常住居民户数中的常住人口数，即经常在家或在家居住6个月以上，而且经济和生活与本户连成一体的人口。外出从业人员在外居住时间虽然在6个月以上，但收入主要带回家中，经济与本户连为一体，仍视为家庭常住人口；在家居住，生活和本户连成一体的国家职工、退休人员也为家庭常住人口。但是现役军人、中专及以上(走读生除外)的在校学生、以及常年在外(不包括探亲、看病等)且已有稳定的职业与居住场所的外出从业人员，不应当作家庭常住人口。

8.年末总户数：指户口在当地的常住户数，包括地区内的国有经济的机关、团体、学校、企业、事业单位的集体户。在统计户数时按公安部门常住户进行统计，集体户口无论其人数多少，都以一户进行统计。

9.乡村户数：指长期(一年以上)居住在乡镇(不包括城关镇)行政管理区域内的住户，还包括居住在城关镇所辖行政村范围内的农村住户。户口不在本地而在本地居住一年及以上的住户也包括在本地农村住户内；有本地户口，但举家外出谋生一年以上的住户，无论是否保留承包耕地都不包括在本地农村住户范围内。 不包括乡村地区内的国有经济的机关、团体、学校、企业、事业单位的集体户。

10.年末单位从业人员数：指在各级国家机关、政党机关、社会团体及企业、事业单位中工作，并取得劳动报酬的全部人员。包括在岗职工、再就业的离退休人员、民办教师以及在各单位中工作的外方工作人员和港、澳、台人员、兼职人员、借用的外单位人员和第二职业者。不包括离开本单位仍保留劳动关系的职工。

11.乡村从业人员：指乡村人口中16岁以上实际参加生产经营活动并取得实物或货币收入的人员，既包括劳动年龄内经常参加劳动的人员，也包括超过劳动年龄但经常参加劳动的人员。但不包括户口在家的在外学生、现役军人和丧失劳动能力的人，也不包括待业人员和家务劳动者。从业人员年龄为16岁以上。从业人员按从事主业时间最长(时间相同按收入)分为农业从业人员、工业从业人员、建筑业从业人员、交运仓储及邮电通讯业从业人员、批零贸易及餐饮业从业人员、其他从业人员。

12.农业机械总动力：指主要用于农、林、牧、渔业的各种动力机械的动力总和，包括耕作机械、农用排灌机械、收获机械、植保机械、林业机械、畜牧机械、渔业机械、农产品加工机械、农用运输机械、其他农业机械。按能源又分为柴油、汽油、电力和其他动力。总动力按法定计算单位千瓦计算。(注：1 马力＝735.5瓦特＝0.735千瓦)

13.有效灌溉面积：指具有一定的水源，地块比较平整，灌溉工程或设备已经配套，在一般年景下当年能够进行正常灌溉的耕地面积。

在一般的情况下，有效灌溉面积应等于灌溉工程或设备已经配套，能够进行正常灌溉的水田和水浇地面积之和。在统计时，应注意下列问题。

(1)灌溉工程或设备已经配套，可以灌溉，但由于雨水及时或所种作物不需灌溉等原因，当年没进行灌溉的，应统计为有效灌溉面积。

(2)灌溉工程或设备不配套(如只有深水井，没有安装机器)、渠系不健全(如只有水库，没有修渠)、地块不平整，当年不能发挥灌溉效益的，不应统计。

(3)北方地区没有灌溉工程或设备的引洪淤灌的耕地面积，不应统计为有效灌溉面积。

(4)南方地区没有灌溉工程或设备，完全靠天雨蓄水的"冬水田"、"屯水田"、"望天田"、"雷响田"等面积，不应统计在内。

(5)没有灌溉工程或设施，遇到旱年临时点种的耕地面积，不应统计为有效灌溉面积。

(6)原有的灌溉工程或设备，由于受到破坏等原因不能起灌溉作用了，这部分耕地面积不应统计为有效灌溉面积。

14.境内公路里程：指在一定时期内实际达到《公路工程技术标准 JTJ01—88》规定的等级公路，并经公路主管部门正式验收交付使用的公路里程数。包括城镇街道的里程数和公路桥梁长度、隧道长度、渡口的宽度以及分期修建的公路已验收交付使用的里程。不包括国、省干线断头路里程，农业生产用道路以及新建公路尚未进行验收交付使用的路段里程。两条或两条公路共同经由同一路段，只计算一次。

15.农村用电量：指本年度内，扣除在农村中的国有工业、交通、基建等单位的用电量以后的农村生产和生活的全年用电总量(计量单位千瓦小时，按全年累计数统计)。既包括国家电网供电，也包括农村自办电站供电量。

16.本地电话用户：以用户所在区域分为：城市电话用户数和乡村电话用户。

(1)城市电话用户：县级市的市区、市郊区及县城(包括县人民政府所在地的县城关区或行政建制相当于县人民政府所在地的镇)范围内接入局用交换机的电话用户数，包括分布在农村地区的独立工矿区、林区、驻军等接入局用交换机的电话用户数。

(2)农村电话用户：指县城关区以下的集镇和农村接入局用交换机的电话用户。

17.邮电业务总量：包括邮政业务总量和电信业务总量(固定、数据、移动、卫星)。邮电业务总量按专业分类包括：函件、机要文件、包件、汇票、报刊发行、邮政快件、特快专递、邮政储蓄、集邮、公众电报、用户电报、传真、长途电话、出租电路、市话无线寻呼、移动电话、分组交换数据通信、出租代维及其他业务等。

18.民用汽车：指由公安交通监理部门所掌握的领有本地区民用车辆牌照的普通载货汽车、专用载货汽车、载客汽车、其他专用汽车、特种汽车等，不包括拖拉机、摩托车、其他机动车等。

19.城镇在岗职工年平均人数：指城镇在岗职工平均工资：指各单位在本年度内直接支付给本单位职工的劳动报酬总额与本年度内城镇职工的平均人数之比。包括计时工资、计件工资、奖金、津贴和补贴、加班加点工资和其他工资。

20.农村居民人均纯收入：是总收入扣除相应的各项费用支出后，归农民所有的收入。它既可以用于生产、非生产投资，改善物质和文化生产，以及用于再分配的支出和节余的收入。这个指标用来观察农民实际收入水平，以及农民扩大再生产和改善生活的能力。

计算方法：纯收入＝总收入－家庭经营费用支出－生产用固定资产折旧－税收－上缴集体承包任务－调查补贴－赠送农村内部亲友的支出。

21.国内生产总值：是按市场价格计算的国内生产总值的简称。指县、市范围内所有常住单位在一定时期内生产活动的最终成果。

三次产业划分是：

第一产业：农业、林业、牧业和渔业。

第二产业：工业(包括采掘工业、制造业、自来水、电力、蒸汽、热水、煤气)和建筑业。

第三产业：除第一、第二产业以外的其他各业。由于第三产业包括的行业多、范围广，根据我国的实际情况，第三产业可分为两大部分，一是流通部门，二是服务部门。具体又可分为四个层次：

第一层次：流通部门，包括交通运输业、邮电通讯业、商业、饮食业、物资供销和仓储业。

第二层次：为生产和生活服务的部门，包括金融、保险业，地质普查业，房地产、公用事业，居民服务业，咨询服务业和综合技术服务业，农、林、牧、渔、水利服务业和水利业，公路、内河（湖）航道养护业等。

第三层次：为提高科学文化水平和居民素质服务的部门，包括教育、文化、广播电视、科学研究、卫生、体育和社会福利事业等。

第四层次：为社会公共需要服务的部门，包括国家机关、政党机关、社会团体，以及军队和警察等。

22.财政总收入：包括按财政体制划分的中央本级收入和地方本级收入。

（1）中央财政收入：属于中央财政收入的包括关税、海关代征消费税和增值税，消费税，重要企业所得税，地方银行和外资银行级非银行金融企业所得税，铁道、银行总行、保险总公司等集中交纳的营业税、所得税、利润和城市维护建设税，增值税的75%部分，海洋石油资源税和证券（印花）税50%部分。

（2）地方财政收入：属于地方财政收入的包括营业税，地方企业所得税，个人所得税，城市土地使用税，固定资产投资方向调解税，城镇维护建设税，房产税，车船使用税，印花税，屠宰税，农牧业税，农业特产税，耕地占用税，契税增值税的25%部分和证券（印花）税50%部分，除海洋石油资源税以外的其他资源税。

23.财政总支出：包括地方行政管理和各项事业费、地方统筹的基本建设、技术改造支出、支援农业支出、城市维护和建设经费、价格补贴支出等。

24.年末各项存款余额：企业、机关、团体和居民根据可以收回的原则。把货币存入银行或其他信用机构保管并取得一定利息的年末货币总量。

25.年末城乡居民存款余额：年末城乡居民存入银行或其他信用机构保管并取得一定利息的货币总量。

26.年末各项贷款余额：年终时银行或其他信用机构根据必须归还的原则，按一定利率，为企业、个人等提供资金贷款的总额。

27.承保额：即保险金额，指被保险人对保险标的实际投保的金额。即保险人对被保险人负损失补偿或支付内定给付的最多金额。保险责任开始后的减保及退保，保额不作减退（家庭财产两全保险，人身保险除外）。发生赔款后，原保额不减少。如加保，无论标的数目增加与否，保额均随其增加。

28.农业险：指对农业生产过程中，因自然灾害或意外事故造成的经济利益的损失，予以经济补偿的保险保障活动。农业保险包括种植业保险、养殖业保险及其他农业财产保险。

29.保费：保费合同订后，被保险人必须向保险人付出一定的费用才能取得保险人根据合同内容承担赔偿责任，这种费用叫"保费"。

30.已决赔款： 指保险人在年内实际支付给保险人遭到损失时的赔款。无论哪年承包业务发生的损失，只要在本年内支付赔款、结案，均计在本年内。

31.当年实际使用外资金额：指外商根据投资协议合同实际执行的投资额，分对外借款、直接投资和其他三种类型。

32.农作物总播种面积：指应该在本日历年度内收获农产品的作物播种面积之和。其计算公式为：农作物总播种面积＝上年秋冬播作物面积＋本年春播作物面积＋本年夏播作物面积＝本年夏收作物播种面积＋本年秋收作物播种面积。

33.粮食播种面积：指各种粮食（包括谷物、薯类和作为主食的豆类等）的实际种植面积之和。不论种植在耕地上还是非耕地上，均应统计。

34.粮食总产量：指全社会的产量。包括国有经济经营的、集体统一经营的和农民家庭经营的粮食产量，还包括工矿企业家属办的农场和其他生产单位的产量。包括稻谷、小麦、玉米、高粱、谷子、其他杂粮、薯类、大豆。其计算方法，豆类按去豆荚后的干豆计算；薯类按5公斤鲜薯折1公斤粮食计算。城市郊区作为蔬菜的薯类不作为粮食统计，其他粮食一律按脱粒后的原粮计算。

35.棉花产量：按皮棉计算。3公斤籽棉折1公斤皮棉。不包括木棉。

36.油料产量：指全部油料作物的生产量。包括花生、油菜籽、芝麻、向日葵籽、胡麻籽（亚麻籽）和其他油料。不包括大豆、木本油料和野生油料。花生以带壳干花生计算。

37.肉类产量：指当年出栏并已屠宰的畜禽肉产量。即屠宰后除去头蹄下水后带骨肉的重量，也叫胴体重。

38.水果产量：指本年度内从果树上收获的全部水果产量。不论自食的或出售的，都应计算在内。但不包括果用瓜如（西瓜、甜瓜、白兰瓜、哈密瓜、脆瓜等）和主要作蔬菜食用的藕、西红柿等。也不包括采集的野生水果。水果的产量按鲜果计算，干枣、葡萄干、柿饼、桔饼等应统一折成鲜果计算。

39.蔬菜产量：指各种蔬菜包括菜用瓜、茭白、芋头、生姜等在内的产量。

40.工业企业数：指区域内按国民经济行业划分归属于工业的企业个数和生产单位个数（分项以企业登记注册类型划分）。

41.工业总产值：指以货币形式表现的工业企业在报告期内生产的工业产品总量。包括成品、工业性作业和自制半成品、在产品期初期末差额。

42.从业人员年平均人数：指实际上报《工业企业主要经济指标》（国家统计局B202表）企业的从业人员平均人数之总和。

43.产品销售收入：指企业销售产品的销售收入和提供劳务等主要经营业务取得的业务收入总额。本项根据"损益表"中"产品销售收入"项的本年累计数填写。

44.基本建设投资完成额：指以货币形式表现的在一定时期内，利用国家预算内拨款、自筹资金、国内外基本建设贷款以及其他专项资金进行的，以扩大生产能力（或新增工程效益）为主要目的的新建、扩建工程及有关的工作。具体包括：(1)为经济、科技和社会发展而平地起家的新建项目；(2)为扩大生产能力〈或新增效益〉而增建新厂、主要生产车间、矿井、铁路干线、码头泊位等扩建项目；(3)为改变生产力布局而进行的全厂性迁建的项目；(4)遭受各种灾害、毁坏严重，需要重建整个企、事业单位的恢复性项目；(5)没有折旧资金或固定收入的行政、事业单位增建业务用房和职工宿舍的项目。需要建造和购置固定资产的工作量以及与此有关的费用的总称。它是反映固定资产投资规模、结构和发展速度的综合性指标，又是观察工程进度和考核投资效益的重要依据。

45.基本建设新增固定资产（又称交付使用的固定资产）：指已经完成建造和购置过程，并已交付基本建设生产或使用单位的固定资产价值。基本建设新增固定资产是表示固定资产投资成果的价值量指标，也是反映建设进度，计算基本建设固定资产投资效果的必要数据。

46.普通中学数：指经过县及县以上教育部门批准，以招收小学毕业生为主实施中学教学计划的学校数，包括初级中学和完全中学。

47.小学校数：指经过县及县以上教育部门批准，以招收适龄儿童为主实施小学教学计划的学校数。

48.每万人口中普通中学在校学生数：指在普通中学学习具有学籍的学生总数占当地人口的比例。

49.每万人口中小学在校学生数：指在普通小学学习具有学籍的学生总数占当地人口的比例。

50.医院、卫生院数：指报告期末全县范围内的医院、卫生院总数。

51.医院、卫生院床位数：指报告期末医院、卫生院的固定床位数。不包括产科的新生儿床、病人家属的陪待床、病人的观察床、接产室的待产床。

52．医院、卫生院技术人员数：指在医院、卫生院中从事卫生工作的人员数量。

53．社会福利院数：指收养社会孤老、残、幼的机构，包括由民政部门管理的社会福利院、儿童福利院、精神病人福利院和城镇集体举办的福利院及农村集体举办的敬老院。

54．社会福利院床位数：指报告期末全部社会福利院床位数。

55．参加基本养老保险的人数：指报告期末参加基本养老保险的人数，包括不能正常缴费、已中断缴费但未终止保险关系的人数。

56．参加基本医疗保险的人数：指截止报告期末参加基本医疗保险的人数。其中，凡符合医疗照顾人员条件的人数不在此统计。

57．扶贫投资总额：指年内贫困县从外界所得到的全部扶贫资金。包括下列2–8项内容。

58．中央扶贫贴息贷款累计发放额：累计发放额包括当年新增、收回再贷两部分。中央扶贫贴息贷款的发放主体为中国农业银行。扶贫贴息贷款主要用于国家扶贫开发工作重点县，支持能够带动低收入贫困人口增加收入的种养业、劳动密集型企业、农产品加工企业和市场流通企业，以及基础设施建设项目。

59．中央财政扶贫资金：是指当年实际安排到县使用的中央财政专项安排用于扶贫的资金，包括"三西"农业建设专项补助资金，此处不含以工代赈资金。财政扶贫资金重点用于贫困乡村发展生产，基础设施建设，科技推广与培训以及支持村级教育、医疗卫生、文化事业等。

60．以工代赈资金：是指当年计划安排到县的中央财政专项安排的以工代赈资金额。主要用于改善贫困地区生产生活条件和生态环境，包括修建县乡、乡村道路，建设基本农田，兴建小型农田水利，解决人畜饮水问题等，适当用于异地扶贫开发中的移民村基础设施建设。

61．中央专项退耕还林还草工程补贴：指中央下达的用于退耕还林还草的专项补贴，包括三个部分：用于对退耕还林还草农户的粮食补贴；种苗费补贴；管护费补贴。

62．省级财政安排的扶贫资金：纳入省级财政预算，专项安排扶持重点县、贫困村的各项扶贫资金。

63．利用外资：指以各种形式当年实际用于扶贫开发的外资（折合人民币）。

64．其他资金：除上述几项扶贫专项资金外，用于扶贫开发项目的资金。如企业在贫困县以联营方式建企业的投资额；科研单位在贫困县的科技投入，各种捐款等。

65．扶贫资金使用情况：指按行业分组的扶贫资金使用情况，包括：

（1）种植业：是指用于粮食作物、经济作物、饲料作物等农作物生产包括农户改善自己生产条件的扶贫资金。种植业具体包括谷物种植业，油料和豆类作物种植业，棉、麻等植物性纺织原材料种植业，糖料作物种植业，烟草种植业，药材种植业，蔬菜、瓜类和薯类作物种植业，茶、桑、果树种植业和其他种植业。

（2）林业：是指用于培育或依法砍伐承包山林、收获林产品（不含桑叶、茶叶、水果、花卉、食用菌，它们归入种植业）、退耕还林的扶贫资金。林业具体包括采种、育苗、植树造林、森林抚育、迹地更新、森林保护、林场的经营管理以及对橡胶、漆树、咖啡、胡椒、花椒、可可、核桃、板栗等林木种植及其林产品的采集。

（3）养殖业：是指用于畜禽、鱼虾以及其他经济动物、 水产品养殖生产的扶贫资金。养殖业具体包括各种牲畜饲养放牧业、家禽及珍禽饲养业、 水产品养殖业。

（4）农产品加工：是指用于农林牧渔产品加工的扶贫资金。包括购置、租赁农林牧渔产品加工设备或其他固定资产的费用，购置原材料费用及经营销售费用。

（5）其他生产行业：指除农产品加工外的工业、建筑业、交通运输业、批发零售贸易、生产经营服务业。

（6）基本农田建设：是指利用扶贫资金进行基本农田建设的资金额。

（7）人畜饮水工程：是指为解决人畜饮水困难，而利用扶贫资金建设人畜饮水工程的资金额。

(8) 道路修建及改扩建：是指为解决交通不便，而利用扶贫资金修建及改扩建道路的资金额。

(9) 电力设施：指利用扶贫资金建设、维护发电、输电、变电等电力设施的资金额。

(10) 广播、电视设施：是指利用扶贫资金修建维护电视差转、卫星接收站等电视信号接收设施的资金额。

(11) 学校及设施：是指利用扶贫资金建造、整修学校、购买教学设备、图书等的资金额。

(12) 卫生室及设施：是指利用扶贫资金购置医疗设备、建立卫生室的资金额。

(13) 技术培训/技术推广：指利用扶贫资金进行各类技术培训和技术推广的资金额。技术培训包括教师、卫生员、接生员培训，也包括各种实用技术的培训。

(14) 资助儿童入学/扫盲：是指利用扶贫资金资助贫困儿童、辍学儿童（重新）上学及成人扫盲项目的资金额。

(15) 其他：是指扶贫资金用于以上几方面投资之外的项目投资总额。

66.通公路的自然村比重：指调查户所在行政村中能让拖拉机、汽车等机动车辆进入的自然村的个数与全部自然村之比。

67.通电话的自然村比重：指调查户所在行政村中能用有线电话与外界联系的自然村的个数与全部自然村之比。

68.通电的村自然村比重：指调查户所在行政村中能够使用电力资源进行生产和生活的自然村的个数与全部自然村之比。

69.能接收电视节目的自然村比重：指调查户所在行政村中能接收到中央、省级或县级任意一级电视台电视节目的自然村个数与全部自然村之比。

70.有幼儿园、学前班的村比重：指调查户所在村中有经教育部门批准建立的幼儿园和学前班。

71.有卫生室的村比重：指调查户所在行政村中有经县级卫生部门批准建立的卫生室的村比重。

72.有乡村医生的村比重：是指有经过卫生部门正式培训合格，并取得行医证明的乡医生和农村赤脚医生的村占调查户所在村数的比重。

73.有合格接生员的村比重：是指有经过卫生部门正式培训合格并取得资格证书的接生人员的村占调查户所在村数的比重。

74.耕地面积：指耕地总资源中专门种植农作物并经常进行耕种、能够正常收获的土地。包括当年实际耕种的熟地；弃耕、休闲不满三年，随时可以复耕的地；开荒利用三年以上的地；南方小于1米、北方小于2米宽的沟、渠、路、田埂。不包括临时种植农作物的坡度在25度以上的陡坡地；在河套、湖畔、库区临时开发的成片或零星土地；也不包括已列为国家和省(区、市)退耕计划但仍临时耕种的土地。常用耕地分为基本农田和零星可用耕地。

75.梯田面积：是指耕地面积中经人工作业，将坡耕地改造为水平耕地的面积。

76.25°以上坡耕地面积：是指坡度在25°以上(含25°)的耕地面积。

77.桑园、茶园、果园面积：是指种植桑树、茶树、果树，覆盖度大于50%，或每亩株数达到合理株数的70%以上的土地面积，果园包括各种水果果园，不包括核桃、板栗、腰果、白果、杏仁等干果果园。

78.林地面积：是指生长乔木、竹类(郁闭度在0.2及以上)的土地。不包括居民绿化地以及铁路、公路、河流、沟渠的护路、护岸林。林地按用途可分为用材林、经济林、薪炭林、防护林、特种用途林等。

79.牧草地面积：是指生长草本植物为主，专门用于放牧、饲养牲畜和收割牧草的土地，包括天然草地、改良草地和人工草地。

80.节水栽培技术：指调查户所在村中有应用喷灌、滴灌、渗灌等节水技术进行作物栽培的农户的村比重。

81.农、牧业新技术示范户：指调查户所在村中有县以上农技单位定点指导的农、牧业新技术示范户的村比重。

82.举办过专业技术培训：指调查户所在村中，在调查年度内有县以上各类技术技单位组织举办的专业技术培训的村比重。

83.严重自然灾害：指当年全村减产达到正常年景的三成以上或有大规模人生、财产损失的灾害。

84.目前缺粮需要救济的农户数量：指在调查时存粮不足以维持到下一个收获季节，又无钱买粮的农村住户个数。

85.本村当年收到救济、救灾款物数额：指行政村在调查年度内收到的民政或其他单位个人用于救济、救灾的现金和实物折价总额。

86.本村当年收到过救济、救灾款物的户数：指行政村在调查年度内收到过民政或其他单位个人用于救济、救灾的现金和实物农村住户个数。

87.家庭经营费用支出：指农村住户以家庭为基本生产经营单位从事生产经营活动而消费的商品和服务、自产自用产品。所消费的未计算为住户收入的自产自用产品，不计算为费用支出；库存的化肥、农药也不计算为本期费用支出。

（1）农业生产支出：指农村住户家庭经营农业所支付的费用。如种籽、肥料、农药、小农具购置和修理、油料费、耕畜的饲料、饲草费、机耕费、排灌费、电费等。

（2）林业生产支出：指农村住户家庭经营林业所支付的费用。如树种、树苗、肥料、农药、电费及小型工具的购置维修等开支，但不包括林业的基本建设投资。

（3）养殖业生产支出：指农村住户家庭经营养殖业所支付的费用。如购买仔畜（包括架子猪）、幼禽支出；肉用牛、羊的饲料、饲草支出；生猪、家禽等的饲料、燃料、防疫医疗费；电费和小型用具购置、维修；鱼苗、饵料、电费以及小型渔具和用具的购置、维修及油料费等支出。但耕畜的饲料费应列为"农业生产费用支出"。也不包括添置的固定资产支出。

（4）工业、建筑业生产支出：指农村住户家庭经营工业、建筑业所支付的费用。包括工业生产耗用的原料、燃料、电费及小型工具的购置、维修等开支，还包括来料加工产品所耗用的燃料、电费，但不包括自产自用和来料加工产品所耗用的原材料。工业包括：采掘业，制造业，电、煤气和水的供应和生产。

（5）第三产业：除上述以外的其他行业。

88.生产性固定资产：是指生产过程中使用年限较长、单位价值较高，并在使用过程中保持原有物质形态的资产，包括厂房、机器设备等。农民家庭使用的固定资产，需同时具备两个条件，即使用年限在两年以上，单位价值在50元以上。在乡村企业及其他部门中，规定单位价值在200元以上，使用年限在一年以上。如果企业的主要设备虽低于200元，但使用年限在一年以上，也划为固定资产。

（1）房屋及建筑物：用于生产的房屋及建筑物面积。

（2）汽车：指主要用于农户生产和其他经营活动的各种类型的汽车。不包括生活用车。

（3）手扶拖拉机／三轮车：指发动机定额功率小于14.7千瓦的手扶式拖拉机、小三轮车和小型四轮拖拉机。

（4）大中型拖拉机：指发动机定额功率在14.7千瓦（含14.7千瓦）以上的拖拉机。

（5）胶轮大车：指农村传统上使用的胶轮大车。

（6）其他农机具（收割机、机动脱粒机、水泵、动力机械）：收割机：指自身带动力能够完成收割作业的农业机械。包括联合收割机。机动脱粒机：指专门进行农作物脱粒的固定作业机械。动力打稻机也应作为机动脱粒机统计。水泵：指用于生产灌溉和排水的水泵。

（7）役畜：指以使役为主要用途的大牲畜的数量。

(8) 产品畜：主要指各种产品畜的数量。

89.年末生产性固定资产原值：是指固定资产当初的购进价、新建价或开始转为固定资产的价值。自繁自养的幼畜成龄转作役畜、产品畜、种畜，按市场同类牲畜的平均价格计价。国家奖励和外单位赠送的固定资产按购置同类固定资产的价格参照其新旧程度酌情计价。

90.全年纯收入：是总收入扣除相对应的各项费用性支出后，归农民所有的收入。它既可以用于生产、非生产投资，改善物质和文化生产， 以及用于再分配的支出和结余的收入。这个指标用来观察农民实际收入水平，以及农民扩大再生产和改善生活的能力。

纯收入＝总收入－家庭经营费用支出－生产用固定资产折旧－税费支出－调查补贴－赠送农村内部亲友的支出

91.生活消费支出：指农村住户用于物质生活和精神生活方面的支出。生活消费支出包括食品，衣着，居住，家庭设备、用品及服务，医疗保健，交通和通讯，文化教育娱乐用品及服务，其他商品和服务等消费支出。

(1) 食品消费支出：指农村居民年内消费各类食品支出。包括主食、副食、其他食品、在外饮食和食品加工费支出。

A.主食：指各种粮食和粮食复制品的消费量折价。其中粮食复制品：是指利用原粮加工而成的食品，如挂面、年糕等。但不包括用粮食加工成豆油、豆腐、粉条、酒。

B.副食：包括蔬菜、豆制品、油脂类、食糖、肉、禽及其制品、蛋类、水产品、调味品等。

C.其他食品：包括烟草类、酒类、饮料类、干鲜果品、糖果糕点、奶和奶制品、罐头类等。

D.在外饮食：包括在外面饭馆、小吃部、小卖部、茶馆、饮食摊内吃饭、喝茶、吃冷饮时消费的各种食品。开会和住院的伙食费也应包括在内。

E.食品加工费：指加工食品所需的费用，包括把原粮加工成副食品和其他食品的费用。

(2) 衣着消费：指农村住户各种穿着用品及加工穿用品的各种材料。包括棉花、丝棉、化纤棉、驼毛、棉布、各种化纤布、绸、缎、呢绒、各类成衣、棉、毛、丝、麻纺织品，背心、汗衫、棉毛衫裤、卫生衫裤、袜子等针织品，毛线、毛线织品、各种鞋、帽等消费品及衣着的加工修理费(是指农村住户为加工或修补服装、鞋帽等衣着所支付的服务费)。但不包括 用各种布料做的床上用品，室内装饰品。其中：

A.成衣服装：指以各种布及毛皮为原料加工成的各式服装及针织而成的服装。

B.衣着材料：指以棉、麻、丝、毛和各种人造纤维纺织的及混纺纺织的各种衣着材料。包括棉布、棉花化纤混纺布、化纤布、呢绒、绸缎、毛线等。

C.鞋袜帽类及其他衣着：指以各种材料制成的各种鞋、袜、帽。包括皮鞋、布鞋、雨鞋、凉 鞋、拖鞋，各种袜子及各种帽子。

D.衣着加工修理费：指农村住户为加工或修补服装、鞋帽等衣着所支付的服务费。

E.其他：指上述服装、衣着材料、鞋、袜、帽以外的其他各种衣着用品。包括各种手套、围巾、披肩、领带、塑料和胶布雨衣、胸罩、口罩、鞋垫等其他衣着。

(3) 居住消费：指与农村住户居住有关的所有支出。包括新建(购)房屋、房屋维修、居住服务、租赁住房所付的租金、生活用水、生活用电、用于生活的燃料等支出。

A.住房支出：指农村住户用于购买建筑材料、住房装饰和装修、房租、维修、服务等支

B.建筑材料：指农村住户用于新建房屋和维修房屋用的各种建筑材料。包括木材、钢材、水泥、水泥预制件、玻璃、砖瓦、石灰、沙石、油毡等。

C.住房装饰、装修：指农户用于房屋装饰、装修所用的各种建筑材料，及有关居住劳务支出，即因建造维修房屋而雇请人员所支付的各种劳务费用也包括在内。

D.房租：指农村住户租赁生活用房所付的租金。但不包括外出住旅店和招待所所支付的

住宿费。

E.其他：指住房支出中除上述所列的支出以外的支出，如住房维修服务费等。

F.电费：指农村住户用于照明和使用家用电器所支付的电费。

G.燃料：指农村住户用于做饭、做菜、烧水和取暖用的燃料支出，包括煤炭、液化石油气、煤制品、木炭、柴草等支出。但不包括烧饲料用的燃料。

H.其他居住支出：指农村住户除上列的居住支出以外的支出。如水费支出等。

（4）家庭设备、用品及服务：指农村住户消费的各种耐用消费品、其他家庭用品及用品的加工修理费用。

A.耐用消费品：包括大型家具、家庭设备等。如洗衣机、电风扇、电冰箱、空调器、抽油烟机、吸尘器、微波炉、热水器等家庭日用机电设备。

家具：指农村住户用于学习、休息、存放物品等日常生活用具。包括组合家具、床、沙发、大衣柜、写字台、桌、椅、箱等。

家庭设备：指家用机电消费品。包括缝纫机、洗衣机、电风扇、电冰箱、冰柜、空调器、电饮具、淋浴热水器、抽油烟机、吸尘器、钟、微波炉以及其他家庭日用机电设备。

其他：指上述各项以外的其他各种家庭耐用消费品。如：水表、电表等。

B.床上用品： 指以棉、毛、丝及合成纤维等材料纺织或针织以及各种纺织品经过加工而成的各种床上用品。包括毛毯、棉毯、线毯、化纤毯、毛巾被、床单、被面、被套、棉胎、鸭绒被、床罩、各种褥子等。

C. 家庭日用杂品：指包括厨房用品、日用小五金、日用百货等各类家庭日用杂品。

D. 日用小五金：包括小五金工具、五金杂品等五金商品。如：铁钉、合叶、插销、各种锁、木螺丝、榔头、钳子、板子、锯条、锉刀、木石泥瓦工具等。

E. 日用百货：包括除厨房用品、日用小五金以外的日用搪瓷制品、铝制品、其他金属制品、塑料制品、玻璃器皿等。如保温瓶、保温杯、茶杯、茶盘、茶壶、口杯、糖缸、烟缸、脸盆、火柴、肥皂、香皂、药皂、洗衣粉、皂片、牙膏、鞋油、梳子、镜子、皂盒、手电筒、手电池等。

其他：指上述床上用品、日用小五金、日用百货以外的家庭日用杂品。

F.设备用品加工修理费：指农村住户家庭的各种设备、用品的加工修理所支付的费用。

G.其他：指上述各项支出外的支出。如：农村住户请保姆所支付的费用等。

（5）医疗保健：指农村住户用于医疗和保健的药品、医疗器械和服务费用。包括医药卫生保健用品、医疗保健服务费和医疗卫生设备、用品加工修理费等。

A. 医药卫生保健用品：指农村住户支付的各种中药、西药、滋补品、药棉、医疗器械(如：体温计、注射器等)等支出和保健用品(如：按摩器、健身球、磁疗枕、护膝等)支出。

B. 医疗保健服务费：指农村住户成员看病或住院所支付的特挂号费、手术费、打针、透视费和住院的床位费及保健服务费(如：按摩费、学习气功、太极拳的学费等)。

C. 医疗卫生保健设备用品修理费：指农村住户加工修理医疗卫生设备、用品所支付的费用。

D. 其他：指除上述医药卫生保健用品、医疗保健服务费、医疗卫生设备以外的用品加工修理费等其他医疗保健支出。

（6）交通通讯费：指农村住户用于交通和通讯的工具、各种服务费、维修费用支出。

A. 交通工具：指农村住户家庭用汽车、摩托车、自行车及其他家庭用交通工具。

B. 动力燃料：指交通用柴油、汽油等动力燃料。

C. 交通费：指农村住户家庭成员外出购物、探亲访友、旅游等支付的各种交通费，包括火车费、汽车费、飞机费、轮船费等。但不包括因公出差和为家庭经营生产而外出学习等支付的交通费。

D. 邮电费：指农村住户用于生活方面的通讯邮电费支出。包括邮票、包裹寄资、汇款汇费、电话费、电报费等费用。

E.交通、通讯工具修理费：指农村住户用于交通工具修理、服务(包括牌照费)等所支付的各种费用。以及家庭用电话机、手机、寻呼机及其他家庭用通讯工具支出的费用。农村住户用于通讯工具的安装、修理、服务(包括电话初装费)等所支付的各种费用也包括在内。

(7)文教娱乐用品及服务：指农村住户用于文化、教育、娱乐方面的支出。包括文化教育娱乐用品支出和文化教育娱乐服务支出。

A.文化教育娱乐用品：指农村住户用于文娱机电消费品、书报杂志、纸张文具等支出。

文化教育、娱乐用机电消费品：包括彩色电视机、黑白电视机、录放像机、影碟机、组合音响、收录机、照相机、电脑、中高档乐器等。

书、报、杂志：指农村住户支付的各种书籍、报纸、杂志等支出。

纸张、文具：指农村住户支付的各种纸张、文具的支出。

其他文化教育娱乐用品：指农村住户支付的除上述的其他文化教育娱乐用品支出。如：各种球类、棋类、照相器材、录音带、录像带等。

B.文化教育、娱乐服务：指农村住户用于文化教育娱乐方面的服务费支出。包括学杂费、技术培训费、文娱费、文化教育娱乐用品加工修理费等。

学杂费：指农村住户成员上学读书所交的学费和杂费，但不包括购书籍、讲义和文具用品等支出。

技术培训费：指农村住户成员参加生活方面的技术培训所交的培训费，但不包括购书籍、讲义和文具用品等支出。

文娱费：指农村住户成员购买电影票、戏剧票、球票等的支出。

用品加工修理服务费：指农村住户用于加工修理文化教育娱乐用品所支付的费用。

其他：指上述各类支出以外的商品的服务支出。

(8)其他商品和服务消费：指上述各类支出以外的商品和服务支出。

A.商品性支出：包括化妆品、金银珠宝饰品和其他商品。

化妆品：指农村住户成员用来化妆、美容用的日用品。如：胭脂、唇膏、香粉、香水、头油、发乳、洗发剂以及各种美容霜、美容膏等。

首饰饰品：指以珍珠、玉器等珠宝和金银制作的或镀金、镀银的耳环、耳坠、手镯、脚镯、戒指、项链、胸针、头簪等装饰品。

其他商品：指上述商品以外的支出。如：手表、迷信用品等。

B.服务支出：指生活消费的服务。包括旅店住宿费、洗澡费、照相费、殡殓费等。

旅店住宿费：指农村住户成员外出旅游、探亲访友、购物等在外住宿的住宿，但不包括因公出差和为家庭经营而去学习所支付的住宿费。

殡殓费：指农村住户成员去世后，家属支付所的火化费等费用。

其他：是指上述服务费以外的其他服务费。

92.农村居民食品消费量：

(1)粮食：指农村住户消费的原粮数量。其中，粮食制成品指利用原粮加工而成的食品，如挂面、年糕等，不包括用粮食加工成豆油、豆腐、粉条、酒。

(2)豆类及豆制品：包括大豆和杂豆，以及豆腐和各类豆制品(豆腐干、豆腐皮、千张(百叶)、豆腐丝、素鸡、豆浆粉、腐竹、酱豆腐、臭豆腐、油豆腐、豆浆、豆奶、豆腐脑等)。消费的豆制品折豆数量进行统计。

(3)蔬菜及菜制品：消费的蔬菜和菜制品按鲜菜数量进行统计。鲜菜包括绿叶菜类、白菜类、瓜菜类、块根、块茎菜类、花菜类、茄果菜类、葱蒜类、菜用豆类、水生菜类、多年生菜类、食用菌类和山菜类。干菜包括黄花菜、黑木耳、蘑菇、腌干菜、萝卜干、笋干、白木耳等。菜制品包括蔬菜罐头等。

(4)水果及水果制品：指各类干鲜水果及其制品，包括各种水果、果用瓜、干果、蜜饯及水果罐头等。

(5) 食用油：指各种食用油脂，包括植物油和动物油。

植物油：包括花生油、芝麻油、菜籽油、豆油、茶油、棉籽油等食用植物油的消费量。

动物油：包括猪油、牛油、羊油等食用动物油的消费量。

(6) 肉、禽及其制品：指家畜、野畜、家禽、野禽等各种肉食品，包括活的、鲜的、冻的以及各类制品。肉类消费量按鲜肉重量计算。消费的咸肉、腊肉、肉干、罐头等均折成鲜肉重量计算。用肥肉炼油，不应计算肉的消费量。家禽消费量按屠宰去毛和内脏重量计算。

(7) 蛋类及蛋制品：指各种禽蛋、禽蛋制品及罐头。消费量折鲜蛋统计。

(8) 水产品：指鱼、虾、蟹、贝、藻等各类海水和淡水产品及其制品，包括水产品罐头。

(9) 奶和奶制品：指鲜乳品、奶粉、酸奶以及其他奶制品。包括炼乳、活性乳、可可奶、麦乳精等。

(10) 食糖、糖果：包括白糖、红糖、冰糖、方糖、水果糖、奶糖等各类硬糖、软糖以及巧克力糖、麦芽糖等等，不包括糖精。

(11) 酒和饮料：包括各种白酒、黄酒、啤酒、果酒，以及茶叶、各种固、液体饮料等的消费，如：汽水、可乐、各种果汁、咖啡粉、可可粉等。

(12) 烟：包括各种购买的和自制的香烟、旱烟叶、水烟等。

(13) 其他食品：包括糕点、坚果及果仁制品、调味品等。

93. 身体健康状况：划分5类：(1) 健康；(2) 体弱多病，指常年不能坚持劳动，但又没有大病或其他确诊的慢性病；(3) 长期慢性病，如肝炎、肺炎、糖尿病等需要长期吃药治疗的疾病；(4) 患有大病，如心脏病、癌症等需要经常住院治疗的疾病；(5) 残疾，包括身体残疾和智力残疾。

94. 生病时是否及时就医：指每个家庭成员生小病时是否及时到卫生室或医院看病治疗，或及时服用药物，生大病时是否能及时到相应的医院看病治疗。

95. 劳动力文化程度：是指调查户中16岁以上非在校学生家庭成员的文化程度，包括文盲或半文盲、小学、初中、高中、中专和大专以上。

(1) 文盲或半文盲：是指识字或识字很少，不能阅读通俗的书报，不能写便条的人。

(2) 小学：是指小学毕业、肄业成相当于小学文化程度的人员。

(3) 初中：是指初中毕业、肄业或相当于初中文化程度的人员。

(4) 高中：是指高中毕业、肄业或相当于高中文化程度的人员。

(5) 中专：是指中专毕业、肄业和农业中学毕业、肄业或相当于中专、农中文化程度的人员。

(6) 大专以上：是指大专以上学校毕业、肄业或相当于大专以上文化程度的人员。电视大学、函授大学等形式的大学，凡按照大专院校的教育计划和教育大纲（全科）进行教育的毕业生应包括在年，但只学完单科课程的，则不应计算在内。

96. 是否受过专业技术培训：指调查户家庭成员是否曾经接受过技能培训。包括种植业、林业、养殖业、工业、建筑业、交通运输业、邮电通讯业、批发零售餐饮、社会服务业、文教卫生及其他行业的培训。

97. 担当社会职务：指调查户家庭成员在外担任的社会职务，如村及村以上干部、人大代表、村民代表、村组长、国营或集体企业领导、各种行业协会负责人等。

98. 丧失劳动能力：主要指调查户中16岁以上家庭成员因病、因残或年高体弱不再能从事取得报酬的劳动的情况。不包括虽然丧失体力劳动能力但正在从事脑力劳动并能够取得报酬的劳动者。